Praxishandbuch Kinderschutz für Fachkräfte und insoweit erfahrene Fachkräfte

Der Schutzauftrag nach § 8a SGB VIII

Praxishandbuch Kinderschutz

für Fachkräfte und insoweit erfahrene Fachkräfte

Der Schutzauftrag nach § 8a SGB VIII

Rechtliche, psychologische und pädagogische Aspekte

Herausgeber:innen:

Prof. Dr. iur. Jan Kepert, Fakultät Rechts- und Kommunalwissenschaften, Hochschule für öffentliche Verwaltung, Kehl

Dr. phil. Andreas Dexheimer; Master of Social Work, Diplom-Sozialpädagoge (FH), Vorstand in der Diakonie Rosenheim, Dozent für das Kinder- und Jugendhilferecht an der Hochschule für öffentliche Verwaltung Kehl

Prof. Dr. med. Jörg M. Fegert, Kinder- und Jugendpsychiater, Psychotherapeut, Ärztlicher Direktor der Klinik für Kinder und Jugendpsychiatrie und Psychotherapie am Universitätsklinikum Ulm

Monika Feist-Ortmanns, Master of Arts Sozialmanagement, Geschäftsführende Direktorin des Instituts für Kinder- und Jugendhilfe (IKJ), Essen

Susanne Kepert, Psychotherapeutin

Prof. Dr. rer. nat. Michael Macsenaere, Dipl.-Psych., Wissenschaftlicher Direktor des Instituts für Kinder- und Jugendhilfe (IKJ), Essen

2. Auflage

Reguvis

Bibliografische Information der Deutschen Nationalbibliothek
Die Deutsche Nationalbibliothek verzeichnet diese Publikation in der Deutschen Nationalbibliografie; detaillierte bibliografische Daten sind im Internet über http://dnb.d-nb.de abrufbar.

Reguvis Fachmedien GmbH
Amsterdamer Str. 192
50735 Köln
www.reguvis.de

Beratung und Bestellung:
Tel.: +49 (0) 221 97668-229
Fax: +49 (0) 221 97668-236
E-Mail: familie-betreuung@reguvis.de

ISBN (Print): 978-3-8462-1468-8
ISBN (E-Book): 978-3-8462-1469-5

Gesamtherstellung: Reguvis Fachmedien GmbH, Köln

Printed in Germany

Vorwort

Die Erziehung und Pflege des Kindes ist zuallererst ein Recht und eine Aufgabe der Eltern. Kinder haben aber auch einen Anspruch auf den Schutz des Staates, wenn ihre Eltern ihnen nicht den Schutz und die Hilfe bieten, die sie benötigen, um gesund aufzuwachsen und sich zu einer eigenverantwortlichen Persönlichkeit zu entwickeln. In erster Linie ist dieser Schutz durch eine präventive Unterstützung der Familie in Form von Leistungen der Jugendhilfe sicherzustellen. Als ultima ratio kann es aber auch geboten sein, mit den Mitteln des Eingriffsrechts – notfalls durch Trennung des Kindes von den Eltern – das Wohl des Kindes zu sichern.

Diese Sicherstellung des Kindeswohls stellt eine der wichtigsten staatlichen Aufgaben dar. Gleichzeitig handelt es sich aber auch um eine der schwierigsten Aufgaben, da die erforderlichen Prognoseentscheidungen auf Basis eines meist unvollständigen Lebenssachverhalts getroffen werden müssen. Auch mit den allerbesten Grundlagen wird es daher immer wieder zu unvermeidbaren Fehlern mit schlimmen Folgen für das Kindeswohl kommen. Trotz aller Anstrengungen besteht auch noch aktuell im Jahr 2023 ein nicht unerhebliches Optimierungspotential. Dabei geht es sowohl um eine Fortentwicklung der gesetzlichen Grundlagen des Kinderschutzes als auch um eine Optimierung des Handelns in der Praxis.

Die Autorinnen und Autoren dieses Handbuchs sind der Auffassung, dass im Kinderschutz multiprofessionelle Teams zum Einsatz kommen sollten. Entsprechend dieses Ansatzes erfolgt eine juristische, sozialpädagogische, psychologische und empirische Betrachtung aller wichtigen Grundlagen des Kinderschutzes aus dem Blickwinkel der öffentlichen und freien Jugendhilfe. Stilistische Brüche sind bei dieser Darstellung nicht zu vermeiden. Mittels der aus der Fußzeile ersichtlichen Autorin bzw. des Autors ist erkennbar, aus welchem Blickwinkel die Darstellung erfolgt.

Das Werk ist als Arbeitshilfe für alle mit dem Kinderschutz betrauten Mitarbeitenden der öffentlichen und freien Jugendhilfe sowie weiteren mit dem Kinderschutz befassten Akteuren (Verfahrensbeiständen, Rechtsanwält:innen, Richter:innen etc.) gedacht. Zudem wäre es erfreulich, wenn es als Diskussionsgrundlage für eine Weiterentwicklung des Kinderschutzes dienen könnte. Über Anregungen und Rückmeldungen per Mail an kepert@hs-kehl.de freuen wir uns!

Jan Kepert, Andreas Dexheimer, Monika Feist-Ortmanns, Jörg Fegert, Michael Macsenaere und Susanne Kepert

Inhaltsverzeichnis

Autoren

Prof. Dr. iur. Jan Kepert

Fakultät Rechts- und Kommunalwissenschaften, Hochschule für öffentliche Verwaltung, Kehl

Dr. phil. Andreas Dexheimer

Master of Social Work, Diplom-Sozialpädagoge (FH), Vorstand in der Diakonie Rosenheim, Dozent für das Kinder- und Jugendhilferecht an der Hochschule für öffentliche Verwaltung Kehl

Prof. Dr. med. Jörg M. Fegert

Facharzt für Kinder- und Jugendpsychiatrie und -psychotherapie, Direktor der Klinik für Kinder- und Jugendpsychiatrie und Psychotherapie am Universitätsklinikum Ulm

Monika Feist-Ortmanns

Master of Arts Sozialmanagement, Geschäftsführende Direktorin des Instituts für Kinder- und Jugendhilfe (IKJ), Essen

Susanne Kepert

Psychotherapeutin

Prof. Dr. rer. nat. Michael Macsenaere

Dipl.-Psych., Wissenschaftlicher Direktor des Instituts für Kinder- und Jugendhilfe (IKJ), Essen, Johannes-Gutenberg-Universität Mainz, Hochschule Niederrhein

Dr. med. Jo Ewert

Facharzt für Kinder- und Jugendmedizin, Kinderschutzmediziner (DGKiM), Kinderschutzkoordination Universitätsklinikum Hamburg Eppendorf und Medizinische Kinderschutzhotline

Samja Schäfer

Sozialpädagogin, Medizinische Kinderschutzhotline

Prof. Dr. med. Michael Kölch

Facharzt für Kinder- und Jugendpsychiatrie und -psychotherapie, Direktor der Klinik für Psychiatrie, Neurologie, Psychosomatik und Psychotherapie im Kindes- und Jugendalter der Universitätsmedizin Rostock

Literaturverzeichnis

Ackerman, Peggy T./*Newton*, Joseph E./*McPherson*, W. Brian/*Jones,* Jerry G./*Dykman*, Roscoe A.: Prevalence of post traumatic stress disorder and other psychiatric diagnosis in three groups of abused children (sexual, physical, and both). Child Abuse Negl 22, 1998, 759–774.

Albus, Stefanie: Welche Wirkung zählt? Forum Jugendhilfe, 3, 2015, 19–25.

Arnold, Jens/Macsenaere, Michael/Hiller, Stephan: Wirksamkeit der Erziehungsberatung. Ergebnisse der bundesweiten Studie Wir.EB. Freiburg: Lambertus, 2018.

Bamberger, Heinz-Georg/*Roth*, Herbert/*Hau*, Wolfgang/*Poseck*, Roman: BeckOK BGB, 51. Edition Stand 1.11.2020, Verlag C.H.Beck, München.

Berthold, O. et al.: „Gewichtige Anhaltspunkte" bei Verdacht auf Kindesmisshandlung – eine Befragung in Deutschland tätiger Ärzte und Psychotherapeuten. Klin Padiatr 233, 221–225 (2021).

Bertsch, B. & Deutsches Jugendinstitut: Wirkungen des Bundeskinderschutzgesetzes – wissenschaftliche Grundlagen Ergebnisbericht zu Erhebungen im Gesundheitswesen. (2016).

Bertsch, Bianca/*Ziegenhain*, Ute/*Künster*, Anne Katrin: Die Beratung von Berufsgeheimnisträgern des Gesundheitswesens nach § 4 KKG. Ein Qualitätsmerkmal im Kinderschutz? JAmt 2016, 54–58.

Britze, Harald/*Dittmann*, Aline/*Hillmeier*, Hans/*Huber*, Gertraud: Sozialpädagogische Diagnose-Tabelle & Hilfeplan. Arbeitshilfe zur Anwendung der Instrumente bei der Prüfung von Anhaltspunkten für eine Gefährdung des Kindeswohls, der Abklärung von Leistungsvoraussetzungen einer Hilfe zur Erziehung und der Durchführung des Hilfeplanverfahrens in der Praxis (ZBFS – BLJA, Hrsg.). München, 2013.

Bundesvereinigung der kommunalen Spitzenverbände, Empfehlungen zur Festlegung fachlicher Verfahrensstandards in den Jugendämtern bei Gefährdung des Kindeswohls, https://www.dji.de/fileadmin/user_upload/dasdji/stellungnahmen/2009/2009-05_Empfehlungen_Kinderschutz.pdf, zuletzt abgerufen am 20.3.2023.

Centers for Disease Control and Prevention (CDC), Fast Facts: Preventing Adverse Childhood Experiences | Violence Prevention | Injury Center | CDC; https://www.cdc.gov/violenceprevention/aces/fastfact.html (2022).

Copeland, William E./*Keeler*, Gordon/*Angold*, Adrian/*Costello*, Elisabeth Jane: Traumatic events and posttraumatic stress in childhood. Archives of General Psychiatry, 64, 2007, 577–584.

DIJuf-Rechtsgutachten vom 15.2.2017, JAmt 2017, 184–185.

Donath, L./*Lüttringhaus*, M./*Wegenke*, M./*Wunsch*, S. (2018). Das Modell der Kollegialen Kurzberatung zur Risiko-/Gefährdungseinschätzung. Zeitschrift Jugendhilfe: Case Management und Kinderschutz, 56(5), S. 480–497.

Egle, Ulrich T./*Heim*, Christine/*Strauß*, Bernhard/*von Kähnel*, Roland, Das biopsychosoziale Krankheitsmodell – revisited, in: Egle, U.T., Heim, Ch., Strauß, B., von Känel, R. (Hrsg.), Psychosomatik – neurobiologisch fundiert und evidenzbasiert, Kohlhammer, Stuttgart 2020, S. 39–48.

Feist-Ortmanns, Monica/*Macsenaere*, Michael: Ergebnisbericht der wissenschaftlichen Begleitung zum Dialogprozess „Mitreden – Mitgestalten: Die Zukunft der Kinder- und Jugendhilfe". Bundesministerium für Familie, Frauen, Senioren und Jugend, 2020.

Felitti, V. J. et al.: Relationship of Childhood Abuse and Household Dysfunction to Many of the Leading Causes of Death in Adults. Am J Prev Med 14 (1998).

Frewer, A./*Bruns*, F./*Rascher*, W.: Gesundheit, Empathie und Ökonomie: kostbare Werte in der Medizin, Königshausen & Neumann, 2011.

Frings, Peter: Kontrollaufträge in der Jugendhilfe, JAmt 2008, 461–466.

Frister, Helmut/*Olzen*, Dirk: Rechtsgutachten zum kinderärztlichen Austausch patientenbezogener Informationen beim Verdacht einer Kindeswohlgefährdung. Düsseldorf, 2016.

Gerber, Christine/*Lillig*, Susanna: Gemeinsam lernen aus Kinderschutzverläufen. Eine systemorientierte Methode zur Analyse von Kinderschutzfällen und Ergebnisse aus fünf Fallanalysen. Bericht. Beiträge zur Qualitätsentwicklung im Kinderschutz 9. Herausgegeben vom Nationalen Zentrum Frühe Hilfen (NZFH), Köln, 2018.

Grüneberg: Bürgerliches Gesetzbuch, 80. Auflage. Verlag C.H.Beck, München, 2021.

Gsell, Beate/*Krüger*, Wolfgang/*Lorenz*, Stephan/*Reymann*, Christoph: beck-online. GROSSKOMMENTAR (BeckOGK BGB). Verlag C.H.Beck. München, 2020.

Hauk, Karl/*Noftz*, Wolfgang/*Stähr*, Axel: Kommentar SGB VIII, Erich Schmidt Verlag, Berlin, 2019.

Heghmanns, Michael: Zur strafrechtlichen Verantwortung im Kinderschutz, JAmt 2018, 230–235.

Heilmann, Stefan: Der Schutz des Kindes vor sexueller Gewalt, NJW 2019, 1417–1419.

Heintschel-Heinegg, Bernd von: BeckOK StGB. 49. Edition, Stand: 01.02.2021. Verlag C.H.Beck, München.

Herberger, Maximilian/Martinek, Michael/Weth, Stephan/Würdinger, Markus: jurisPK-BGB, Band 4, 2020. Juris-GmbH, Saarbrücken.

Hoffmann, Birgit: Inobhutnahme iSd § 42 SGB VIII, JAmt 2012, 244–249.

Hoffmann, Birgit: Einwilligung der betroffenen Person als Legitimationsgrundlage eines datenverarbeitenden Vorgangs im Sozialrecht nach dem Inkrafttreten der DSGVO, NZS 2017, 807–812.

Jans, Karl-Wilhelm/*Happe*, Günter/*Saurbier*, Helmut/*Maas*, Udo (Hrsg.): Kinder- und Jugendhilferecht, Stand Juli 2020. Verlag W. Kohlhammer, Stuttgart.

Jauernig, Othmar: BGB-Kommentar, 18. Auflage 2021, Verlag C.H.Beck, München.

Kelly, C./*Street*, C./*Building*, M. E. S.: Child Maltreatment 2019. Child Maltreatment 306 (2019).

Kepert, Jan: Wie muss das Jugendamt auf eine Kindeswohlgefährdung reagieren? Zum Spagat zwischen der Gewährung von Hilfen und der Anrufung des Familiengerichts, ZFSH/SGB 2015, 313–315.

Kepert, Jan/*Kunkel*, Peter Christian: Handbuch Kinder- und Jugendhilferecht, 1. Auflage, Nomos. Baden-Baden, 2017.

Kepert, Jan: Der „Staufener Missbrauchsfall" und die Wahrnehmung des Schutzauftrags für das Kindeswohl durch Jugendamt und Familiengericht – Was kann verbessert werden?, ZFSH/SGB 2018, 494–499.

Kepert, Jan: Stellungnahme zum KJSG vor dem Ausschuss für Familien, Senioren, Frauen und Jugend am 22.2.2021, https://www.bundestag.de/resource/blob/822458/255534d25053254a2a92757f86b4de7f/19-13-116l-data.pdf, zuletzt abgerufen am 20.3.2022.

Kinder- und Jugendhilfereport 2018. Eine kennzahlenbasierte Analyse. Opladen, Berlin, Toronto: Barbara Budrich, 2019.

Kindhäuser, Urs/*Neumann*, Ulfrid/*Paeffgen*, Hans-Ullrich: Strafgesetzbuch Kommentar, 5. Auflage. Nomos, Baden-Baden, 2017.

Kindler, Heinz/*Lillig*, Susanna/*Blüml*, Herbert/*Werner*, Annegret (Hrsg.): Handbuch Kindeswohlgefährdung nach § 1666 BGB und Allgemeiner Sozialer Dienst, München: Deutsches Jugendinstitut e.V., 2006.

Kindler, Heinz (2006): Wie kann die Veränderungsbereitschaft und -fähigkeit von Eltern eingeschätzt werden? In: Kindler, Heinz/Lillig, Susanna/Blüml, Herbert/Meysen, Thomas/Werner, Annegret (Hrsg.): Handbuch Kindeswohlgefährdung nach § 1666 BGB und Allgemeiner Sozialer Dienst (ASD), Kapitel 72, München: Deutsches Jugendinstitut e.V., 2006.

Kindler, Heinz: Kinderschutz in Deutschland stärken. Eine Analyse des nationalen und internationalen Forschungsstandes zu Kindeswohlgefährdung und die Notwendigkeit eines nationalen Forschungsplanes zur Unterstützung der Praxis. Eine Expertise im Auftrag des Informationszentrums Kindesmisshandlung/Kindesvernachlässigung. München: Eigenverlag, 2007.

Kindler, Heinz/*Lukasczyk*, Peter/*Reich*, Wulfhild: Validierung und Evaluation eines Diagnoseinstruments zur Gefährdungseinschätzung bei Verdacht auf Kindeswohlgefährdung, ZKJ 2008, 500–505.

Kindler, Heinz/*Gerber*, Christine/*Lillig*, Susanna: Wissenschaftliche Analyse zum Kinderschutzhandeln des Allgemeinen Sozialen Dienstes im Landkreis Breisgau-Hochschwarzwald im Todesfall des Kindes A., Deutsches Jugendinstitut e.V., München, 2016.

Kindler, Heinz: Probleme und Lösungsansätze bei Einschätzungsaufgaben in familiengerichtlichen Kinderschutzverfahren, NZFam 2020, 376–380.

Kissel, Otto Rudolf/*Mayer*, Herbert: GVG, 9. Auflage. Verlag C.H.Beck, München, 2018.

Kliemann, Andrea/*Fegert* Jörg M.: Informationsweitergabe im Kinderschutz, ZRP 2011, 110–112.

Kommission Kinderschutz des Landes Baden-Württemberg: Abschlussbericht 2020, Kurzfassung, https://sozialministerium.baden-wuerttemberg.de/fileadmin/redaktion/m-sm/intern/downloads/Publikationen/Abschlussbericht_Kommission-Kinderschutz_Kurzfassung.pdf sowie Band I, https://sozialministerium.baden-wuerttemberg.de/de/service/publikation/did/abschlussbericht-der-kommission-kinderschutz-band-i-bericht-und-empfehlungen/?tx_rsmbwpublications_pi3%5Bministries%5D=11&cHash=39a131d73f1ecdddd569108908959baa, zuletzt abgerufen am 20.3.2023.

Körner, Anne/*Leiterer*, Stephan/*Mutschler*, Bernd/*Rolfs*, Christian: Kasseler Kommentar Sozialversicherungsrecht, 102 EL. Dezember 2018. Verlag C.H.Beck, München.

Krauskopf, Dieter: Soziale Krankenversicherung, Pflegeversicherung, 107. EL 2020. Verlag C.H.Beck, München.

Kunkel, Peter-Christian: Das Bundeskinderschutzgesetz – „Meilenstein" oder „Mühlstein"?, ZKJ 2012, 288–295.

Kunkel, Peter-Christian: Das Jugendamt als Amtsvormund – zugleich Anmerkung zur Entscheidung des BVerfG v. 24.3.2014 zum Kinderschutz, FamRZ 2015, 901–904.

Kunkel, Peter-Christian/*Rosteck*, Heike/*Vetter*, Henrike: Datenschutz, Schweigepflicht und Zeugnispflicht, StV 2017, 829–835.

Kunkel, Peter-Christian/*Kepert*, Jan/*Pattar* Andreas: Lehr- und Praxiskommentar SGB VIII, 8. Auflage 2022.

Landesjugendamt Rheinland, Gelingensfaktoren bei der Wahrnehmung des Schutzauftrags gemäß § 8a SGB VIII, https://dom.lvr.de/lvis/lvr_recherchewww.nsf/0/9443DFE8991DB1DEC1257EA1002B88ED/$file/Vorlage14_725.pdf, zuletzt abgerufen am 20.3.2023.

Landeshauptstadt Dresden (Hrsg.): Dresdener Kinderschutzordner (2. (aktualisierte) Ausgabe). Dresden: Landeshauptstadt Dresden, 2019.

Landschaftsverband Westfalen-Lippe (LWL): Ideen und Konzepte. Schutzkonzepte in der Hilfeplanung. Eine qualitative Studie zur Funktion und zur Wirkungsweise von Schutzkonzepten im Rahmen ambulanter Erziehungshilfen. Münster: Eigenverlag, 2013.

Lillig, Susanna: Wege zur Beurteilung von Gefährdungen im Jugendalter. Eine Arbeitshilfe, Deutsches Jugendinstitut e.V., Informationszentrum Kindesmisshandlung/Kindesvernachlässigung (Hrsg.), München, 2012.

Lillig, Susanna: Umgang mit (vermuteter) Kindeswohlgefährdung in der Diakonie – Jugendhilfe Oberbayern, Jugendhilfe 2020, 127–145.

LVR/LWL (Hrsg.): Junge Kinder in den Angeboten der stationären Erziehungshilfe. Verfügbar unter https://www.lvr.de/media/wwwlvrde/jugend/service/arbeitshilfen/dokumente_94/hilfen_zur_erziehung_1/aufsicht__ber_station_re_einrichtungen/par45_sgb_viii/FirstSpirit_146830767830716_1374_junge_kinder_in_stationaerer_erziehungshilfe_internet.pdf, 2016, zuletzt abgerufen am 20.3.2023.

Macsenaere, Michael/*Knab*, Eckhart: Evaluationsstudie erzieherischer Hilfen (EVAS). Eine Einführung. Lambertus, Freiburg im Breisgau 2004.

Mangoldt, Hermann/*Klein,* Friedrich/*Starck*, Christian: Kommentar zum Grundgesetz, 7. Auflage. Verlag C.H.Beck, München, 2018.

Maunz, Theodor/*Dürig*, Günter: GG-Kommentar, 92. EL Januar 2020. Verlag C.H.Beck, München.

Meysen, Thomas: Datenschutz: Hindernis oder Chance beim Kinderschutz, 2006.

Miehlbradt, Laura Sophia/*Kindler*, Heinz, Evaluation der Medizinischen Kinderschutzhotline, Abschussbericht. Verfügbar unter https://www.dji.de/fileadmin/user_upload/bibs2020/2020-Abschluss_medizinische_Kinderhotline.pdf, 2020, zuletzt abgerufen am 20.3.2023.

Mörsberger, Thomas/*Wapler*, Friederike: Das Bundeskinderschutzgesetz und der Datenschutz, FPR 2012, 437–440.

Möstl, Markus/*Trurnit*, Christoph (Hrsg.): BeckOK Polizeirecht BW. Verlag C.H.Beck, München, 2020.

Mühlmann, Thomas: Inobhutnahmen aus Familien auf neuem Höchststand. Komdat 2/2019, 14–19.

Mühlmann, Thomas/*Pothmann*, Jens: Gefährdungseinschätzungen der Jugendämter in Zeiten von Corona-Kontaktbeschränkungen, Komdat 2/3 2020, 17–22.

Mühlmann, Thomas: Inobhutnahmen 2019 – wenig Veränderungen, Komdat 2/3 2020, 23–27.

Münchener Kommentar zum Bürgerlichen Gesetzbuch (MüKo BGB), Band 9: Familienrecht II §§ 1589–1921, SGB VIII, 7. Auflage. Verlag C.H.Beck, München, 2016.

Münchener Kommentar zum Bürgerlichen Gesetzbuch (MüKo BGB), Band 10: Familienrecht II, §§ 1589–1921, SGB VIII. 8. Auflage. Verlag C.H.Beck, München, 2020.

Münder, Johannes/*Mutke,* Barbara/*Schone,* Reinhold: Kindeswohl zwischen Jugendhilfe und Justiz. Professionelles Handeln in Kindeswohlverfahren. Münster: Votum, 2000.

Münder, Johannes: Kindeswohl zwischen Jugendhilfe und Justiz, 1. Auflage. Beltz, Juventa, Weinheim, 2017.

Münder, Johannes/*Meysen*, Thomas/*Trenczek*, Thomas: Frankfurter Kommentar zum SGB VIII, 9. Auflage. Nomos. Baden-Baden, 2022.

Munro, Eileen/*Turnell*, Andrew/*Murphy*, Terry: 'You can't grow roses in concrete' Action Research. Final Report. Perth. Verfügbar unter https://www.basw.co.uk/resources/%E2%80%98you-can%E2%80%99t-grow-roses-concrete%E2%80%99, 2016, zuletzt abgerufen am 20.3.2023.

Nationales Zentrum Frühe Hilfen (NZFH) (Hrsg.). Nationaler Forschungsstand und Strategien zur Qualitätsentwicklung im Kinderschutz. Beiträge zur Qualitätsentwicklung im Kinderschutz, Bd. 8., Eigenverlag, Köln, 2018.

Nussbaum, Martha/*Sen*, Amartya: The Quality of Life. Clarendon Press, Oxford, 1993.

OLG Karlsruhe/AG Freiburg/LRA Breisgau-Hochschwarzwald: Abschlussbericht: Untersuchung der Kommunikation zwischen den beteiligten Behörden und Gerichten bei Gefährdung des Kindeswohls sowie der Überwachung der Einhaltung von gerichtlichen Ge- und Verboten aus Anlass des „Staufener Missbrauchsfalls". 2018. https://rsw.beck.de/rsw/upload/WiesnerSGB/Abschlussbericht_der_gemeinsamen_Arbeitsgruppe_zum_Staufener_Missbrauchsfall_(002)_1_1_1.pdf, zuletzt abgerufen am 20.3.2023.

Oberloskamp, Helga: Das Jugendamt im familiengerichtlichen Verfahren, ZKJ 2016, 336–344.

Otto, Hans-Uwe/*Ziegler*, Holger (Hrsg.): Capabilities – Handlungsbefähigung und Verwirklichungschancen in der Erziehungswissenschaft (2. Aufl.). Wiesbaden: VS Verlag für Sozialwissenschaften, 2010.

Posser, Herbert/Wolff, Amadeus: BeckOK VwGO, 56. Edition, Stand: 1.1.2021. Verlag C.H.Beck, München.

Rake, Ulrich: Anmerkung zu BGH, B. v. 23.11.2016, XII ZB 149/16, FamRZ 2017, 285.

Reich, Wulfhild/*Heynen*, Susanne: Der Kinderschutzbogen, das Diagnoseinstrument des Jugendamts Stuttgart bei Verdacht auf Kindeswohlgefährdung, Jugendhilfe 2020, 115–126.

Reinhardt, Jörg: Alter Wein im neuen Schlauch? Die Bedeutung der Datenschutz-Grundverordnung für die Adoptionsvermittlung – Teil II, JAmt 2018, 126–135.

Reuter, Thomas: Die Verhältnismäßigkeit im engeren Sinn – das unbekannte Wesen, Jura 2009, 511–518.

Richardson, Margaret, *Henry,* Jim, *Black-Pond,* Connie, *Sloane,* Mark: Multiple types of maltreatment: behavioral and developmental impact on children in the child welfare system. J Child Adolesc Trauma 1, 2008, 1–14.

Rixen, Stephan: Zwischen den Stühlen: Die Inpflichtnahme von Berufsgeheimnisträgern durch das Bundeskinderschutzgesetz, Sozialrecht aktuell 2012, 221–231.

Rolfs, Christian/*Giesen,* Richard/*Kreikebohm,* Ralf/*Udsching,* Peter*:* BeckOK Sozialrecht, Stand 1.9.2020. Verlag C.H.Beck, München.

Rotering, Beate: Schutzkonzept: Gemeinsam können wir es schaffen – Kontrolle des Kindeswohls im Kontext der Hilfen zur Erziehung. Jugendhilfe aktuell (2), 5–9, 2008.

Salgo, Ludwig: Der qualifizierte Familienrichter als tragende Säule im Kinderschutz, ZKJ 2018, 168–173.

Schiefer, Jennifer: Grenzen der ärztlichen Schweigepflicht bei Kindesmisshandlungen, FuR 2018, 514–517.

Schimke, Hans-Jürgen: Das neue Bundeskinderschutzgesetz. Erste Einschätzungen und Perspektiven, JAmt 2011, 621–628.

Schindler, Gila: Was ist im Zusammenhang mit einer Inobhutnahme zu beachten? In: Kindler, Heinz/Lillig, Susanna/Blüml, Herbert/Meysen, Thomas/Werner, Annegret (Hrsg.): Handbuch Kindeswohlgefährdung nach § 1666 BGB und Allgemeiner Sozialer Dienst (ASD). Kapitel 84. München: Deutsches Jugendinstitut e.V., 2006.

Schlegel, Rainer/*Voelzke*, Thomas: jurisPK-SGB X, 2. Auflage. Juris-GmbH Saarbrücken, 2017.

Schlegel, Rainer/*Voelzke*, Thomas: jurisPK-SGB I, 3. Auflage. Juris-GmbH, Saarbrücken, 2018.

Schlegel, Rainer/*Voelzke*, Thomas: jurisPK-SGB VIII, 2. Auflage. Juris-GmbH, Saarbrücken, 2018.

Schoch, Friedrich/*Schneider*, Jens-Peter: VwGO, 39. EL. Verlag C.H.Beck, München, 2020.

Schönke, Adolf/*Schröder*, Horst: StGB Kommentar, 30. Auflage. Verlag C.H.Beck, München, 2019.

Schütze, Bernd: SGB X Kommentar, 9. Auflage, Verlag C.H.Beck. München, 2020.

Sethi, Dinesh/*Yon*, Yongjie/*Parekh*, Nikesh/*Anderson*, Thomas/*Huber*, Jasmine/*Rakovac*, Ivo/*Meinck*, Franziska: European status report on preventing child maltreatment. Copenhagen 2018. https://www.who.int/europe/publications/i/item/9789289053549 zuletzt abgerufen am 25.4.2023.

Sidebotham, Peter/*Appleton*, Jane V.: Revolutions in Safeguarding? Child Abuse Review, 2012, 1–6.

Slüter, Ralf: Die Beratung von Berufsgeheimnisträgern in der Schule nach § 4 KKG. Schulische Kinderschutzfachkräfte als Brücke zwischen Schule und Jugendhilfe, JAmt 2017, 54.

Socha, Ingo: So, fertig. Und nun? Zur Kontrolle und Abänderung familiengerichtlicher Entscheidungen nach § 166 FamFG, JAmt 2017, 522–526.

Statistisches Bundesamt: Statistiken der Kinder- und Jugendhilfe. Vorläufige Schutzmaßnahmen 2018. Wiesbaden: Statistisches Bundesamt. Zugriff am 13.05.2020. Verfügbar unter https://www.destatis.de/DE/Themen/Gesellschaft-Umwelt/Soziales/Kinderhilfe-Jugendhilfe/Publikationen/Downloads-Kinder-und-Jugendhilfe/vorlaeufige-schutzmassnahmen-5225203187004.pdf?__blob=publicationFile, 2019, zuletzt abgerufen am 20.3.2023.

Staudinger, Julius: Kommentar zum BGB, Band 4.Sellier – De Gruyter, Berlin 2019.

Stelkens, Paul/*Bonk*, Heinz Joachim/*Sachs*, Michael: VwVfG, 9. Auflage. Verlag C.H.Beck, München, 2018.

Stephan, Ulrich/Deger, Johannes: PolG für BW, 7. Auflage. Boorberg Verlag, Stuttgart, 2014.

Thüringer Ministerium für Soziales, Familie und Gesundheit: Gemeinsame Empfehlung zur Verbesserung der ressortübergreifenden Kooperation beim Kinderschutz in Thüringen, 2009. Verfügbar unter https://www.kinderschutz-thueringen.de/fileadmin/user_upload/Download-Daten/Fachliche_Empfehlungen/brosch__re_kinderschutz_aktuell.pdf, zuletzt abgerufen am 20.3.2023.

Trenczek, Thomas/*Düring*, Diana/*Neumann-Witt*, Andreas: Inobhutnahme, 3. Auflage. Boorberg Verlag, Stuttgart, 2017.

Volbert, Renate/*Huber*, Anne/*Jacob* Andre/*Kannegießer*, Anja: Empirische Grundlagen der familienrechtlichen Begutachtung, 1. Auflage. Hogrefe Verlag, Göttingen, 2019.

Weltgesundheitsorganisation, Social determinants of health; https://www.who.int/health-topics/social-determinants-of-health, 2022, zuletzt abgerufen am 20.3.2023.

Wiesner, Reinhard: Schutzauftrag des Jugendamtes bei Kindeswohlgefährdung, FPR 2007, 6–12.

Wiesner, Reinhard/Wapler, Friederike: SGB VIII, Kinder- und Jugendhilfe, 6. Auflage, C.H.Beck, München, 2022.

Wolf, Klaus: Sozialpädagogische Interventionen in Familien, Beltz Juventa, Weinheim, 2012.

Zanarini Mary C./*Yong*, Lynne/*Frankenburg*, Frances/*Hennen*, John/*Reich* D. Bradford/*Marino*, Margaret F./*Vujanovic*, Anna: Severity of reported childhood sexual abuse and its relationship to severity of borderline psychopathology and psychosocial impairment among borderline inpatients. The Journal of Nervous and Mental Disease 190, 2002, 381–387.

Kapitel 1: Das Jugendamt als Sozialleistungs- und Polizeibehörde

Das Kinder- und Jugendhilferecht enthält mit den §§ 11 bis 41 SGB VIII Regelungen, welche die Erbringung von Sozialleistungen i.S.d. § 11 SGB I vorsehen. Mit dieser Leistungserbringung nimmt das Jugendamt klassische Aufgaben einer Sozialleistungsbehörde wahr. Ziel der Jugendhilfe ist es insbesondere, Hilfe für die Familie zu leisten, damit diese ihren Erziehungsauftrag wahrnehmen kann. Dabei wird in erster Linie Hilfe über eine Unterstützung der Eltern geleistet, um die Kinder zu stärken. Der Gesetzgeber umschreibt dies wie folgt:

> „Im Hinblick auf die grundgesetzlich den Eltern obliegende Erziehungsverantwortung ist es das oberste Ziel öffentlicher Jugendhilfe, Eltern bei ihren Erziehungsaufgaben zu unterstützen und damit indirekt die Erziehungssituation von Kindern und Jugendlichen zu verbessern."[1]

Die Tätigkeit des Jugendamtes beschränkt sich jedoch nicht auf diese Aufgabenwahrnehmung. Nach Art. 6 Abs. 2 Satz 2 GG wacht die staatliche Gemeinschaft über die Wahrnehmung des Rechts der Eltern auf Erziehung und Pflege des Kindes[2]. Allerdings setzt die Erbringung der Leistungen nach dem SGB VIII grundsätzlich Freiwilligkeit und Kooperationsbereitschaft der Eltern voraus.

Das staatliche Wächteramt nach Art. 6 Abs. 2 Satz 2 GG begründet keine staatliche Erziehungsbefugnis. Es ist nicht auf eine bestmögliche Hilfe für das Kind und seine Familie ausgerichtet. Vielmehr dient das staatliche Wächteramt ausschließlich der **Abwehr einer Gefährdungslage** für das Kind. Vorrangig ist zudem auch bei Vorliegen einer Kindeswohlgefährdung zu prüfen, ob die Gefahr mit der Gewährung von Hilfen abgewendet werden kann. Nach Auffassung des Bundesverfassungsgerichts muss der Staat,

> „bevor er Kinder von ihren Eltern trennt, nach Möglichkeit versuchen, durch helfende, unterstützende, auf Herstellung oder Wiederherstellung eines verantwortungsgerechten Verhaltens der leiblichen Eltern gerichtete Maßnahmen sein Ziel zu erreichen".[3]

Bei Erreichen einer bestimmten Gefahrenschwelle begründet das staatliche Wächteramt allerdings eine unbedingte Pflicht zur Abwehr einer Kindeswohlgefährdung. Kinder haben nach Art. 2 Abs. 1 GG sowie nach Art. 2 Abs. 2 Satz 1 GG i.V.m. Art. 6 Abs. 2 Satz 2 GG einen Anspruch auf den Schutz des Staates, wenn ihre Eltern ihnen nicht den Schutz und die Hilfe bieten, die sie benötigen, um gesund aufzuwachsen und sich zu einer eigenverantwortlichen Persönlichkeit zu entwickeln.[4] Dieses staatliche Wächteramt verpflichtet **verschiedene Akteure**.

---

1 Entwurf eines Gesetzes zur Neuregelung des Kinder- und Jugendhilferechts, BT-Drs. 11/5948, S. 1.

2 Abweichend vom Kindsbegriff des § 7 Abs. 1 Nr. 1 SGB VIII wird im Folgenden der Kindsbegriffs des Grundgesetzes verwendet, sofern ausschließlich vom Kind (und nicht auch Jugendlichen) die Rede ist. In Bezug genommen werden dann Menschen bis zur Vollendung des 18. Lebensjahres.

3 BVerfG, B. v. 24.3.2014, 1 BvR 160/14, juris Rn. 38.; BVerfG, B. v. 17.3.2014, juris Rn. 30.

4 BVerfG, B. v. 3.2.2017, 1 BvR 2569/16, juris Rn. 39.

- Insbesondere besteht eine Verpflichtung des Jugendamtes und des Familiengerichts zur Wahrnehmung des Schutzauftrags.[5]
- Ferner kommt den Trägern der freien Jugendhilfe eine wichtige Funktion bei der Wahrnehmung des Schutzauftrags zu.
- Aber auch die Polizei, Staatsanwaltschaften und Strafgerichte, die Schule, das Gesundheitswesen und weitere Akteure sind dem Kinderschutz verpflichtet.

Dabei sind die Akteure mit der Aufgabe Kinderschutz allerdings mit unterschiedlichen Aufgabenstellungen und aus verschiedenen Blickwinkeln befasst. So handeln insbesondere Polizei, Staatsanwaltschaften und Strafgerichte auch zu **repressiven Zwecken**. Das Handeln der Jugendhilfe ist hingegen ausschließlich **präventiven Zwecken** verpflichtet. Nur wenn in der Zukunft eine (erneute) Kindeswohlgefährdung droht, ist ein Handeln zulässig und verpflichtend vorgegeben.

Diese unterschiedliche Aufgabenstellung kann bzw. muss auch zu einer differierenden Herangehensweise bei der Wahrnehmung des Schutzauftrags führen.[6] Die Darstellung in diesem Handbuch beschäftigt sich ausschließlich mit den Aufgaben und dem Blickwinkel, welche der öffentlichen und freien Jugendhilfe bei Wahrnehmung des Schutzauftrags zukommen.

Zentrale Rolle kommt dabei der **Gefährdungseinschätzung nach § 8a SGB VIII** und den hierauf basierenden Handlungspflichten zu. Eingriffsrechtlich muss das Jugendamt zur Abwehr einer Kindeswohlgefährdung mit dem Mittel der Inobhutnahme gem. § 42 SGB VIII handeln.

Ferner kommt dem Informationsaustausch zwischen den verschiedenen Akteuren, welche dem Kinderschutz verpflichtet sind, besondere Bedeutung zu. Daher kann Kinderschutz nicht losgelöst von **Datenschutz** betrachtet werden.

Dem Jugendamt – und in abgestufter Weise auch den Trägern der freien Jugendhilfe – kommt als „Teil der staatlichen Gemeinschaft" bei Ausübung des Wächteramtes nach Art. 6 Abs. 2 Satz 2 SGB VIII die zentrale Rolle bei Wahrnehmung des Schutzauftrags zu. Dies wird mittels § 1 Abs. 3 Nr. 4 SGB VIII, § 8a SGB VIII und § 1 KKG verdeutlicht.[7]

Die Träger der öffentlichen Jugendhilfe verfügen insbesondere über spezifische sozialpädagogische Expertise, um Gefährdungseinschätzungen vornehmen zu können. Auch in datenschutzrechtlicher Hinsicht ist das Jugendamt die öffentliche Stelle, bei welcher die relevanten Informationen zusammenfließen können. Sehr treffend wird in Nordrhein-Westfalen seit 1. Mai 2022 mit § 4 Abs. 1 S. 1 Landeskinderschutzgesetz NRW erstmals das **Jugendamt** als „**die zentrale Stelle für die Aufgabenwahrnehmung bei Kindeswohlgefährdungen**" benannt.[8]

5 S. hierzu Badura in Maunz/Dürig, GG-Kommentar, Art. 6 GG Rn. 139 und 140.
6 S. hierzu Abschlussbericht der Kommission Kinderschutz, Baden-Württemberg, 2020, Kurzfassung, S. 9
7 Hierzu auch Abschlussbericht der Kommission Kinderschutz Baden-Württemberg, 2020, Band I, S. 47.
8 Gesetz zum Schutz des Kindeswohls und zur Weiterentwicklung und Verbesserung des Schutzes von Kindern und Jugendlichen in Nordrhein-Westfalen (Landeskinderschutzgesetz NRW), GV NRW v. 26.4.2022, S. 503.

Bei Bestehen einer Gefährdungssituation für das Kind muss das Jugendamt auch von Amts wegen prüfen, ob es mit den Mitteln des Eingriffsrechts tätig werden muss. Das Jugendamt nimmt dann Aufgaben des besonderen Polizeirechts wahr, da die Materie der Gefahrenabwehr betroffen ist. Mit der Aufgabenwahrnehmung verbunden sind in der Regel Eingriffe in das Elternrecht aus Art. 6 Abs. 2 Satz 1 GG. Als Ultima Ratio hat das Jugendamt – auch gegen den Willen von Kind und Eltern – das betroffene Kind von den Eltern mittels einer Inobhutnahme zu trennen und infolge einer familiengerichtlichen Entscheidung nach § 1666 Abs. 3 Nr. 6 BGB eine stationäre Unterbringung des Kindes in die Wege zu leiten.

Das Jugendamt wird regelmäßig ausschließlich als eine sozialpädagogische Fachbehörde wahrgenommen. Diese Betrachtung wird nach hiesiger Auffassung der Aufgabe des Jugendamtes nicht gerecht. Es ist zu betonen, dass das Handeln des Jugendamtes bei Ausübung des staatlichen Wächteramtes, welches mit erheblichen Grundrechtseingriffen verbunden sein kann, in erster Linie einem rechtlichen Maßstab unterliegt. Zentrale Voraussetzung des Schutzauftrags ist der **Gefahrenbegriff**. § 8a Abs. 1 Satz 3 SGB VIII sowie § 8a Abs. 2 Satz 1 HS 1 SGB VIII machen die Reaktion auf eine festgestellte Kindeswohlgefährdung von den unbestimmten Rechtsbegriffen der Geeignetheit und Notwendigkeit bzw. Erforderlichkeit abhängig.

Hinweis:

! *Eine Inobhutnahme ist insbesondere nur dann zulässig, wenn eine dringende Gefahr für das Kindeswohl i.S.d. § 42 Abs. 1 Satz 1 Nr. 2 SGB VIII vorliegt.*

Um den Schutzauftrag sachgerecht wahrnehmen zu können, bedarf es neben hoher sozialpädagogischer Expertise auch vertiefter **juristischer Sachkunde**. Auch muss die fachliche Einschätzung hinsichtlich des Vorliegens einer Kindeswohlgefährdung auf eine Art und Weise erfolgen, welche eine rechtliche Beurteilung in einem familiengerichtlichen Verfahren nach § 1666 BGB ermöglicht.[9] Dies kann nur gelingen, wenn die Fachkräfte des Jugendamtes die rechtlichen Tatbestandsvoraussetzungen des § 1666 BGB kennen.

Auch muss ein **fachlicher Vortrag** zu dem auf Rechtsfolgenseite das Auswahlermessen begrenzenden Grundsatz der Verhältnismäßigkeit erfolgen. Aus fachlicher Sicht ist darzulegen, weshalb die vom Jugendamt intendierte Maßnahme geeignet, erforderlich und angemessen ist. Schließlich ist ein juristisches Verständnis seitens des Jugendamtes wichtig, um Entscheidungen des Familiengerichts im Verfahren nach § 1666 BGB besser vorhersehen und nachvollziehen zu können. Die Anrufung des Familiengerichts nach § 8a Abs. 2 Satz 1 HS 1 SGB VIII ist eben auch davon abhängig, ob eine solche Anrufung Erfolgsaussichten im Sinne der Ergreifung von durch das Jugendamt intendierten Maßnahmen durch das Familiengericht hat.

Nach hiesiger Auffassung setzt eine bestmögliche Aufgabenwahrnehmung im Kinderschutz die Tätigkeit von multiprofessionellen Teams voraus. Die Gefährdungseinschätzung muss letztendlich auf einer sozialpädagogischen Diagnostik basieren. Um die für den Kinderschutz elementaren Rechtsbegriffe definieren und im Einzelfall subsumieren zu können,

9 S. hierzu auch Abschlussbericht der Kommission Kinderschutz Baden-Württemberg, 2020, Band I, S. 153.

muss aber auch juristische Expertise in Kinderschutzverfahren einfließen.[10] Nur so kann nach hiesiger Auffassung die sozialpädagogische Diagnostik bestmöglich erfolgen. Wenn man der Prämisse

> „rechtliche Regelungen sind verbindliche Leitorientierungen sozialpädagogischen Handelns"[11]

tatsächlich in der täglichen Arbeit des Kinderschutzes genügen möchte, bedarf es vor, während und nach einer sozialpädagogischen Bewertung einer juristischen Klärung.

Daher hat auch die Kommission Kinderschutz Baden-Württemberg die Stadt- und Landkreise um Prüfung „der Ausgestaltung eines einfachen Zugangs der Jugendämter zu juristischer Expertise in Kinderschutzverfahren" gebeten.[12]

Entsprechend diesem Standpunkt erfolgt die Darstellung im vorliegenden Handbuch multiperspektivisch. Zunächst erfolgt eine rechtliche Darstellung der **rechtlichen Vorgaben** zum Kinderschutz im SGB VIII und KKG. Sodann wird eine **fachliche Betrachtung** aus Sicht der Sozialarbeit und Psychologie vorgenommen.

10 S. hierzu auch Abschlussbericht der Kommission Kinderschutz Baden-Württemberg, 2020, Band I, S. 150.
11 Trenczek/Düring/Neumann-Witt, Inobhutnahme, S. 81.
12 Abschlussbericht der Kommission Kinderschutz Baden-Württemberg, 2020, Kurzfassung, S. 17.

Kapitel 2: Das zentrale Element des Schutzauftrags – die Kindeswohlgefährdung

A. Die Gefahrenbegriffe des Polizeirechts

Die Trennlinie zwischen der Leistungserbringung durch das Jugendamt als klassische Sozialleistungsbehörde und der Verpflichtung zur Wahrnehmung des Schutzauftrags und als Ultima Ratio zum Eingreifen des Jugendamts als Polizeibehörde markiert der unbestimmte Rechtsbegriff der Kindeswohlgefährdung. Das Vorliegen einer Gefahr ist sowohl für die Inobhutnahme nach § 42 Abs. 1 Satz 1 Nr. 2 SGB VIII als auch für die familiengerichtliche Entscheidung nach § 1666 BGB elementare Voraussetzung. Die Wahrnehmung des Schutzauftrags nach § 8a SGB VIII ist an das Vorliegen gewichtiger Anhaltspunkte für eine Gefährdung des Kindeswohls gekoppelt.

Dabei zielt das Handeln ausschließlich auf einen präventiven Schutz des Kindes vor in Zukunft drohenden Gefahren für das Kindeswohl. Es muss festgestellt werden, ob ohne Handeln ein Schaden für das Kindeswohl eintreten könnte. Das Handeln im Bereich des präventiven Kinderschutzes ist daher als „in höchstem Maße prognostisch" zu beurteilen.[13] Es ist mit Schwierigkeiten besonderer Art verbunden.

Gemein ist den in §§ 8 a SGB VIII, 42 SGB VIII und § 1666 BGB enthaltenen Vorschriften zum Kinderschutz damit, dass sie der Abwehr von Gefährdungen für das Kindeswohl dienen. Tatbestandlich setzen die Normen das Vorliegen einer Gefahr (§ 42 Abs. 1 Satz 1 Nr. 2 SGB VIII und § 1666 BGB) oder gewichtiger Anhaltspunkte für eine Gefahr (§ 8a SGB VIII) voraus: „Gefährdung des Wohls eines Kindes oder Jugendlichen" (s. § 8a Abs. 1 Satz 1 SGB VIII); „dringende Gefahr" (s. § 42 Abs. 1 Satz 1 Nr. 2 SGB VIII); „wird das körperliche, geistige oder seelische Wohl des Kindes (...) gefährdet" (s. § 1666 Abs. 1 BGB).

Mangels gesetzlicher Legaldefinition oder gesetzlicher Regelbeispiele zum Gefahrenbegriff im SGB VIII und BGB ist der Gefahrenbegriff durch Auslegung zu ermitteln. Was unter einer Kindeswohlgefährdung i.S.d. § 8a SGB VIII und § 42 Abs. 1 Satz 1 Nr. 2 SGB VIII zu verstehen ist, ist allerdings in Rechtsprechung und Literatur noch nicht hinreichend geklärt.[14]

Im Rahmen der wissenschaftlichen Begleitung des Dialogprozesses zur SGB-VIII-Reform durch das KJSG in den Jahren 2019 und 2020 wurde von den befragten Fachkräften insbesondere die Bedeutung einer Legaldefinition von „Kindeswohl" und „Kindeswohlgefährdung" für einen gelingenden Kinderschutz hervorgehoben. Es wurde der Bedarf nach einer Definition durch den Gesetzgeber festgestellt, um auch für die Fachpraxis ohne juristische Vorbildung Handlungssicherheit zu schaffen. Zwar leistet die bestehende Rechtsprechung eine definitorische Schärfung der Begriffe, diese wird bisher im sozialpädagogischen Fachdiskurs jedoch nur unzureichend rezipiert und genutzt. Deutliche Hinweise darauf, dass eine verbindliche Definition der Begriffe „Kindeswohl" und „Kindeswohlgefährdung" die Fachkräfte entlasten kann, zeigen die Befunde der Jugendamtsbefragung auf.

13 Abschlussbericht der Kommission Kinderschutz Baden-Württemberg, 2020, Band I, S. 31.

14 Ausführlich hierzu Kepert in Kunkel/Kepert/Pattar, LPK-SGB VIII, § 42 Rn. 25.

Hier lässt sich eine direkte Verbindung zwischen dem Vorhandensein einer organisationsinternen Operationalisierung der Kriterien aus der Rechtsprechung in Form von Definitionen und Leitbildern und dem Wohlbefinden der Fachkräfte feststellen.

Ähnliche Zusammenhänge lassen sich auch in Bezug auf die Zufriedenheit der Befragten mit den rechtlichen Grundlagen für ihre Arbeit im Kinderschutz feststellen. Die Zufriedenheit ist hier am größten, wenn festgelegt ist, dass multiprofessionelle Teams zur Gefährdungseinschätzung eingesetzt werden, die Begriffe „Kindeswohl" und „Kindeswohlgefährdung" organisationsintern definiert sind und es standardisierte Kinderschutzprozesse gibt, es definierte fachliche Standards für Inobhutnahmen gibt und eine standardisierte Diagnostik für bestimmte Ausgangslagen genutzt wird.[15]

Daher wäre die Schaffung einer gesetzlichen Legaldefinition des Gefahrenbegriffs im SGB VIII durch den Gesetzgeber sehr zu begrüßen.[16]

Zunächst ist die sogenannte **abstrakte Gefahr** von einer **konkreten Gefahr** abzugrenzen. Eine abstrakte Gefahr liegt vor, wenn eine generell-abstrakte Betrachtung für bestimmte Arten von Verhaltensweisen oder Zuständen zu dem Ergebnis führt, dass mit hinreichender Wahrscheinlichkeit ein Schaden im Einzelfall eintreten wird. Auf den Nachweis der Gefahr eines Schadenseintritts im Einzelfall kann bei der abstrakten Gefahr verzichtet werden.[17] Eine solche abstrakte Gefahr genügt für den Erlass eines polizeirechtlichen Verwaltungsaktes regelmäßig nicht. Die abstrakte Gefahr knüpft vielmehr an ein Handeln mit abstrakt-generellen Mitteln, insbesondere Rechtsverordnungen. Im Kinderschutzverfahren kann eine abstrakte Gefahr mangels Konkretisierung des Lebenssachverhalts daher ein Handeln nach § 8a SGB VIII oder § 42 SGB VIII nicht rechtfertigen.

Für ein Handeln durch Verwaltungsakt im jeweiligen Einzelfall ist das Vorliegen einer konkreten Gefahr erforderlich. Im **Kinderschutz** ist daher ein Nachweis einer **konkreten Gefahr** nötig. So wird auch ausweislich des Gesetzeswortlauts in §§ 8a Abs. 1 S. 3, 8a Abs. 3 S. 1 oder 8a Abs. 4 S. 3 SGB VIII an die Notwendigkeit „zur Abwendung der Gefährdung" angeknüpft.

Nicht ausreichend für ein Handeln nach § 8a SGB VIII oder § 42 SGB VIII ist auch bei einer Konkretisierung des Lebenssachverhalts das Vorliegen eines „Graubereichs" oder einer latenten Gefahr. Bedenklich ist in diesem Zusammenhang nach hiesiger Auffassung die Unterscheidung zwischen einer „**akuten**" und einer „**latenten**" Gefahr[18], die gängige Praxis im Bereich des Kinderschutzes ist und sogar Eingang in amtliche Statistiken gefunden hat.[19]

---

15 S. hierzu Feist-Ortmanns & Macsenaere 2020, S. 44 f.

16 Hierzu Kepert, Stellungnahme zur Öffentlichen Anhörung zum KJSG im Familienausschuss des Bundestags am 22.2.2021, https://www.bundestag.de/ausschuesse/a13/Anhoerungen#url=L2F1c3NjaHVlc3NlL2ExMy9BbmhvZXJ1bmdlbi84MjE5NDItODIxOTQy&mod=mod683976, abgerufen am 5.3.2021.

17 BVerwG, B. v. 24.10.1997, 3 BN 1/97, juris Rn. 4.

18 Ebenso Trenczek/Düring/Neumann-Witt, Inobhutnahme, S. 216.

19 S. hierzu https://www.destatis.de/DE/Presse/Pressemitteilungen/2019/09/PD19_337_225.html, abgerufen am 5.3.2021.

Hinweis:

Eine „latente" Gefahrensituation erfüllt nach der Rechtsprechung des Bundesverfassungsgerichts zu § 1666 BGB nicht den Gefahrenbegriff und kann folglich einen Grundrechtseingriff im Bereich des Kinderschutzes nicht gestatten.[20] *Die latente Gefahr beschreibt ein Gefahrenvorfeld, welches somit (noch) nicht ausreichend ist, um Maßnahmen im Kinderschutz nach § 8a SGB VIII oder § 42 SGB VIII ergreifen zu können.*

Auch ist die Unterscheidung zwischen einer Gefahr und einer akuten Gefahr rechtlich nicht zu begründen und daher bedenklich. Die Annahme einer Kindeswohlgefährdung setzt stets eine akute Gefahr dergestalt voraus, dass der Schadenseintritt in zeitlicher Hinsicht unmittelbar bevorstehen muss.[21] Eine Gefahr im rechtlichen Sinne ist daher stets eine „akute" Gefahr. Ist die Gefahr nicht „akut", so liegt keine Gefahr i.S.d. § 8a und § 42 Abs. 1 Satz 1 Nr. 2 SGB VIII vor, welche zu einem Handeln berechtigt und verpflichtet. Nach hiesiger Auffassung sollte daher künftig in der amtlichen Statistik zu § 8a SGB VIII auf die Unterscheidung zwischen einer akuten Gefahr und einer latenten Gefahr verzichtet werden.

Stets erforderlich ist somit das Vorliegen einer konkreten Gefahr für das Kindeswohl. Nicht hinreichend klar ist allerdings, ob im Kinderschutz nach §§ 8a, 42 SGB VIII sowie § 1666 BGB von einem **einheitlichen konkreten Gefahrenbegriff** oder von **unterschiedlichen Gefahrenbegriffen** auszugehen ist.

Im gefahrenabwehrrechtlichen Polizeirecht existieren zwei konkrete Gefahrenbegriffe. Viele Rechtsgrundlagen des Gefahrenabwehrrechts (beispielsweise die polizeirechtlichen Generalklauseln der Landespolizeigesetze) setzen auf Tatbestandsseite das Vorliegen einer **„einfachen" konkreten Gefahr** voraus. Eine solche Gefahr liegt vor, wenn in dem zu beurteilenden Einzelfall in überschaubarer Zukunft mit einem Schadenseintritt hinreichend wahrscheinlich gerechnet werden muss.[22] Das gefahrenabwehrrechtliche Handeln des Verwaltungsrechts kennt aber auch den Begriff der **gesteigerten bzw. qualifizierten konkreten Gefahr**. Das Vorliegen einer solchen gesteigerten Gefahr wird unstrittig für die Annahme einer Gefahr i.S.d. § 1666 BGB und nach überwiegender Auffassung auch für § 42 Abs. 1 Satz 1 Nr. 2 SGB VIII gefordert.

Wie dargestellt ist die latente Gefahr nicht ausreichend, um ein Handeln nach § 8a SGB VIII zu rechtfertigen. Auch das Angebot einer Hilfe nach § 8a Abs. 1 S. 3 SGB VIII setzt eine festgestellte Kindeswohlgefährdung voraus („Hält das Jugendamt zur Abwendung der **Gefährdung** die Gewährung von Hilfen für geeignet und notwendig, so hat es diese den Erziehungsberechtigten anzubieten"). Die Differenzierung zwischen einer Kindeswohlgefährdung und einer latenten Gefahr kann den Fachkräften aber die **Möglichkeit einer kategorialen Einschätzung der Familiensituation** und des Kindeswohls geben, um daraus das weitere Vorgehen abzuleiten. So kann das Kontinuum von einer Familiensituation,

20 BVerfG, B. v. 24.3.2014, 1 BvR 160/14, juris Rn. 35.
21 S. hierzu die untenstehenden Ausführungen.
22 BVerwG, B. v. 24.10.1997, 3 BN 1/97, juris Rn. 4; VGH BW, Urt. v. 26.7.2012, 1 S 2603/11, juris Rn. 28.

in der es keine Gefährdungslage und keinen Hilfebedarf gibt, über eine Familiensituation, in der es keine Gefährdungslage, wohl aber einen Hilfebedarf gibt, bis zu einer Situation, in der es eine „latente" Gefährdungslage und einen Hilfebedarf gibt, abgebildet werden, bevor die Schwelle zu einer Gefährdungslage im Sinne des Kinderschutzes erreicht ist. So kann bei einer latenten Gefahr beispielsweise ein Erziehungsdefizit i.S.d. § 27 SGB VIII vorliegen, welches eine Hilfeplanung nach § 36 SGB VIII zur Folge haben kann.

Die kategoriale Gefährdungsdiagnostik kann daher hilfreich sein, wenn sie mit einer Ermittlung von Hilfebedarfen einhergeht. Betrachtet man die Ergebnisse der Gefährdungseinschätzungen im Zuge von 8a-Verfahren in der amtlichen Statistik, zeigt sich, dass im Großteil der Fälle keine „akute" Gefährdungslage, jedoch häufig ein Hilfebedarf vorliegt, was die Bedeutung der fachlichen Verknüpfung von Gefährdungseinschätzung und sozialpädagogischer Diagnostik unterstreicht.

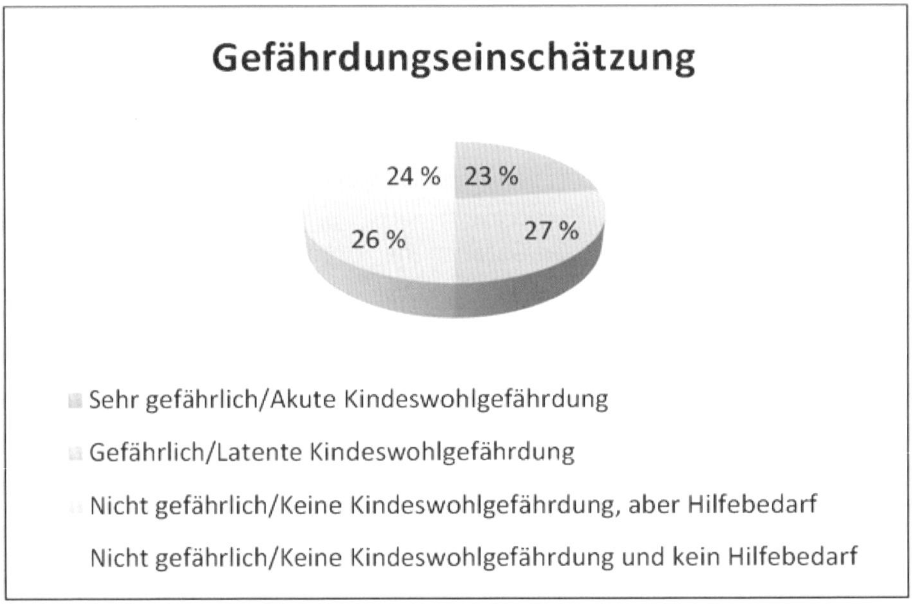

Abbildung 1: Selbsteinschätzung der Gefährdungslage von Betroffenen hochproblematischer Kinderschutzverläufe
Quelle: eigene Berechnungen, 2020

In der Forschung zu hochproblematischen Kinderschutzverläufen baten wir die Betroffenen, die Familiensituation und die Gefährdungslage, die die Ursache für den Kinderschutzverlauf setzten, auf Grundlage der Kategorisierung der amtlichen Statistik selbst einzuschätzen. Auch hier zeigt sich, dass die Fälle, in denen eine akute Gefährdung vorlag oder es gar keinen Anlass (keine Gefährdung und keinen Hilfebedarf) für den Kinderschutzverlauf gab, jeweils nur knapp ein Viertel der Stichprobe ausmachen und es in über der Hälfte der Fälle aus Sicht der Betroffenen einen Hilfebedarf gab, der zum Teil so gravierend war, dass sich eine latente Gefährdungslage daraus ableiten ließ. Sprich, während nur in 23 % der Fälle Maßnahmen des intervenierenden Kinderschutzes aus Sicht der Betroffenen indiziert waren, erforderten 53 % der Fälle ein sozialpädagogisches Handeln im Sinne des präventiven Kinderschutzes.

Im Rahmen des Diskurses um die Verwendung und Kategorisierung des Gefährdungsbegriffes erscheint eine **trennscharfe Abgrenzung von präventivem Kinderschutz und intervenierendem Kinderschutz** unerlässlich, da ein Mäandrieren zwischen „Grau- und Gefährdungsbereich" gravierende Fehlentscheidungen im Kinderschutz begünstigt.

Aus juristischer Sicht ist festzustellen, dass der **Rechtsbegriff** der „latenten Gefahr" in der rechtlichen Bewertung nicht unerhebliche Bedeutung hat. Hiermit wird ein Gefahrenvorfeld beschrieben, welches allerdings noch keine Gefahr im Rechtssinne darstellt. Bei Vorliegen einer latenten Gefahr sind daher i.d.R. Grundrechtseingriffe durch belastende Maßnahmen unzulässig. Das Bundesverfassungsgericht hat dies für die Gefahr i.S.d. § 1666 BGB wie folgt konkretisiert:

> Eine „künftige Gefährdung" bzw. „eine latente Gefahrensituation" begründen keine nachhaltige Kindeswohlgefahr im verfassungsrechtlichen Sinne.[23]

Ein Hilfebedarf nach §§ 11 ff. SGB VIII ist jedoch regelmäßig bei Vorliegen einer „latenten Gefahr" indiziert. Im Sinne eines präventiven Kinderschutzes ist daher bei Vorliegen einer „latenten Gefahr" i.d.R. ein Leistungsangebot zu machen, über dessen freiwillige Inanspruchnahme die Eltern entscheiden können.

Diese Unterscheidung zwischen „latenter Gefahr" und Gefahr ist auch für das weitere Verfahren nach § 8a SGB VIII von Bedeutung. Das Handeln

- nach § 8a Abs. 1 Satz 3 SGB VIII (Angebot von Hilfen),
- nach § 8a Abs. 2 Satz 1 HS. 1 SGB VIII (Anrufung des Familiengerichts) und
- die Inobhutnahme nach § 8a Abs. 2 Satz 2 i.V.m. § 42 Abs. 1 Satz 1 Nr. 2b SGB VIII

setzt das Vorliegen einer konkreten Gefahr voraus. Ist eine solche Gefahr nicht gegeben, ist ein Handeln nach § 8a Abs. 1 Satz 3 oder Abs. 2 SGB VIII nicht geschuldet. Nach § 8a Abs. 4 S. 3 SGB VIII setzt auch die Information des Jugendamtes durch einen Träger der freien Jugendhilfe das Vorliegen einer konkreten Gefahr voraus („falls die Gefährdung nicht anders abgewendet werden kann").

Eine Inobhutnahme nach § 42 Abs. 1 Satz 1 Nr. 2b SGB VIII kann bei einer „latenten Gefahr" nicht in rechtmäßiger Weise verfügt werden. Allerdings kann dann eine Leistungserbringung nach §§ 11 ff. SGB VIII, insbesondere in Form der Hilfe zur Erziehung oder Eingliederungshilfe, auch im Sinne eines „präventiven Kinderschutzes", angezeigt sein.

Praxistipp:

Daher empfiehlt es sich nach hier vertretener Auffassung, klar zwischen einer konkreten Gefährdung und einer „latenten Gefahr" zu differenzieren. Sollte sich diese Differenzierung aufgrund der vorliegenden Informationen im Einzelfall als schwierig erweisen, empfiehlt es sich die Informationsgrundlage zu erweitern.

23 BVerfG, B. v. 24.3.2014, 1 BvR 160/14, juris Rn. 30 und 35.

Auch die Nutzung von analogen und digitalen Assistenzsystemen zur Gefährdungseinschätzung (siehe Kapitel 3, Abschnitt V) kann eine qualifizierte Analyse der vorliegenden Situation unterstützen.

Bei Vorliegen einer Gefährdung ist zu entscheiden, ob auf die Gefährdungslage mit dem Angebot von Hilfen nach § 8a Abs. 1 Satz 3 SGB VIII oder einem eingriffsrechtlichen Handeln durch Anrufung des Familiengerichts oder einer Inobhutnahme zu reagieren ist.

Bei Verneinung einer konkreten Gefahr wird vielfach eine „latente Gefahr" vorliegen, welche aktuell kein eingriffsrechtliches Handeln, aber eine Hilfeplanung nach § 36 SGB VIII rechtfertigen kann.

B. Der Gefahrenbegriff des § 1666 BGB

Mangels gesetzlicher Legaldefinition des Gefahrenbegriffs im SGB VIII ist der Gefahrenbegriff des § 8a SGB VIII sowie des § 42 Abs. 1 Satz 1 Nr. 2 SGB VIII im Wege der juristischen Auslegung zu ermitteln. Hierbei ist die Bestimmung der Gefahr i.S.d. § 1666 Abs. 1 BGB hilfreich.

Wird das körperliche, geistige oder seelische Wohl des Kindes gefährdet und sind die Eltern nicht gewillt oder nicht in der Lage, die Gefahr abzuwenden, so hat das Familiengericht nach § 1666 BGB die Maßnahmen zu treffen, die zur Abwendung der Gefahr geeignet, erforderlich und angemessen sind. Zentrale Tatbestandsvoraussetzung für eine familiengerichtliche Entscheidung nach § 1666 BGB ist damit das Vorliegen einer Kindeswohlgefährdung.

Eine gesetzliche Legaldefinition für diesen Gefahrenbegriff besteht nicht. Allerdings findet sich in Art. 6 Abs. 3 GG eine verfassungsrechtliche Vorgabe für eine Trennung des Kindes von seinen Eltern gegen deren Willen. Voraussetzung für eine solche Trennung ist es, dass die Erziehungsberechtigten versagen oder Kinder aus anderen Gründen zu verwahrlosen drohen. Hieran anknüpfend hat nach Auffassung des Bundesverfassungsgerichts eine auf der Rechtsgrundlage des § 1666 BGB erfolgende (teilweise) Entziehung der Personensorge zur Tatbestandsvoraussetzung, dass beim Kind bereits ein Schaden eingetreten sein müsse oder sich eine erhebliche Gefährdung des Kindeswohls mit ziemlicher Sicherheit voraussehen lasse.[24]

Damit ist nach Auffassung des Bundesverfassungsgerichts für einen (teilweisen) Entzug der Personensorge das Vorliegen einer **gesteigerten bzw. qualifizierten Gefahr** Tatbestandsvoraussetzung. Das Bestehen einer (einfachen) konkreten Gefahr, wie sie für viele Rechtsgrundlagen als Tatbestandsvoraussetzung für ein Eingreifen erforderlich ist, ist damit nicht ausreichend.

24 BVerfG, B. v. 19.11.2014, 1 BvR 1178/14, juris Rn. 23; BVerfG, B. v. 3.2.2017, 1 BvR 2569/16, juris Rn. 44.

Der Gefahrenbegriff wird dabei von drei Elementen bestimmt:

1. von der zu erwartenden **Rechtsgutsbeeinträchtigung**,
2. von der **zeitlichen Nähe** des Schadenseintritts und
3. von der **Wahrscheinlichkeit** des tatsächlichen Schadenseintritts.

Aufgrund der starken Ausgestaltung des Elternrechts und der diesbezüglichen verfassungsrechtlichen Verankerung in Art. 6 Abs. 2 und 3 GG sind an diese Teilelemente des Gefahrenbegriffs im Vergleich zu den Tatbestandsvoraussetzungen, wie sie vielfach für Eingriffe in anderen Bereichen des Verwaltungsrechts erforderlich sind, erhöhte Anforderungen zu stellen.

Die drohende Rechtsgutbeeinträchtigung beim Kind muss zunächst schwerwiegend und nachhaltig sein. Bezüglich der zeitlichen Nähe des Schadenseintritts gelten ebenfalls erhöhte Anforderungen: Die Gefahr muss gegenwärtig sein oder der Schadenseintritt unmittelbar bevorstehen. Dies ist der Fall, wenn über die der Gefahr innewohnende Aktualität der Gefährdung hinaus eine konkret drohende Gefahrenlage besteht, die sich nach dem objektiv anzunehmenden Verlauf der Dinge alsbald bzw. in allernächster Zeit auswirken wird. Schließlich muss hinsichtlich der Wahrscheinlichkeit des Schadenseintritts eine „ziemliche Sicherheit" bestehen.[25]

Das nach dieser Rechtsprechung erforderliche Maß an Gefahr kann allerdings nicht abstrakt bestimmt werden. Vielmehr ist eine rechtliche und fachliche Betrachtung nach wertenden Gesichtspunkten vorzunehmen. Nach der Rechtsprechung erfährt insbesondere der geforderte Grad der Eintrittswahrscheinlichkeit eine Differenzierung nach den jeweiligen Einzelfallumständen. Nach der **Rechtsfigur der Relativität des Gefahrenbegriffs** sind an die Wahrscheinlichkeit des Schadenseintritts umso geringere Anforderungen zu stellen, je größer und folgenschwerer der möglicherweise eintretende Schaden ist.[26] Damit bestehen zwischen den einzelnen Teilelementen des Gefahrenbegriffs Verknüpfungen bzw. Abhängigkeiten.

Hinweis:

Die Rechtsfigur der Relativität des Gefahrenbegriffs wird daher auch „Je-desto-Formel" genannt: Je gravierender der drohende Schaden ist, desto geringere Anforderungen sind an die Eintrittswahrscheinlichkeit zu stellen.

Dieser Gefahrenbegriff des Bundesverfassungsgerichts ist nach in Rechtsprechung und Literatur vertretener Auffassung insgesamt für Maßnahmen nach § 1666 BGB – also auch für weniger einschneidende Maßnahmen nach § 1666 Abs. 3 Nr. 1 bis 5 BGB – als Tatbestandsvoraussetzung zu fordern.[27]

Eine von dieser Annahme abweichende **Akzentuierung des Gefahrenbegriffs** hat allerdings der Bundesgerichtshof in jüngerer Zeit vorgenommen. Während der Bundesgerichts-

25 S. hierzu Kepert in Kunkel/Kepert/Pattar, LPK-SGB VIII, § 42 Rn. 26.

26 OLG Karlsruhe, B. v. 3.8.2018, 18 UF 91/18, juris Rn. 44; BVerwG, Urt. v. 6.9.1974, 1 C 17.73, juris Rn. 23; BayVGH, B. v. 18.5.2016, 22 ZB 16.12, juris Rn. 16.

27 OLG Karlsruhe, B. v. 3.8.2018, 18 UF 91/18, juris Rn. 40 m.w.N. aus Rspr. und Lit.

hof zunächst für das Vorliegen einer Kindeswohlgefährdung i.S.d. § 1666 BGB das Vorliegen einer solchen Gefahr

> „dass sich bei der weiteren Entwicklung der Dinge eine erhebliche Schädigung des geistigen oder leiblichen Wohls des Kindes mit ziemlicher Sicherheit voraussehen läßt"[28]

forderte und eine Prüfung der auf Rechtsfolgenseite zu treffenden Maßnahmen nur am Maßstab des Verhältnismäßigkeitsgrundsatzes vornahm[29], deutete er in jüngerer Rechtsprechung an, dass die Bestimmung der Gefahr auf Tatbestandsseite auch von den auf Rechtsfolgenseite zu treffenden Maßnahmen abhängen könne. „Generell" für Maßnahmen nach § 1666 BGB liege eine Gefahr vor

> „bei einer gegenwärtigen, in einem solchen Maß vorhandenen Gefahr, dass bei der weiteren Entwicklung der Dinge eine erhebliche Schädigung des geistigen oder leiblichen Wohls des Kindes mit hinreichender Wahrscheinlichkeit zu erwarten ist".[30]

Der – auch teilweise – Entzug der elterlichen Sorge setze aber einen höheren Grad der Eintrittswahrscheinlichkeit voraus. Der Entzug der Sorge sei nur bei

> „einer ziemlichen Sicherheit eines Schadenseintritts verhältnismäßig."[31]

Diese Rechtsprechung hat der Bundesgerichtshof mit Entscheidung vom 6. Februar 2019 fortgeführt. Einerseits hält der Bundesgerichtshof daran fest, dass

> „für die Frage, ob eine Kindeswohlgefährdung vorliegt, das Gewicht der zur Beseitigung dieser Gefährdung zu treffenden Maßnahme nach § 1666 BGB keine Bedeutung"[32]

habe, weil sich nur bei Vorliegen einer Kindeswohlgefährdung auf der Tatbestandsseite die Frage nach der erforderlichen und geeigneten Maßnahme und deren Verhältnismäßigkeit auf der Rechtsfolgenseite stellen könne.[33]

Andererseits schwankt der Bundesgerichtshof bei der Bestimmung der Gefahr aber zwischen der Tatbestands- und Rechtsfolgenseite hin und her. So sei bei der Prüfung der Verhältnismäßigkeit einer gerichtlichen Maßnahme nach § 1666 BGB auch das Verhältnis zwischen der Schwere des Eingriffs in die elterliche Sorge und dem Grad der Wahrscheinlichkeit eines Schadenseintritts für das Kind zu beachten. Eine Kindeswohlgefährdung im Sinne des § 1666 Abs. 1 BGB liege vor, wenn eine gegenwärtige, in einem solchen Maß vorhandene Gefahr festgestellt werde, dass bei der weiteren Entwicklung der Dinge eine erhebliche Schädigung des geistigen oder leiblichen Wohls des Kindes mit **hinreichender Wahrscheinlichkeit** zu erwarten sei. Die – auch teilweise – Entziehung der elterlichen Sorge sei allerdings nur bei einer erhöhten Wahrscheinlichkeit des Schadenseintritts, nämlich bei Vorliegen einer **ziemlichen Sicherheit**, verhältnismäßig.[34]

---

28 BGH, B. v. 26.10.2011, XII ZB 247/11, juris Rn. 25; BGH, B. v. 15.12.2004, XII ZB 166/03 , juris Rn. 11; BGH, B. v. 14.7.1956, IV ZB 32/56, beck-online.

29 S. hierzu BGH, B. v. 22.1.2014, XII ZB 68/11, juris Rn. 20.

30 BGH, B. v. 23.11.2016, XII ZB 149/16, juris Rn. 13.

31 BGH, B. v. 23.11.2016, XII ZB 149/16, juris Rn. 27. S. hierzu auch Rn. 36 der Entscheidung und die Anmerkung von Rake, FamRZ 2017, 285.

32 BGH, B. v. 23.11.2016, XII ZB 149/16, juris Rn. 15.

33 BGH, B. v. 23.11.2016, XII ZB 149/16, juris Rn. 15.

34 BGH, B. v. 6.2.2019, XII ZB 408/18, Leitsatz 1 und 3 sowie Rn. 33, juris.

Damit hat der Bundesgerichtshof zwei verschiedene Gefahrenbegriffe für ein und dieselbe Rechtsgrundlage mit einer nach dem Gesetzeswortlaut einheitlichen Tatbestandsvoraussetzung („Gefahr") entwickelt. Hiergegen spricht bereits die Tatsache, dass der eindeutige Gesetzeswortlaut des § 1666 BGB eine solche Differenzierung weder in Absatz 1 noch in Absatz 3 der Vorschrift vorgibt.[35]

Der Bundesgerichtshof begründet die Differenzierung der Wahrscheinlichkeitsgrade auf der Tatbestandsebene und der Rechtsfolgenseite damit, dass diese „geboten" sei, um dem Staat einerseits ein niederschwelliges Eingreifen zu ermöglichen, andererseits aber im Rahmen der Verhältnismäßigkeit eine Korrekturmöglichkeit zu haben, mittels derer ein übermäßiges Verhalten des Staates – hier ein Entzug der Personensorge und eine anschließende Fremdunterbringung des Kindes in Form einer stationären Hilfe zur Erziehung – vermieden werden könne.[36]

Nach hiesiger Auffassung darf aber bezweifelt werden, ob diese Festlegung unterschiedlicher Gefahrenbegriffe tatsächlich erforderlich ist, um eine „Korrekturmöglichkeit" bei einem „übermäßigen Verhalten" des Staates zur Verfügung zu haben. Auf **Rechtsfolgenseite** sieht § 1666 Abs. 1 BGB ausweislich des eindeutigen Gesetzeswortlautes eine gebundene Entscheidung vor. Gemäß § 1666 Abs. 1 BGB hat das Familiengericht bei Gefährdung des Kindeswohls die zur Gefahrabwendung erforderlichen Maßnahmen zu treffen.

Bei Vorliegen der Tatbestandsvoraussetzungen muss damit zwingend eine Maßnahme ergriffen werden. Durch die nicht abschließende Aufzählung („insbesondere") möglicher Maßnahmen in § 1666 Abs. 3 BGB stellt der Gesetzgeber allerdings klar, dass verschiedene Maßnahmen ergriffen werden können. Insbesondere sind Eingriffe unterhalb der Schwelle der Sorgerechtsentziehung möglich. § 1666 BGB räumt dem Familiengericht damit ein **Auswahlermessen** ein.

Der **Grundsatz der Verhältnismäßigkeit** setzt allerdings dem Auswahlermessen eine wichtige Grenze. Dies gilt für jede infrage kommende Maßnahme. § 1666a BGB normiert diesen Grundsatz ausdrücklich für die Trennung von Eltern und Kind. Gemäß § 1666a Abs. 1 BGB sind Maßnahmen, mit denen eine Trennung des Kindes von der elterlichen Familie verbunden ist, nur zulässig, wenn der Gefahr nicht auf andere Weise, auch nicht durch eine öffentliche Hilfe, begegnet werden kann. Eine Trennung des Kindes von den Eltern kann dabei nach der Rechtsprechung des Bundesverfassungsgerichts nur unter strikter Beachtung des Verhältnismäßigkeitsgrundsatzes erfolgen.[37] Das Bundesverfassungsgericht ist daher der Auffassung,

> „dass der Gesetzgeber mit § 1666 Abs. 1 in Verbindung mit § 1666a BGB eine Regelung geschaffen hat, die es dem Familiengericht ermöglicht, bei Maßnahmen zum Schutze des Kindes auch dem grundgesetzlich verbürgten Elternrecht hinreichend Rechnung zu tragen.[38]

---

35 Nach hiesiger Auffassung lehnt daher das OLG Karlsruhe mit überzeugenden Gründen die Konstruktion zweier unterschiedlicher Gefahrenbegriffe innerhalb des § 1666 BGB ab, OLG Karlsruhe, B. v. 3.8.2018, 18 UF 91/18, juris Rn. 126 f.

36 BGH, B. v. 6.2.2019, XII ZB 408/18, juris Rn. 35.

37 Statt vieler: BVerfG, B. v. 22.9.2014, 1 BvR 2108/14, juris Rn. 13.

38 BVerfG, B. v. 28.2.2012, 1 BvR 3116/11, juris Rn. 16; BVerfG, B. v. 2.12.2010, 1 BvR 2414/10, juris Rn. 24.

Dabei stellt das Bundesverfassungsgericht aufgrund der starken Grundrechtsbeeinträchtigungen für Eltern und Kind, die mit einer gerichtlich verfügten Trennung verbunden sind, erhöhte Anforderungen an die Erfüllung der Teilelemente des Verhältnismäßigkeitsgrundsatzes.[39]

Grundsätzlich gilt nach der Rechtsprechung des Bundesverfassungsgerichts eine staatliche Maßnahme bereits dann als geeignet, wenn mit ihrer Hilfe der gewünschte Erfolg gefördert werden kann, wobei die Möglichkeit der Zweckerreichung genügt.[40] Es muss somit nicht sicher feststehen, dass mit der gewählten Maßnahme der Zweck erreicht werden kann. Vielmehr ist es ausreichend, dass das gewählte Mittel die abstrakte Möglichkeit bietet, den Zweck zu erreichen, das Mittel also nicht von vornherein untauglich ist.[41] Über diese für eine „generelle Eignung" eines Mittels hinausgehende Vorgabe der abstrakten Möglichkeit der Zweckerreichung stellt das Bundesverfassungsgericht bei einer Trennung von Eltern und Kind strengere Anforderungen an die Bejahung der Geeignetheit eines vollständigen oder teilweisen Sorgerechtsentzugs auf. So fehlt es nach Auffassung des Bundesverfassungsgerichts

> „an der Eignung einer sorgerechtlichen Maßnahme, wenn sie nicht zur Beendigung des zuvor als gefährlich erkannten Zustands beitragen kann und sich die Situation des Kindes durch diese letztlich nicht verbessert".[42]

Zu berücksichtigen sei, dass die Trennung des Kindes von den Eltern regelmäßig eigenständige Belastungen des Kindes hervorrufe, weil das Kind unter der Trennung selbst dann leiden könnte, wenn sein Wohl bei den Eltern nicht gesichert sei. Eine Trennung des Kindes von der Familie könne daher nicht ohne Weiteres als zur Wahrung des Kindeswohls geeignet gelten, wenn diese ihrerseits nachteilige Folgen für das Kindeswohl haben könnte. Solche negativen Folgen einer Trennung des Kindes von den Eltern und einer Fremdunterbringung seien zu berücksichtigen und müssten durch die Beseitigung der festgestellten Gefahr aufgewogen werden, sodass sich die Situation des Kindes in der Gesamtbetrachtung verbessern würde.[43]

Ferner ist die **Erforderlichkeit der Maßnahme** nach § 1666 Abs. 3 BGB zu prüfen. Grundsätzlich ist nach der Rechtsprechung des Bundesverfassungsgerichts eine Maßnahme dann erforderlich, wenn ein gleich wirksames, den betroffenen Bürger aber weniger beeinträchtigendes Mittel nicht zur Verfügung steht.[44] Das bedeutet, dass unter mehreren gleich effektiven Mitteln dasjenige gewählt werden muss, welches den Bürger am wenigsten beeinträchtigt.[45] Über diese Kriterien hinausgehend macht das Bundesverfassungsgericht strengere Vorgaben im Rahmen der Erforderlichkeitsprüfung bei einer Trennung von Eltern und Kind. Nach Auffassung des Bundesverfassungsgerichts müsse der Staat,

---

39 Ausführlich hierzu Kepert in Kepert/Kunkel, Handbuch Kinder- und Jugendhilferecht, S. 199 f.

40 BVerfG, Urt. vom 28.3.2006, 1 BvR 1054/01, juris Rn. 112; BVerfG, B. v. 12.12.2006, 1 BvR 2576/04, juris Rn. 81.

41 BVerfG, Urt. v. 14.7.1999, 1 BvR 2226/94 u.a., juris Rn. 214.

42 BVerfG, B. v. 27.8.2014, 1 BvR 1822/14, juris Rn. 35.

43 BVerfG, B. v. 24.3.2014, 1 BvR 160/14, juris Rn. 38.

44 BVerfG, Urt. v. 14.7.1999, 1 BvR 2226/94 u.a., juris Rn. 219.

45 BVerfG, B. v. 22.9.2014, 1 BvR 2108/14 –, juris Rn. 19.

> „bevor er Kinder von ihren Eltern trennt, nach Möglichkeit versuchen, durch helfende, unterstützende, auf Herstellung oder Wiederherstellung eines verantwortungsgerechten Verhaltens der leiblichen Eltern gerichtete Maßnahmen sein Ziel zu erreichen".[46]

Die Hilfe als Alternative zum Sorgerechtsentzug muss damit nach Auffassung des Bundesverfassungsgerichts vorrangig in Erwägung gezogen werden. Dabei wird regelmäßig darauf verzichtet, explizit zu fordern, dass das Mittel der Hilfe ebenso effektiv zur Abwehr der Gefahr sein muss wie der Sorgerechtsentzug.

Schließlich muss ein Entzug der Personensorge auch noch einer strengen Angemessenheitsprüfung standhalten. Im Rahmen einer Abwägung ist zu ermitteln, ob die für Kind und Eltern eintretenden Nachteile außer Verhältnis zu den Vorteilen der Trennung von Eltern und Kind stehen.[47]

Nach hier vertretener Auffassung hätte es daher der Neuschöpfung des Gefährdungsbegriffs durch den Bundesgerichtshof zur Abwehr unverhältnismäßiger Elterneingriffe nicht bedurft. Mit den Vorgaben des Bundesverfassungsgerichts zur Verhältnismäßigkeitsprüfung ist nach hiesiger Auffassung alleine auf Rechtsfolgenseite eine „Korrektur" bzw. die Ermittlung eines sachgerechten Ergebnisses umfassend möglich.[48]

Auch um ein „niedrigschwelliges Eingreifen" des Staates zu ermöglichen, ist die Schaffung von zwei unterschiedlichen Gefahrenbegriffen nicht notwendig. Mittels der Rechtsfigur der Relativität des Gefahrenbegriffs ist im Einzelfall eine Senkung des Wahrscheinlichkeitsmaßstabs bei Vorliegen einer schweren drohenden Rechtsgutsbeeinträchtigung problemlos möglich. Ein Eingreifen des Staates ist daher auch bei einem geringeren Maße an Eintrittswahrscheinlichkeit möglich, wenn dem Kindeswohl ein schwerwiegender Schaden droht.

Hinweis:

! *Ist aber weder eine hohe Eintrittswahrscheinlichkeit gegeben noch eine schwerwiegende Schädigung des Kindeswohls absehbar, verbietet sich eine staatliche Intervention mit den Mitteln des Gefahrenabwehrrechts.*

Problematisch an der **Entscheidung des Bundesgerichtshofs** vom 6. Februar 2019 ist es nach hier vertretener Auffassung aber insbesondere, dass die Rechtsfigur der Relativität des Gefahrenbegriffs bei der Bestimmung der ziemlichen Sicherheit des Schadenseintritts keine ausreichende Berücksichtigung findet. Obgleich diese Rechtsfigur unter Randnummer 22 noch Eingang in die Entscheidung findet, wird sie bei der späteren entscheidungserheblichen Bestimmung des Gefahrenbegriffs nicht mehr erwähnt. Die Rechtsfigur der Relativität des Gefahrenbegriffs taugt damit lediglich zur Bestätigung der Annahme einer hinreichenden Eintrittswahrscheinlichkeit. Auch im Falle schwersten Schadens – hier eines sexuellen Missbrauchs der Tochter durch den Lebensgefährten der Mutter – wird nach Auffassung des Bundesgerichtshofs der erforderliche Wahrscheinlichkeitsmaßstab der ziemli-

46 BVerfG, B. v. 24.3.2014, 1 BvR 160/14, juris Rn. 38.
47 S. hierzu BVerfG, B. v. 22.9.2014, 1 BvR 2108/14, juris Rn. 22.
48 S. hierzu beispielsweise BVerfG, B. v. 8.3.2012, 1 BvR 206/12, juris Rn. 22 f.

chen Sicherheit nicht erreicht. Nach hier vertretener Auffassung wird dabei völlig aus dem Blick verloren, dass es nach der Rechtsfigur der Relativität des Gefahrenbegriffs bei einem drohenden schweren Schaden, hier aufgrund sexuellen Missbrauchs, gar keiner ziemlichen Sicherheit des Schadenseintritts bedarf.[49]

Die Entscheidung des Bundesgerichtshofs hinterlässt daher den Eindruck einer Entwertung der Rechtsfigur der Relativität des Gefahrenbegriffs im Falle eines (teilweisen) Entzugs der Personensorge.[50] Nach hiesiger Auffassung ist das Insistieren auf einer ziemlichen Sicherheit des Schadenseintritts bei einem durch sexuellen Missbrauch drohenden schwerwiegenden Schaden nicht sachgerecht.

Es sprechen daher in Übereinstimmung mit der vom Bundesgerichtshof aufgehobenen Entscheidung des Oberlandesgerichts Karlsruhe vom 3. August 2018 gute Gründe für die Annahme eines einheitlichen Gefährdungsbegriffs i.S.d. § 1666 BGB unabhängig von den auf Rechtsfolgenseite zu treffenden Maßnahmen.[51]

Bisher hat sich das Bundesverfassungsgericht – soweit dies über eine Auswertung von juris und beck-online erkennbar ist – ausschließlich mit einer

> „die Fremdunterbringung verfassungsrechtlich rechtfertigende(n) Gefährdung des Kindeswohls"[52]

im Rahmen des § 1666 BGB beschäftigt.[53] Allerdings hat nach der bisherigen Rechtsprechung des Bundesverfassungsgerichts eine geringere Eintrittswahrscheinlichkeit nicht per se zur Verneinung einer Kindeswohlgefährdung geführt, welche einen Entzug der Personensorge nicht rechtfertigen würde, sondern zu erhöhten Anforderungen an die Prüfung des Einzelfalls, insbesondere zur Sachverhaltsermittlung im Eilverfahren.[54]

Obgleich sich das Bundesverfassungsgericht daher mit der aufgeworfenen Rechtsfrage wohl noch nicht befasst hat, sprechen nach hier vertretener Auffassung einige Ausführungen des Bundesverfassungsgerichts für die **Annahme eines einheitlichen Gefährdungsbegriffs**. So differenziert beispielsweise das Bundesverfassungsgericht mit Entscheidung vom 27. August 2014 nicht nach der Intensität der Kindeswohlgefährdung auf Tatbestandsseite. Vielmehr wird ohne Differenzierung der auf Rechtsfolgenseite zu treffenden Maßnahmen von der

> „Gefährdungsgrenze des § 1666 Abs. 1 BGB"[55]

---

49 S. hierzu BVerfG, B. v. 7.4.2014, 1 BvR 3121/13, juris Rn. 35.

50 S. hierzu insbesondere Rn. 33 und 34 der Entscheidung des BGH vom 6.2.2019.

51 OLG Karlsruhe, B. v. 3.8.2018, 18 UF 91/18, juris Rn. 125; s. hierzu auch Veit in Bamberger/Roth/Hau/Poseck, BeckOK BGB, § 1666 Rn. 26 und 26.2, Burghart in Gsell/Krüger/Lorenz/Reymann, BeckOGK BGB, § 1666 Rn. 85; Olzen in MüKo BGB, § 1666 Rn. 51; Budzikiewicz in Jauernig, BGB, § 1666 BGB Rn. 4; Poncelet/Onstein in Herberger/Martinek/Weth/Würdinger, jurisPK-BGB, Band 4 § 1666 Rn. 20. S. zur Frage der „Anforderungen an den Kinderschutz aus dem Blickwinkel des Kinderrechts" und damit der zu treffenden Maßnahmen auf Rechtsfolgenseite, Heilmann, NJW 2019, 986.

52 BVerfG, B. v. 19.11.2014, 1 BvR 1178/14, juris Rn. 39.

53 S. hierzu auch BGH, B. v. 23.11.2016, XII ZB 149/16, juris Rn. 12.

54 BVerfG, B. v. 29.9.2015, 1 BvR 1292/15, juris Rn. 20; BVerfG, B. v. 13.7.2017, 1 BvR 1202/17, juris Rn. 19; s. hierzu auch BVerfG, B. v. 7.4.2014, 1 BvR 3121/13, juris Rn. 23.

55 BVerfG, B. v. 27.8.2014, 1 BvR 1822/14, juris Rn. 33.

gesprochen. Zum anderen kann nach Auffassung des Bundesverfassungsgerichts ein sofortiges Einschreiten i.S. eines (teilweisen) Entzugs der Personensorge bei bloßen

> „Hinweisen auf (…) Missbrauch"[56]

bereits in Betracht kommen. Mit Entscheidung vom 3. Februar 2017 hat das Bundesverfassungsgericht – unter Betonung des Grundrechts des Kindes auf Schutz durch den Staat nach Art. 2 Abs. 1 GG und nach Art. 2 Abs. 2 Satz 1 GG i.V.m. Art. 6 Abs. 2 Satz 2 GG – eine Fremdunterbringung alleine beim Vorliegen von „Anhaltspunkten" für eine erneute körperliche Misshandlung gerechtfertigt, weil eine nachhaltige Schädigung des Kindes drohte.[57]

Gegen die genannte Entscheidung des Bundesgerichtshofs vom 6. Februar 2019 hat der am Verfahren beteiligte Landkreis Verfassungsbeschwerde erhoben. Mit Entscheidung vom 15.12.2020 hat das Bundesverfassungsgericht entschieden, die Verfassungsbeschwerde nicht zur Entscheidung anzunehmen.[58] Damit wurden die nach hiesiger Auffassung bestehenden Divergenzen in der Rechtsprechung des Bundesgerichtshofs und des Bundesverfassungsgerichts keiner Bereinigung zugeführt. Es bleibt abzuwarten, wie die weitere fachgerichtliche Rechtsprechung mit den aufgezeigten Divergenzen umgehen wird.

Die Rechtsprechung zum Begriff der Kindeswohlgefährdung, insbesondere im Zusammenhang mit dem erforderlichen Wahrscheinlichkeitsmaßstab bei Gefährdungslagen aufgrund eines möglichen sexuellen Missbrauchs von Kindern, scheint hier noch im Fluss zu sein. Es ist allerdings zu betonen, dass die **Divergenzen in der Rechtsprechung** mit Entscheidung des Bundesverfassungsgerichts vom 21. September 2020 deutlich geworden sind. Mit dieser Entscheidung hat das Bundesverfassungsgericht mit folgenden Worten sehr deutlich der Konstruktion des Bundesgerichtshofs widersprochen:

> „Lässt sich unter Berücksichtigung des Vorgenannten eine erhebliche Gefährdung des Kindes mit ziemlicher Sicherheit voraussehen, hängt die verfassungsrechtliche Zulässigkeit eines auf die Trennung des Kindes von den Eltern gerichteten Entzugs des Sorgerechts nach §§ 1666, 1666a BGB von der Verhältnismäßigkeit dieses Eingriffs in das Elternrecht ab. Die Verhältnismäßigkeit im verfassungsrechtlichen Sinne verlangt bei diesem Vorgehen keine weitere, eine höhere Sicherheit des Schadenseintritts erfordernde Prognose, wie sie der Bundesgerichtshof in der Auslegung von §§ 1666, 1666a BGB verlangt (vgl. BGHZ 213, 107 <116 Rn. 27>; BGH, Beschluss vom 6. Februar 2019 – XII ZB 408/18 -, juris, Rn. 33), weil dieser Gesichtspunkt bereits durch die Ausrichtung der Kindeswohlprüfung an der je-desto-Formel (siehe oben) berücksichtigt ist. Verfassungsrechtlich kommt es darauf an, dass der entsprechende Eingriff sich als geeignet, erforderlich und angemessen erweist (vgl. BVerfG, Beschluss der 1. Kammer des Ersten Senats vom 22. Mai 2014 – 1 BvR 3190/13 -, Rn. 28; Beschluss der 1. Kammer des Ersten Senats vom 24. März 2014 – 1 BvR 160/14 -, Rn. 37)."[59]

---

56 BVerfG, B. v. 7.4.2014, 1 BvR 3121/13, juris Rn. 24.
57 BVerfG, B. v. 3.2.2017, 1 BvR 2569/16, juris Rn. 62 f.
58 BVerfG, E. v. 15.12.2020, 1 BvR 1395/19.
59 BVerfG B. v. 21.9.2020, 1 BvR 528/19, juris Rn. 31.

Mit erheblicher Verwunderung und Befremden ist festzustellen, dass sich der Bundesgerichtshof in jüngerer Rechtsprechung mit dieser kritischen Sichtweise des Bundesverfassungsgerichts überhaupt nicht auseinandersetzt. So hat der Bundesgerichtshof jüngst mit Entscheidung vom 21.9.2022 (XII ZB 150/19) die eigene Rechtsprechung aus dem Jahr 2019 fortgeschrieben, ohne auch nur mit einer Silbe die divergierende Rechtsprechung des Bundesverfassungsgerichts und die kritischen Stimmen in der Literatur zu erwähnen.

Unabhängig von diesen Rechtsfragen steht aber fest, dass die Bejahung einer Gefahr i.S.d. § 1666 BGB rechtliche und fachliche Feststellungen zur Eintrittswahrscheinlichkeit, zur zeitlichen Nähe eines Schadenseintritts und zum Schadenseintritt selbst erfordert. Es muss eine nachhaltige Schädigung des Kindeswohls auf körperlicher, geistiger oder seelischer Ebene drohen. Diese Schädigung muss unmittelbar bevorstehen und hinreichend wahrscheinlich bzw. ziemlich sicher sein.

Zwischen der Eintrittswahrscheinlichkeit und der Schädigung des Kindeswohls besteht eine Verknüpfung. Je gravierender die drohende Schädigung ist, desto geringere Anforderungen sind an die Eintrittswahrscheinlichkeit zu stellen.

Hierzu ist im Einzelnen Folgendes festzustellen.

I. Nachhaltige bzw. erhebliche Schädigung des Kindeswohls

Für das Vorliegen einer Gefahr i.S.d. § 1666 BGB ist eine nachhaltige Gefahr erforderlich.

Die Annahme einer solchen nachhaltigen Gefährdung des Kindes setzt nach der Rechtsprechung des Bundesverfassungsgerichts voraus, dass bereits ein Schaden des Kindes eingetreten ist oder sich eine erhebliche Schädigung mit ziemlicher Sicherheit voraussehen lässt.[60] Erforderlich sind daher **Feststellungen zu Art und Ausmaß der Schäden**. Die zu erwartenden Schäden müssen nach Art und Gewicht bzw. Schwere einen Eingriff in das Elterngrundrecht nach Art. 6 Abs. 2 Satz 1 GG rechtfertigen können.[61] Die Schädigung muss daher eine bestimmte Erheblichkeitsschwelle überschreiten.

Gem. § 1631 Abs. 2 BGB haben Kinder ein **Recht auf gewaltfreie Erziehung**. Körperliche Bestrafungen, seelische Verletzungen und andere entwürdigende Maßnahmen sind unzulässig. Bei Nichtbefolgen dieser Vorgabe handeln die Eltern rechtswidrig. Allerdings führt dieses rechtswidrige Handeln nicht automatisch zu einer Kindeswohlgefährdung. Die Rechtsverletzung muss vielmehr zu einer **erheblichen Schädigung des Kindeswohls** führen.

Hinweis:

Nicht jeder Verstoß gegen das Recht auf gewaltfreie Erziehung führt daher automatisch zu einer Kindeswohlgefährdung.

60 BVerfG, B. v. 23.4.2018, 1 BvR 383/18, juris Rn. 16; BVerfG, B. v. 3.2.2017, 1 BvR 2569/16, juris Rn. 44.
61 BVerfG, B. v. 23.4.2018, 1 BvR 383/18, juris Rn. 23.

Eine erhebliche Schädigung des Kindeswohls kann

- durch **Vernachlässigung** des Kindes (Unterlassung von fürsorglichem Handeln, das zu physischen oder psychischen Schädigungen des Minderjährigen führt),
- durch **psychische** (z.B. durch Ablehnung, Isolation, Terrorisieren oder Ausbeuten des Kindes) **oder körperliche Misshandlung** sowie
- **sexuellen Missbrauch bzw. sexuelle Gewalt**

zu befürchten sein. Dabei sind das Alter, der Entwicklungsstand und der aktuelle gesundheitliche Zustand des Minderjährigen von entscheidungserheblicher Bedeutung. Erforderlich ist eine **rechtliche und fachliche** Bewertung objektiver Umstände bezüglich der Erheblichkeit der Schädigung.

Der Amtlichen Statistik des Statistischen Bundesamtes zur Einschätzung der Kindeswohlgefährdung ist zu entnehmen, dass die „Vernachlässigung" die häufigste Art der Kindeswohlgefährdung darstellt. Mit deutlichem Abstand folgen „psychische Misshandlung" und „körperliche Misshandlung". Einen vergleichsweise geringen Anteil nimmt schließlich „sexuelle Gewalt" ein.[62]

Praxistipp:

▶ *Alle negativen Veränderungen an den körperlichen, seelischen, kognitiven oder sozialen Strukturen und Funktionen des Kindes können zu einem Schaden führen. Um die Schwelle der Kindeswohlgefährdung zu erreichen, muss der Schaden aber nachhaltig und erheblich sein. Daher müssen die Art und das Ausmaß des Schadens möglichst genau beschrieben werden.*

II. Unmittelbar bevorstehender Schadenseintritt

Hinsichtlich der zeitlichen Nähe des Schadenseintritts ist zu berücksichtigen, dass die **Gefahr gegenwärtig** sein **oder** der Schadenseintritt **unmittelbar bevorstehen** muss. Dies ist der Fall, wenn über die der Gefahr innewohnende Aktualität der Gefährdung hinaus eine konkret drohende Gefahrenlage besteht, die sich nach dem objektiv anzunehmenden Verlauf der Dinge alsbald bzw. in allernächster Zeit auswirken wird.

Ein Schaden muss daher bereits eingetreten sein oder die Gefahrverwirklichung in allernächster Zeit zu befürchten sein. Allerdings können auch „**Fernschäden**" ausreichend sein, wenn diese ihre Ursache in den aktuellen Verhältnissen haben. Das Kind muss also nicht sofort beeinträchtigt werden, wenn eine aktuelle Gefährdung besteht, die später zu einem Schaden führen wird. Für die Annahme einer Gefahr können daher auch sogenannte Fernschäden genügen, die ihre Ursache in den aktuellen Verhältnissen haben.[63] Solche Fernschäden spielen insbesondere bei einer Kindeswohlgefährdung auf seelischer Ebene eine große Rolle.

---

62 Statistiken der Kinder- und Jugendhilfe, Gefährdungseinschätzungen nach § 8a Abs. 1 SGB VIIII 2019, https://www.destatis.de/DE/Themen/Gesellschaft-Umwelt/Soziales/Kinderhilfe-Jugendhilfe/Publikationen/Downloads-Kinder-und-Jugendhilfe/gefaehrdungseinschaetzungen-5225123197004.pdf?__blob=publicationFile, zuletzt abgerufen am 3.4.2021.

63 S. hierzu Staudinger, BGB, § 1666 BGB Rn. 82 und Palandt, BGB, § 1666 Rn. 8.

III. Hinreichende Wahrscheinlichkeit bzw. ziemliche Sicherheit des Schadenseintritts

Schließlich muss hinsichtlich der Wahrscheinlichkeit des Schadenseintritts eine „ziemliche Sicherheit" bzw. nach Auffassung des Bundesgerichtshofs für Maßnahmen unterhalb der Schwelle der Trennung von Kind und Eltern eine „hinreichende Wahrscheinlichkeit" bestehen.

Im Kinderschutz kommt hierbei der **Rechtsfigur der Relativität des Gefahrenbegriffs**, nach welcher an die Wahrscheinlichkeit des Schadenseintritts umso geringere Anforderungen zu stellen sind, je größer und folgenschwerer der möglicherweise eintretende Schaden ist,[64] besondere Bedeutung zu.

Im Bereich des Handelns nach § 42 SGB VIII oder § 1666 BGB geht es mit dem Wohl des Kindes, insbesondere bei einer Gefährdung für Leib und Leben, um ein sehr hohes Schutzgut. An die Anforderungen hinsichtlich der Wahrscheinlichkeit eines Schadenseintritts dürfen daher keine zu hohen Maßstäbe angelegt werden.[65]

IV. Die Erkennbarkeit und Beschreibung des Schadens

Bei körperlicher, sexueller, psychischer Gewalt oder Vernachlässigung im Kindes- und Jugendalter entstehen neben den unmittelbaren körperlichen Verletzungen zumeist auch Schäden auf seelischer Ebene. Derartige Erlebnisse und die daraus resultierenden seelischen Folgen sind in Theorie und Praxis eng mit dem Begriff des **Traumas** oder der **Traumatisierung** verknüpft.

Traumatisierende Ereignisse sind stark belastende, erschütternde oder schockierende Extremsituationen, die mit einer Gefahr für Leib und Leben einhergehen. Auch Gefühle von Angst, Kontrollverlust, Ohnmacht, emotionaler Taubheit und Hilflosigkeit gehen mit traumatischen Erlebnissen einher. Ein Individuum kann dabei selbst das unmittelbare Opfer eines solchen Ereignisses sein oder auch als Zeuge erleben, das einem anderen Menschen etwas derartiges widerfährt.

Bei der Beschreibung traumatischer Ereignisse wird zudem zwischen **Typ-1-Traumata** und **Typ-2-Traumata** differenziert. Während es sich bei einem Typ-1-Trauma um ein einzelnes Ereignis von kurzer Dauer handelt (z.B. einen Unfall), handelt es sich bei einem Typ-2-Trauma um sich **wiederholende Traumatisierungen**, die über einen längeren Zeitraum andauern und miteinander verknüpft sind. Zu nennen ist hier wiederholter (sexueller) Missbrauch, wiederkehrende Gewalt oder Folter.

Insbesondere interpersonelle Traumatisierungen, die auch als „menschen-gemacht" bezeichnet werden, sind auf Ebene der Typ-2-Traumata mit **gravierenden psychischen Folgeschäden** verbunden.

---

64 BVerwG, Urt. v. 6.9.1974, 1 C 17.73, juris Rn. 23.
65 Ebenso OVG NRW, B. v. 13.11.2015, 12 A 1761/14, juris Rn. 5.

Was wirkt überhaupt schädigend?

Bei der Beurteilung eines möglichen Schadens auf seelischer Ebene stehen insbesondere solche Ereignisse im Fokus der Betrachtung, in denen ein Kind oder Jugendlicher selbst unmittelbar von **Missbrauch und Misshandlung** betroffen ist.

Aber nicht nur solche Situationen bergen ein erhebliches Schädigungspotential: Vielmehr muss auch berücksichtigt werden, dass Kinder ebenso traumatisiert und somit möglicherweise auch nachhaltig geschädigt werden können, wenn sie **miterleben** müssen, dass einem Mitmenschen (z.B. einem Geschwisterkind oder Elternteil) Gewalt angetan wird. Darüber hinaus ist zu beachten, dass nicht nur körperliche und sexuelle Gewalt zu erheblichen Folgeschäden führt. Auch **Vernachlässigung**, sowie **emotionale und verbale Gewalt** dürfen in ihrer erheblichen negativen Auswirkung nicht unterschätzt werden.

Eine Erweiterung der oben beschriebenen Definition eines Traumas, vor allem im Hinblick auf das besondere Bedürfnis nach stabilen und fürsorglichen Bindungen abhängiger und schutzbedürftiger Kinder ist daher unbedingt notwendig. Einschlägig ist hier der Begriff der **„Bindungstraumatisierung**", der im Folgenden näher erläutert werden soll.

Auch scheinbar weniger gravierende Ereignisse, die sich nicht mit dem bisherigen Verständnis des Traumas decken, können bei Kindern zu Symptomen von posttraumatischem Stress führen. Zu solchen Erlebnissen zählt neben psychischer Gewalt in Form von abwertenden oder feindseligen Interaktionen auch die Vernachlässigung von Kindern oder die emotionale Abwesenheit der Bezugspersonen.

Gerade bei der Vernachlässigung wird oft nur unzureichend berücksichtigt, dass diese sich nicht nur auf körperlicher Ebene, beispielsweise in Form von Mangelernährung auswirkt. Die Erfahrung anhaltender Vernachlässigung wirkt sich in erheblichem Maß negativ auf die psychische und soziale Entwicklung von Kindern und Jugendlichen aus.

Vernachlässigte Kinder sind anhaltendem psychischen Stress ausgesetzt. Sie erfahren zum einen keine konstante und zuverlässige Erfüllung ihrer primären körperlichen Bedürfnisse, aber auch ihre zentralen Bindungsbedürfnisse werden nicht gestillt. Durch die inadäquate Versorgung erleben sie, dass ihre Bindungspersonen ihnen nicht zuverlässig zu Verfügung stehen. Es kann sich kein Gefühl der Sicherheit, der Geborgenheit oder Zuversicht einstellen. Durch den Mangel an Zuwendung und Aufmerksamkeit befinden sie sich in einem **Zustand anhaltender innerer Spannung**. Langfristig wandelt sich dieser Zustand in eine Art Abgestumpftheit oder Starre, wie man sie oft bei stark vernachlässigten Kleinkindern beobachten kann („Frozen watchfulness").

Hinweis:

▶ *Solche Erlebnisse, die die existenziellen Bedürfnisse des Kindes nach Bindung, liebevoller Versorgung und Sicherheit frustrieren und das Vertrauen erschüttern, dass diese Bedürfnisse von Bezugspersonen erfüllt werden, bergen demnach ein erhebliches Schädigungspotential.*

Zu berücksichtigen ist im Rahmen einer **Gefährdungseinschätzung** selbstverständlich, dass es sich hierbei um einen anhaltenden, quasi chronifizierten Zustand handeln muss, der aller Wahrscheinlichkeit nach auch in Zukunft fortbestehen wird. In Abwägung der oftmals sehr komplexen Gesamtsituation, mit denen wir es in der Jugendhilfe zu tun haben, sind jedoch auch solche Handlungen, die mit hoher Wahrscheinlichkeit einen seelischen Schaden nach sich ziehen unbedingt zu berücksichtigen.

Schäden auf seelischer Ebene – Was das Auge nicht sehen kann

Ein bereits eingetretener Schaden ist für Fachkräfte oder andere Bezugspersonen aus dem Umfeld des Kindes insbesondere dann gut erkennbar, wenn es sich um körperlich sichtbare Schäden wie Hämatome oder Frakturen handelt. Auch Gedeihstörungen und Untergewicht, anhaltende medizinische Beschwerden, die nicht adäquat behandelt werden, sowie mangelnde Körper- oder Zahnhygiene sind auffällige Anzeichen für Misshandlungen oder Vernachlässigung.

Wie verhält es sich jedoch mit der Erkennung und Beurteilung von seelischen Schäden?

Auf Ebene der psychischen Folgeschäden bedarf es einer sehr sorgfältigen Beobachtung des Kindes und einer sensiblen **Wahrnehmung von Verhaltensauffälligkeiten oder -änderungen**, um eine mögliche Kindeswohlgefährdung zu identifizieren.

Besonders auffällige, störende oder sehr plötzlich neu auftretende Verhaltensweisen sind dabei für Bezugspersonen sehr viel leichter und schneller wahrnehmbar als beispielsweise ein sich langsam vollziehender sozialer Rückzug. Auch neue entwicklungsuntypische Ängste, ausgeprägte Fremd- oder Autoaggressionen oder auch Regressionen (z.B. plötzliches Wieder-Einkoten oder Einnässen) sind Anzeichen für eine seelische Belastung bei Kindern.

Da sich gezeigte Verhaltensauffälligkeiten traumatisierter Kinder jedoch auch anderen Störungsbildern zuordnen lassen wie z.B. Angststörungen oder hyperkinetischen Störungen (ADHS), werden diese Symptome oft nicht als eindeutige Folgen einer schadhaften Handlung aufgefasst.[66] Insbesondere, wenn nicht bekannt ist, dass das Kind traumatisierenden Schädigungen ausgesetzt war, kann es daher leicht zu unzutreffenden Schlussfolgerungen oder Diagnosen kommen. Die einem auffälligen Verhalten zu Grunde liegende **Traumadynamik** wird somit in einigen Fällen nicht erkannt. Hier bedarf es der langfristigen, sorgsamen und aufmerksamen Beobachtung durch Bezugspersonen, um auffällige kindliche Verhaltensweisen beurteilen und einordnen zu können.

Selbstverständlich muss hierbei ebenso beachtet werden, dass der Umkehrschluss, jede Verhaltensauffäliigkeit oder jedes psychische Symptom habe seine Ursache in einer das Kindeswohl gefährdenden Handlung, nicht zulässig ist.

Praxistipp:

▶ *Eine genaue, sich über einen längeren Zeitraum erstreckende Beobachtung ist unerlässlich, um nicht voreilig von einer Kindeswohlgefährdung auszugehen.*

Dabei ist auch die **multiprofessionelle Einschätzung** durch erfahrene und gut ausgebildete Fachkräfte unerlässlich. Insbesondere müssen multifaktorielle Ansätze zur Erklärung

66 Ackermann u.a. 1998, 759 ff.

von Verhalten mit Störungscharakter berücksichtigt werden, die biologische und physiologische Faktoren, sowie passagere Entwicklungsphänomene berücksichtigen.

Schwere des zu erwartenden Schadens

Erfolgen die **Traumatisierungen im familiären Lebensumfeld** des Kindes und stammen die Verursacher bzw. Täter aus dem engsten Bezugspersonenkreis, sind die Auswirkungen besonders gravierend.

Die Schwere des zu erwartenden Schadens ist dabei multifaktoriell bedingt und hängt nicht nur von der manchmal subjektiv beurteilten Schwere des Ereignisses ab. Gleichermaßen spielt die individuelle Reaktion des Kindes und dessen Möglichkeiten, die Belastungen zu verarbeiten und zu kompensieren, eine entscheidende Rolle:

- Je jünger das Kind bei Beginn der Taten ist,
- je häufiger oder länger die schädigenden Handlungen oder eine Vernachlässigung andauert,
- je enger das Verhältnis zum Täter,
- je weniger Ressourcen oder schützender Bezugspersonen dem Kind zur Verfügung stehen,

desto gravierender und langfristiger werden die Folgeschäden für das Kind sein.

Eine maßgebliche Rolle spielt auch die **Reaktion der Umwelt** in Bezug auf die schädigenden Handlungen: Wird dem Kind seitens Helfersystemen und Vertrauenspersonen kein Glauben geschenkt, eine Mitverantwortung an den schädigenden Handlungen suggeriert oder verlaufen Versuche des Kindes Hilfe zu erhalten erfolglos, wirkt sich das negativ auf die Prognose für mögliche Folgeschäden aus.

Fernschäden – Was sich nicht sofort zeigt

Obwohl im Kinderschutz zunächst die direkte Gefährdung des Kindes und der unmittelbar bevorstehende Schadenseintritt im Fokus stehen, dürfen sogenannte Fernschäden bei der Gefährdungsbeurteilung von Verhalten, das Bezugspersonen gegenüber Kindern und Jugendlichen zeigen können, nicht außer Acht gelassen werden. Bei der in die Zukunft gerichteten Prognosestellung stellt die die Einschätzung möglicher Fernschäden eine besondere Herausforderung dar.

Bei anhaltenden Schädigungen besteht eine erhebliche **Chronifizierungsgefahr** der Symptome, was irreversible Schäden und Entwicklungsdefizite zur Folge haben kann. Zu nennen sind hier u.a.

- mangelnde Fähigkeiten der Affektregulation,
- Dysregulationen von Körperfunktionen und Sinneswahrnehmungen,
- selbstverletzendes Verhalten,
- risikosuchendes Verhalten,
- Ängste,
- ein negatives Selbstbild und Gefühle der Wertlosigkeit sowie
- Schwierigkeiten in der Herstellung intimer Beziehungen.

Wiederholte interpersonelle Traumatisierungen ziehen oft jahrelange negative Konsequenzen für die betroffenen Kinder nach sich. Die Bandbreite möglicher Folgesymptome, die in unterschiedlichen Störungsbildern zum Ausdruck kommen, ist hoch. **Traumabezogene Störungen** in der Kindheit sind z.B.

- die Posttraumatische Belastungsstörung,
- die reaktive Bindungsstörung sowie
- die Bindungsstörung mit Enthemmung oder auch die Anpassungsstörungen.

Untersuchungen zeigen, dass Menschen, die von in ihrer Kindheit verübten Misshandlungen durch primäre Bezugspersonen berichten, noch bis ins Erwachsenenalter Symptome posttraumatischer Belastung, Angst, Depressionen und Störungen der Affektregulation aufweisen.

Hinweis:

▶ *Gewalt und Missbrauch in der Kindheit gelten daher als erhebliche Risikofaktoren, die die Wahrscheinlichkeit einer langfristigen Traumafolgestörung mit erheblichen Funktionseinschränkungen deutlich erhöhen.*

Solche auffälligen Verhaltensweisen treten nach dem Erleben traumatischer Ereignisse oder bei anhaltender psychischer Belastung nicht notwendigerweise in direktem zeitlichem Zusammenhang auf. Oftmals ist die **Beurteilung eines Schadens** für das Kind gerade dadurch **erschwert**, dass sich die psychischen Folgen einer kindeswohlgefährdenden Handlung nicht immer unmittelbar im Anschluss an diese zeigen. In einer Studie von Richardson aus dem Jahr 2007 konnte gezeigt werden, dass 47 %der untersuchten Kinder, die nachweislich länger als ein Jahr misshandelt wurden, keine bekannte Diagnose für eine psychische Störung erfüllten, sondern lediglich unspezifische und störungsübergreifende Symptome zu beobachten waren.[67]

Die Schlussfolgerung, dass Kinder möglicherweise überhaupt keinen Schaden davontragen, ist allerdings unzulässig. Selbst wenn sich zu einem bestimmten Untersuchungszeitpunkt keine eindeutigen Symptome zeigen, bedeutet das nicht, dass keine Schädigung vorliegt.

Wie lässt es sich aber erklären, dass Kinder, die Gewalt und schädlichen Einflüssen ausgesetzt sind, diese Erlebnisse scheinbar bewältigen können, ohne dass sich der Schaden für Außenstehende zeigt und konkret benennen lässt?

Ein möglicher Grund hierfür kann eine **hohe Resilienz** des Kindes sein.

Definition:

▶ *Mit Resilienz wird die Fähigkeit bezeichnet, belastende Lebensereignisse ohne Folgeschäden oder psychische Beeinträchtigungen zu überstehen. Gemeint ist also eine*

67 Richardson/Herny/Black-Pond/Sloane, J Child Adoles Trauma 1/2008, 1–14.

Art psychische Widerstandsfähigkeit, die es einem Menschen erlaubt, sich auch bei schwierigen Umgebungsbedingungen angemessen zu entwickeln.

Als **Resilienzfaktoren** mit der besten empirischen Evidenz gelten

- eine hohe soziale Kompetenz,
- funktionale Emotionsregulationsfähigkeiten,
- aktive Coping-Mechanismen,
- Optimismus,
- soziales Eingebundensein,
- Bildung und
- stabilisierende Beziehungen.

Da die genannten Resilienzfaktoren als Ressourcen demnach auch entwicklungsabhängig und nicht etwa angeboren sind, können insbesondere jüngere Kinder noch nicht im ausreichenden Maß auf diese Ressourcen zurückgreifen. In Familien, in denen verbale oder physische Gewalt ausgeübt wird, in denen es die notwendigen stabilen und schützenden Beziehungen nicht gibt – und mit daraus resultierenden repetitiven Bindungsschädigungen –, sind Kinder in ihrem Potenzial, die oben genannten Resilienzfaktoren überhaupt zu entwickeln außerdem deutlich eingeschränkt.

Eine hohe psychische Resilienz ist zudem **keine Garantie** dafür, dass Kinder ohne Folgeschäden bleiben. Bei besonders schweren Schädigungen kann eine hohe Resilienz die sich in der Folge zeigenden Symptome in ihrem Schweregrad im besten Fall mindern oder deren Auftreten verzögern. Die erlebte Gewalt und deren Auswirkung auf die Psyche kann jedoch nicht ausreichend kompensiert werden, um Schaden gänzlich zu vermeiden.

Fazit:

▶ *Zusammenfassend ist anzumerken, dass sowohl die sorgfältige Beurteilung psychischer Schäden sowie möglicher psychischer Fernschäden einiger Erfahrung und Fachkompetenz bedarf. Pauschale Urteile und voreilige Rückschlüsse müssen hierbei zugunsten eines sorgfältigen und hypothesenprüfenden Vorgehens vermieden werden.*

Die Einschätzung einer Kindeswohlgefährdung bleibt damit ein dynamisches Geschehen und ein langfristiger Prozess, der unbedingt in multiprofessioneller Zusammenarbeit verschiedener Fachkräfte erfolgen sollte.

Ferner ist aber auch zu betonen, dass die Betroffenen mit den dargestellten Schäden oftmals ein Leben lang zu kämpfen haben. Nach hiesiger Auffassung stellt es eine nicht unerhebliche Schwäche im System des deutschen Kinderschutzes dar, dass diesen Langzeitfolgen bisher kein angemessenes Gewicht bei Entscheidungen nach §§ 8a, 42 SGB VIII sowie § 1666 BGB zukommt.

V. Maßstab der Beurteilung – Gefahrenprognose für die Zukunft

Das Vorliegen einer solchen Gefahr ist mittels einer Prognoseentscheidung zu beurteilen. Im Verfahren des Kinderschutzes geht es nicht um ein repressives Handeln. Ein Eingriff ist ausschließlich zulässig zur Verhinderung eines in der Zukunft drohenden Schadenseintritts.

Entsprechend dieser präventiven, auf die Vermeidung eines künftigen Schadenseintritts gerichteten und somit vom Zweck des Strafverfahrens abweichenden Zielsetzung muss eine Prognoseentscheidung mittels einer **Risikoeinschätzung** erfolgen. Diese Entscheidung kann auf der Grundlage von Hinweisen und Anhaltspunkten für eine Kindeswohlgefährdung getroffen werden, die im Vergleich zu einem Strafverfahren deutlich geringer ausgeprägt sein können.[68] In diesem Zusammenhang ist zu berücksichtigen, dass nach der Rechtsprechung des Bundesverfassungsgerichts eine Kindeswohlgefährdung nach § 1666 BGB, welche eine Trennung von Eltern und Kind gebietet, bereits bei Vorliegen von Anhaltspunkten für eine Kindeswohlgefährdung durch körperliche Misshandlung angenommen werden kann bzw. muss, ohne dass jemals strafrechtliche Ermittlungen wegen der körperlichen Misshandlung erfolgt sind.[69]

Hinweis:

Objektive Tatsachen, welche die Annahme des Vorliegens einer Kindeswohlgefährdung rechtfertigen oder gar gebieten, können daher weit unterhalb der Schwelle einer strafrechtlichen Anklageerhebung oder Verurteilung vorliegen.

Die **Annahme einer Gefahr** im Sinne einer in die Zukunft gerichteten Prognoseentscheidung resultiert aus Vorfällen in der Vergangenheit. Länger zurückliegende Tatsachen können mit Zeitablauf an Gewicht verlieren. Entscheidend ist zunächst, ob von einer Zäsur (z.B. im Sinne einer Verhaltensänderung) ausgegangen werden kann oder eine (lückenlose) Kette von der Vergangenheit bis zum aktuellen Zeitpunkt vorliegt.

Dabei ist allerdings auch zu berücksichtigen, dass mit einer strafrechtlichen Verurteilung ein „innerer" und „äußerer" Kontrollmechanismus geschaffen wird, der mit zeitlichem Ablauf an Wirkung verlieren kann. Ein großer zeitlicher Abstand zwischen der Anknüpfungstatsache und der aktuellen Entscheidung über zu treffende Maßnahmen stellt damit eine Gefahr im Bereich des Kinderschutzes nicht unbedingt in Frage.[70]

Bereits ein einmaliger Vorfall kann für die Annahme einer Gefährdung ausreichend sein, wenn eine gravierende Schädigung zu befürchten ist. Ebenso kann aus der Summation mehrerer jeweils für sich gesehen geringfügiger Ereignisse die Annahme einer Gefahr zu rechtfertigen sein.

So wird in der Fachliteratur folgerichtig angenommen, dass mehrere Ereignisse, die für sich genommen nicht den Schluss einer Kindeswohlgefährdung zulassen, in der Summation

68 S. hierzu VGH BW, B. v. 23.4.2019, 12 S 675/19, juris Rn 21.
69 S. hierzu BVerfG, B. 3.2.2017, 1 BvR 2569/16, juris.
70 So ausdrücklich BGH, B. v. 23.11.2016, XII ZB 149/16, juris Rn. 19.

zur Annahme einer Kindeswohlgefährdung führen können. Ebenso lässt sich die Annahme einer Kindeswohlgefährdung auf ein singuläres Ereignis stützen. Das bedeutet, dass

- „mehrere Informationen, die sich in der Gesamtbewertung als gewichtiger Anhaltspunkt erweisen (z.B. ständige Müdigkeit und Rückzug einer 15-Jährigen in der Schule sowie Erzählungen über ihren sehr strengen und Angst einflößenden Stiefvater im Rahmen der Schulsozialarbeit)
- Einzelinformationen (etwa eine verletzungsbedingte Wunde) oder
- Einzelinformationen, die vor dem Hintergrund eines schon bekannten Einzelfalls als gewichtiger Anhaltspunkt bewertet werden müssen (z.B. eine junge alleinerziehende Mutter lässt ihren Säugling über Nacht alleine in der Wohnung; dies ist bereits häufiger geschehen und wurde in Beratungsgesprächen von der betreuenden Fachkraft mehrfach problematisiert)"[71]

Anlass für die weitere Ermittlung sein können.

Für die auf Tatsachen zu stützende Prognoseentscheidung müssen eine **umfassende Recherche** und eine Nutzung aller erreichbaren Informationen erfolgen. Es ist zu berücksichtigen, dass ein Verhalten, welches zu einer Kindeswohlgefährdung führen kann, regelmäßig mehrere Ursachen haben wird. Diese Ursachen werden im Regelfall nicht komplett zu ermitteln sein. Dennoch muss versucht werden, den entscheidungserheblichen Sachverhalt bis an die Grenzen des Leistbaren und rechtlich Zulässigen im Wege der Amtsermittlung zu erforschen. Es muss versucht werden, das Prognoserisiko so klein wie möglich zu halten.[72]

C. Der Gefahrenbegriff des § 42 Abs. 1 Satz 1 Nr. 2 SGB VIII sowie § 8a SGB VIII

Nicht hinreichend geklärt in Rechtsprechung und Literatur ist die Frage, ob § 42 Abs. 1 Satz 1 Nr. 2 SGB VIII eine einfache konkrete Gefahr, wie sie für viele Rechtsgrundlagen als Tatbestandsvoraussetzung für ein Eingreifen erforderlich ist, zugrunde liegt oder ob hier eine qualifizierte (gesteigerte) konkrete Gefahr i.S.d. § 1666 BGB Tatbestandsvoraussetzung ist.

Eine **(einfache) konkrete Gefahr** liegt vor, wenn in dem zu beurteilenden Einzelfall in überschaubarer Zukunft mit einem Schadenseintritt hinreichend wahrscheinlich gerechnet werden muss.[73] In der Rechtsprechung wird vertreten, dass eine **dringende Gefahr**

> „nicht schon bei einer bevorstehenden oder drohenden Gefahr im polizeirechtlichen Sinne, aber auch nicht erst bei einer unmittelbar bevorstehenden Gefahr"

71 Lillig unter Bezugnahme auf Kindler, Jugendhilfe 2020, 127.
72 Abschlussbericht der Kommission Kinderschutz Baden-Württemberg, 2020, Band I, S. 34.
73 BVerwG 24.10.1997, 3 BN 1/97, juris Rn. 4; VGH BW 26.7.2012, 1 S 2603/11, juris Rn. 28.

vorliege.[74] Auf diese Auslegung aufbauend, wird in Teilen der Rechtsprechung und Literatur zu § 42 Abs. 1 Satz 1 Nr. 2 SGB VIII vertreten, dass die dringende Gefahr im Sinne des § 42 Abs. 1 Satz 1 Nr. 2 SGB VIII keine wesentlichen inhaltlichen Änderungen gegenüber dem im Polizeirecht üblichen Gefahrenbegriff der einfachen konkreten Gefahr mit sich bringt. Danach liege eine dringende Gefahr für das Kindeswohl im Sinne des § 42 Abs. 1 Satz 1 Nr. 2 SGB VIII schon dann vor,

> „wenn im Zeitpunkt der behördlichen Entscheidung im Rahmen der prognostischen Ex-ante-Betrachtung bei ungehindertem Ablauf des zu erwartenden Geschehens der Eintritt des Schadens hinreichend wahrscheinlich ist".

Auch die Formulierung „dringend" begründe für den anzuwendenden Gefahrenbegriff keine wesentlichen inhaltlichen Änderungen.[75]

Dem ist zu widersprechen. Würde man der dargestellten Auslegung folgen, hätte dies zur Konsequenz, dass der Begriff dringend ohne Bedeutung bliebe. Gefahr und dringende Gefahr hätten den gleichen inhaltlichen Gehalt. Bereits nach dem allgemeinen Sprachgebrauch wird dem Adjektiv dringend jedoch eine zeitliche Bedeutungskomponente zugemessen.[76]

Die von Teilen der Rechtsprechung und Literatur vorgenommene Auslegung der jugendhilferechtlichen dringenden Gefahr im Sinne des § 42 Abs. 1 Satz 1 Nr. 2 SGB VIII steht zudem in Widerspruch zur allgemeinen Auslegung des Tatbestandsmerkmals der dringenden Gefahr im Verwaltungsrecht, welche insbesondere durch die Auslegung der dringenden Gefahr im Sinne des Art. 13 Abs. 7 GG geprägt wird.[77] Diesbezüglich besteht nämlich in Literatur und Rechtsprechung grundsätzlich Einigkeit darüber, dass die dringende Gefahr gegenüber der einfachen Gefahr erhöhte Voraussetzungen beinhaltet. Lediglich in der näheren Ausgestaltung dieser erhöhten Voraussetzungen besteht Uneinigkeit.[78]

Bei der Auslegung der dringenden Gefahr im Sinne des § 42 Abs. 1 Satz 1 Nr. 2 ist zusätzlich zu berücksichtigen, dass für familiengerichtliche Maßnahmen nach § 1666 BGB ebenfalls eine Kindeswohlgefährdung tatbestandlich vorausgesetzt wird. Obgleich sich der Gesetzesbegründung explizit nichts zum Begriff der dringenden Gefahr im Sinne des § 42 Abs. 1 Satz 1 Nr. 2 entnehmen lässt,[79] ist aufgrund der Gesetzessystematik davon auszugehen, **dass die dringende Gefahr i.S.d. § 42 Abs. 1 Satz 1 Nr. 2 SGB VIII** eine (gestei-

---

74 BVerwG 6.9.1974, I C 17.73, juris Rn. 23; siehe zur Abgrenzung der konkreten Gefahr von der dringenden und der gegenwärtigen Gefahr auch OLG Frankfurt 21.2.2002, 20 W 55/02, juris Rn. 22 und 23.

75 OVG NRW 13.11.2015, 12 A 1761/14, juris Rn. 5; SächsOVG 27.5.2010, 1 D 38/10, juris Rn. 4; OVG NRW 7.11.2007, 12 A 635/06, juris Rn. 9 f.; VG Cottbus 4.3.2014, 3 K 183/12, juris Rn. 29; VG Neustadt 24.2.201, 4 K 1040/10.NW, juris Rn. 26; ebenso wohl Wiesner in Wiesner, SBG VIII, Rn. 11; s. hierzu auch Kirchhoff in Schlegel/Voelzke, jurisPK-SGB VIII, Rn. 78 f.

76 Gornig in v. Mangoldt/Klein/Starck, GG, Art. 13 Rn. 127; Papier in Maunz/Dürig, GG-Kommentar, Art. 13 Rn. 130.

77 S. hierzu Papier in Maunz/Dürig, GG-Kommentar, Art. 13 Rn. 129; dies ist allerdings nicht völlig unproblematisch, da es bei Art. 13 Abs. 7 GG um eine abstrakte und nicht um eine konkrete Gefahr geht.

78 S. hierzu Papier in Maunz/Dürig, GG-Kommentar, Art. 13 Rn. 129.

79 S. hierzu BT-Drs. 15/3676, 37.

gerte) konkrete Gefahr darstellt und **das Ausmaß und die Intensität einer Gefährdung i.S.v § 1666 Abs. 1 BGB erreichen muss**.[80]

Es kann unterstellt werden, dass der Gesetzgeber bei der Gestaltung der Norm eine Kindeswohlgefährdung im Sinne der Eingriffsvoraussetzung nach § 1666 Abs. 1 BGB vor Augen hatte.[81] Sowohl im Rahmen einer Entscheidung nach § 42 Abs. 1 Satz 1 Nr. 2b SGB VIII als auch einer Entscheidung nach § 1666 BGB geht es um die Trennung des Kindes von seinen Eltern gegen deren Willen und damit um den stärksten Eingriff in das Elternrecht, welcher allein unter den Voraussetzungen des Art. 6 Abs. 3 GG zulässig ist.[82] Erforderlich für eine Trennung ist ein elterliches Fehlverhalten, welches ein solches Ausmaß erreichen muss, dass das Kind bei einem Verbleiben in der Familie in seinem körperlichen, geistigen oder seelischen Wohl nachhaltig gefährdet ist. Erst dann ist die Gefährdungsschwelle erreicht, welche staatliche Eingriffe in das Elternrecht aus Art. 6 Abs. 2 Satz 1 GG rechtfertigen kann.

Voraussetzung für den Eingriff in das Elternrecht aus Art. 6 Abs. 2 Satz 1 GG ist somit eine schwerwiegende und dringende Gefährdung des Kindeswohls.[83] Eine **dringende Gefahr gem. § 42 Abs. 1 Satz 2 Nr. 2 SGB VIII** erfordert daher, dass bereits ein Schaden beim Kind eingetreten ist oder eine **gegenwärtige**, in einem solchen Maße vorhandene Gefahr vorliegt, dass sich bei weiterer Entwicklung der Dinge – sofern das Jugendamt nicht eingreifen würde – eine **erhebliche Schädigung** des Kindes mit **ziemlicher Sicherheit** voraussehen lässt.[84]

Die Eintrittswahrscheinlichkeit erfährt allerdings auch hier über die Rechtsfigur der Relativität des Gefahrenbegriffs Akzentuierungen. Je schwerwiegender der drohende Schaden ist, desto geringere Anforderungen sind an die Eintrittswahrscheinlichkeit zu stellen.

---

80 Ebenso Trenczek in Münder/Meysen/Trenczek, FK SGB VIII, Rn. 17. So wohl auch OLG Koblenz 11.6.2012, 11 UF 266/12, juris Rn. 19. Das OLG scheint hinsichtlich der Tatbestandsvoraussetzungen keinen Unterschied zwischen der Inobhutnahme nach § 42 SGB VIII und der familiengerichtlichen Entscheidung gem. § 1666 BGB zu sehen: „Zwar waren ursprünglich die materiellrechtlichen Voraussetzungen für die Inobhutnahme des Kindes nach §§ 8 a, 42 SGB VIII und für den (...) Sorgerechtsentzug nach § 1666 BGB gegeben ..."; ebenso OLG Dresden 1.4.2016, 2 OLG 21 Ss 835/15, juris Rn. 7; s. hierzu auch VG Regensburg 10.11.2015, RO 4 K 15.287, juris Rn. 25; Hoffmann, JAmt 2012, 244, 245; Trenczek/Düring/Neumann-Witt, Inobhutnahme, S. 183.

81 S. hierzu auch BT-Drs. 11/5948, 80 und BT-Drs. 17/6256, 17 zum KKG: „Der Begriff der Gefährdung des Kindeswohls hat in diesem Gesetz die gleiche Bedeutung wie in § 1666 BGB und § 8 a SGB VIII"; sowie BT-Drs. 15/5616, 26: „§ 42 Abs. 1 Nr. 2 verdeutlicht, dass eine dringende Gefahr als Voraussetzung für eine Inobhutnahme ausreichend ist. Wenn die Schwelle einer Kindeswohlgefährdung im Sinne des § 1666 BGB überschritten ist und ...".

82 BVerfG 28.2.2012, 1 BvR 3116/11, juris Rn. 15. S. hierzu auch Trenczek/Düring/Neumann-Witt, Inobhutnahme, S. 242, 243.

83 S. hierzu auch Gesetzentwurf der Bundesregierung, Tagesbetreuungsausbaugesetz – TAG, 75.

84 Ebenso BayVGH, B. v. 9.1.2017, 12 CS 16.2181, juris Rn. 9 und 12. S. hierzu auch BVerfG 7.4.2014, 1 BvR 3121/13, juris Rn. 18; BVerfG 24.3.2014, 1 BvR 160/14, juris Rn. 28; BVerfG 28.2.2012, 1 BvR 3116/11, juris Rn. 15 und 21; OLG Koblenz 11.6.2012, 11 UF 266/12, juris Rn. 21; OLG Brandenburg 25.4.2012, 9 UF 183/11, juris Rn. 18; Götz in Palandt, BGB, § 1666 Rn. 7 f.

D. Anscheinsgefahr und Putativgefahr

Eine Gefahr im polizeirechtlichen Sinne liegt vor, wenn ein Schadenseintritt unter den vorstehend beschriebenen Voraussetzungen möglich ist. Diesem Gefahrenbegriff ist es immanent, dass im Sinne einer in die Zukunft gerichteten Prognoseentscheidung vorauszusehen ist, ob sich eine Gefahrenlage im Sinne eines Schadenseintritts realisiert. Es verbleibt damit grundsätzlich immer eine Prognoseunsicherheit. Es besteht sowohl die Möglichkeit, dass ein Schaden eintritt, als auch die Möglichkeit, dass sich die Gefahrenlage nicht zu einem Schaden realisiert.

Fallbeispiel:

Eine alleinerziehende Mutter einer 10-jährigen Tochter lernt einen vorbestraften Sexualstraftäter kennen, der Straftaten gegen die sexuelle Selbstbestimmung zum Nachteil von Mädchen im Alter von 10 Jahren vor zwei Jahren begangen hat. Eine Therapie oder eine sonstige Hilfe hat der Mann nicht in Anspruch genommen. Die Mutter zieht mit ihrer Tochter dennoch in die Wohnung dieses Mannes ein. Bei einer solchen Fallkonstellation besteht die Möglichkeit, dass es zu einem sexuellen Missbrauch der Tochter kommen könnte. Es ist aber auch möglich, dass der Mann ausschließlich eine Lebenspartnerschaft mit der Kindsmutter führen möchte und der Tochter keinerlei Schaden droht.

In dem Fallbeispiel kommt grundsätzlich die Annahme einer Gefahr in Betracht. Letztendlich wird sich lediglich die Frage stellen, mit welcher Eintrittswahrscheinlichkeit ein Schaden am Kindeswohl droht. Für die Annahme einer qualifizierten (gesteigerten) konkreten Gefahr im Sinne des § 1666 BGB – und nach hier vertretener Auffassung auch für eine Gefahr gem. § 42 Abs. 1 Satz 1 Nr. 2 SGB VIII – bedarf es einer ziemlichen Sicherheit bzw. hinreichenden Wahrscheinlichkeit eines Schadenseintritts. Nach der **Rechtsfigur der Relativität des Gefahrenbegriffs** sind an die Wahrscheinlichkeit des Schadenseintritts aber umso geringere Anforderungen zu stellen, je größer und folgenschwerer der möglicherweise eintretende Schaden ist.

Eine Gefahr in diesem Sinne liegt allerdings nicht vor, wenn sich im Nachhinein zeigt, dass ein Schadenseintritt mit Sicherheit auszuschließen war, es also zu keinem Zeitpunkt gefährlich für das Mädchen war.

Fallbeispiel:

Es geht beim Jugendamt eine Mitteilung ein, nach welcher ein Mann von einem Zeugen des sexuellen Missbrauchs zum Nachteil der Stieftochter angezeigt worden ist. Die Staatsanwaltschaft leitet daraufhin ein strafrechtliches Ermittlungsverfahren wegen sexuellen Missbrauchs gegen den Mann ein. Das Jugendamt entschließt sich, das Mädchen aus der Familie zu holen und in Obhut zu nehmen. Wenige Wochen nach Durchführung der Inobhutnahme stellt die Staatsanwaltschaft das strafrechtliche Ermittlungsverfahren gegen den Mann ein. Polizei und Staatsanwaltschaft sind sich sicher, dass der Zeuge gelogen hat und der Stiefvater niemals seine Stieftochter sexuell missbraucht hat. Es drohte keine Gefahr eines sexuellen Missbrauchs zum Nachteil der Stieftochter.

Fraglich ist, ob in diesem Fallbeispiel eine dringende Gefahr i.S.d. § 42 Abs. 1 Satz 1 Nr. 2 SGB VIII vorlag, welche eine Inobhutnahme rechtfertigte.

Die Gefahr ist im Polizeirecht auf der sogenannten Primärebene, d.h. auf der Ebene des Handelns zur Gefahrenabwehr, nach objektiven Umständen **ex ante** (zum Zeitpunkt des Handelns) zu bestimmen. Das Handeln wird nicht automatisch dadurch rechtswidrig, dass sich bei einer Ex-post-Betrachtung zeigt, dass ein Schadenseintritt nicht zu befürchten war. Obgleich in einer solchen Situation keine echte Gefahr im polizeirechtlichen Sinne gegeben ist, kann das Handeln dennoch rechtmäßig sein. Dies ist der Fall, wenn eine sogenannte **Anscheinsgefahr** angenommen werden kann.

Eine **Anscheinsgefahr** liegt vor, wenn ein durchschnittlich sorgfältig handelnder Dritter aus Ex-ante-Sicht mit Blick auf die ihm zur Verfügung stehenden Informationen aufgrund hinreichender objektiver Anhaltspunkte vom Vorliegen einer Gefahr ausgehen konnte. Dabei muss er das Vorliegen einer Gefahr für sicher halten. Im Fall der Anscheinsgefahr zweifelt die handelnde Person aufgrund der ihr vorliegenden Informationen nicht am tatsächlichen Vorliegen einer Gefahr, obwohl schon zu diesem Zeitpunkt objektiv feststeht, dass eine solche nicht existiert.[85]

Eine solche Anscheinsgefahr lag im Fallbeispiel vor. Mit der Zeugenaussage und der Einleitung des strafrechtlichen Ermittlungsverfahrens durch die Staatsanwaltschaft lagen objektive Anhaltspunkte vor, bei welchen ein sorgfältig handelnder Dritter von dem Vorliegen einer Gefahr ausgehen durfte.

Die Anscheinsgefahr ist abzugrenzen von der **Putativ- oder Scheingefahr**. Hier liegt ebenso wie bei der Anscheinsgefahr eine reale Gefahr nicht vor. Im Gegensatz zur Anscheinsgefahr liegen jedoch bei der Scheingefahr zum Ex-ante-Zeitpunkt keine objektiven Tatsachen vor, aufgrund derer ein sorgfältig handelnder Dritter eine Gefahrenlage bejahen würde. Bei der Scheingefahr liegt eine subjektive Fehleinschätzung der handelnden Person vor. Ein objektiver Betrachter wäre dem Irrtum nicht erlegen.

Hinweis:

Die Putativ- oder Scheingefahr erfüllt den Gefahrenbegriff nicht und berechtigt daher nicht zu polizeilichen Maßnahmen.[86]

85 S. hierzu VGH BW, Urt. v. 16.8.2018, 1 S 625/18, juris Rn. 53; Trurnit in Möstl/Trurnit, BeckOK Polizeirecht Baden-Württemberg, § 1 Rn. 23 f.

86 Trurnit in Möstl/Trurnit, BeckOK Polizeirecht Baden-Württemberg, § 1 Rn. 25.

Kapitel 3: Das Handeln bei Bekanntwerden von gewichtigen Anhaltspunkten für eine Kindeswohlgefährdung gem. § 8a SGB VIII

A. Öffentlich-rechtliches Gefahrenabwehrrecht und Strafrecht

Ein Strafverfahren verfolgt andere Zwecke als das öffentlich-rechtliche Verfahren nach § 8a SGB VIII. Im Verfahren nach § 8a SGB VIII geht es ausschließlich um eine Abwehr von Gefahren für das Kindeswohl in der Zukunft.

Für die Erhebung einer strafrechtlichen Anklage ist das Vorliegen eines hinreichenden Tatverdachts (bei vorläufiger Beurteilung ist spätere Verurteilung wahrscheinlich) und für eine strafgerichtliche Verurteilung ist die Überzeugung des Richters von der Schuld des Beschuldigten erforderlich. Für Maßnahmen des Jugendamtes nach §§ 8a, 42 Abs. 1 Satz 1 Nr. 2 SGB VIII ist es hingegen bereits ausreichend, wenn objektive Tatsachen das Vorliegen einer Gefahr belegen. Im Kindesschutzverfahren der Jugendhilfe geht es entsprechend der präventiven, auf die Vermeidung eines künftigen Schadenseintritts gerichteten und somit vom Zweck des Strafverfahrens abweichenden Zielsetzung um eine Prognoseentscheidung mittels einer Risikoeinschätzung. Diese Entscheidung kann auf Grundlage von Hinweisen und Anhaltspunkten für eine Kindeswohlgefährdung erfolgen, die unterhalb der Schwelle im Vergleich zu einem Strafverfahren liegen.[87]

Auch gilt im öffentlich-rechtlichen Kinderschutzverfahren nicht der strafrechtliche Grundsatz in dubio pro reo („im Zweifel für den Angeklagten"). Im öffentlich-rechtlichen Kinderschutz gilt vielmehr der Grundsatz in dubio pro infante („im Zweifel für das Kind").[88]

Daher ist die Ergreifung von Maßnahmen nach §§ 8a, 42 Abs. 1 Satz 1 Nr. 2 SGB VIII auch bei fehlenden strafrechtlichen Ermittlungen, bei einer Einstellung des Strafverfahrens oder einem Freispruch in einem Strafverfahren zu prüfen.

87 S. hierzu VGH BW, Beschl. v. 23.4.2019, 12 S 675/19, juris Rn 21.
88 S. hierzu VGH BW, Beschl. v. 21.3.2022, 12 S 2032/21, juris Rn. 47.

B. Pflicht zur Sachverhaltsaufklärung bei Vorliegen gewichtiger Anhaltspunkte für eine Kindeswohlgefährdung und Garantenstellung nach § 8a SGB VIII

I. Pflicht zur Sachverhaltsaufklärung bei Bekanntwerden von gewichtigen Anhaltspunkten für eine Kindeswohlgefährdung: Liegt eine Gefahr vor?

§ 8a Abs. 1 Satz 1 SGB VIII sieht eine Verpflichtung zur Einschätzung des Gefährdungsrisikos vor, sobald dem Jugendamt gewichtige Anhaltspunkte für die Gefährdung des Wohls eines Kindes oder Jugendlichen bekannt werden. Auch für Träger der freien Jugendhilfe wird mit § 8a Abs. 4 S. 1 Nr. 1 SGB VIII die **Verpflichtung zur Gefährdungseinschätzung** vom Bekanntwerden gewichtiger Anhaltspunkte für eine Kindeswohlgefährdung abhängig gemacht.

Das Verfahren hängt also zunächst davon ab, ob die Anhaltspunkte, welche bekannt werden, als „gewichtig" eingestuft werden. Bei der Voraussetzung „gewichtige Anhaltspunkte für eine Kindeswohlgefährdung", die den Schutzauftrag nach § 8a SGB VIII auslöst, handelt es sich um einen unbestimmten Rechtsbegriff. Nach hiesiger Auffassung stellt es eine nicht unerhebliche Schwachstelle im System des deutschen Kinderschutzes dar, dass auch für diesen unbestimmten Rechtsbegriff im SGB VIII keine Legaldefinition enthalten ist.

Es muss betont werden, dass es in der Praxis bisher nicht gelungen ist, den unbestimmten Rechtsbegriff der „gewichtigen Anhaltspunkte" gut greifbar zu machen. So existieren in der Verwaltungspraxis der Jugendämter und freien Träger der Jugendhilfe „teilweise erheblich divergierende Merkmalslisten".[89] Aus diesem Grunde bestehen in der Praxis erhebliche Unsicherheiten bei der Beantwortung der Frage, ob es sich bei einer Anknüpfungstatsache um „gewichtige Anhaltspunkte" handelt. Daher variieren die Häufigkeit sowie die Ergebnisse von Verfahren nach § 8a SGB VIII zwischen den Jugendämtern stark.[90]

So wurde durch Auswertung der Daten zu § 8a SGB VIII-Verfahren der Jugendämter in Deutschland Folgendes festgestellt:

> „Im Jahr 2017 führten die Jugendämter durchschnittlich 103 8a-Verfahren pro 10.000 Minderjährigen in ihrem Zuständigkeitsgebiet durch (vgl. Tabelle 1). Ein Jugendamt meldete kein Verfahren, das Jugendamt mit den meisten Verfahren gab an, fast 440 Verfahren pro 10.000 Kindern und Jugendlichen durchzuführen. Diese extreme Varianz zeigt sich auch in dem hohen Variationskoeffizienten von 0,72. Selbst wenn man die jeweils 20 Jugendämter mit den höchsten bzw. niedrigsten Angaben ausklammert, beträgt die Spannweite immer noch zwischen 15 und 265 Verfahren pro 10.000, das entspricht fast dem 18-fachen."[91]

89 Meysen in Münder/Meysen/Trenczek, FK-SGB VIII, § 8a Rn. 17.
90 S. hierzu Abschlussbericht der Kommission Kinderschutz Baden-Württemberg, 2020, Band I, S. 96.
91 Mühlmann in Regionale Unterschiede in der Kinder- und Jugendhilfe, Eine Zusatzanalyse zum „Monitor Hilfen zur Erziehung 2019" zu erzieherischen Hilfen und Kinderschutzaufgaben der Jugendämter, S. 11.

Insgesamt weisen die Statistiken seit ihrer Einführung stetig **steigende Zahlen von 8a-Verfahren** aus. So fanden beispielsweise im Jahr 2013 insgesamt 115.687 Verfahren statt. Im Jahr 2016 waren es bereits 136.925 Verfahren nach § 8a SGB VIII. Im Jahr 2018 erfolgten 157.271 Verfahren und im Jahr 2019 sogar 173.029 Verfahren nach § 8a SGB VIII.[92]

Der Befund, dass innerhalb der Jugendämter die Häufigkeit sowie die Ergebnisse von Verfahren nach § 8a SGB VIII stark variieren, lässt sich durch regionale Besonderheiten nicht oder nur sehr bedingt erklären. Eine Ursache für die **erhebliche Divergenz in den § 8a SGB VIII-Verfahren** konnte bisher nicht identifiziert werden.[93]

Nach hiesiger Auffassung ist das disparate Verwaltungshandeln im Bereich des § 8a SGB VIII sehr bedenklich und zeigt deutlich, dass es erhebliche Unsicherheiten und ein nicht unerhebliches Optimierungspotenzial gibt. Ein wichtiger Grund für die stark divergierenden § 8a SGB VIII-Zahlen dürfte in der Tatsache begründet sein, dass der Rechtsbegriff der „gewichtigen Anhaltspunkte" für eine Kindeswohlgefährdung nicht hinreichend bestimmt ist und daher unterschiedlich ausgelegt wird. Je nachdem, wie die Schwelle des Erreichens der gewichtigen Anhaltspunkte bestimmt wird, gibt es viele oder eher wenige Verfahren nach § 8a SGB VIII.

Die **Entscheidung hinsichtlich der Einstufung** bzw. Nichteinstufung einer Tatsache als „gewichtigen Anhaltspunkt" i.S.d. § 8a Abs. 1 Satz 1 SGB VIII entscheidet darüber, ob ein § 8a-Verfahren durchgeführt wird oder nicht. Diese Entscheidung kann existenzielle Folgen für das Wohl eines Kindes haben. Daher wäre es nach hiesiger Auffassung sehr zu begrüßen, wenn der Gesetzgeber von seiner Einschätzungsprärogative Gebrauch machen[94] und eine einheitliche Schwelle mittels einer Legaldefinition für das Vorliegen von gewichtigen Anhaltspunkten für eine Kindeswohlgefährdung vorgeben würde. Kinderschutz kann nicht vom Wohnort des Kindes und den örtlichen Verfahrensstandards und der örtlichen Bestimmung der „gewichtigen Anhaltspunkte" abhängen. Dies ist aber wohl nach geltender Rechtslage der Fall.

„Gewichtige Anhaltspunkte" müssen nach hier vertretener Auffassung auf objektiven Tatsachen basieren. Es muss sich also um **Hinweise von einigem Gewicht handeln**, die auf objektiven Anhaltspunkten beruhen und nicht lediglich subjektive Vermutungen darstellen. Sofern auf Basis dieser Tatsachen ohne weitere Sachverhaltsermittlung das Vorliegen einer Kindeswohlgefährdung nicht ausgeschlossen werden kann, sollte vom Vorliegen gewichtiger Anhaltspunkte i.S.d. § 8a Abs. 1 S. 1 SGB VIII bzw. § 8a Abs. 4 S. 1 Nr. 1 SGB VIII ausgegangen und der Schutzauftrag aktiviert werden.

Nach hiesiger Auffassung liegen **gewichtige Anhaltspunkte** damit bereits **deutlich unterhalb der Schwelle der festgestellten Kindeswohlgefährdung** vor. Aufgrund der Tatsache, dass ein Handeln nach § 8a SGB VIII dem hohen Schutzgut Kindeswohl verpflichtet ist und gravierender Schaden auf körperlicher, geistiger oder seelischer Ebene bei Vor-

92 S. hierzu Mühlmann/Pothmann, Komdat 2/3, 2020, 17.

93 Mühlmann in Regionale Unterschiede in der Kinder- und Jugendhilfe, Eine Zusatzanalyse zum „Monitor Hilfen zur Erziehung 2019" zu erzieherischen Hilfen und Kinderschutzaufgaben der Jugendämter, Forschungsverbund Deutsches Jugendinstitut und Technische Universität Dortmund, S. 12.

94 S. hierzu Jarass in Jarass/Pieroth, GG Kommentar, Art. 20 Rn. 122 f.

liegen einer Kindeswohlgefährdung einzutreten droht, muss die Pflicht zur Sachverhaltsermittlung nach § 8a Abs. 1 SGB VIII niedrigschwellig ausgelöst werden.

Sofern dem Jugendamt gewichtige Anhaltspunkt für eine Kindeswohlgefährdung bekannt werden, muss eine Gefährdungseinschätzung erfolgen. Am Ende der Gefährdungseinschätzung muss entschieden werden, ob eine Gefahr vorliegt oder keine Gefahr besteht. Einen Zwischenbereich („Graubereich" bzw. „latente Gefahr") kennt die Rechtsnorm des § 8a SGB VIII nicht. Die Handlungsgebote nach §§ 8a Abs. 1 Satz 3, 8a Abs. 2 Satz 1 HS 1, 8a Abs. 3 sowie § 8a Abs. 4 S. 3 SGB VIII knüpfen an das Vorliegen einer Kindeswohlgefährdung an.

Ebenso wenig dienlich bei Wahrnehmung des Schutzauftrags ist nach hiesiger Auffassung eine Unterscheidung zwischen einem „**Leistungsbereich**" und einem „**Gefährdungsbereich**".[95] Die von § 8a SGB VIII vorgegebenen Handlungspflichten knüpfen an das Vorliegen einer Kindeswohlgefährdung an. Es geht dann also stets um einen „Gefährdungsbereich". Folglich handelt es sich um ein einheitliches Verfahren zur Abwehr der vorliegenden Kindeswohlgefährdung.

Kritisch wird hier auch die Unterscheidung zwischen einer „**akuten Kindeswohlgefährdung**" und einer „**latenten Kindeswohlgefährdung**" beurteilt.[96] Eine solche Unterscheidung trifft das Gesetz in § 8a SGB VIII nicht. Eine „latente Gefahr" ist zudem keine Gefahr im Rechtssinne, welche ein Handeln mit grundrechtsintensiver Wirkung legitimieren kann. § 8a Abs. 1 Satz 3 sowie § 8a Abs. 2 Satz 1 und 2 SGB VIII knüpfen das Handeln daher auch an das Vorliegen einer Kindeswohlgefährdung bzw. dringender Gefahr (i.S.e. qualifizierten/gesteigerten Gefahr) für das Kindeswohl.

Es ist bei Vorliegen einer Kindeswohlgefährdung aber hinsichtlich der Reaktionsmöglichkeiten zwischen einer Leistungsgewährung und Eingriffen in die grundrechtlichen Positionen der Eltern und des Kindes zu differenzieren. Nach der gesetzgeberischen Konzeption des § 8a SGB VIII kann einer Gefahr für das Kindeswohl mit

- den Mitteln des Leistungsrechts durch Hilfen und
- mit den Mitteln des Gefahrenabwehrrechts durch staatliche Eingriffe

begegnet werden.

Nach § 8a Abs. 1 Satz 2 SGB VIII hat das Jugendamt die Erziehungsberechtigten sowie das Kind oder den Jugendlichen in die Gefährdungseinschätzung einzubeziehen, soweit hierdurch der wirksame Schutz des Kindes oder des Jugendlichen nicht infrage gestellt wird. Zudem hat sich das Jugendamt gem. § 8a Abs. 1 Satz 2 Nr. 1 SGB VIII einen unmittelbaren Eindruck von dem Kind und von seiner persönlichen Umgebung zu verschaffen, sofern dies nach fachlicher Einschätzung erforderlich ist.

Damit normiert § 8a Abs. 1 Satz 1 und 2 SGB VIII eine Verpflichtung zur Ermittlung des Sachverhalts bei Bekanntwerden von gewichtigen Anhaltspunkten für eine Kindeswohlgefährdung.

95 S. hierzu auch Trenczek/Düring/Neumann-Witt, Inobhutnahme, S. 64.
96 S. hierzu z.B. Kinder- und Jugendhilfereport 2018, S. 136.

Auch § 20 SGB X gibt eine Verpflichtung zur Ermittlung des Sachverhalts vor. Nach § 20 Abs. 1 Satz 1 SGB X ermittelt die Behörde den Sachverhalt von Amts wegen. Gemäß § 20 Abs. 1 Satz 2 HS 1 SGB X bestimmt sie Art und Umfang der Ermittlungen.

Sowohl § 8a Abs. 1 SGB VIII als auch § 20 SGB X geben der Behörde damit eine **Verpflichtung zur Amtsermittlung** auf.[97] § 8a Abs. 1 SGB VIII schreibt der Behörde allerdings vor, dass die Sachverhaltsermittlung im Zusammenwirken mehrerer Fachkräfte zu erfolgen hat und dass grundsätzlich die Erziehungsberechtigten sowie das Kind/der Jugendliche einzubeziehen sind. Ferner wird die Verpflichtung zur Verschaffung eines unmittelbaren Eindrucks und des Einbezugs meldender Berufsgeheimnisträgerinnen und -träger normiert, sofern dies nach fachlicher Einschätzung erforderlich ist.

Diese Unterschiede sind allerdings bezüglich des Kerninhalts der Vorschriften nicht entscheidungserheblich. Bei beiden Vorschriften geht es um die Verpflichtung zur Sachverhaltsermittlung. Auf den ersten Blick könnte man daher annehmen, dass die Vorschrift des § 8a Abs. 1 SGB VIII weitestgehend überflüssig ist, da sie etwas normiert, was sich bereits aus § 20 SGB X ergibt. Dem ist jedoch nicht so. Zwischen beiden Vorschriften besteht ein elementarer Unterschied, der die fundamentale Bedeutung des § 8a Abs. 1 SGB VIII für den Kinderschutz verdeutlicht.

Die **Sachverhaltsermittlung nach § 20 SGB X** setzt voraus, dass die Behörde im Verwaltungsverfahren einen Anlass zur Ermittlung hat. Das jeweilige Verwaltungsverfahren begrenzt die Ermittlung der Behörde.[98] Insbesondere setzt die Ermittlungspflicht der Behörde frühestens mit Beginn des Verwaltungsverfahrens ein.[99] Nach § 8 SGB X ist ein Verwaltungsverfahren die nach außen wirkende Tätigkeit der Behörden, die auf die Prüfung der Voraussetzungen, die Vorbereitung und den Erlass eines Verwaltungsakts oder auf den Abschluss eines öffentlich-rechtlichen Vertrags gerichtet ist. Ein solches Verwaltungsverfahren wird auf Antrag oder von Amts wegen eingeleitet. Entscheidend für den Beginn des Verwaltungsverfahrens ist die Entscheidung der Behörde, mit der Prüfung zu beginnen.[100]

Die Amtsermittlungspflicht nach § 20 SGB X setzt damit erst zeitlich spät ein. Zudem gilt § 20 SGB X unmittelbar nur bei einem Verwaltungshandeln in Form eines Verwaltungsakts oder eines öffentlich-rechtlichen Vertrags. Für schlicht hoheitliches Handeln gilt § 20 SGB X nicht unmittelbar.

Hinweis:

▶ *In vielen Situationen, in welchen erste Anhaltspunkte für eine Kindeswohlgefährdung dem Jugendamt bekannt werden, greift der Amtsermittlungsgrundsatz des § 20 SGB X damit nicht.*

Im Gegensatz zur Regelung des § 20 SGB X legt **§ 8a Abs. 1 SGB VIII** aber eine Pflicht zur Sachverhaltsermittlung **unabhängig von der Eröffnung eines Verwaltungsverfah-**

97 S. hierzu auch OVG Berlin-Brandenburg, Beschl. v. 5.5.2020, OVG 6 S 5/20, juris Rn. 5.
98 Kallerhoff in Stelkens/Bonk/Sachs, VwVfG, § 24 Rn. 25.
99 Kallerhoff in Stelkens/Bonk/Sachs, VwVfG, § 24 Rn. 26.
100 Kallerhoff in Stelkens/Bonk/Sachs, VwVfG, § 24 Rn. 105.

rens fest. Voraussetzung für die Amtsermittlungspflicht ist lediglich das Bekanntwerden gewichtiger Anhaltspunkte für eine Kindeswohlgefährdung.

Hinweis:

> *§ 8a Abs. 1 SGB VIII hat daher die wichtige Funktion, den Amtsermittlungsgrundsatz zeitlich nach vorn zu verlagern.*

Ohne die Norm des § 8a Abs. 1 SGB VIII bestünde in vielen Kinderschutzfällen zu Beginn des Kinderschutzverfahrens keine Amtsermittlungspflicht, da § 20 SGB X in diesem Verfahrensstadium vielfach mangels Eröffnung eines Verwaltungsverfahrens nicht verpflichtend die Amtsermittlung vorgeben kann.

II. Vorgehen bei der Amtsermittlung

§ 8a Abs. 1 Satz 1 SGB VIII verpflichtet die Fachkräfte des Jugendamtes zunächst, im Zusammenwirken das Gefährdungsrisiko abzuschätzen.

1. Gefährdungseinschätzung durch Fachkräfte

Zunächst ist zu fragen, welche Personen in diesem Sinne „Fachkräfte" sind, welche die Gefährdungseinschätzung vornehmen sollen. Gem. § 72 Abs. 1 Satz 1 HS 1 SGB VIII sind Fachkräfte Personen, die sich für die jeweilige Aufgabe nach ihrer Persönlichkeit eignen und eine dieser Aufgabe entsprechende Ausbildung erhalten haben (Fachkräfte). Gem. § 72 Abs. 1 Satz 1 HS 2 SGB VIII können auch Mitarbeitende tätig werden, die aufgrund besonderer Erfahrungen in der sozialen Arbeit in der Lage sind, die Aufgabe zu erfüllen.

Nach der Gesetzesbegründung sind Fachkräfte der Jugendhilfe vor allem Sozialarbeiter, Sozialpädagogen, Erzieher, Psychologen, Diplompädagogen, Heilpädagogen, Sonderschulpädagogen, Psychagogen, Jugendpsychiater, Psychotherapeuten und Pädiater.[101]

Für die Aufgabe der Gefährdungseinschätzung sind allerdings auch **fundierte rechtliche Kenntnisse** erforderlich. Entsprechend der in § 72 Abs. 1 Satz 3 SGB VIII enthaltenen Vorgabe, nach welcher Fachkräfte verschiedener Fachrichtungen zusammenwirken sollen, soweit die jeweilige Aufgabe dies erfordert, sind daher nach hiesiger Auffassung multiprofessionelle Teams mit sozialpädagogischer und juristischer Expertise mit der Gefährdungseinschätzung nach § 8a Abs. 1 Satz 1 SGB VIII zu beauftragen.

2. Mehrere Fachkräfte

§ 8a Abs. 1 Satz 1 SGB VIII gibt vor, dass das Gefährdungsrisiko im Zusammenwirken mehrerer Fachkräfte zu erfolgen hat. Es müssen daher zumindest zwei Fachkräfte tätig werden.

Dabei darf sich das Tätigwerden nicht auf eine Erstbeurteilung der Anhaltspunkte beschränken. In einem regelmäßig dynamischen Prozess muss die Sachlage bewertet werden. Ferner sind im Zusammenwirken mehrerer Fachkräfte die zu ergreifenden Schritte

101 BT-Drs. 11/5948 S. 97.

festzulegen.[102] Nach hiesiger Auffassung bedarf es dabei einer fachlich-rechtlichen Betrachtung durch multiprofessionelle Teams. Innerhalb dieser Teams hat eine Beurteilung der zur Gefährdungsabschätzung ermittelten objektiven Tatsachen zu erfolgen.[103]

3. Einbezug von Erziehungsberechtigten und Kind

Gem. § 8a Abs. 1 Satz 2 SGB VIII hat das Jugendamt, soweit der wirksame Schutz des betroffenen Kindes oder Jugendlichen nicht in Frage gestellt wird, die Erziehungsberechtigten sowie das Kind oder den Jugendlichen in die Gefährdungseinschätzung einzubeziehen. Im Regelfall hat daher die Gefährdungseinschätzung unter Einbezug der Erziehungsberechtigten und des Kindes zu erfolgen.

Der **Einbezug der Eltern** in die Gefährdungseinschätzung entspricht ihrer vorrangigen Erziehungsverantwortung und ist verfassungsrechtlich nach Art. 6 Abs. 2 S. 1 GG geschuldet. Nach der Rechtsprechung des Bundesverfassungsgerichts „garantiert" Art. 6 Abs. 2 Satz 1 GG den Eltern grundsätzlich das Recht auf Pflege und Erziehung ihrer Kinder. Dieses „natürliche Recht wird den Eltern nicht vom Staate verliehen", sondern ist „von diesem als vorgegebenes Recht" anzuerkennen.

Diesbezüglich betont das Bundesverfassungsgericht aber auch, dass Art. 6 Abs. 2 S. 1 GG „keine Freiheit im Sinne einer Selbstbestimmung der Eltern" gewährt. Es ist vielmehr zum Schutze des Kindes auszuüben.

> „Es beruht auf dem Grundgedanken, dass in aller Regel Eltern das Wohl des Kindes mehr am Herzen liegt als irgendeiner anderen Person oder Institution."

Das Elternrecht ist daher ein „Recht im Interesse des Kindes".

BVerfG, Urt. v. 09.2.1982, Az. 1 BvR 845/79, juris Rn. 64 und 76.

Verfassungsrechtlich lässt es sich daher nur begründen die Eltern aus dem staatlichen Handeln in Bezug auf das Kind auszuschließen, wenn die Eltern ihr Recht nicht im Interesse des Kindes ausüben und eine Gefährdungslage für ihr Kind begründen.[104]

Mit der im Regelfall verpflichtenden **Einbeziehung des Kindes** in die Gefährdungseinschätzung wird wiederum der Subjektstellung des Kindes i.S.d. § 1 Abs. 1 und § 8 Abs. 1 SGB VIII Rechnung getragen. Kinder sind nach Möglichkeit an allen sie betreffenden Entscheidungen des Jugendamtes zu beteiligen.[105]

Lediglich im **Ausnahmefall**, nämlich soweit der wirksame Schutz des Kindes durch den Einbezug der Erziehungsberechtigten und des Kindes in Frage gestellt wird, hat das Jugendamt nach § 8a Abs. 1 S. 2 SGB VIII die Gefährdungseinschätzung ohne die Erziehungsberechtigten und das Kind vorzunehmen. Das Jugendamt hat somit prognostisch zu beurteilen, ob ein Einbezug der Erziehungsberechtigten oder des Kindes den wirksamen Schutz des Kindes gefährden könnte. Insbesondere in Fällen einer mutmaßlichen innerfa-

102 Bringewat in Kunkel/Kepert/Pattar, LPK-SGB VIII, § 8a Rn. 60; Abschlussbericht der Kommission Kinderschutz Baden-Württemberg, 2020, Band I, S. 48.

103 Bringewat in Kunkel/Kepert/Pattar, LPK-SGB VIII, § 8a Rn. 58; Abschlussbericht der Kommission Kinderschutz Baden-Württemberg, 2020, Band I, S. 94.

104 S. hierzu BVerfG, Urt. v. 09.02.1982, Az. 1 BvR 845/79, juris Rn. 87.

105 S. hierzu Bringewat in Kunkel/Kepert/Pattar, LPK-SGB VIII, § 8a Rn. 64.

miliären Misshandlung sowie eines möglichen innerfamiliären sexuellen Missbrauchs oder falls ein Missbrauch durch einen Dritten von den Eltern geduldet wird[106], hat man dies regelmäßig anzunehmen. Auf Basis einer sorgfältigen Prüfung der Einzelfallumstände ist dann über den Ausschluss der Erziehungsberechtigten oder des Kindes bei der Gefährdungseinschätzung zu entscheiden.[107]

Im Prozess der Gefährdungsfeststellung und gegebenenfalls der daran anschließenden Hilfeplanung ist immer auch sicherzustellen, dass die Perspektiven und Ressourcen sowohl der Eltern bzw. Personensorgeberechtigten als auch der betroffenen Kinder und Jugendlichen hinreichend gewürdigt werden.

Wie dargestellt sind die Eltern zudem grundsätzlich partizipativ in den Bewertungsprozess einzubeziehen.[108] Die Partizipation der Adressaten/Adressatinnen – u.a. durch das Einholen ihrer individuellen Sicht und Einschätzung der zu bewertenden Sachverhalte – ist von zentraler Bedeutung, um bei den Familien

> „schon vorhandene Ohnmachtserfahrungen möglichst nicht durch eigenes Tun zu verstärken und mit Schutzhandeln manchmal verbundenes Leid sowie Eingriffe in ansonsten geschützte Rechte möglichst gering zu halten."[109]

Auch im Rahmen der wissenschaftlichen Begleitung zur Vorbereitung der Reform des SGB VIII bekräftigten die Fachkräfte in den Fokusgruppen, dass die Sicherstellung der Beteiligung von Kindern und Jugendlichen und die Partizipation von Eltern ein **zentraler Einflussfaktor für einen wirksamen Kinderschutz** ist.

Im Rahmen der Analyse multiperspektivischer Fallbetrachtungen zu problematischen Kinderschutzverläufen (ebenfalls ein Bestandteil der wissenschaftlichen Begleitung des Dialogprozesses zur SGB VIII-Reform) zeigte sich, dass der erste zentrale Baustein für einen gelingenden Kinderschutzverlauf darin besteht, dass sich Fachkräfte, Betroffene und Beteiligte über die unterschiedlichen Wahrnehmungen der Situation verständigen und auf dieser Grundlage ein intersubjektiv nachvollziehbares Vorgehen gestalten. Dies gelingt in vielen Fällen nicht hinreichend und ist nicht selten die entscheidende Weichenstellung hin zu einem problematischen Kinderschutzverlauf.

Insbesondere eine nachvollziehbare **Begründung für die Annahme** des Vorliegens einer Kindeswohlgefährdung fehlt aus Sicht der betroffenen Eltern häufig. Diese Problematik bezieht sich vorrangig auf Fälle, in denen die Gefährdungsmerkmale nicht konkret benannt bzw. gegenüber den Eltern transparent gemacht werden, sondern eher abstrakte bzw. weiche Beschreibungen einer Kindeswohlgefährdung genutzt werden.

In den Falleingaben lässt sich nachweisen, dass abhängig von den Hilfeanlässen die Betroffenen ihre **Partizipation am Fallverlauf** signifikant besser oder schlechter bewerten ($p < 0,05$): Bei den Anlässen „familiäre Suchtproblematik", „psychische Erkrankung" und „Vernachlässigung" wird die Partizipation auf niedrigem Niveau besser eingeschätzt. Bei keinem nachvollziehbaren Anlass des Kinderschutzverlaufs wird sie signifikant schlechter

106 S. zu dieser Konstellation Salgo, ZKJ 2018, 168.
107 S. hierzu Bringewat in Kunkel/Kepert/Pattar, LPK-SGB VIII, § 8a Rn. 68.
108 S. hierzu auch Donath u.a., 2018.
109 Ebd., S. 480.

bewertet ($p < 0,05$). Interessant sind hierbei auch folgende hoch signifikante Korrelationen: Je akuter die Gefährdungslage eingeschätzt wird, desto besser fühlen sich Betroffene informiert ($p < 0,01$) und beteiligt ($p < 0,01$).

Die Zusammenschau dieser Befunde lässt vermuten, dass bei Kinderschutzverläufen, in denen eine greifbare und kategorisierbare Problematik als eindeutiges Anzeichen für eine Gefährdungslage vorliegt, klarer informiert, kommuniziert und beteiligt wird als in den Fällen, in denen eher ein „weicher Eindruck" einer möglichen Problematik und Gefährdungssituation besteht.

Hinweis:

Die Herausforderung für die Fachkräfte besteht also darin, auch bei Fällen, in denen keine eindeutig greifbare Sachlage gegeben ist, gemeinsam mit den Betroffenen eine intersubjektiv nachvollziehbare Grundlage für das gemeinsame Handeln zu finden.

Mit Blick auf diesen empfundenen Mangel an Information in problematischen Fallverläufen verwundert es nicht, dass sich Betroffene fast durchgängig nicht ausreichend beteiligt fühlen (junge Menschen 95 %, Eltern 96 %, weitere Familienangehörige 100 %). Fachkräfte der öffentlichen Kinder- und Jugendhilfe schätzen die Information und Beteiligung der Betroffenen im Fallverlauf hingegen überwiegend als gut ein (86 %). Diese Befunde belegen, wie wichtig das Herstellen einer **intersubjektiven Nachvollziehbarkeit in der Kinderschutzarbeit** ist. Zugleich legen sie offen, dass mehr Aufmerksamkeit auf die Schaffung von Grundlagen für adäquate Information und Beteiligung gerichtet werden sollte. Es sollte daher Aufgabe für Fachkräfte sein, ihre Annahmen über eine ausreichende und adressatengerechte Form von Information und Beteiligung zu prüfen. Wichtig erscheint hier, sowohl die individuellen Ausgangslagen als auch die subjektiven Erwartungshorizonte wahrzunehmen und in die Kommunikation mit den Betroffenen einzubeziehen.[110]

Aufgrund dieses Befundes ist mit Art. 1 des KJSG in § 42 Abs. 2 Satz 1 SGB VIII mit Wirkung vom 10. Juni 2021 die Pflicht zu einer unverzüglichen und umfassenden **Aufklärung des Kindes oder Jugendlichen über die Inobhutnahme** in einer „verständlichen, nachvollziehbaren und wahrnehmbaren Form" festgeschrieben worden. In Absatz 3 wurde eine entsprechende Aufklärungspflicht gegenüber den Personensorge- oder Erziehungsberechtigten normiert. Nach der Gesetzesbegründung soll damit die bessere Nachvollziehbarkeit der Bedeutung und Folgen einer Inobhutnahme sichergestellt werden.[111]

Nach hiesiger Auffassung greifen diese Rechtsänderungen zu kurz. Insbesondere entstehen die Pflichten nur bei Durchführung einer Inobhutnahme. Eine Regelung zu einer weitergehenden Beteiligungder Eltern und des Kindes in einer für sie „wahrnehmbaren Form" im Prozess der Gefährdungseinschätzung fehlt weiterhin. Allerdings ist auch nach der geltenden Rechtslage gem. § 8a Abs. 1 Satz 2 SGB VIII nur im Ausnahmefall eine Gefähr-

110 S. hierzu auch Feist-Ortmanns/Macsenaere 2020, S. 37 ff.
111 BT-Drs. 19/26107, S. 96.

dungseinschätzung „hinter dem Rücken" der Erziehungsberechtigten und des Kindes bei Dritten möglich.

Diese verfahrensrechtliche Vorgabe nach § 8a Abs. 1 Satz 2 SGB VIII deckt sich mit den entsprechenden **datenschutzrechtlichen Vorgaben**. Bei der Gefährdungseinschätzung geht es regelmäßig um eine Datenerhebung gem. § 62 SGB VIII. Gem. § 62 Abs. 2 Satz 1 SGB VIII sind Sozialdaten bei der betroffenen Person zu erheben.

Nur ausnahmsweise ist gem. § 62 Abs. 3 Nr. 2d) SGB VIII eine Datenerhebung ohne Mitwirkung des Betroffenen, also bei Dritten, zulässig, soweit dies für die Erfüllung des Schutzauftrags nach § 8a SGB VIII erforderlich ist. Dies wird man beispielsweise im Falle des Verdachts eines sexuellen Missbrauchs des Kindes annehmen müssen. Hier besteht die Gefahr, dass der mögliche Täter oder Dritte bei bzw. nach einer direkten Ansprache durch das Jugendamt auf das betroffene Kind einwirken und damit eine weitere Sachverhaltsaufklärung erschweren könnten. Ähnliches wird man annehmen müssen, wenn Anhaltspunkte für eine Misshandlung des Kindes im Raum stehen und zu erwarten ist, dass eine Inobhutnahme des Kindes in direktem Anschluss an ein Erstgespräch mit dem möglichen Täter nicht möglich sein wird. Dies gilt jedenfalls dann, wenn die Befürchtung besteht, dass es nach einem Erstgespräch mit dem möglichen Täter zu weiteren Misshandlungen des Kindes, eventuell gerade wegen des Gesprächs, kommen könnte.[112]

4. Unmittelbarer Eindruck vor Ort

Zur Gefährdungseinschätzung muss das Jugendamt nach § 8 a Abs. 1 Satz 2 Nr. 1 SGB VIII einen **Hausbesuch** machen („unmittelbaren Eindruck von dem Kind und von seiner persönlichen Umgebung"), wenn dies nach fachlicher Einschätzung erforderlich ist. Mit der Gesetzesbegründung wird ausgeführt, dass das Jugendamt sich mittels eines Hausbesuches einen unmittelbaren Eindruck von dem betreffenden Kind und seiner persönlichen Umgebung verschaffen soll, wenn dies nach fachlicher Einschätzung im Einzelfall erforderlich ist. Dazu zählt insbesondere die Einschätzung des körperlichen und geistigen Entwicklungsstandes des Kindes.

Unter „persönlicher Umgebung" werden sowohl die Wohnverhältnisse des Kindes als auch das Verhalten des Kindes in der ihm vertrauten Umgebung verstanden.[113] Nach der gesetzgeberischen Vorgabe besteht damit aber keine unbedingte Pflicht zum Hausbesuch. Die Pflicht zum Hausbesuch wird unter Verhältnismäßigkeitsgesichtspunkten von der Voraussetzung der Erforderlichkeit abhängig gemacht.[114]

- Dabei ist allerdings zu berücksichtigen, dass sehr junge Kinder regelmäßig besonders schutzbedürftig sind. Hier wird man daher regelmäßig einen direkten Kontakt mit dem Kind noch am Tag der Kenntniserlangung von gewichtigen Anhaltspunkten für eine Kindeswohlgefährdung in Erwägung ziehen müssen.

---

112 S. hierzu auch Abschlussbericht der Kommission Kinderschutz Baden-Württemberg, 2020, Band I, S. 97.
113 BT-Drs. 17/6256, S. 21.
114 S. hierzu Bringewat in Kunkel/Kepert/Pattar, LPK-SGB VIII, § 8a Rn. 53; Wapler in Wiesner/Wapler, SGB VIII, § 8a Rn. 23d.

- Ferner kann sich ein besonderer Handlungsbedarf bei Kindern mit evident besonderem Bedarf bzw. Risikofaktoren (behinderte Kinder, „Schreikinder", Frühchen usw.) ergeben.
- Schließlich ist zu erörtern, wie schnell sich eine Gefährdungslage in einen Schaden am Kindeswohl realisieren kann. So ist bei Anhaltspunkten für eine körperliche Misshandlung oder einen sexuellen Missbrauch in der Regel besonders schnell zu handeln.[115]

Allerdings ist festzustellen, dass die rechtliche und fachliche Einschätzung hinsichtlich der Frage, ob ein Hausbesuch durchzuführen ist, eine Fehlerquelle in sich birgt. Bei einer unbedingten Pflicht zum Hausbesuch kann diese Fehlerquelle verringert werden. Der Gesetzgeber hat bei der Regelung in § 8a Abs. 1 Satz 2 Nr. 1 SGB VIII aber eine **Abwägung zwischen dem Elterngrundrecht und dem Grundrecht des Kindes auf staatlichen Schutz** vorgenommen. Im Endeffekt hat er sich gegen eine unbedingte Pflicht zum Hausbesuch entschieden.

Sofern allerdings tatsächlich gewichtige Anhaltspunkte für eine Kindeswohlgefährdung bestehen, wird das Jugendamt regelmäßig einen Hausbesuch durchführen müssen. Ein solcher Hausbesuch muss regelmäßig unangemeldet erfolgen. Dies ist dann auch verwaltungsrechtlich ohne Weiteres zulässig. Bei Vorliegen von gewichtigen Anhaltspunkten für eine Kindeswohlgefährdung besteht kein Recht des Bürgers, vor Hausbesuchen verschont zu bleiben.[116]

5. Beteiligung von Berufsgeheimnisträgern bei der Gefährdungseinschätzung

a) Rechtsänderungen in § 8a Abs. 1 Satz 2 SGB VIII

Mit Art. 1 des KJSG ist in § 8a Abs. 1 Satz 2 SGB VIII folgende Neuregelung mit der Einfügung einer Nummer 2 mit Wirkung vom 10. Juni 2021 vorgenommen worden:

> „Personen, die gemäß § 4 Absatz 3 des Gesetzes zur Kooperation und Information im Kinderschutz dem Jugendamt Daten übermittelt haben, in geeigneter Weise an der Gefährdungseinschätzung zu beteiligen."

Mit der Neuregelung wird klarstellend geregelt, dass Berufsgeheimnisträgerinnen und -träger gem. § 4 Abs. 1 KKG nach einer Meldung verstärkt in das Verfahren der Gefährdungseinschätzung einzubeziehen sind. Eine entsprechende Datenübermittlung kann nach § 69 Abs. 1 Nr. 1 Alt. 2 SGB X zulässig sein.

Voraussetzung für diese **Datenübermittlung** ist es allerdings, dass durch die Datenübermittlung der wirksame Schutz des Kindes oder Jugendlichen nicht in Frage gestellt wird und die Übermittlung nach fachlicher Einschätzung des Jugendamtes erforderlich ist. Im Rahmen dieser fachlichen Einschätzung ist zu prüfen, ob die Einbeziehung der in § 4 Abs. 1 KKG genannten Personen für die Sachverhaltsaufklärung nach § 8a Abs. 1 Satz 1 und 2 SGB VIII erforderlich ist. Ferner ist § 64 Abs. 2 SGB VIII zu beachten. Die Datenübermittlung darf nicht zu einer Erfolgsvereitelung im Zusammenhang mit einer Leistungserbringung führen. Nach der Gesetzesbegründung wird der Schutz der „Persönlichkeitsrechte sowie

115 S. hierzu auch Abschlussbericht der Kommission Kinderschutz Baden-Württemberg, 2020, Band I, S. 97.
116 VG Freiburg, Beschl. v. 2.10.2013, 4 K 1168/13, juris Rn. 8.

Vertrauensschutzaspekte" (genauer: der Schutz des Grundrechts auf informationelle Selbstbestimmung nach Art. 2 Abs. 1 GG i.V.m. Art. 1 Abs. 1 GG) über eine Begrenzung der Beteiligungspflicht „auf die nach fachlicher Einschätzung des Jugendamts erforderlichen Fälle" sichergestellt.[117]

Zudem ist durch Art. 1 KJSG die in § 62 Abs. 3 Nr. 2d SGB VIII enthaltene Regelung zur Datenerhebung bei Dritten ohne Mitwirkung der betroffenen Person erweitert worden. Mit der Gesetzesänderung hat das Jugendamt nun eine Befugnis zur **Datenerhebung ohne Mitwirkung der betroffenen Person** im Rahmen der Beteiligung der Berufsgeheimnisträger nach § 4 KKG. Das Jugendamt darf somit bei Personen, die ihm nach § 4 Abs. 3 KKG im Kinderschutz Daten übermittelt haben, zum Zwecke der Gefährdungseinschätzung weitere hierfür erforderliche Daten erheben.[118]

b) Rückmeldungen nach § 4 KKG

Diese durch Art. 1 des KJSG in § 8a Abs. 1 Satz 2 SGB erfolgten Rechtsänderungen werden durch die mit Art. 2 des KJSG in § 4 KKG vorgenommenen Neuregelungen ergänzt. § 4 Abs. 4 KKG hat folgenden Wortlaut erhalten:

> „Wird das Jugendamt von einer in Absatz 1 genannten Person informiert, soll es dieser Person zeitnah eine Rückmeldung geben, ob es die gewichtigen Anhaltspunkte für die Gefährdung des Wohls des Kindes oder Jugendlichen bestätigt sieht und ob es zum Schutz des Kindes oder Jugendlichen tätig geworden ist und noch tätig ist. Hierauf sind die Betroffenen vorab hinzuweisen, es sei denn, dass damit der wirksame Schutz des Kindes oder des Jugendlichen in Frage gestellt wird."

Mit der Gesetzesbegründung wird betont, dass

> „allein das Wissen um den weiteren Fortgang des Verfahrens nach einer Meldung von den Berufsgeheimnisträgerinnen und Berufsgeheimnisträgern als für eine vertrauensvolle Kooperationsbeziehung zum Jugendamt sehr förderlich eingeschätzt"

werde. Entsprechende Informationen seien zudem erforderlich, um bestehende Aufgaben und Pflichten erfüllen zu können.[119]

Mit der Neuregelung wird eine Befugnis zu einer entsprechenden Datenübermittlung durch das Jugendamt gem. § 69 Abs. 1 Nr. 1 Alt. 2 SGB X i.V.m. § 4 Abs. 4 KKG geschaffen. Allerdings ist im Rahmen der Erforderlichkeitsprüfung zu berücksichtigen, dass der übermittlungsfähige Datensatz beschränkt ist: Es darf nur mitgeteilt werden, ob sich die Anhaltspunkte hinsichtlich einer Kindeswohlgefährdung bestätigt haben und ob das Jugendamt zur Abwendung der Gefährdung des Wohls des Kindes oder Jugendlichen tätig geworden ist und ob die ergriffenen Maßnahmen noch andauern.

Eine entsprechende Klarstellung hinsichtlich des übermittlungsfähigen Datensatzes ist auch mit Art. 1 des KJSG durch eine Neuregelung in § 64 Abs. 4 SGB VIII vorgenommen worden. Mit der Neuregelung in § 64 Abs. 4 SGB VIII besteht eine Befugnis des Jugendamtes zur Datenübermittlung im Kontext der Gefährdungsabwendung nach § 4 KKG an die

117 BT-Drs. 19/26107, S. 75.
118 BT-Drs. 19/26107, S. 107.
119 BT-Drs. 19/26107, S. 121.

in § 4 Absatz 1 KKG genannten Berufsgeheimnisträgerinnen und Berufsgeheimnisträger.[120] Es besteht damit eine Befugnis zur Datenübermittlung nach § 69 Abs. 1 Nr. 1 Alt. 2 SGB X und nach § 64 Abs. 4 SGB VIII.

Die mit § 4 Abs. 4 KKG normierte Neuregelung dürfte die Arbeitsbeziehung zwischen Jugendamt und Berufsgeheimnisträgern stärken. Unabhängig hiervon ist die Regelung schon deshalb dringend erforderlich, weil der jeweilige Berufsgeheimnisträger aufgrund eigener Garantenstellung für das Wohl des Kindes vielfach wissen muss, ob er weitere Schritte zu ergreifen hat.

Die **Rückmeldepflicht des Jugendamtes** nach § 4 Abs. 4 KKG ist allerdings daran gekoppelt, dass eine Information durch einen Berufsgeheimnisträger nach § 4 Abs. 1 Nr. 1 bis 7 KKG erfolgt ist. Insbesondere Kindertageseinrichtungen beschäftigten aufgrund der in den Landesgesetzen enthaltenen Fachkräftevorgaben kaum noch Berufsgeheimnisträger in diesem Sinne. Bei rechtskonformer Anwendung des § 4 Abs. 4 KKG kann das Jugendamt daher auch nach neuer Rechtslage Kindertageseinrichtungen oftmals keine Rückmeldung geben. Vergleichbares gilt für Kindertagespflegepersonen. Dies ist nicht sachgerecht. Insbesondere mit den Leistungen, welche in Kindertageseinrichtungen und Kindertagespflege erbracht werden, werden fast alle Kinder in den ersten Lebensjahren erreicht. Daher können mögliche Kindeswohlgefährdungen insbesondere mit dieser Leistungserbringung erkannt werden.

Der Information durch diese Einrichtung bzw. Person gehen im Regelfall die verpflichtende Hinzuziehung einer insoweit erfahrenen Fachkraft, die Motivation der Eltern zur Annahme von Hilfen und schließlich die Einschätzung, dass die Gefährdung nicht anders als durch Information des Jugendamtes abgewendet werden kann voraus. Zudem geht es hier um Kinder in einem vulnerablen Lebensalter, deren Eltern nach Einschätzung der Einrichtung bzw. der Tagespflegeperson nicht gewillt oder in der Lage waren die zuvörderst ihnen obliegende Pflicht zur Gefährdungsabwendung umzusetzen. Es war richtig, gerade diese Einrichtungen bzw. Personen in den Kinderschutz einzubeziehen, haben sie doch wie keine anderen – bis auf die Eltern – laufend Kontakt zu den ihnen anvertrauten Kindern, kennen deren Entwicklung und können Veränderungen und Auffälligkeit früh erkennen. Gerade diesen in den Kinderschutz bereits einbezogenen Einrichtungen bzw. Personen die Informationen zur Einschätzung der Fachbehörde Jugendamt und zu seinem weiteren Vorgehen vorzuenthalten, ist nicht gerechtfertigt.

§ 4 Abs. 4 S. 1 KKG sollte daher wie folgt ergänzt werden:

▶ *(Änderung fett markiert):*

Wird das Jugendamt von einer in Absatz 1 genannten Person, ***von Fachkräften einer Kindertageseinrichtung oder von einer Kindertagespflegeperson*** *informiert, soll es dieser Person zeitnah eine Rückmeldung geben, ob es die gewichtigen Anhaltspunkte für die Gefährdung des Wohls des Kindes oder Jugendlichen bestä-*

120 BT-Drs. 19/26107, S. 107.

tigt sieht und ob es zum Schutz des Kindes oder Jugendlichen tätig geworden ist und noch tätig ist.

6. Informationsfluss von Berufsgeheimnisträgerinnen und Trägern an das Jugendamt

Mittels der Neuregelungen in § 4 KKG sollte aber nicht nur der Informationsfluss vom Jugendamt an Berufsgeheimnisträger i.S.d. § 4 Abs. 1 KKG verbessert worden. Es sollten vielmehr auch die Offenbarungsrechte der Berufsgeheimnisträger nach § 4 Abs. 1 Nr. 1 bis 7 KKG klarer und eindeutiger gefasst. Mit der Neuregelung in § 4 Abs. 1 KKG sollte betont werden, dass die Berufsgeheimnisträger befugt sind, das Jugendamt zu informieren und ihm die zur Abwendung der Gefährdung erforderlichen Daten mitzuteilen, soweit die Berufsgeheimnisträger dies zur Abwendung der Gefährdung für erforderlich halten.

Nach Widerstand im Gesetzgebungsverfahren ist die klarstellende Regelung allerdings weitestgehend aufgegeben worden und nur eine Sonderregelung in § 4 Abs. 3 S. 3 für Berufsgeheimnisträger nach § 4 Abs. 1 Nr. 1 KKG geschaffen worden.[121] Hinsichtlich der Information des Jugendamtes besteht damit nach neuer Rechtslage eine „**Zweiklassengesellschaft**". Berufsgeheimnisträgerinnen und -träger nach § 4 Abs. 1 S. 1 Nr. 1 KKG dürfen auf unkomplizierterem Wege das Jugendamt informieren, als es die anderen Berufsgeheimnisträgerinnen und -träger tun dürfen. Insbesondere Ärztinnen und Ärzte wurden damit von der Pflicht zu einer zeitaufwendigen Beratung der Eltern bei Vorliegen der Voraussetzungen des Satzes 3 befreit.

Zu betonen ist aber, dass für alle Berufsgeheimnisträgerinnen und -träger mit § 4 Abs. 3 KKG eine datenschutzrechtliche Rechtsgrundlage zur Datenübermittlung an das Jugendamt besteht. Im jeweiligen Einzelfall können daher die erforderlichen Daten in befugter Weise an das Jugendamt übermittelt werden.

7. Multiprofessionelle Gefährdungseinschätzung

Mit der dargestellten Neuregelung in § 8a Abs. 1 S. 2 Nr. 2 SGB VIII wurde klarstellend geregelt, dass für das Jugendamt die Möglichkeit besteht, Berufsgeheimnisträgerinnen und -träger gem. § 4 KKG verstärkt in das Verfahren der Gefährdungseinschätzung einzubeziehen. Nach dem Gesetzeswortlaut der Nummer 2 knüpft dieser Einbezug an die vorherige Datenübermittlung durch den jeweiligen Berufsgeheimnisträger.

Allerdings besteht nach § 8a Abs. 1 S. 1 und 2 SGB VIII eine **umfassende Pflicht zur Sachverhaltsermittlung**, welche nicht durch vorherige Meldungen Dritter begrenzt wird. Das Jugendamt muss alle verfügbaren Erkenntnisquellen nutzen, um den entscheidungserheblichen Lebenssachverhalt bis an die Grenze des Leistbaren aufzuklären. Der Sachverhalt ist gem. § 8a Abs. 1 S. 2 SGB VIII nach Art und Umfang so zu ermitteln, wie es nach fachlicher Einschätzung erforderlich erscheint.

Im Rahmen dieser fachlichen Einschätzung ist insbesondere zu prüfen, ob die Einbeziehung der in § 4 Abs. 1 KKG genannten Personen für die Sachverhaltsaufklärung nach § 8a

121 S. hierzu BT-Drs. 19/28870, S. 101 und 102.

Abs. 1 S. 1 und 2 SGB VIII dienlich sein kann. Mittels einer solchen multiprofessionellen Betrachtung besteht eine Möglichkeit, die Gefährdungseinschätzung auf einer breiten fachlichen Basis vornehmen zu können.

Sehr präzise werden die Möglichkeit einer solchen **multiprofessionellen Sachverhaltsermittlung** in der Kinderschutzleitlinie wie folgt beschrieben:

> „Zahlreiche Problemlagen im Kinderschutz sind nur durch die system- und professionsübergreifende Nutzung der Kompetenzen und Ressourcen lösbar. Die unterschiedlichen Professionen haben nicht nur unterschiedliche Ressourcen zur Verfügung, sondern kommen auch zu unterschiedlichen Zeitpunkten in Kontakt mit den betroffenen Familien. Das Gesundheitssystem hat um die Geburt herum Zugang zu nahezu allen Eltern und Kindern und gewährleistet die medizinische Versorgung und Risikoerkennung. Die Kompetenzen der Jugendhilfe liegen anschließend vor allem in der Abklärung psychosozialer Risiken und des sich daraus ergebenden Hilfebedarfs sowie der Bereitstellung geeigneter Hilfen. Zur frühzeitigen und schnellen Sicherung des Kindeswohls in psychischer, physischer und sozialer Hinsicht braucht es die enge Kooperation und Verzahnung der beiden Systeme auf Augenhöhe."[122]

Diese Empfehlung zu einem Einbezug verschiedener Professionen und Expertise wurde im Jahr 2022 mit dem Zwischenbericht des Parlamentarischen Untersuchungsausschusses IV Nordrhein-Westfalen („Lügde-Untersuchungsausschuss") wie folgt aufgegriffen:

> „Bei der Bearbeitung von Kindeswohlgefährdungsmeldungen mit dem Verdacht der sexualisierten Gewalt sollten weitere auch externe Fachkräfte mit psychologischer, medizinischer, juristischer und ggfs. auch ermittlungstechnischer Kompetenz hinzu- gezogen werden. Die Fallverantwortung bleibt bei der für die Kindeswohlgefährdung fallführenden Fachkraft des Jugendamtes. Ein Netzwerk soll die Rahmenbedingungen für eine effektive und schnelle Zusammenarbeit bei möglicher Kindeswohlgefährdung sicherstellen."

Und

> „Um die Zusammenarbeit der verschiedenen Akteure unabhängig vom Einzelfall zu organisieren, müssen Netzwerke nach dem Vorbild der Frühen Hilfen in den Jugendamtsbezirken gebildet werden, in denen ein regelmäßiger Austausch stattfindet. Hier sollten auch die Verfahren zur Gefährdungseinschätzung bei einem Verdacht auf Kindeswohlgefährdung sowie die Maßnahmen zur Unterstützung von Kindern und Familien nach einer Kindeswohlgefährdung verbindlich geregelt werden. Die von allen Einrichtungen zu erstgellenden institutionellen Schutzkonzepte sollten kommunal aufeinander abgestimmt sein. Zur Steuerung des Netzwerkes bedarf es einer lokalen Koordinierungsstelle."[123]

a) Das Ziel im Blick: Liegt eine Kindeswohlgefährdung vor?

Bei der Sachverhaltsaufklärung i.S.e. Gefährdungseinschätzung muss stets das Ziel im Blick behalten werden. Die Sachverhaltsaufklärung nach § 8a Abs. 1 S. 1 und 2 SGB VIII hat nur ein Ziel: Es muss festgestellt werden, ob eine Kindeswohlgefährdung gegeben ist.

Zentraler Bezugspunkt ist damit die Kindeswohlgefährdung. Wichtig ist dabei zunächst, dass auch bei einem multiprofessionellen Handeln von einem **gemeinsamen Begriffsver-**

---

122 Kinderschutzleitlinie, Stand 7.2.2019, Langfassung, S. 70.

123 Zwischenbericht des Parlamentarischen Untersuchungsausschusses IV vom 16.3.2022, LT-Drs. 17/16770, S. 3128, 3134 und 3135.

ständnis ausgegangen wird. Dies wird auch in der Kinderschutzleitlinie treffend wie folgt festgestellt:

> „Eine besondere Herausforderung bei der Kooperation der Akteure aus Gesundheitswesen, Jugend-hilfe, Justiz und Pädagogik ist es, die eigenen Fachtermini verständlich zu übersetzen und eine gemeinsame Sprache zu finden und zu gebrauchen, um Missverständnissen im Fallverlauf vorzubeugen."[124]

Eine solche gemeinsame Sprache gelingt aber nicht ohne Weiteres. So wird in der Kinderschutzleitlinie auch darauf hingewiesen, dass

> „eine unterschiedliche Verwendung des Begriffes Kindeswohlgefährdung (...) immer wieder zu Kontroversen bei der Entwicklung der Leitlinie (führte)."[125]

So wurde bei Erstellung der Kinderschutzleitlinie auch zunächst eine **eigenständige Definition des Gefahrenbegriffs** wie folgt gewählt:

> „Eine eigene, von der rechtlichen und in der Jugendhilfe gebräuchlichen abweichenden Definition ergab sich aus der Notwendigkeit, Anhaltspunkte für eine Kindeswohlgefährdung wie eine Misshandlung, einen Missbrauch und/oder eine Vernachlässigung zu benennen. Kindeswohlgefährdung wurde als Diagnose anhand von Formen der Kindesmisshandlung, -missbrauch und/oder -vernachlässigung definiert, wobei die notwendige prognostische Einschätzung zu der Entwicklung von Kindern und Jugendlichen nicht explizit benannt wurde."[126]

Da es im Kindesschutzverfahren der Jugendhilfe aber um eine **Prognoseentscheidung mittels einer Risikoeinschätzung** geht, muss der Blick in die Zukunft gerichtet werden. Daher kann eine reine Diagnoseerstellung nie ausreichend sein. Es geht stets um eine prognostische Aussage zur weiteren Entwicklung des Kindes.[127] Aufgrund dieser Tatsache wurde bei Erstellung der Kinderschutzleitlinie auch letztendlich auf eine eigene Definition mit nachstehender Begründung verzichtet:

> „Die Kinderschutzleitlinie verzichtet auf diese eigene Definition der Kindeswohlgefährdung und verwendet den Begriff Kindeswohlgefährdung in Orientierung an die BGH-Urteile, um der Gefahr entgegenzuwirken, dass der unterschiedliche Sprachgebrauch zu grundsätzlichen Missverständnissen der Versorgungsbereiche untereinander führt.[128]

Die an einem Kinderschutzverfahren beteiligten Personen müssen daher über ein **gemeinsames Begriffsverständnis in Bezug auf die Kindeswohlgefährdung** verfügen. Der Gefahrenbegriff wird dabei von drei Elementen bestimmt:

1. von der zu erwartenden **Rechtsgutsbeeinträchtigung**,
2. von der **zeitlichen Nähe** des Schadenseintritts und
3. von der **Wahrscheinlichkeit** des tatsächlichen Schadenseintritts.

Die drohende Rechtsgutbeeinträchtigung beim Kind muss zunächst schwerwiegend und nachhaltig sein. Bezüglich der zeitlichen Nähe des Schadenseintritts gelten ebenfalls er-

124 Kinderschutzleitlinie, Stand 7.2.2019, Langfassung, S. 77.
125 Kinderschutzleitlinie, Stand 7.2.2019, Langfassung, S. 12.
126 Kinderschutzleitlinie, Stand 7.2.2019, Langfassung, S. 12 und 13.
127 Kinderschutzleitlinie, Stand 7.2.2019, Langfassung, S. 12.
128 Kinderschutzleitlinie, Stand 7.2.2019, Langfassung, S. 13.

höhte Anforderungen: Die Gefahr muss gegenwärtig sein oder der Schadenseintritt unmittelbar bevorstehen. Dies ist der Fall, wenn über die der Gefahr innewohnende Aktualität der Gefährdung hinaus eine konkret drohende Gefahrenlage besteht, die sich nach dem objektiv anzunehmenden Verlauf der Dinge alsbald bzw. in allernächster Zeit auswirken wird. Schließlich muss hinsichtlich der Wahrscheinlichkeit des Schadenseintritts eine „ziemliche Sicherheit" bestehen.[129]

Dieses erforderliche Maß an Gefahr kann allerdings nicht abstrakt bestimmt werden. Vielmehr ist eine rechtliche und fachliche Betrachtung nach wertenden Gesichtspunkten vorzunehmen. Nach der Rechtsprechung erfährt insbesondere der geforderte Grad der Eintrittswahrscheinlichkeit eine Differenzierung nach den jeweiligen Einzelfallumständen. Nach der **Rechtsfigur der Relativität des Gefahrenbegriffs** sind an die Wahrscheinlichkeit des Schadenseintritts umso geringere Anforderungen zu stellen, je größer und folgenschwerer der möglicherweise eintretende Schaden ist.[130]

Damit bestehen zwischen den einzelnen Teilelementen des Gefahrenbegriffs Verknüpfungen bzw. Abhängigkeiten.

Praxistipp:

Die Rechtsfigur der Relativität des Gefahrenbegriffs wird daher auch als „Je-Desto-Formel" bezeichnet: Je gravierender der drohende Schaden ist, desto geringere Anforderungen sind an die Eintrittswahrscheinlichkeit zu stellen

Die Sachverhaltsdarstellung i.S.e. Gefährdungseinschätzung hat sich daher auf diese drei Bezugspunkte und die zwischen Schaden und Eintrittswahrscheinlichkeit bestehende Verknüpfung zu konzentrieren. Hinsichtlich dieser Teilelemente sind prognostische Beurteilungen erforderlich.

b) Wann ist ein Einbezug von Berufsgeheimnisträgerinnen und -trägern bei der Gefährdungseinschätzung erforderlich?

Gem. § 8a Abs. 1 S. 2 SGB VIII muss das Jugendamt bei der Sachverhaltsaufklärung alle Schritte unternehmen, welche **„nach fachlicher Einschätzung erforderlich"** sind. Der Bestimmung dieser Erforderlichkeit der Sachverhaltsaufklärung durch Datenerhebung kommt besondere Bedeutung zu. Entgegen des Wortlautes in § 8a Abs. 1 S. 2 Nr. 2 SGB VIII ist der Einbezug von Berufsgeheimnisträgerinnen und -trägern bei der Sachverhaltsaufklärung nicht zwingend an eine vorherige Meldung gekoppelt. Die Mitarbeitenden des Jugendamtes haben vielmehr alle Dritten einzubeziehen, die nach fachlicher Einschätzung für die Sachverhaltsaufklärung erforderlich sein könnten.

Die **Erforderlichkeit** des Einbezugs von Berufsgeheimnisträgerinnen und -trägern ist nach hiesiger Auffassung weit zu ziehen. Mittels des Einbezugs vielschichtiger Expertise unter-

129 S. hierzu Kepert in Kunkel/Kepert/Pattar, LPK-SGB VIII, § 42 Rn. 26.

130 OLG Karlsruhe, Beschl. v. 3.8.2018, 18 UF 91/18, juris Rn. 44; BVerwG, Urt. v. 6.9.1974, 1 C 17.73, juris Rn. 23; BayVGH, Beschl. v. 18.5.2016, 22 ZB 16.12, juris Rn. 16.

schiedlicher Professionen besteht die Möglichkeit den entscheidungserheblichen Lebenssachverhalt bestmöglich aufzuklären.

Insbesondere in nachstehenden Konstellationen sollte das Jugendamt von der Möglichkeit des Einbezugs von Berufsgeheimnisträgerinnen und Trägern Gebrauch machen.

Erhebung eines dem Jugendamt nicht bekannten Lebenssachverhalts

Unstrittig dürfte ein Einbezug von Berufsgeheimnisträgern in diesem Sinne zur Sachverhaltsaufklärung erforderlich sein, wenn der meldende Berufsgeheimnisträger einen Lebenssachverhalt kennt, welcher den Mitarbeitenden des Jugendamtes nicht bekannt ist.

Dies ist z.B. der Fall, wenn die Kinderärztin beim Arztbesuch eines Kindes mit dessen Vater eine Beobachtung gemacht hat, welche den Fachkräften des Jugendamtes nicht bekannt ist. Dieser Lebenssachverhalt ist dann im Austausch zwischen Fachkraft des Jugendamtes und Kinderärztin aufzuklären.

In diesem Zuge sind die Mitarbeitenden des Jugendamtes gem. § 69 Abs. 1 Nr. 1 Alt. 2 SGB X i.V.m. § 8a Abs. 1 S. 2 SGB VIII zur Datenübermittlung und gem. § 62 Abs. 3 Nr. 2d SGB VIII zur Datenerhebung bei der Ärztin befugt.

Die Kinderärztin ist als Berufsgeheimnisträgerin wiederum gem. § 4 Abs. 3 S. 3 KKG zur Datenübermittlung an das Jugendamt befugt.

Erforderlichkeit des Einbezugs bei weiterer Sachverhaltsaufklärung mit Hilfe der Berufsgeheimnisträger

Anlässlich eines beim Jugendamt bekannt gewordenen gewichtigen Anhaltspunktes für eine Kindeswohlgefährdung durch Mitteilung eines Berufsgeheimnisträgers kann sich die Frage stellen, ob eine weitere Sachverhaltsaufklärung mit Hilfe eines meldenden Berufsgeheimnisträgers möglich ist.

Ein **Bedürfnis** für eine solche Sachverhaltsaufklärung kann sich insbesondere in Fällen ergeben, in welchen das Jugendamt an Grenzen bei der eigenen Sachverhaltsaufklärung stößt. Das **Erfordernis** für eine solche weitere Sachverhaltsaufklärung durch zusätzliche Diagnostik wird auch seitens der Berufsgeheimnisträgerinnen gesehen. So wird in der Kinderschutzleitlinie im Kapitel Kooperation und Vorgehen Folgendes ausgeführt:

> „Für medizinische Fachkräfte können Anhaltspunkte oder spezifische Befunde, die auf eine Kindesmisshandlung, -missbrauch und/oder -vernachlässigung hinweisen, weitere diagnostische Maßnahmen erforderlich machen, wie z.B. eine körperliche Untersuchung, bildgebende Verfahren, kinder- und jugendpsychiatrische Evaluation oder auch Laboruntersuchungen.
>
> Fachkräfte sollten sich bewusst sein, dass bestimmte Verletzungen bei Kindern oder Jugendlichen verdächtig sind und als ein Warnsignal auf eine Kindesmisshandlung erkannt und gedeutet werden müssen. Diese werden in Kapitel 2.2.3 als „gewichtige Anhaltspunkte" für eine Kindeswohlgefährdung bezeichnet. In diesen Fällen ist ein fachlicher Austausch mit und zwischen Ärztinnen angezeigt, u.a. auch um eine prognostische Einschätzung vorzunehmen."[131]

131 Kinderschutzleitlinie, Stand 7.2.2019, Langfassung, S. 80.

Auf Seite 87 ff. wird in der Kinderschutzleitlinie das Vorgehen der weiteren Diagnostik im Krankenhaus (Diagnostik bei Verdacht auf Gefährdung von Kindeswohl und Kindergesundheit (OPS 1-945) beschrieben. In diesen Fällen wird bereits bei der Diagnostik multiprofessionell gearbeitet. Es wird die Implementierung von **multiprofessionellen Kinderschutzgruppen** empfohlen.[132] Unklar bleibt allerdings hier, auf welcher Basis eine **Datenverarbeitung in diesen multiprofessionellen Teams** zulässig sein kann.

Da eine Befugnis für den interkollegialen Datenaustausch zwischen Berufsgeheimnisträgern ohne Vorliegen einer Einwilligung des Betroffenen i.d.R. nicht gegeben sein wird, sollte jeweils im Rechtsverhältnis Berufsgeheimnisträger zu Jugendamt eine direkte Datenübermittlung erwogen werden. Für Berufsgeheimnisträgerinnen und -träger besteht mit § 4 Abs. 3 KKG eine datenschutzrechtliche Rechtsgrundlage für die Datenübermittlung. Die durch den jeweiligen Berufsgeheimnisträger gewonnenen Informationen können daher an das Jugendamt übermittelt werden.

Hinweis:

Es ist Verpflichtung des Jugendamtes diese Erkenntnisse zu einem Gesamtbild zusammenzusetzen und ggf. weitere Nachfragen bei einzelnen meldenden Berufsgeheimnisträgerinnen und -trägern zu veranlassen. Das Jugendamt ist daher auch in datenschutzrechtlicher Hinsicht die Zentralstelle, bei welcher die Information zusammenfließen können.

Mit guten Gründen wird daher in Nordrhein-Westfalen seit 1. Mai 2022 mit § 4 Abs. 1 S. 1 Landeskinderschutzgesetz NRW das **Jugendamt** als **„die zentrale Stelle für die Aufgabenwahrnehmung bei Kindeswohlgefährdungen“** benannt.[133]

Das Vorgehen nach § 8a SGB VIII und § 4 KKG stellt regelmäßig einen **dynamischen Prozess** dar und ist fortzusetzen, solange gewichtige Anhaltspunkte für eine Kindeswohlgefährdung bestehen.

Hinweis:

Diesbezüglich ist es wichtig zu betonen, dass der Schutzauftrag des Jugendamtes nicht mit der Anrufung des Familiengerichts oder einer familiengerichtlichen Entscheidung oder dem Ergreifen von Schritten durch Dritte regelmäßig nicht endet.

Der Schutzauftrag nach § 8a SGB VIII endet nach hiesiger Auffassung erst, wenn gewichtige Anhaltspunkte für eine Kindeswohlgefährdung aufgrund der objektiv vorliegenden Tatsachen nicht mehr anzunehmen sind. Daher handelt es sich bei der Einbeziehung von Dritten nach § 8a Abs. 1 S. 2 Nr. 2 SGB VIII i.d.R. um einen fortlaufenden Prozess, welcher in mehreren Schritten und zeitlichen Abständen erfolgen kann.

132 Kinderschutzleitlinie, Stand 7.2.2019, Langfassung, S. 90.

133 Gesetz zum Schutz des Kindeswohls und zur Weiterentwicklung und Verbesserung des Schutzes von Kindern und Jugendlichen in Nordrhein-Westfalen (Landeskinderschutzgesetz NRW), GV NRW vom 26.4.2022, S. 503.

Im Rahmen dieses Prozesses nach § 8a SGB VIII und § 4 KKG kann die **spezifische Expertise des Gesundheitswesens** (z.B. im Rahmen eines forensischen bzw. strukturierten Interviews[134]) sehr hilfreich für die weitere Gefährdungseinschätzung des Jugendamtes nach § 8a Abs. 1 S. 1 und 2 SGB VIII sein. Dabei ist für die Fachkräfte des Jugendamts wichtig, sachgerecht die bestehenden Grenzen der eigenen Entscheidungsfindung (z.B. zur Ursächlichkeit einer thermischen Verletzung) zu erkennen und offen für eine Einbeziehung der Expertise von Berufsgeheimnisträgern nach § 4 Abs. 1 KKG zu sein.

Das Jugendamt hat nicht die Möglichkeit die beschriebene Diagnostik durchzuführen. Um aber einerseits Eltern einem nicht zu rechtfertigenden Verdacht einer tatsächlich nicht vorliegenden Kindeswohlgefährdung auszusetzen, andererseits bei Vorliegen objektiver Tatsachen für eine Kindeswohlgefährdung stringent und effektiv vorgehen zu können, kann es in Einzelfällen sehr ratsam sein, die juristische Bewertung und sozialpädagogische Diagnostik auf Basis einer zuvor vorgenommenen medizinischen oder psychologischen Einschätzung vorzunehmen. Mit diesem Vorgehen wird nicht das Primat des Jugendamtes hinsichtlich der Entscheidung nach § 8a SGB VIII in Frage gestellt.

Letztendlich steht das Jugendamt in der Verantwortung zu entscheiden, ob eine Kindeswohlgefährdung gegeben ist. In Einzelfällen bzw. bei bestimmten Formen der Kindeswohlgefährdung kann es aber aus den genannten Gründen angezeigt sein, die Einschätzung hinsichtlich des Vorliegens einer Kindeswohlgefährdung auf Basis einer „fundierten und transparenten medizinischen Abwägung"[135] zu treffen.

Erforderlichkeit des Einbezugs von Berufsgeheimnisträgerinnen und -trägern zur Feststellung von Tatsachen zu den Teilelementen des Gefahrenbegriffs

Das Handeln des Jugendamtes nach § 8a Abs. 1 S. 1 und 2 SGB VIII zielt ebenso wie das Handeln des Trägers der freien Jugendhilfe nach § 8a Abs. 4 S. 1 SGB VIII auf die Beantwortung der Frage, ob eine Kindeswohlgefährdung vorliegt. Wie dargestellt wird der Begriff der Kindeswohlgefährdung von nachstehenden Teilelementen bestimmt:

1. Der zu erwartenden Rechtsgutsbeeinträchtigung
2. Der zeitlichen Nähe des Schadenseintritts
3. Der Wahrscheinlichkeit des Schadenseintritts

Mittels der Rechtsfigur des Gefahrenbegriffs wird zudem eine **Verknüpfung zwischen dem drohenden Schaden und der Eintrittswahrscheinlichkeit** hergestellt. Je größer und folgenreicher der möglicherweise eintretende Schaden ist, desto geringere Anforderungen sind an die Wahrscheinlichkeit des Schadenseintritts zu stellen.[136]

Auch hier kommt einer gemeinsamen Sprache und einem gemeinsamen Begriffsverständnis besondere Bedeutung zu. So werden in der Kinderschutzleitlinie fachliche Standards für die (weitere) Befragung von Kindern bei Verdacht einer Misshandlung, eines Miss-

134 S. hierzu Kinderschutzleitlinie, Stand 7.2.2019, Langfassung, S. 201 ff.
135 S. hierzu Kinderschutzleitlinie, Stand 7.2.2019, Langfassung, S. 280.
136 S. hierzu BVerwG, Urt. v. 06.09.1974, 1 C 17.73, juris Rn. 23.

brauchs oder einer Vernachlässigung aufgestellt.[137] Ferner wird eine „spezielle Diagnostik" in Bezug auf verschiedene Ebenen einer Kindeswohlgefährdung vorgegeben.

Es kann hilfreich sein, bei dieser Diagnostik bereits die drei Bezugspunkte des Gefahrenbegriffs und die zwischen Schaden und Eintrittswahrscheinlichkeit bestehende Verknüpfung in den Blick zu nehmen. Es reicht nicht aus, ein gefährdendes Verhalten der Eltern eines Kindes zu beschreiben. Erforderlich ist insbesondere die Feststellung zu einem drohenden Schaden auf körperlicher, geistiger oder seelischer Ebene.

Folgende Möglichkeiten einer fundierten Einschätzung zum Vorliegen einer Kindeswohlgefährdung auf verschiedenen Ebenen bestehen z.B.:

- In der Kinderschutzleitlinie werden spezifische Vorgaben für eine Diagnostik bei **Verdacht auf körperliche Misshandlung oder Missbrauch** gemacht.[138]

Hierzu können auch weitergehende Untersuchungen beispielsweise in Form einer Labordiagnostik zählen. Wichtiger Bestandteil dieser Diagnostik ist abschließend die Erstellung einer Prognose.[139] Hierbei ist die Bewertung unterschiedlicher Wahrscheinlichkeiten der Ursachen einer Verletzung zu nutzen.[140] Bei Verdacht auf körperliche Misshandlung kann die bildgebende Diagnostik (Röntgen-Skelettscreening, die MRT von Schädel und Wirbelsäule, eine CT des Schädels oder auch die Sonographie) hilfreich sein.[141]

Wird mittels einer ersten Anamnese kein klares Bild gewonnen („keine oder zweifelhafte Anamnese"), kann die Durchführung weiterer Untersuchungen, beispielsweise ein standardisiertes Röntgen Skelettscreening, zu erwägen sein.[142] Dabei kann die Unterscheidung zwischen einer akzidentellen und nicht akzidentellen Verletzung eine große Herausforderung darstellen.

Da ein öffentlich-rechtliches Kinderschutzverfahren niemals auf subjektive Vermutungen, sondern nur auf objektive Anknüpfungstatsachen gestützt werden kann, besteht die Notwendigkeit einer sehr sorgfältigen Diagnostik. Ausführlich wird dieses Vorgehen mit der Kinderschutzleitlinie unter dem Punkt „Differentialdiagnosen" beschrieben. Abschließend hat stets eine Abwägung zu erfolgen, um eine „(Entwicklungs-)Prognose" vornehmen zu können.[143]

Damit können zunächst (Kinder-)ärzte einen sehr wichtigen Beitrag im Sinne eines multiprofessionellen Kinderschutzes leisten. Allerdings sind auch weitere Berufsgeheimnisträger nach § 4 Abs. 1 Nr. 1 bis 7 KKG und Dritte in den Blick zu nehmen. So kann auch ein Zusammenhang zwischen einer Kindeswohlgefährdung und einer mangelhaften Mundhygiene oder einem Vorenthalten einer indikationsgerechten zahnärztlichen Behandlung bestehen. Objektive Anhaltspunkte in diesem Zusammenhang stellen i.d.R. gewichtige An-

137 Kinderschutzleitlinie, Stand 7.2.2019, Langfassung, S. 199 ff.
138 Kinderschutzleitlinie, Stand 7.2.2019, Langfassung, S. 215 ff.
139 Kinderschutzleitlinie, Stand 7.2.2019, Langfassung, S. 27.
140 Kinderschutzleitlinie, Stand 7.2.2019, Langfassung, S. 233.
141 Kinderschutzleitlinie, Stand 7.2.2019, Langfassung, S. 234.
142 Kinderschutzleitlinie, Stand 7.2.2019, Langfassung, S. 262 ff.
143 S. hierzu Kinderschutzleitlinie, Stand 7.2.2019, Langfassung, S. 280.

haltspunkte für eine Kindeswohlgefährdung dar.[144] Auch Zahnärztinnen kann daher eine wichtige Rolle bei Wahrnehmung des Schutzauftrags zukommen.

- In der Kinderschutzleitlinie werden auch ein spezifisches Vorgehen und eine spezifische Diagnostik bei **Verdacht eines sexuellen Missbrauchs** vorgegeben.

Dabei wird zwischen dem Indexpatienten und Kontaktkindern differenziert[145] (insbesondere Geschwistern, welche im selben Haushalt leben, in welchem der eventuelle Missbrauch erfolgt sein bzw. drohen könnte). Obgleich es wohl noch keine statistischen Daten bezüglich § 8a SGB VIII und Kontaktkindern gibt, sind nach den Feststellungen in der Kinderschutzleitlinie die Kontaktkinder eines misshandelten, missbrauchten oder vernachlässigten Indexpatienten ebenfalls gefährdet.[146]

Aus diesem Grund ist die Einbindung und Untersuchung von Kontaktkindern unerlässlich. Dieser Einbezug dient sowohl zur Feststellung einer möglichen Gefährdung des Kontaktkindes als auch der Gefährdungseinschätzung hinsichtlich des Indexpatienten.[147] Die Verfasser der Kinderschutzleitlinie legen in diesem Zusammenhang Wert auf die Feststellung, dass regelmäßig zwischen Medizinern und Fachkräften der Jugendämter divergierende Auffassungen hinsichtlich der Notwendigkeit einer medizinischen Untersuchung von Kontaktkindern bestehen. Es sei klar erkennbar, dass

> „verschiedene Berufsgruppen den Schwerpunkt auf unterschiedliche Anzeichen, Symptome oder Anhaltspunkte legen, um eine Entscheidung darüber zu treffen, ob Kontaktkinder medizinisch untersucht werden sollen oder nicht."

Eine gute Zusammenarbeit habe den Vorteil, dass das Risiko für die Kontaktkinder aus verschiedenen Perspektiven betrachtet werden könne.[148] Da die Medizin nicht immer mit den Kontaktkindern in einen Austausch kommen könne, sei in diesem Bereich der Austausch mit Fachkräften der Jugendhilfe von besonderer Bedeutung, da diese oftmals Zugang zur gesamten Familie haben.[149]

Die Bedeutung einer solchen Zusammenarbeit im Bereich eines möglichen sexuellen Missbrauchs wurde auch aktuell wieder mit dem Zwischenbericht des Parlamentarischen Untersuchungsausschusses IV Nordrhein-Westfalen (im Folgenden: **„Lügde-Untersuchungsausschuss")** wie folgt betont:

> „Bei der Bearbeitung von Kindeswohlgefährdungsmeldungen mit dem Verdacht der sexualisierten Gewalt sollten weitere auch externe Fachkräfte mit psychologischer, medizinischer, juristischer und ggfs. Auch ermittlungstechnischer Kompetenz hinzugezogen werden. Die Fallverantwortung bleibt bei der für die Kindeswohlgefährdung fallführenden Fachkraft des Jugendamtes. Ein Netzwerk soll die Rahmenbedingungen für eine effektive und schnelle Zusammenarbeit bei möglicher Kindeswohlgefährdung sicherstellen. In das Netzwerk sollen folgende Beteiligte einbezogen werden: Träger von Einrichtungen und Diensten, mit denen Vereinbarungen gemäß § 8a Absatz 4 SGB VIII getroffen wurden, insoweit erfahrene Fach-

144 Kinderschutzleitlinie, Stand 7.2.2019, Langfassung, S. 141.
145 Kinderschutzleitlinie, Stand 7.2.2019, Langfassung, S. 290 ff.
146 Kinderschutzleitlinie, Stand 7.2.2019, Langfassung, S. 314.
147 Kinderschutzleitlinie, Stand 7.2.2019, Langfassung, S. 314.
148 Kinderschutzleitlinie, Stand 7.2.2019, Langfassung, S. 315.
149 Kinderschutzleitlinie, Stand 7.2.2019, Langfassung, S. 316.

kräfte, Geheimnisträger, Schulen, Gesundheitsämter, Polizei- und Ordnungsbehörden, Familiengerichte, Staatsanwaltschaften und Verfahrensbeistände. Weitere Einrichtungen und Berufsgruppen können nach Maßgabe der örtlichen Gegebenheiten vertreten sein." [150]

Nach hiesiger Auffassung sollten zudem zwingend auch Erbringer der Eingliederungshilfe nach § 99 SGB IX für körperlich und geistig behinderte Kinder in die Zusammenarbeit einbezogen werden.

- Ebenso spielt die **psychosoziale Gesundheit** insbesondere der Eltern eines Kindes und das Bestehen von Belastungsfaktoren (insbesondere familiäre und mütterliche[151]) eine erhebliche Rolle beim Entstehen einer Kindeswohlgefährdung.[152]

Besonderes Augenmerk ist auch auf das Vorliegen einer psychischen Belastung der Mutter oder des Vaters eines Kindes zu legen. Eine psychische Belastung kann Auswirkungen auf das elterliche Erziehungsverhalten haben, sodass das Vorliegen einer psychischen Belastung einen nicht unerheblichen Risikofaktor darstellt.

Verallgemeinerungen sind aber auch hier nicht hilfreich. Im jeweiligen Einzelfall ist zu prüfen, ob gewichtige Anhaltspunkte für eine Kindeswohlgefährdung oder gar das Vorliegen einer Kindeswohlgefährdung anzunehmen sind.[153] Für bestimmte psychische Erkrankungen (insbesondere Suchterkrankung, Schizophrenie, schwere affektive Störungen, perinatale Depressionen, schwere Angststörungen) bestehen i.d.R. deutliche Anhaltspunkte, welche die Schlussfolgerung eines gesteigerten Risikos einer Kindeswohlgefährdung rechtfertigen.

Aber auch in diesen Fällen bedarf es einer weiteren Sachverhaltsaufklärung, um eine sachgerechte Prognoseentscheidung treffen zu können. Ein gesteigertes Risiko kann im Einzelfall ohne Frage zur Annahme von gewichtigen Anhaltspunkten für eine Kindeswohlgefährdung führen. Es ist aber nicht automatisch mit einer Kindeswohlgefährdung gleichzusetzen.[154]

Hinweis:

In der Kinderschutzleitlinie wird abweichend vom Begriff der Erkrankung mit der Begrifflichkeit der psychischen Belastung gearbeitet, um zu verdeutlichen, dass hier nicht primär die Diagnose einer psychischen Erkrankung von Bedeutung ist, sondern eine hierauf resultierende individuelle Belastung entscheidungserheblich ist, welche Auswirkungen auf den Umgang mit dem Kind haben und zu einer Kindeswohlgefährdung führen kann.[155]

150 Zwischenbericht des Parlamentarischen Untersuchungsausschusses IV vom 16.3.2022, LT-Drs. 17/16770, S. 3128.
151 S. hierzu die Übersicht auf S. 164 der Kinderschutzleitlinie, Stand 7.2.2019.
152 Kinderschutzleitlinie, Stand 7.2.2019, Langfassung, S. 155 ff.
153 Kinderschutzleitlinie, Stand 7.2.2019, Langfassung, S. 174.
154 Kinderschutzleitlinie, Stand 7.2.2019, Langfassung, S. 174.
155 Kinderschutzleitlinie, Stand 7.2.2019, Langfassung, S. 170.

Insbesondere bei der Schwangerschaft und nach der Geburt wird eine Abklärung zum Erkennen von gewichtigen Anhaltspunkten für eine Kindeswohlgefährdung empfohlen.[156]

Im Zusammenhang mit psychischen Erkrankungen kommt Ärzten und Psychologen eine besondere Bedeutung zu. In der Kinderschutzleitlinie wird festgestellt, dass sich psychisch kranke Eltern eher hilfesuchend an Gesundheitseinrichtungen wenden als an die Jugendhilfe. Danach vermeiden die Hälfte der Eltern aktiv den Kontakt zum Jugendamt.[157] Daher kann in diesem Bereich ein **„blinder Fleck" in der Gefährdungseinschätzung** des Jugendamtes entstehen. Eine gute Kooperation mit dem Gesundheitswesen kann aus diesen Gründen essenziell für einen gelingenden Kinderschutz sein.

Besondere Bedeutung kommt auch der Beantwortung der Frage zu, ob psychische Probleme mit einer zu bestimmenden Eintrittswahrscheinlichkeit zu einer Vernachlässigung fürsorgenden Handelns führen können oder auch eine körperliche Misshandlung droht. Dieses Wissen ist für das Jugendamt in Bezug auf die geschuldete Reaktion auf eine Kindeswohlgefährdung von Bedeutung. Bei einer Kindeswohlgefährdung, die durch Vernachlässigung und ein mangelndes fürsorgendes Handeln der Eltern begründet ist, können im Einzelfall **ambulante Hilfen** ein wirksames Mittel zur Abwehr der Kindeswohlgefährdung sein. Bei einer drohenden körperlichen Misshandlung sind insbesondere auch **stationäre Hilfen** zu erwägen.

- Schließlich sind auch **Kinder suchtbelasteter Eltern** besonders in den Blick zu nehmen.[158]

Nach den Feststellungen in der Kinderschutzleitlinie

> „erleben Kinder suchtbelasteter Eltern eine gravierende Beeinträchtigung und Gefährdung ihrer persönlichen Entwicklung".[159]

Nach der Kinderschutzleitlinie sollte Kindern bei Verdacht auf eine Suchterkrankung ihrer Eltern die Möglichkeit gegeben werden, sich zum eigenen Wohlbefinden zu äußern.[160] Dies sollte das Jugendamt bereits bei der Gefährdungseinschätzung nach § 8a Abs. 1 S. 2 SGB VIII berücksichtigen.

Im Wege der weiteren Sachverhaltsaufklärung sollte auch das eventuelle Bestehen weiterer Risikofaktoren (z.B. häusliche Gewalt, Delinquenz) ausgeleuchtet werden.[161] Besondere Bedeutung kommt auch hier der Beantwortung der Frage zu, ob die Suchtbelastung in der Familie mit einer zu bestimmenden Eintrittswahrscheinlichkeit zu einer Vernachlässigung fürsorgenden Handelns führen kann oder eine körperliche Misshandlung droht.

---

156 Kinderschutzleitlinie, Stand 7.2.2019, Langfassung, S. 172.
157 Kinderschutzleitlinie, Stand 7.2.2019, Langfassung, S. 173 unter Bezugnahme auf Kölsch.
158 Kinderschutzleitlinie, Stand 7.2.2019, Langfassung, S. 184 ff.
159 Kinderschutzleitlinie, Stand 7.2.2019, Langfassung, S. 184.
160 Kinderschutzleitlinie, Stand 7.2.2019, Langfassung, S. 188.
161 Kinderschutzleitlinie, Stand 7.2.2019, Langfassung, S. 190.

8. Inklusiver Kinderschutz und multiprofessionelles Handeln

Insbesondere für junge Menschen mit Beeinträchtigungen und chronischen Erkrankungen ist eine gelungene multiprofessionelle Kooperation im Kinderschutz von besonderer Bedeutung.

Hier fehlt es den Fachkräften im Jugendamt aus Sicht der Betroffenen jedoch oft an spezifischem Wissen im Hinblick auf ihre Versorgungs- bzw. Behandlungsbedarfe, um profunde Einschätzungen zu ihrem Wohlergehen treffen zu können. Aus der Jugendamtsbefragung im Rahmen der Wissenschaftlichen Begleitung der SGB VIII-Novellierung geht hervor, dass die Selbsteinschätzung der Fachkräfte, wie ausgeprägt ihre Expertise in Bezug auf die besonderen Bedarfe von jungen Menschen mit Behinderungen und chronischen Erkrankungen ist, mit der Höhe des ihnen zur Verfügung stehenden Fortbildungsbudgets positiv korreliert.[162]

Um bei jungen Menschen mit Funktionseinschränkungen und chronischen Erkrankungen die Wahrscheinlichkeit eines wirksamen Kinderschutzes zu erhöhen, erscheint demnach neben der Qualifizierung der Fachkräfte (z.B. durch Fortbildungen zur inklusiven Kinderschutzfachkraft) eine gelingende multidisziplinäre Kooperation unabdingbar.

Mit Art. 1 des KJSG ist mit Wirkung vom 10. Juni 2021 an vielen Stellen des SGB VIII (insbesondere §§ 8 Abs. 4, 8a Abs. 4, 42 Abs. 2 und 3 SGB VIII) erstmals inklusiver Kinderschutz explizit normiert worden. Welche **Erfordernisse inklusiver Kinderschutz** für die Praxis nach sich zieht, ist allerdings weder mit dem Gesetzestext noch mit der Gesetzesbegründung klar benannt worden. Mit der Gesetzesbegründung wird lediglich auf einzelne Artikel der UN-Behindertenrechtskonvention hingewiesen und die Vorgabe gemacht dass „den spezifischen Lebenskontexten und Bedarfen von Kindern und Jugendlichen mit Behinderungen und ihren Familien Rechnung getragen werden" muss.[163]

Dieser eher pauschal gehaltene Verweis auf die UN-Behindertenrechtskonvention greift nach hiesiger Auffassung zu kurz, sodass es einer weiteren Konkretisierung bedarf.

- Von besonderer Bedeutung für einen gelingenden inklusiven Kinderschutz sind ohne Zweifel eine **besondere Qualifikation und Fachkunde** im Prozess der Gefährdungseinschätzung in Bezug auf behinderte Kinder. So sind beispielsweise bei einem Kind, welches an Asperger-Autismus leidet, besondere Kenntnisse bei der Gesprächsführung und Bewertung der Auskünfte erforderlich.
- Auch in der Reaktion auf eine festgestellte Kindeswohlgefährdung sind die **spezifischen behinderungsbedingten Anforderungen** zu beachten. Dies betrifft insbesondere spezifische Leistungen, mit welchen einer Kindeswohlgefährdung begegnet werden kann, welche behinderungsbedingte Aspekte aufweist.
- Schließlich ist zu berücksichtigen, dass de lege lata spezifische Leistungen für körperlich oder geistig behinderte Kinder nicht vom Jugendamt, sondern vom **Träger der Eingliederungshilfe nach § 99 SGB IX** erbracht werden. Diese Träger sind aber über § 8a Abs. 4 SGB VIII nicht in den Kinderschutz einbezogen. Dieser fehlende Einbezug stellt ein erhebliches Defizit im System des jugendhilferechtlichen Kinderschutzes dar.

162 Vgl. Feist-Ortmanns/Macsenaere 2020, S.56.
163 S. hierzu BT-Drs.19/26107, S. 75 und 96.

Auf der Ebene der **Tätigkeit freier Träger der Jugendhilfe** hat der Gesetzgeber mit Art. 1 des KJSG in § 8a Abs. 4 S. 2 SGB VIII hinsichtlich der bei der Gefährdungseinschätzung beratend hinzuziehenden insoweit erfahrenen Fachkraft geregelt, dass diese aufgrund ihrer Qualifikation in der Lage sein muss, den spezifischen Schutzbedürfnissen von Kindern und Jugendlichen mit Behinderungen Rechnung zu tragen.

Der Regelungsgehalt dieser Vorgabe wird aber auch hier nicht genauer bestimmt. Schließlich wird die **Qualifikation der insoweit erfahrenen Fachkraft** im Übrigen überhaupt nicht gesetzlich geregelt, sodass es dem jeweiligen Jugendamt bzw. freien Träger überlassen bleibt, welche Anforderungen hinsichtlich Erfahrung und Qualifikation zu stellen sind. Dies ist nicht sachgerecht und wurde aktuell mit dem **„Lügde-Untersuchungsausschuss"** wie folgt kritisiert:

> „Zur Abarbeitung von 8a-Fällen sind landesweit standardisierte Qualifikationen oder Zusatzqualifikationen hilfreich. Diese sollen zertifiziert sein und durch die Landesjugendämter erarbeitet werden. Beinhalten sollte diese Zusatzqualifikation die Stärkung der Diagnosefähigkeit zum Erkennen von Kindeswohlgefährdung, die Stärkung der rechtlichen Kompetenz sowie die Stärkung der Verfahrenskompetenz. Zudem bedarf es klarer landesweiter Anforderungen, wie die Qualifikation zur „insoweit erfahrenen Fachkraft" ausgestaltet sein soll." [164]

Diese Regelungslücke steht im Gegensatz zu den vielfältigen Qualifikationsoffensiven mit Qualifikationsanforderungen hinsichtlich der fachlichen Eignung etwa an eine Tätigkeit

- in der Familiengerichtsbarkeit (§ 23b Abs. 3 S. 3 GVG) oder
- als Verfahrensbeistand (§ 158a Abs. 1 FamFG) oder
- als Gutachter (§ 163 Abs. 1 FamFG).

Was für das familiengerichtliche Verfahren gilt, sollte gerade auch für die in einer frühen Phase der Gefährdungseinschätzungen in den vielfältigen und wachsenden Einsatzbereichen mitwirkenden (§§ 8a Abs. 4 Nr. 2 und Abs. 5 S. 1, 8b Abs. 1 SGB VIII, § 4 Abs. 2 KKG) insoweit erfahrenen Fachkräfte gelten.

Hinweis:

Die Frage der Qualifikationskriterien der bei der Gefährdungseinschätzung hinzuzuziehenden insoweit erfahrenen Fachkräfte sollte nicht der Regelungsebene der Vereinbarungen auf örtlicher Ebene überlassen bleiben (§ 8a Abs. 4 S. 2 SGB VIII), sondern wie in den o. g. Bereichen bundeseinheitlich geregelt werden.

Zusammenfassend bleibt festzuhalten, dass für die öffentliche und freie Jugendhilfe das Feld des inklusiven Kinderschutzes besondere Herausforderungen mit sich bringt. Ein inklusives Handeln im Kinderschutz erfordert regelmäßig **psychologische und medizinische Expertise**. Einem multiprofessionellen Handeln kommt daher besondere Bedeutung zu.

164 Zwischenbericht des Parlamentarischen Untersuchungsausschusses IV vom 16.3.2022, LT-Drs. 17/16770, S. 3127.

9. Vermeidung von Bestätigungsfehlern

Bei einer nachträglichen Aufarbeitung fehlgeschlagener Kinderschutzverläufe wird häufig auf das Problem sogenannter Bestätigungsfehler hingewiesen.[165] Hierunter wird eine oft bestehende Tendenz von Fachkräften und Teams verstanden, an einmal getroffenen Einschätzungen und Entscheidungen festzuhalten. Dies gilt selbst dann, wenn zunächst nicht bekannte Informationen zu einem späteren Zeitpunkt erlangt werden oder Sachverhaltsänderungen eintreten.[166]

Beispiel:

Die Frage nach einer bestehenden Mitwirkungsbereitschaft zu einer Hilfe zur Erziehung nach § 27 SGB VIII i.V.m. § 31 SGB VIII vor Aufnahme der Hilfe anders zu beurteilen sein als nach einer mehrwöchigen Leistungserbringung. Die ins Intimleben der Familie hineinreichende Hilfe kann zu einer Belastung für die Familie führen, welche eine eingangs signalisierte Mitwirkungsbereitschaft verändern kann.

Die **Gefährdungseinschätzung als dynamischer Prozess** im Sinne einer in die Zukunft gerichteten Prognoseentscheidung ist daher zu aktualisieren. Getroffene Entscheidungen sind im Laufe des Kinderschutzverfahrens kritisch zu hinterfragen. Es kann sich anbieten, in das Team, welches eine Gefährdungseinschätzung vorzunehmen hat, auch Leitungskräfte einzubeziehen.

Vor diesem Hintergrund einer sehr komplexen, oftmals von akutem Zeit- und Handlungsdruck erschwerten Aufgabenstellung und einer sehr heterogenen fachlichen Qualifikation der zuständigen Fachkräfte sind Fehlentscheidungen niemals vollständig auszuschließen. Die **Forschung zu Fehlern im Kinderschutz** in Deutschland zeigt allerdings,

> „dass Mängel im Kinderschutz nicht allein mit dem Fehlverhalten einzelner Fachkräfte erklärt werden können. Eher gibt es Hinweise auf ein „Systemversagen", bei dem fachliche Fehleinschätzungen, Kommunikations- und Kooperationsprobleme sowie ungeklärte Zuständigkeiten und mangelnde Ressourcen zusammenspielen".[167]

Praxistipp:

Einmal getroffene Entscheidungen im dynamischen Prozess des Kinderschutzes sind kritisch zu hinterfragen. Insbesondere können Veränderungen des Sachverhalts oder nachträglich bekannt gewordene Tatsachen die Entscheidungsgrundlage verändern.

165 S. hierzu auch Abschlussbericht der Kommission Kinderschutz Baden-Württemberg, 2020, Band I, S. 153.

166 S. hierzu Kindler/Gerber/Lillig, Wissenschaftliche Analyse zum Kinderschutzhandeln des Allgemeinen Sozialen Dienstes im Landkreis Breisgau-Hochschwarzwald im Todesfall des Kindes A., S. 16; Abschlussbericht der Kommission Kinderschutz Baden-Württemberg, 2020, Band I, S. 153.

167 NZFH 2018, S. 97.

III. Garantenstellung

§ 8a SGB VIII normiert den Rahmen, in welchem Mitarbeitende des Jugendamtes als Beschützergarant[168] für das Kind oder den Jugendlichen verantwortlich sind. Sie übernehmen bei Einsetzen des Schutzauftrags gem. § 8a SGB VIII im Rahmen ihrer Tätigkeit zugunsten der von ihnen betreuten Kinder/Jugendlichen eine Garantenpflicht und sind dabei zu besonderer Sorgfalt bei der Abwehr von Gefahren für das Kindeswohl verpflichtet.

Eine strafrechtliche Verurteilung (insbesondere wegen fahrlässiger Körperverletzung oder fahrlässigen Totschlags durch Unterlassen) des zuständigen Mitarbeiters bei einer Schädigung des Kindes/Jugendlichen ist daher grundsätzlich möglich.[169] Allerdings müssen hierfür sehr hohe Voraussetzungen erfüllt sein, sodass eine tatsächliche **Verurteilung nur im Ausnahmefall** möglich ist.[170] Im Einzelnen sind folgende vier Voraussetzungen für eine strafrechtliche Verurteilung erforderlich:

1. Objektive Zurechnung (Kausalität):

Zunächst muss ein Kausalzusammenhang vorliegen. Ein solcher ist gegeben, wenn die unterlassene Handlung nicht hinzugedacht werden kann, ohne dass damit der eingetretene Erfolg entfällt. Nur wenn das erwartete Handeln den Erfolg hätte abwenden können, ist das Unterlassen dem Tun gleichzustellen. Es muss **Gewissheit oder an Gewissheit grenzende Wahrscheinlichkeit** dafür bestehen, dass die unterlassene Rettungshandlung zur Vermeidung der Schädigung des Kindeswohls geführt hätte. Zweifel hinsichtlich der Kausalität führen zur Verneinung der Kausalität zugunsten des Täters.[171]

Fallbeispiel[172]:

Das Kind A. wurde mehrfach wegen Verletzungen in der Uniklinik F. behandelt. Es stand der Verdacht im Raum, dass der neue Lebensgefährte der Kindsmutter das Kind körperlich misshandelt. Das Jugendamt hatte daher ein Verfahren nach § 8a SGB VIII eingeleitet und war vom Vorliegen einer Kindeswohlgefährdung ausgegangen. Auf diese Kindeswohlgefährdung hatte der zuständige Mitarbeitende gem. § 8a Abs. 1 Satz 3 SGB VIII mit der Einleitung einer ambulanten Hilfe zur Erziehung gem. § 27 SGB VIII i.V.m. § 31 SGB VIII reagiert. An einem Freitagnachmittag, als die Familienhilfe nicht im Haushalt war, hat der Mann das Kind A. totgeschlagen. Die Staatsanwaltschaft ist der Auffassung, dass der Mitarbeitende des Jugendamtes nach § 8a Abs. 2 Satz 1 HS. 1 SGB VIII das Familiengericht hätte anrufen müssen, um eine stationäre Unterbringung des Kindes A. zu ermöglichen.

Eine strafrechtliche Verurteilung wegen fahrlässigen Totschlags durch Unterlassen ist hier nur möglich, wenn der Tod des Kindes A. bei Vornahme der unterlassenen Handlung, hier

168 S. hierzu Bosch in Schönke/Schröder, StGB, § 13 Rn. 10.

169 S. hierzu OLG Hamm, B. v. 22.10.2020, III-5 RVs 83/20 u.a., juris; LG Arnsberg, Urt. v. 7.1.2020, 3 Ns 101/17 u.a., juris; AG Medebach, Urt. v. 4.5.2017, 6 Ds – 411 Js 274/16 – 213/16, juris.

170 S. hierzu Heghmanns, JAmt 2018, 230.

171 S. hierzu Bosch in Schönke/Schröder, StGB, § 13 Rn. 61.

172 Das Fallbeispiel ist an einen Kinderschutzfall angelehnt, bei welchem im Jahr 2015 ein 3-jähriges Kind zu Tode kam.

Anrufung des Familiengerichts, mit an Gewissheit grenzender Wahrscheinlichkeit nicht eingetreten wäre. Dies ist regelmäßig nicht zu beweisen. Die Handlung des Mitarbeitenden des Jugendamtes (Anrufung des Familiengerichts) führt nämlich für sich genommen noch nicht zu einer stationären Unterbringung des Kindes. Bei entgegenstehendem Willen des oder der Personensorgeberechtigten (hier der Mutter) muss das Familiengericht gem. § 1666 Abs. 1 und Abs. 3 Nr. 6 BGB den Personensorgeberechtigten (zumindest teilweise hinsichtlich des Rechts, eine Hilfe zur Erziehung zu beantragen und über den Aufenthalt des Kindes zu bestimmen) die Personensorge entziehen. Ob aber das Familiengericht bei Anrufung durch den Mitarbeitenden des Jugendamtes der Mutter des Kindes die Personensorge entzogen hätte, lässt sich nicht mit an Gewissheit grenzender Wahrscheinlichkeit sagen.

Eine objektive Zurechnung wird daher in dem Fallbeispiel und auch in vielen anderen Fallkonstellationen nicht angenommen werden können. Aus diesem Grunde wird es regelmäßig nicht zu einer strafrechtlichen Verurteilung bei Fehlgehen eines Kinderschutzfalles kommen.[173]

Ferner müssen für eine strafrechtliche Verurteilung die folgenden weiteren Voraussetzungen vorliegen:

1. Tatsächliche Möglichkeit der Vornahme der Rettungshandlung.
2. Garantenstellung des Mitarbeitenden.
3. Sorgfaltswidriges Verhalten im Sinne einer Erkennbarkeit der Gefahr für das Kindeswohl.

IV. Bejahung oder Verneinung einer Gefahr mittels einer fachlichen Diagnostik auf Basis der Rechtsauslegung

§ 8a SGB VIII sieht verschiedene Handlungsoptionen bei Vorliegen einer Kindeswohlgefährdung vor.

Das nach § 8a Abs. 1 Satz 3, nach Abs. 2 Satz 1 HS 1 und Satz 2 SGB VIII sowie nach § 8a Abs. 3 SGB VIII geschuldete Handeln knüpft an die Feststellung einer Kindeswohlgefährdung an. Es ist daher die Frage zu beantworten, ob eine Kindeswohlgefährdung gegeben ist. Nur dann gebietet § 8a Abs. 1 Satz 3, nach Abs. 2 Satz 1 HS 1 und 2 SGB VIII oder nach § 8a Abs. 3 SGB VIII die Ergreifung weiterer Schritte.

Mittels einer sozialpädagogischen Diagnose ist im Einzelfall zu prüfen, ob der Rechtsbegriff der Gefahr mit seinen drei Elementen „nachhaltiger Schaden", „hinreichende Eintrittswahrscheinlichkeit" bzw. „ziemliche Sicherheit" und „unmittelbares Bevorstehen" des Schadens in zeitlicher Hinsicht gegeben ist. Auch ist die Verknüpfung des Ausmaßes des drohenden Schadens mit der Eintrittswahrscheinlichkeit in den Blick zu nehmen. Je gravierender der drohende Schaden sich darstellt, desto geringere Anforderungen sind an die Eintrittswahrscheinlichkeit zu stellen (Rechtsfigur der Relativität des Gefahrenbegriffs).

173 In dem Kinderschutzfall, an welchen das Fallbeispiel angelehnt ist, wurde ein Strafbefehl wegen fahrlässiger Tötung durch Unterlassen verfügt. Wäre gegen diesen Strafbefehl Einspruch erhoben worden, hätte nach hiesiger Auffassung im Rahmen einer Hauptverhandlung die objektive Zurechnung kaum mit der erforderlichen Sicherheit nachgewiesen werden können.

Auf **erster Stufe** muss eine **rechtliche Klärung** und Bewertung dieser rechtlichen Voraussetzungen erfolgen. Auf Basis dieser Rechtsbegriffe ist dann mittels einer **sozialpädagogischen Diagnose auf zweiter Stufe** zu klären, ob eine Kindeswohlgefährdung im jeweiligen Einzelfall gegeben ist.

Kindler weist den verantwortlich handelnden Personen dabei die folgenden Aufgaben zu, die je nach Fall und Gesamtkontext unterschiedlich stark ausgeprägt sein können:

Erste Gefährdungseinschätzung: Einschätzung der Dringlichkeit eingehender Gefährdungsmeldungen unmittelbar nach deren Erhalt.

Sicherheitseinschätzung: Einschätzung der Erforderlichkeit unmittelbar wirksamer Maßnahmen (z.B. Inobhutnahme) zur Gewährleistung der Sicherheit eines Kindes oder Jugendlichen vor akut schädigenden Einflüssen.

Verdachtsabklärung: Klärung, ob behauptete Gefährdungsereignisse tatsächlich stattgefunden haben.

(sozialpädagogische) Diagnostik: Beschreibung der Erziehungsfähigkeiten bzw. -defizite von Eltern in verschiedenen entwicklungsrelevanten Bereichen (Versorgung, Bindung, Erziehung, Förderung) als Grundlage einer zielgenauen Hilfeplanung.

Risikoeinschätzung: Einschätzung der Gefahr zukünftiger kindeswohlgefährdender Handlungen oder Unterlassungen durch den oder die Sorgeberechtigten gegenüber dem Kind bzw. dem/der Jugendlichen.

Einschätzung des Veränderungspotenzials: Einschätzung der bei dem oder den Sorgeberechtigten vorhandenen Veränderungsmotivation und -fähigkeit.[174]

V. Diagnoseinstrumente

Tabelle 1: Gegenüberstellung von vier wichtigen Instrumenten und Methoden zur Einschätzung des Kindeswohl sowie Abgleich mit den erfassten Items der amtlichen Statistik

174 Kindler, 2007.

Name:	Dresdener Ampelbögen	Sozialpädagogische Diagnosetabellen (SPDT)	Stuttgarter (und Düsseldorfer) Kinderschutzbogen	Signs of Safety	Amtliche Statistik
Funktion:	Arbeitshilfe zur Einschätzung der Dringlichkeit einer Kontaktaufnahme zu einer Familie zur Gewährleistung des Kinderschutzes	Arbeitshilfe zur Prüfung gewichtiger Anhaltspunkte für eine Gefährdung des Kindeswohls, Abklärung der Wahl einer passenden Hilfe zur Erziehung und Durchführung des Hilfeplanverfahrens	Beim Kinderschutzbogen handelt es sich um ein strukturiertes, aus mehreren Modulen bestehendes Instrument zur Abschätzung des Gefährdungsrisikos bei möglicher Kindeswohlgefährdung	Ganzheitliches, partizipatives Schutzkonzept für Kinder- und Jugendliche, inklusive Einheit zur Risikoeinschätzung/-bewertung	Generierung statistischer Daten zu den Hilfen zur Erziehung
Gliederung der Risikofaktoren:	Zwei Hierarchieebenen: 1. Ebene: umfeld-, kind-, elternbezogene Risiko- und Schutzfaktoren 2. Ebene: Ausprägungen dieser Faktoren, untergliedert in Alarmmerkmale und normale Indikatoren	Vier Hierarchieebenen: 1. Ebene: Grundversorgung junger Mensch, Familiensituation, Entwicklungssituation junger Mensch und Erziehungssituation 2. Ebene: Kurzfassung: je fünf Ressourcen und Risikofaktoren innerhalb der fünf Dimensionen der ersten Ebene 3. Ebene: Langfassung: weitere Ausdifferenzierungen der Items der 2. Ebene, wiederum jeweils Einschätzungen nach Ressourcen und Risikofaktoren 4. Ebene: Konkretisierungen und altersspezifische Beispiele	Multimodal: 1. Erscheinungsbild des Kindes (körperlicher, kognitiver, psychischer und sozialer Entwicklungsstand, Befindlichkeit und Pflegezustand); 2. Eltern-Kind-Interaktion: auf Grundlage von Verhaltensbeobachtungen 3. Grundversorgung und Schutz (Ernährung, Schlafplatz, Kleidung, Körperpflege, Beaufsichtigung, Schutz, medizinische Versorgung, Betreuung) In vier weiteren Modulen können je nach fallbezogenem Bedarf weitere Bewertungen erarbeitet werden: 5. Sicherheitseinschätzung,	Keine Gliederungsebenen: Risikofaktoren (Gefahren) werden frei von Betroffenen, Beteiligten und Akteuren eingetragen und anschließend auf zehnstufiger Skala bewertet.	Drei Statistiken von Relevanz: 1) HzE-Statistik allgemein Gründe für die Hilfegewährung: Unversorgtheit junger Mensch, Gefährdung Kindeswohl, sowie weitere kindbezogene und/oder elternbezogene Anlässe (insgesamt 10 Items) 2) vorläufige Schutzmaßnahmen (Inobhutnahmen) Anlässe für die Maßnahmen (Checkliste): Integrationsprobleme in Heim/Pflegefamilie, Schulprobleme, Anzeichen für Vernachlässigung, Suchtprobleme des JM, Anzeichen körperliche Misshandlung, psychische Misshand-

Name:	**Dresdener Ampelbögen**	**Sozialpädagogische Diagnosetabellen (SPDT)**	**Stuttgarter (und Düsseldorfer) Kinderschutzbogen**	**Signs of Safety**	**Amtliche Statistik**
			6. Risikoeinschätzung (Ausmaß mittelfristiger Gefährdungsereignisse oder chronische Vernachlässigung), 7. Ressourcen und Prognosen (persönliche, familiäre, soziale, materielle, infrastrukturelle Potentiale), 8. Erziehungsfähigkeit 9. Gesamteinschätzung der Kindeswohl-gefährdung 10. Hilfe- und Schutzkonzept		lung und/oder sexuelle Gewalt, Trennung und Scheidung Eltern, Wohnungsprobleme, UMF, Beziehungsprobleme und Sonstige (insgesamt 14 Items) 3) Gefährdungseinschätzungen nach § 8a nur Globaleinschätzung Kindeswohlgefährdung und latente Kindeswohlgefährdung
Gliederung der Schutzfaktoren:	Eigene Kategorie auf 1. Hierarchieebene (s.o.)	Analog Gliederung der Risikofaktoren. Die Diagnose-Tabellen sind symmetrisch aufgebaut, d. h. jedes Item wird sowohl hinsichtlich der Risikofaktoren als auch der Schutzfaktoren beurteilt	Ressourcen als eigenes Modul	Keine Gliederungsebenen: Schutzfaktoren (Sicherheit) werden frei eingetragen und anschließend auf zehnstufiger Skala bewertet	Die amtliche Statistik ist primär problembezogen/defizitorientiert, Schutzfaktoren werden nicht erfasst
Weitere Erhebungsdimensionen:	Personenbezogene Daten des Kindes, Gesamteinschätzung zum weiteren Handlungsbedarf mit konkreten Schritten	Abschließende Bewertung der Fachkraft zur Kindeswohlgefährdung und zum Erzieherischen Bedarf	Meldebogen (vorherige Gefährdungsmeldungen), Familienbogen (Grunddaten der Familien und Genogramm)	Kreative Methoden (bspw. Malen von Sicherheits- und Gefahrenhäusern)	Wichtige statistische Rahmendaten wie Alter, Geschlecht, Sorgerecht, Transferleistungsbezug, Migrationshintergrund usw.

Name:	Dresdener Ampelbögen	Sozialpädagogische Diagnosetabellen (SPDT)	Stuttgarter (und Düsseldorfer) Kinderschutzbogen	Signs of Safety	Amtliche Statistik
Erhebungsform:	Papierbogen zum Ankreuzen	PDF-Formular zum elektronischen Ausfüllen bzw. Ausdrucken	Papierversion und elektronische Erfassung in einem Softwareprogramm	Papier und (Bunt)Stift	i. d. R. elektronische Erfassung und Übermittlung
Auswertungsmethode:	Einschätzung durch die Fachkraft auf Grundlage eines Ampelsystems	Letztendlich Globaleinschätzung der Fachkraft, keine automatisierte Auswertung. Es gibt Auswertungshilfen in den Erläuterungen: „die (Langfassungs-)Tabelle ist so aufbereitet, dass ein Zutreffen von Risiken und ein Fehlen von Ressourcen tendenziell zur Tabellenmitte hin gekennzeichnet werden. In diesen Fällen steigt die Wahrscheinlichkeit für eine Kindeswohlgefährdung und / oder einen erzieherischen Hilfebedarf."	Individuelle Einschätzung und Begründung: „Kann die Gefährdung unter Einbeziehen der vorhanden-en Ressourcen und Unterstützungsangebote beendet werden? Eher ja/Eher nein"	Auswertung ist direkter Teil des Prozesses, da die Bewertungen gemeinsam reflektiert werden und daraus die Zielplanung erfolgt	Zentral und fallübergreifend durch das Statistische Bundesamt bzw. die Landesämter und die Arbeitsstelle Kinder- und Jugendhilfestatistik

Tabelle 1: Übersicht über gängige Diagnoseinstrumente zur Gefährdungseinschätzung und die relevanten Erhebungen der amtlichen Statistik
Quelle: Eigene Zusammenstellung, IKJ 2020

Bei der vorliegenden Übersicht handelt es sich um die Instrumente, die

- entweder am stärksten in einem Gesamtdiskurs zum Einsatz von Instrumenten zur Gefährdungseinschätzung eingebunden sind (SPDT, Stuttgarter Kinderschutzbogen, Signs of Safety)
- oder aber im Rahmen einer wissenschaftlichen Begleitung entwickelt wurden (SPDT, Dresdener Ampelbogen, Stuttgarter Kinderschutzbogen).

Interessant ist die Feststellung, dass die jeweiligen Instrumente bislang fast gänzlich singulär und unabhängig voneinander existieren und nicht aufeinander Bezug nehmen. Insgesamt wäre hier ein größerer Fachdiskurs zu den Instrumenten wünschenswert, der die Erfahrungen der Fachkräfte evaluiert und zueinander in Bezug setzt.

Erste Schritte im Hinblick auf eine **wissenschaftliche Zusammenführung der Instrumente** wurden vom Institut für Kinder- und Jugendhilfe mit der Erstellung eines Online-Screening-Tools im Jahr 2020 gegangen. Es soll Fachkräften helfen, auf Grundlage der vorliegenden Informationen, Risiko- und Schutzfaktoren systematisch einzuschätzen und zu reflektieren, sodass ein professionelles Handeln danach ausgerichtet werden kann. Zur Erstellung des Tools wurden zentrale, theoretisch fundierte und in der Praxis erprobte Faktoren herangezogen, die sich auch in den oben genannten analogen Instrumenten finden.[175]

Aktuell im Jahr 2023 arbeitet das Institut zusammen mit Jugendämtern und einem multiprofessionell besetzten wissenschaftlichen Beirat an einem empirisch basierten Assistenzsystem, das die im Kinderschutz tätigen Fachkräfte im Jugendamt bei der Analyse von Gefährdungslagen unterstützen soll. Insbesondere durch die Erweiterung des Fokus der sozialpädagogischen Fachkräfte um Erkenntnisse aus Rechtsmedizin, Kriminologie und anderen angrenzenden Professionen sowie den Einsatz künstlicher Intelligenz in der Datenanalyse, kann das Assistenzsystem die Wissensgrundlagen für qualifizierte Entscheidungsprozesse der Fachkräfte signifikante erweitern.

Diagnoseinstrumente haben sich an den gesetzlichen Vorgaben des § 8a SGB VIII zu orientieren, da sie (lediglich) eine Praxishilfe für die Anwendung des Gesetzes darstellen können. Diagnoseinstrumente stellen allerdings sicherlich eine sehr wichtige und bewährte Praxishilfe bei der Aufgabenwahrnehmung nach § 8a SGB VIII dar.

Im Folgenden wird beispielhaft für Diagnoseinstrumente der **Stuttgarter Kinderschutzbogen** dargestellt. Bei diesem Diagnoseinstrument handelt es sich vermutlich um das in der Fachwelt und Praxis bekannteste deutsche Diagnoseinstrument im Rahmen des § 8a SGB VIII.[176]

175 Mind the Gap – Modul 1: Vulnerable Familiensysteme identifizieren – IKJ Akademie (ikj-akademie.de), zuletzt aufgerufen 10.2.2023.

176 S. hierzu auch hierzu Kindler/Gerber/Lillig, Wissenschaftliche Analyse zum Kinderschutzhandeln des Allgemeinen Sozialen Dienstes im Landkreis Breisgau-Hochschwarzwald im Todesfall des Kindes A., 2016, S. 15.

1. Der Stuttgarter Kinderschutzbogen

Der Stuttgarter Kinderschutzbogen folgt den gesetzlichen Vorgaben des § 8a SGB VIII. Unterstützt wird die Anwendung des Stuttgarter Kinderschutzbogens durch verbindliche Schulungen und sogenannte Ankerbeispiele, die in einem **Orientierungskatalog Kinderschutzdiagnostik – Ankerbeispiele –** zusammengefasst sind. Diese Broschüre beinhaltet altersbezogene Beispiele zu relevanten Bereichen des Kinderschutzbogens und steht als weitere Arbeitshilfe zur Verfügung.[177]

Der Stuttgarter Kinderschutzbogen besteht aus folgenden Teilen:

- **Modul:** Meldung einer Kindeswohlgefährdung: Bewertung der Meldung
- **Modul:** Familienbogen/Grunddatenblatt und Genogramm
- **Modul:** Kinderschutzbogen (altersbezogene Kriterien):
  - Erscheinungsbild des jungen Menschen
  - Interaktion (hinterlegte altersspezifische Ankerbeispiele)
  - Grundversorgung und Schutz (hinterlegte altersspezifische Ankerbeispiele)
- **Modul:** Aktuelle Sicherheitseinschätzung
- **Modul:** Risikofaktoren für eine hohe Gefährdung
- **Modul:** Ressourcen zur Abwendung der Gefährdung
- **Modul**: Erziehungsfähigkeit (altersbezogene Kriterien, bei chronischen Einschränkungen der Erziehungsfähigkeit der Erziehungsberechtigten)
- **Modul:** Einschätzung der Kindeswohlgefährdung
- **Modul:** Vereinbarungen mit den Erziehungsberechtigten zum Schutz des Kindes. Verfahrensschritte gemäß § 8a SGBVIII und Hilfe- und Schutzkonzepte[178]

Mit Hilfe dieser Instrumente soll bei Vorliegen von gewichtigen Anhaltspunkten für eine Kindeswohlgefährdung eine Klärung des Sachverhaltes ermöglicht werden. Gefährdungssachverhalte sowie Gefährdungspotenziale sollen identifiziert (Problemkonstruktion) und die Bereitschaft und Fähigkeiten der Erziehungsberechtigten zur Abwendung der Gefährdung beurteilt werden.

Die Nutzung des Kinderschutzbogens im Sinne eines Diagnoseinstruments soll helfen, Risiken bei der Bearbeitung von Kindeswohlgefährdungsfällen zu minimieren. Die jeweilige Dauer des Einschätzungsprozesses nach § 8a Abs. 1 Satz 1 und 2 SGB VIII und die Zeitspanne bis zur Implementierung von Hilfen oder bis zur Ergreifung eingriffsrechtlicher Schritte richtet sich dabei nach dem Alter und der Entwicklung des Kindes sowie dem Ausmaß der Gefahr.[179]

Im Sinne einer transparenten Vorgehensweise werden die Inhalte des Diagnoseinstrumentes mit den Betroffenen besprochen, soweit dies das Kindeswohl nicht zusätzlich gefähr-

177 Reich/Heynen, Jugendhilfe 2020, 115.
178 S. hierzu Reich/Heynen, Jugendhilfe 2020, 115.
179 Reich/Heynen, Jugendhilfe 2020, 115.

det. Auch weitere Erziehungsberechtigte (z.B. Lebenspartner der Kindsmutter oder Großeltern) werden nach Möglichkeit in den Gefährdungseinschätzungsprozess einbezogen.[180]

(a) Das Modul „Meldung einer Kindeswohlgefährdung"

Die Mitteilung einer Kindeswohlgefährdung wird nach erfolgter Schilderung der Anhaltspunkte durch die Meldeperson, Fragen zum Anlass der Meldung und zur familiären Situation, soweit sie der Meldeperson bekannt ist, von der zuständigen Fachkraft bewertet (Seriosität der Meldung, Qualität der geschilderten Informationen). Der direkte Vorgesetzte wird umgehend informiert und das weitere fachliche Handeln festgelegt. Dies beinhaltet auch die direkte Kontaktaufnahme mit den Erziehungsberechtigten in einem vereinbarten Zeitfenster.[181]

(b) Das Modul „Familienbogen/Grunddatenblatt und Genogramm"

Im Modul Familienbogen/Grunddatenblatt und Genogramm werden wesentliche personenbezogene Daten erfasst und die Familienverhältnisse mit Hilfe eines Genogramms dargestellt.

(c) Das Modul „Kinderschutzbogen"

Im Einzelinstrument „***Erscheinungsbild***" werden Informationen zum Pflegezustand und Entwicklungsstand des Kindes erhoben. Das Instrument weist je nach Alter des betroffenen Kindes unterschiedliche Items auf. Es werden vier verschiedene Bereiche entsprechend der Aufteilung des Kinderuntersuchungsheftes (sogenanntes U-Heft) gebildet: Körperliche Erscheinung, psychische Erscheinung, kognitive Erscheinung und Sozialverhalten.

Als Quelle für die Informationen wird Folgendes benannt: Direkte Inaugenscheinnahme des Kindes, das U-Heft (insbesondere Gewichts- und Wachstumskurve und die Rubrik Besonderheiten), Untersuchungen durch medizinisches Fachpersonal, Gespräche mit den Bezugspersonen und gegebenenfalls auch mit dem Kind oder Jugendlichen, Informationen von anderen Dritten oder anderen Fachkräften (wie Schule, Kindertageseinrichtung).

Im Einzelinstrument ***„Interaktionen"*** werden auf der Grundlage der Beobachtungen durch die Fachkräfte (z.B. im Rahmen des Hausbesuches) mehrere für die Beschreibung von Eltern-Kind-Beziehungen wichtige Aspekte des elterlichen Verhaltens gegenüber dem Kind (wie Feinfühligkeit gegenüber emotionalen Bedürfnissen des Kindes) erfasst und bewertet. Die Einschätzung sollte auf eigenen Beobachtungen beruhen oder auf Gesprächen mit den direkt Betroffenen (Eltern, Kinder, Jugendliche, sekundäre Bezugspersonen). Dabei sollte auch eine direkte vertrauensvolle Kontaktaufnahme mit dem Kind erfolgen. Das Gespräch sollte alleine mit dem Kind erfolgen.

Die Interaktionen zwischen Kind und Hauptbezugsperson (und ggf. weiteren wichtigen Bezugspersonen) werden in zwei Bewertungsrubriken festgehalten: negativ oder positiv. Eine weitere Differenzierung ist nach Auffassung der Autoren des Stuttgarter Kinderschutzbogens nicht praktikabel.

Im Einzelinstrument **„*Grundversorgung und Schutz* des Kindes"** werden mehrere für die Versorgung des Kindes grundlegende Bereiche altersspezifisch beschrieben und bewer-

180 Reich/Heynen, Jugendhilfe 2020, 115.
181 Reich/Heynen, Jugendhilfe 2020, 115.

tet (Ernährung, Körperpflege, medizinische Versorgung) und eine Beschreibung der Ausstattung und Infrastruktur der Wohnung, in der das Kind lebt (Schlafplatz, Kleidung), sowie des Schutzes des Kindes vor bestehenden Gefahren (wie Gefahrenquellen in der Wohnung) vorgenommen. Dazu gehören auch Fragen zu den betreuenden Personen, zur Organisation der Betreuung, zu Situationen, in denen das Kind unbeaufsichtigt ist, oder auch zu Orten, zu denen das Kind alleine gehen darf. Die Kriterien zu Grundversorgung und Schutz werden einzeln beurteilt. Die Bewertungsskala der Einschätzungen reicht von +2 (= gut) über +1 (= ausreichend), -1 (= schlecht) bis -2 (= sehr schlecht). Nach dem Stuttgarter Kinderschutzbogen geht es dabei nicht um eine mathematische Addition von Werten, sondern um eine grobe Einschätzung. Um eine sachgerechte Einschätzung zu ermöglichen, werden zusätzlich **Ankerbeispiele** bei der Bewertung verwendet. Diese Ankerbeispiele dienen zur Verdeutlichung und Überprüfung der eigenen Maßstäbe.[182]

(d) Das Modul „Aktuelle Sicherheitseinschätzung"

Eine „erste Sicherheitseinschätzung" erfolgt nach einem Kontakt der fallzuständigen Fachkraft mit der Familie, etwa nach einem Hausbesuch. Ziel ist es, zu einer Einschätzung zu gelangen, ob gegenwärtig eine Schädigung des Kindeswohls droht. Insbesondere ist festzustellen, ob bis zum nächsten Kontakt der Familie mit der Fachkraft das Kindeswohl gefährdet ist, sodass unverzüglich „Maßnahmen zur Erhöhung der Sicherheit des Kindes einzuleiten sind (Inobhutnahme prüfen)". Die hierbei verwendeten Items sind aus der Analyse tödlich verlaufener Kinderschutzfälle gewonnen worden. Es handelt sich um „kurz vor der Gefährdung auftretende Warnsignale". Sofern auch nur eines der Merkmale erfüllt ist, sind Maßnahmen zur Erhöhung der Sicherheit des Kindes erforderlich. Diese Einschätzung kann daher auch von der endgültigen Einschätzung des Kindeswohls im weiteren Verlauf abweichen.[183]

(e) Das Modul „Risikofaktoren für eine hohe Gefährdung"

Mit dem Modul *„Risikofaktoren für eine hohe Gefährdung"* soll „die mittelfristige Wahrscheinlichkeit weiterer Gefährdungsereignisse oder einer chronischen Vernachlässigung" beurteilt werden. Hierbei werden folgende Kriterien berücksichtigt:

Soziale Situation der Familie, innerfamiliäre Verhältnisse (z.B. Gewalt zwischen den Eltern), persönlichen Situation der Bezugspersonen des Kindes (z.B. Sucht oder schwere psychische Erkrankung), evtl. der bisherige Hilfeverlauf.

Zudem werden besondere Anforderungen aufgrund besonderer Merkmale des Kindes (z.B. aufgrund von Entwicklungsverzögerung, Behinderung) berücksichtigt.[184]

(f) Das Modul „Ressourcen zur Abwendung der Gefährdung"

Mit dem Modul ***„Ressourcen zur Abwendung der Gefährdung"*** werden die persönlichen, familiären, sozialen, materiellen und infrastrukturellen Ressourcen, bezogen auf das Kind und seine Hauptbezugspersonen, erhoben. Dazu gehören auch die Bereitschaft und Fähigkeit der Eltern zur Kooperation und ihre Veränderungsbereitschaft.

182 Reich/Heynen, Jugendhilfe 2020, 115.
183 Reich/Heynen, Jugendhilfe 2020, 115.
184 Reich/Heynen, Jugendhilfe 2020, 115.

(g) Das Modul „Erziehungsfähigkeit"

Mit dem Modul ***„Erziehungsfähigkeit"*** können Art und Ausmaß möglicher Einschränkungen der elterlichen Erziehungsfähigkeit anhand von Kriterien bezogen auf vier Bereiche „Pflege und Versorgung", „Bindung und Beziehung", Vermittlung von Regeln und Werten" sowie „Kognitive Förderung", festgestellt werden.

(h) Das Modul „Einschätzung der Kindeswohlgefährdung"

Im Modul „Einschätzung der Kindeswohlgefährdung" ist das Ergebnis der Gefährdungseinschätzung wie folgt festzuhalten:

- Kindeswohlgefährdung
- Latente Kindeswohlgefährdung
- Keine Kindeswohlgefährdung, aber Hilfe-/Unterstützungsbedarf
- Keine Kindeswohlgefährdung, kein Hilfe-/Unterstützungsbedarf

(i) Das Modul „Vereinbarung mit den Erziehungsberechtigten zum Schutz des Kindes"

Die ***„Vereinbarung mit den Erziehungsberechtigten zum Schutz des Kindes"*** wird nach dem Stuttgarter Kinderschutzbogen von den Fachkräften mit den Eltern ausgefüllt und unterzeichnet. Es handelt sich um einen „gemeinsamen Kontrakt zum Schutz des Kindes". Die Vereinbarung soll bis zu drei realistische und konkret erreichbare Maßnahmen und Handlungsschritte enthalten, die auch überprüft werden. Gemeinsames Ziel ist die sofortige und nachhaltige Beendigung der Gefährdung für das Kind.[185]

2. Feststellung von Hilfebedarfen und Gefährdungslagen des Kindeswohls mittels des Online-Tools „Mind the Gap"

Jedes in Deutschland lebende Kind hat ein Recht auf Schutz vor Gewalt und anderen Gefährdungen für sein Wohl. Vor diesem Hintergrund bedürfen hochbelastete Familiensysteme, die mit besonders herausfordernden Lebensbedingungen konfrontiert sind, der Unterstützung. Da die Bedarfs- und Gefährdungslagen dynamisch sind, ist es wichtig, diese im ständigen Kontakt gemeinsam im Blick zu behalten. Fachkräfte sollen hierbei mit geeigneten Arbeitswerkzeugen bzw. „Tools" unterstützt werden.

(a) Zielsetzung

Das Online-Tool zur Bedarfsfeststellung inkl. des Zusatzmoduls, um Anzeichen für eine Gefährdungslage zu erkennen, soll die Fachkräfte in den Jugendämtern bei einer systematischen Erhebung des aktuellen Hilfebedarfs von Familien unterstützen und die Wahrnehmung von Gefährdungslagen fördern. Die Bedarfs- und Gefährdungserhebung beinhaltet Screening-Items und überführt diese in eine Grundlage für das weitere professionelle Handeln, bspw. im Rahmen der Hilfe-

185 Reich/Heynen, Jugendhilfe 2020, 115.

(b) Grenzen des Instruments

Während das Tool auch in Form einer fernmündlichen Befragung für die Bedarfsfeststellung hilfreich sein kann, ist insbesondere eine Risiko- und Gefährdungseinschätzung im Hinblick auf Kindeswohl nur im persönlichen Kontakt und auf Basis einer intensiven Beziehungsarbeit mit der Familie sinnvoll und seriös möglich. Die mit Hilfe des Online-Tools generierte Übersicht bietet eine hilfreiche Grundlage, um ein darauf abgestimmtes professionelles Handeln, unter Einbezug der situativen Handlungskompetenz der Fachkraft, einzuleiten. In keinem Fall ersetzt das Tool die situative Handlungskompetenz als konstitutives Element professionellen Handelns.

(c) Durchführende

Das Online-Tool ist ein Hilfsmittel, das aus technischen und datenschutzrechtlichen Gründen ausschließlich von Fachkräften angewendet und bearbeitet werden kann. Nichtsdestotrotz ist unabdingbar, dass zur Bearbeitung Informationen von relevanten Personen aus den betroffenen Familien eingeholt werden müssen. Dabei ist das Tool so angelegt, dass, im Rahmen der Erhebung mit dem Tool, unterschiedliche Einschätzungen und Sichtweisen von jungen Menschen und wichtigen Bezugspersonen von der Fachkraft in den Erhebungsmasken dokumentiert werden können.

(d) Zielgruppen

Alle Familien, bei denen ein Screening der vorliegenden Risiken einen persönlichen Kontakt/Telefonkontakt zur weiteren Abklärung des Hilfebedarfs und der Gefährdungslage nahelegt.

(e) Aufbau und fachliche Grundlage

Das Online-Tool ist zweigliedrig aufgebaut.

1. Kernbestandteil sind Fragen bzw. Items, die eine umfassende Bedarfsfeststellung ermöglichen.
2. Darüber hinaus beinhaltet das Online-Tool ein Zusatzmodul, das eine differenzierte Risikoabwägung ermöglicht, die vertiefte Anhaltspunkte für das Vorliegen einer Kindeswohlgefährdung geben kann.

Die Methode der Hilfebedarfsbestimmung wurde vom Institut für Kinder- und Jugendhilfe (IKJ) in enger Zusammenarbeit mit Kooperationspartnern aus der Praxis entwickelt und lehnt sich an den Capability Approach nach Sen und Nussbaum (1993) an. Bei diesem **nichtnormativen und ressourcenorientierten Ansatz** werden die Grundbefähigungen und Verwirklichungschancen der Hilfeadressaten in den Blick genommen.[186] Gegenstand sind die Bereiche, in denen eine Indexperson (im vorliegenden Fall der junge Mensch) ihren Befähigungen entsprechend gut leben kann. Die Erfassung erfolgt anhand von 16 im Grundlagentext näher ausgeführten Grundbefähigungsdimensionen, welche die physische und psychische Lebenssituation, die Aktivitäten und Teilhabemöglichkeiten sowie den sozialen Rahmen in den Blick nehmen. Auf dieser Weise wird auch in der Breite ein systemi-

186 Vgl. Albus, 2015; Otto/Ziegler, 2010

scher Blick auf alle zentralen Lebensbereiche von jungen Menschen und Familien ermöglicht.

Die **16 Dimensionen**, die notwendige wissenschaftliche und testtheoretische Kriterien erfüllen[187], wurden in Fragebögen umgesetzt, die eine multiperspektivische Einschätzung, d.h. sowohl aus Sicht von Fachkräften als auch von Eltern und jungen Menschen, erlauben.

Das Zusatzmodul erlaubt parallel zu den 16 Grundbefähigungsdimensionen eine nochmals vertiefte und weitere differenzierte Risikoabwägung. Diese beinhaltet insgesamt **52 Risikomerkmale**, die jeweils den 16 Grundbefähigungsdimensionen zugeordnet sind. Die 52 Risikomerkmale wurden dabei folgenden Verfahren bzw. Systematiken angeglichen bzw. angelehnt und umfassen folgende Inhalte:

- 29 gewichtige Anhaltspunkte, die das Bayerische Landesjugendamt auf Grundlage der fachlichen Empfehlungen zur Umsetzung des Schutzauftrages nach § 8a SGB VIII des Bayerischen Landesjugendhilfeausschusses in die Situationseinschätzung der Sozialpädagogischen Diagnose-Tabellen eingearbeitet hat.[188]
- Herausgehobene Indikatoren bzw. Merkmale, die gemäß den Ampelbögen des Dresdner Kinderschutzordners einen besonders dringenden Handlungsbedarf nahelegen[189] Entsprechende Risikobereiche werden in der Auswertung des Online-Tools nochmals besonders kenntlich gemacht (s. Abschnitt „Auswertung" unten).
- Wesentliche Anhaltspunkte der Statistik der Kinder- und Jugendhilfe zu vorläufigen Schutzmaßnahmen bzw. Inobhutnahmen nach § 42 SGB VIII des Statistischen Bundesamts.[190]

Die Risikoeinschätzungen erlauben, angelehnt an die Systematik der Dresdner Ampelbögen,[191] nochmals eine differenziertere mehrstufige Abwägungsmöglichkeit in drei Stufen:

- trifft nicht zu oder ist nur sehr gering ausgeprägt
- trifft nur wahrscheinlich zu und/oder ist nicht in extremen Maß ausgeprägt
- trifft in besonders auffallender und/oder intensiver Form zu

Die Bearbeitung des Online-Tools kann über folgenden Link gestartet werden: https://befragungen.ikj-online.de/mtgtool3.

Die im Rahmen von Mind the Gap zur Verfügung gestellten Tools und Praxismaterialien sind in vielfältigen Anwendungskontexten nutzbar und in erster Linie als Hilfsmittel gedacht. Vor diesem Hintergrund werden an dieser Stelle bewusst keine allgemeinverbindlichen Vorgaben gemacht, welche Inhalte in welchem Umfang konkret in die Datenerfassung einfließen sollen. Dabei müssen selbstverständlich die einschlägigen fachlichen Standards beachtet werden. So ist z.B. ohne persönlichen Kontakt mit den betroffenen Familien nicht möglich, eine seriöse Hilfebedarfsermittlung oder eine Risikoabwägung durchzuführen.

187 Vgl. etwa Arnold/Macsenaere/Hiller, 2018
188 Britze/Dittmann/Hillmeier/Huber, 2013.
189 Landeshauptstadt Dresden, 2019.
190 Statistisches Bundesamt [Destatis], 2019.
191 Landeshauptstadt Dresden, 2019.

(f) Auswertung

Nach den Fragen zu den 16 zentralen Lebensbereichen von jungen Menschen und Familien – entsprechend der Gliederung der Grundbefähigungen bzw. Capabilities – wird am Ende der Erhebung eine Auswertung generiert.

Die Auswertung erfolgt in Form von Diagrammen und einer tabellarischen Übersicht der im Online-Tool getätigten Eingaben. Im Detail liefert die Auswertung folgende Informationen, die die Fachkräfte bei der Hilfebedarfsfeststellung und der Risikoabwägung unterstützen sollen:

1) Quantifizierung des Ausprägungsgrads der Grundbefähigungen:

   Diese erfolgt zunächst in Diagrammform, in der aus Übersichtsgründen jeweils die Grundbefähigungsdimensionen 1–6 sowie 7–12, die sich auf den jungen Menschen beziehen, sowie des Weiteren noch die Grundbefähigungsdimensionen 13–16, die auf die Familie bzw. das Bezugssystem referenzieren, separat abgebildet werden.

   Die konkreten Ausprägungsgrade der Grundbefähigungen sind dabei zur besseren Anschaulichkeit auf einer einheitlichen Skala von einem maximal positiven Wert „100" für „völlig zutreffend" bis zu einem maximal negativen Wert „0", der für „gar nicht zutreffend" steht, dargestellt.

   Sofern Risikomerkmale entweder als zutreffend oder wahrscheinlich zutreffend bewertet wurden, sind diese in der tabellarischen Übersicht ebenfalls den Grundbefähigungen gegenübergestellt.

   Bei der Bewertung der Relevanz von Risikomerkmalen spielt dabei neben dem eingeschätzten Grad ihres Zutreffens in der Gesamtschau auch die in der Tabelle ersichtliche Anzahl bzw. Menge eine Rolle. Dem liegt der Leitgedanke zu Grunde, dass die Wahrscheinlichkeit für eine Gefährdung ebenfalls nochmals umso höher ausfällt, je mehr Risikomerkmale vorliegen.

2) Besondere Dringlichkeit/Gewichtigkeit bei der Risikoabwägung:

   Eine Risikoabwägung kann niemals allein aufgrund der Quantität bzw. aufgrund der Anzahl unterschiedlicher vorliegender Risiken vorgenommen werden. Jedes einzelne Merkmal bedarf einer fachlichen Gewichtung und Bewertung. Dies erfordert ein besonderes Fallverständnis und kann abschließend nur von den Fachkräften selbst vorgenommen werden.

   Nichtsdestotrotz sind Hilfestellungen möglich: Zunächst enthalten z.B. die Ampelbögen des Dresdner Kinderschutzordners[192] Risikomerkmale, die als besonders dringlich eingestuft werden. Entsprechend den Ampelbögen kann schon das Vorliegen eines einzelnen Merkmals einen dringenden Handlungsbedarf begründen. Merkmale im Online-Tool, die den entsprechenden Merkmalen aus den Ampelbögen sinngemäß inhaltlich gleichen, werden in der Auswertung nochmals gesondert hervorgehoben, um deren besondere Relevanz zu unterstreichen.

192 Landeshauptstadt Dresden, 2019.

3) Gegenüberstellung von Grundbefähigungen und Risiken:

   Es ist prinzipiell möglich, dass vorhandene Risiken zumindest teilweise aufgefangen werden können, wenn in den Lebensbereichen auch nutzbare Grundbefähigungen und Ressourcen vorhanden sind. Auf der anderen Seite steigt die Wahrscheinlichkeit für eine Kindeswohlgefährdung nochmals an, wenn den Risiken nur wenige oder im Extremfall sogar gar keine Grundbefähigungen oder Ressourcen gegenübergestellt sind.

4) Gegenüberstellung von Sichtweisen/Perspektiven:

   Wie in den vorangegangenen Kapiteln beschrieben, ist die Identifikation von abweichenden Sichtweisen der einzelnen Akteure/Akteurinnen wichtig, da an den entsprechenden Stellen fachliche Handlungsbedarfe sichtbar werden. Dies gilt sowohl für die Feststellungen von Hilfebedarfen auf Grundlage des Grundbefähigungsansatzes als insbesondere auch für die Abwägung von Risiken.

   Sofern bei den Risikomerkmalen abweichende Einschätzungen der Adressaten/Adressatinnen im Online-Tool hinterlegt wurden, werden diese inklusive der freien Textnennung im zugehörigen Kommentarfeld ebenfalls in den Auswertungstabellen ausgewiesen.

VI. Grenzen der Diagnoseinstrumente

1. Überblick

Diagnoseinstrumente sind ohne Zweifel ein sehr wichtiges Hilfsmittel, um die Frage beantworten zu können, ob eine Kindeswohlgefährdung vorliegt. Auch sind die Diagnoseinstrumente ein Hilfsmittel, um entscheiden zu können, wie auf eine festgestellte Kindeswohlgefährdung zu reagieren ist.

Allerdings sind auch deutlich die Grenzen der Diagnoseinstrumente zu betonen. Kein Diagnoseinstrument kann abschließend alle Gefährdungslagen berücksichtigen oder enthält Vorgaben und Regeln, aus welchen zwingend bestimmte Schutzmaßnahmen abzuleiten sind.[193]

Kritisch ist nach hiesiger Auffassung zu bewerten, dass die Diagnoseinstrumente eine **ungenügende Erfassung der rechtlichen Vorgaben** zum Begriff der Kindeswohlgefährdung enthalten. Die in den Diagnoseinstrumenten enthaltenen Begriffsbestimmungen sind unter juristischen Gesichtspunkten teilweise ungenau oder unzutreffend. Auch fehlt eine rechtliche Bestimmung der Rechtsbegriffe der Geeignetheit und Notwendigkeit bzw. Erforderlichkeit. Die Rechtsvorschrift des § 8a SGB VIII macht von diesen Rechtsbegriffen die geschuldete Auswahl verschiedener Handlungsoptionen abhängig.[194]

Fachliche Diagnostik und juristische Bewertung müssten nach hier vertretener Auffassung zwingend besser aufeinander abgestimmt und enger verzahnt werden. Das erfordert ein Zusammenwirken verschiedener Professionen.

---

193 S. hierzu Kindler/Gerber/Lillig, Wissenschaftliche Analyse zum Kinderschutzhandeln des Allgemeinen Sozialen Dienstes im Landkreis Breisgau-Hochschwarzwald im Todesfall des Kindes A., 2016, S. 15.

194 S. hierzu die nachstehenden Ausführungen in Kapitel 4.

2. Verbesserungsmöglichkeiten am Beispiel des Stuttgarter Kinderschutzbogens

Der nachfolgenden Bewertung wird vorausgeschickt, dass es sich bei dem Stuttgarter Kinderschutzbogen um ein unstrittig für die Praxis sehr wertvolles und bewährtes Diagnoseinstrument handelt.[195] Dennoch besteht nach hiesiger Auffassung aus den folgenden Gründen ein Optimierungspotenzial.

Das **Modul „Aktuelle Sicherheitseinschätzung"** könnte um eine fundierte juristische Begriffsbestimmung und rechtliche Bewertung ergänzt werden. Die Maßnahmen, welche § 8a Abs. 1 Satz 3 SGB VIII (Hilfen anbieten), § 8a Abs. 2 Satz 1 HS. 1 SGB VIII (Anrufung des Familiengerichts) sowie § 8a Abs. 2 Satz 2 SGB VIII i.V.m. § 42 Abs. 1 Satz 1 Nr. 2b SGB VIII (Inobhutnahme) vorgeben, setzen stets das Vorliegen einer Kindeswohlgefährdung voraus.

Letztendlich entscheidungserheblich sind daher zunächst Feststellungen zur **zeitlichen Nähe der Schädigung** des Kindeswohls auf körperlicher, geistiger oder seelischer Ebene. In diesem Zusammenhang müssen ferner Feststellungen zur **Erheblichkeit der Schädigung** erfolgen. Schließlich muss eine Einschätzung zur **Wahrscheinlichkeit des Schadenseintritts** vorgenommen werden. Zuletzt ist eine Verknüpfung zwischen der Eintrittswahrscheinlichkeit und der Erheblichkeit des Schadenseintritts herzustellen. Je gravierender die drohende Schädigung ist, desto geringere Anforderungen sind an die Eintrittswahrscheinlichkeit zu stellen (**Rechtsfigur der Relativität des Gefahrenbegriffs**).

Hierzu fehlen dezidierte Vorgaben im Modul „Sicherheitseinschätzung". Nach hiesiger Auffassung macht dies das Modul anfällig für subjektive Bewertungen durch den einzelnen Mitarbeitenden. Ferner können an dieser Stelle der Gefährdungseinschätzung bereits Brüche zu einem folgenden familiengerichtlichen Verfahren gem. § 1666 BGB auftreten, da dieses Verfahren einer streng juristischen Begriffsbestimmung und Auslegung unterliegt.

Dem Modul „Sicherheitseinschätzung" hat eine **Sachverhaltsaufklärung durch Datenerhebung und Datenübermittlung** vorzugehen. Nach hiesiger Auffassung wäre es daher zwingend, datenschutzrechtliche Vorgaben zu machen, um eine Beachtung des Datenschutzes sicherzustellen und die Handlungssicherheit zu erhöhen. Insbesondere sollte nach hiesiger Auffassung eine **Differenzierung zwischen** einer grundsätzlich geschuldeten **Direkterhebung** gem. § 62 Abs. 2 SGB VIII und einer nur **ausnahmsweise** zulässigen **Dritterhebung** gem. § 62 Abs. 3 Nr. 2d SGB VIII erfolgen.

Unabhängig von diesen datenschutzrechtlichen Fragen ist es schließlich im Hinblick auf das Elterngrundrecht nach Art. 6 Abs. 2 Satz 1 GG kritisch zu hinterfragen, ob tatsächlich regelhaft „die Möglichkeit gesucht werden (soll), Kinder und Jugendliche alleine zu sprechen."[196] Es wäre zu erwägen, ob mittels Vorgaben gesteuert werden könnte, wann bzw. bei Vorliegen welcher gewichtigen Anhaltspunkte für eine Kindeswohlgefährdung ein **Gespräch mit dem Kind ohne die Eltern** erfolgen sollte. So kann es im Ausnahmefall mit Art. 6 Abs. 2 Satz 1 GG zu vereinbaren sein, dass ein Gespräch mit dem Kind ohne Beisein

195 S. hierzu z.B. Kindler/Lukasczyk/Reich, ZKJ 2008, 500.
196 Reich/Heynen, Jugendhilfe 2020, 115.

der Eltern geführt wird.[197] Allerdings folgt aus Art. 6 Abs. 2 Satz 1 GG grundsätzlich das Recht der Eltern, darüber zu bestimmen, ob und wer mit dem Kind Gespräche führt.[198] Das Elterngrundrecht gibt Vater und Mutter das Recht, staatliche Eingriffe in ihr Bestimmungsrecht abzuwehren, die nicht durch das von dem Wächteramt der staatlichen Gemeinschaft zu gewährleistende Wohl des Kindes gerechtfertigt sind.[199] Eine Gesprächsführung mit dem Kind ohne Beisein der Eltern ist daher am **Verhältnismäßigkeitsgrundsatz** zu messen. Das Jugendamt hat zu gewährleisten, dass es im jeweiligen Einzelfall zu einer verhältnismäßigen Ausgestaltung des Eingriffs in das Elterngrundrecht aus Art. 6 Abs. 2 Satz 1 GG kommt.[200]

Hinsichtlich des **Moduls „Risikofaktoren für eine hohe Gefährdung"** ist zu betonen, dass im Rahmen der Gefährdungseinschätzung unstrittig Risikofaktoren in den Blick genommen werden müssen. In der sozialwissenschaftlichen Forschung sind verschiedene Risikofaktoren herausgearbeitet worden, welche zu einer höheren Wahrscheinlichkeit einer Schädigung des Kindeswohls führen können. Neben der Beantwortung der Frage, ob eine Kindeswohlgefährdung gegeben ist, sind Risikofaktoren auch für die Auswahl der Handlungsoption bei einer festgestellten Kindeswohlgefährdung von Bedeutung.[201] So kann sich das Angebot von ambulanten Hilfen nach § 8a Abs. 1 Satz 3 SGB VIII nach hiesiger Auffassung verbieten, wenn zu viele Risikofaktoren innerhalb der Familie bestehen. In einer solchen Fallkonstellation ist eine Trennung von Eltern und Kind mittels einer stationären Hilfe, ggf. mittels der Anrufung des Familiengerichts gem. § 8a Abs. 2 Satz 1 HS. 1 SGB VIII, in Erwägung zu ziehen. Dies könnte im Stuttgarter Kinderschutzbogen deutlich gemacht werden.

Vergleichbares gilt für das Modul „**Ressourcen zur Abwendung der Gefährdung"**. Unstrittig müssen in die Beurteilung einer möglichen Gefährdungssituation eines Kindes auch vorhandene Ressourcen und Schutzfaktoren einbezogen werden. Diese können Kinder und ihre Familien befähigen, Krisensituationen zu meistern.

In diesem Zusammenhang kommt auch einer **Mitwirkungsbereitschaft und Mitwirkungsfähigkeit der Eltern** bei der Abwehr einer Kindeswohlgefährdung besondere Bedeutung zu. Allerdings darf einer Mitwirkungsbereitschaft und Mitwirkungsfähigkeit keine überschießende bzw. ausschließliche Bedeutung bei der Beantwortung der Frage, ob eine Kindeswohlgefährdung vorliegt, und der Auswahl der zu ergreifenden Maßnahmen bei einer festgestellten Kindeswohlgefährdung zukommen.[202] So kann auch bei einer Mitwirkungsbereitschaft der Eltern eine Anrufung des Familiengerichts gem. § 8a Abs. 2 Satz 1 HS. 1 SGB VIII mit dem Ziel der Implementierung einer stationären Hilfe gegen den Willen der Eltern zwingend erforderlich sein.[203]

197 S. hierzu BVerfG, B. v. 5.6.2019, 1 BvR 675/19, juris.
198 S. hierzu auch BT-Drs. 18/12730, 45 und 46.
199 Badura in Maunz/Dürig, GG Kommentar, Art. 6 GG Rn. 133.
200 Dies ist auch bei Anwendung des § 8 SGB VIII unter Berücksichtigung der durch das KJSG erfolgten Rechtsänderungen zu beachten, s. hierzu Kunkel/Kepert in Kunkel/Kepert/Pattar, LPK-SGB VIII, § 8.
201 S. hierzu auch Lillig, Jugendhilfe 2020, S. 127.
202 S. hierzu auch Kindler/Gerber/Lillig, Wissenschaftliche Analyse zum Kinderschutzhandeln des Allgemeinen Sozialen Dienstes im Landkreis Breisgau-Hochschwarzwald im Todesfall des Kindes A., 2016, S. 16 und 17.
203 S. hierzu die nachstehenden Ausführungen in Kapitel 4.

Schädigende Wirkungen von Missbrauch, wiederholter Misshandlung oder schwerer Vernachlässigung können in der Regel nicht alleine mit familiären Ressourcen aufgefangen werden.[204]

Wichtig ist zu betonen, dass die Beantwortung der Frage, ob eine Kindeswohlgefährdung gegeben ist, nicht einzig anhand der Bewertung von Risiko- und Schutzfaktoren erfolgen kann. Die Unterscheidung zwischen einer Beurteilung einer **mittelfristigen Wahrscheinlichkeit weiterer Gefährdungsereignisse oder einer chronischen Vernachlässigung** im Rahmen des Moduls „Risikofaktoren für eine hohe Gefährdung" und einer Einschätzung des Ergreifens „**unverzüglicher Maßnahmen**" im Modul „Aktuelle Sicherheitseinschätzung"[205] darf nicht den Blick darauf versperren, dass Maßnahmen nach § 8a Abs. 1 Satz 3 SGB VIII, nach § 8a Abs. 2 Satz 1 HS. 1 SGB VIII sowie gem. § 8a Abs. 2 Satz 2 SGB VIII i.V.m. § 42 Abs. 1 Satz 1 Nr. 2 SGB VIII stets das Vorliegen einer Kindeswohlgefährdung voraussetzen. Danach muss eine erhebliche Schädigung des Kindeswohls mit ziemlicher Hinsicht unmittelbar bevorstehen.

Kritisch zu hinterfragen ist im **Modul „Einschätzung der Kindeswohlgefährdung"** die Aufteilung zwischen einer **„Kindeswohlgefährdung"** und einer **„latenten Kindeswohlgefährdung"**. Eine „latente" Gefahrensituation erfüllt nach der Rechtsprechung des Bundesverfassungsgerichts zu § 1666 BGB nicht den Gefahrenbegriff und kann folglich einen Grundrechtseingriff im Bereich des Kinderschutzes nicht gestatten.[206] Daher sollte nach hiesiger Auffassung – jedenfalls zur Klarstellung – das Merkmal wie folgt ergänzt werden: „keine Kindeswohlgefährdung, aber latente Gefahr bzw. Gefahrenvorfeld".

Hinsichtlich des **Moduls „Vereinbarungen mit den Erziehungsberechtigten zum Schutz des Kindes"** ist festzustellen, dass es für den Abschluss von Schutzvereinbarungen im SGB VIII keine Rechtsgrundlage gibt. Der **Abschluss von Vereinbarungen** ist daher rechtlich nur zulässig, wenn der Abschluss des „Kontrakts" freiwillig durch die Eltern erfolgt. Es darf keinerlei Zwang oder Druck mit dem Abschluss einer solchen Vereinbarung verbunden sein. Nach hiesiger Auffassung ist es daher rechtlich problematisch, wenn die Anrufung des Familiengerichts für den Fall der Verweigerung des „Kontraktabschlusses" in Aussicht gestellt wird.[207]

VII. Exkurs: Ergebnisse der amtlichen Statistik zur Gefährdungseinschätzung zum Schutz von Kindern und Jugendlichen

Nachfolgend werden ausgewählte Befunde aus der amtlichen Statistik kursorisch vorgestellt, die einen Überblick zu dem Umfang von Gefährdungseinschätzungen nach § 8a SGB VIII und den Hintergründen ermöglichen. Grundlage hierfür sind Daten aus den Jahren 2013 bis 2020.[208]

204 Lillig, Jugendhilfe 2020, 127 unter Bezugnahme auf Galm u.a.
205 S. hierzu Reich/Heynen, Jugendhilfe 2020, 115.
206 BVerfG, B. v. 24.3.2014, 1 BvR 160/14, juris Rn. 35.
207 S. hierzu die Ausführungen in Kapitel 6.
208 Kinder- und Jugendhilfereport 2018; Mühlmann/Pothmann, Komdat 2/3, 2020.

1. Anstieg der Gefährdungseinschätzungen auf insgesamt 173.029 in 2019

2019 erfolgten insgesamt 173.029 Gefährdungseinschätzungen von Jugendämtern gem. § 8a Abs. 1 SGB VIII. 2013 waren wurden hingegen mit 115.687 deutlich weniger Gefährdungseinschätzungen vorgenommen. Zwischen 2013 und 2017 lag der jährliche Zuwachs bei ca. 6 %, von 2018 auf 2019 sogar bei 10 %. Nach Mühlmann und Pothmann[209] kommen hier eine Reihe von möglichen Ursachen in Frage:

- Ein tatsächlicher Anstieg von Gefährdungen
- Eine größere öffentliche Aufmerksamkeit bezüglich sexueller Gewalt gegenüber Kindern und in der Folge eine erhöhte Sensibilität für mögliche Kindeswohlgefährdungen
- Weiterentwickelte Arbeitsweisen in den Jugendämtern bei potenziellen Gefährdungslagen
- verbesserte Vernetzung und Kooperationsstrukturen im Kinderschutz mit Strukturen des Bildungs-, Erziehungs-, Gesundheits- und Sozialwesens
- möglich sind aber auch Verbesserungen hinsichtlich der Vollständigkeit der statistischen Meldungen der Jugendämter

Abbildung 1 zeigt die Entwicklung zwischen 2013 und 2016.[210] Daraus wird auch deutlich, dass in gleichem Maße wie die Zahl der 8a-Verfahren auch die festgestellten akuten und latenten Gefährdungen stiegen.

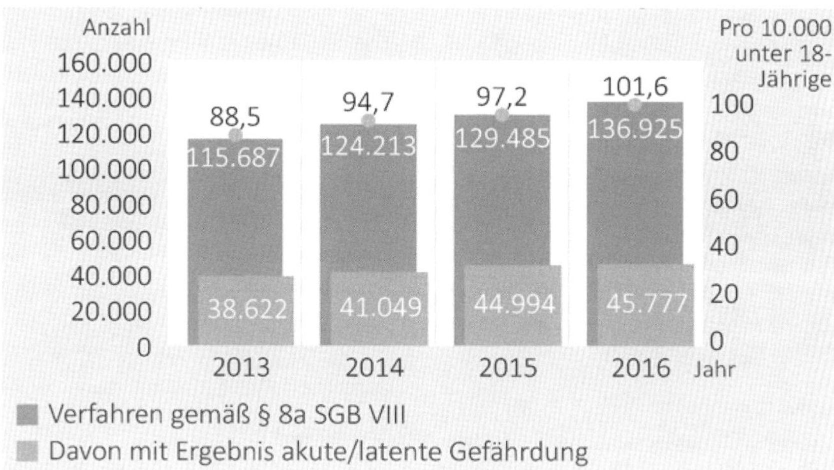

Abbildung 1: Entwicklung der 8a-Verfahren insgesamt und mit dem Ergebnis einer akuten/latenten Kindeswohlgefährdung (Deutschland; 2013 bis 2016, Angaben absolut und pro 10.000 der unter 18-Jährigen)

Quelle: Autorengruppe Kinder- und Jugendhilfestatistik, Kinder- und Jugendhilfereport 2018 – Eine kennzahlenbasierte Analyse, S. 137, Verlag Barbara Budrich Opladen 2019

209 Komdat 2/3 2020.

210 Kinder- und Jugendhilfereport 2018.

2. Ein Drittel der 8a-Verfahren kommt zu dem Ergebnis einer akuten oder latenten Kindeswohlgefährdung

Jeweils ein Drittel der Ergebnisse der Verfahren zur Gefährdungseinschätzung entfallen auf 1. eine (akute bzw. latente) Kinderwohlgefährdung (33,5 %), 2. keine Kindeswohlgefährdung, aber Hilfebedarf (34,0 %) und 3. keine Kinderwohlgefährdung und kein (weiterer) Hilfebedarf (32,5 %) (s. Abbildung 2). Liegt eine Kindeswohlgefährdung vor, dann ist sie in den meisten Fällen durch Vernachlässigung verursacht (61,1 %).

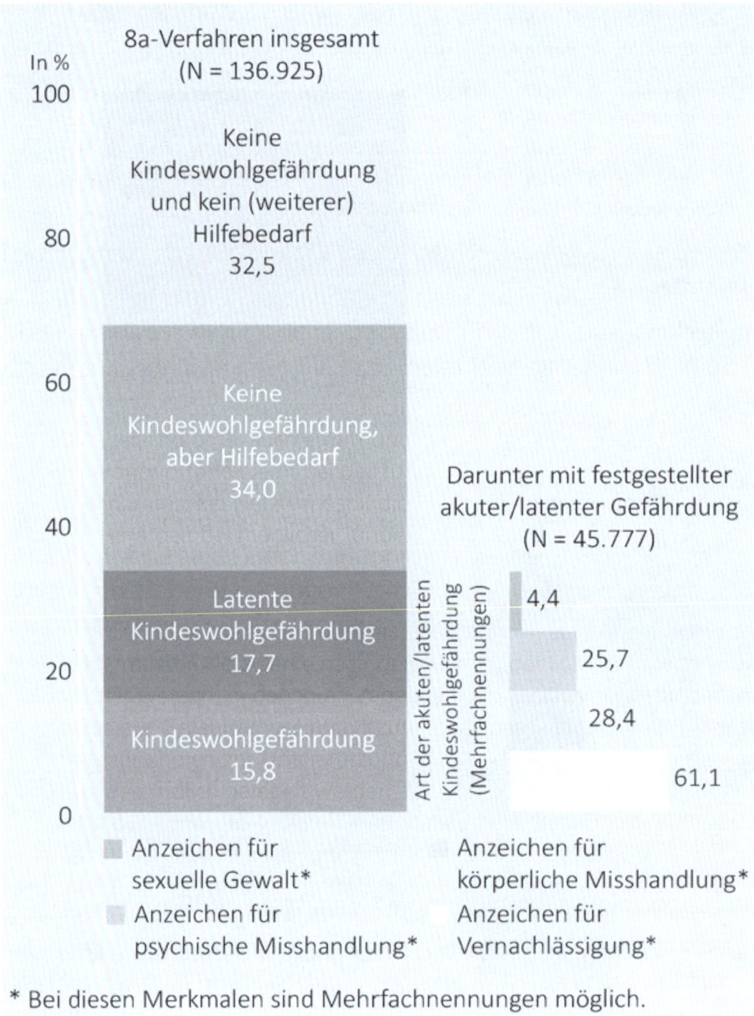

Abbildung 2: Ergebnisse der Verfahren zur Gefährdungseinschätzung und Art der Kindeswohlgefährdung

Quelle: Autorengruppe Kinder- und Jugendhilfestatistik, Kinder- und Jugendhilfereport 2018 – Eine kennzahlenbasierte Analyse, S. 138, Verlag Barbara Budrich Opladen 2019

3. Säuglinge mit höchster 8a-Verfahrensquote und Gefährdungsquote

Mit zunehmendem Alter der jungen Menschen verringert sich sowohl die 8a-Verfahrenquote wie auch die Feststellung einer Gefährdung nach § 8a Abs. 1 SGB VIII. Am höchsten fallen beide Quoten für die Altersgruppe der unter Dreijährigen aus und hier insbesondere für die unter Einjährigen (s. Abbildung 3).

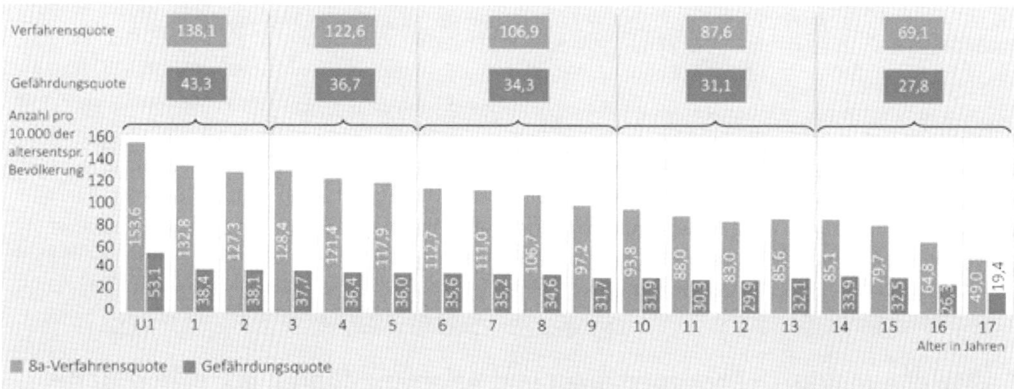

Abbildung 3: 8a-Verfahren und festgestellte akute/latente Gefährdung nach Altersjahren und -gruppen

Quelle: Autorengruppe Kinder- und Jugendhilfestatistik, Kinder- und Jugendhilfereport 2018 – Eine kennzahlenbasierte Analyse, S. 139, Verlag Barbara Budrich Opladen 2019

4. Mehr als ein Viertel der Meldungen an das Jugendamt erfolgt durch Privatpersonen

Privatpersonen aus dem Umfeld der betroffenen Familien – also bspw. Verwandte, Nachbarn, Bekannte – stellen mit 27,2 % die größte Gruppe der hinweisgebenden Personen dar, gefolgt von Polizei/Gericht/Staatsanwaltschaft mit 22,1 % und Angestellte aus dem Bereich Sozialer Dienst/Beratungsstelle/Jugendhilfe mit 14,7 %. Meldungen von den Betroffenen selbst (9,2 %) und aus den Bereichen Schule, Gesundheitswesen und Kindertageseinrichtung/Tagespflegeperson sind mit jeweils unter 10 % relativ selten (s. Tab. 1, unten).

In der Altersgruppe der unter Einjährigen sind Meldungen durch das Gesundheitsamt mit 20 % überrepräsentiert. Es überrascht, dass in der Altersgruppe der unter Sechsjährigen nur selten (unter 10 %) Meldungen durch Kindertageseinrichtungen bzw. Tagespflegepersonen erfolgen.

Alter	Anzahl 8a-Verfahren	Anteil nach der bekanntmachenden Institution oder Person/en (in %)							
		Privatpersonen (ohne Betroffene)[1]	Polizei/ Gericht/ Staatsanwaltschaft	Sozialer Dienst/ Beratungsstelle/Jugendhilfe[2]	Schule	Betroffene[3]	Sonstige	Gesundheitswesen[4]	Kindertageseinrichtung/ Tagespflegeperson
Unter 1 J.	12.105	26,8	19,9	18,4	1,1	5,1	7,6	20,0	1,1
1 bis unter 3 J.	19.719	35,3	23,8	14,9	1,7	6,5	7,4	7,2	3,2
3 bis unter 6 J.	26.506	32,0	21,2	14,0	2,2	7,6	8,0	6,9	8,2
6 bis unter 10 J.	31.041	28,9	19,6	13,1	14,6	8,4	7,5	4,3	3,6
10 bis unter 14 J.	25.600	23,8	22,7	13,7	18,1	10,3	6,6	3,9	0,9
14 bis unter 18 J.	21.954	16,1	25,5	16,7	13,9	15,6	6,9	4,8	0,4
Gesamt	136.925	27,2	22,1	14,7	9,7	9,2	7,3	6,6	3,2

1. Verwandte; Bekannte/Nachbarn; anonyme/-r Melder/-in
2. Sozialer Dienst/Jugendamt; Beratungsstelle; andere Einrichtung/anderer Dienst der Erziehungshilfe
3. Minderjährige/-r selbst; Eltern(-teil)/Personensorgeberechtigte/-r
4. Hebamme/Arzt/Klinik/Gesundheitsamt/u.ä. Dienste

Hinweis: Die Farben richten sich nach der Rangfolge der Nennungen in der jeweiligen Altersgruppe (je häufiger, desto dunkler).

Tabelle 2: 8a-Verfahren nach Alter der betroffenen Minderjährigen und nach hinweisgebenden Institutionen oder Personen

Quelle: Autorengruppe Kinder- und Jugendhilfestatistik, Kinder- und Jugendhilfereport 2018 – Eine kennzahlenbasierte Analyse, S. 139, Verlag Barbara Budrich Opladen 2019

5. Meldungen durch Privatpersonen und Anonyme führen nur selten zu dem Ergebnis einer Kindeswohlgefährdung

Die prozentuale Häufigkeit der Feststellung einer akuten oder latenten Kindeswohlgefährdung ist davon abhängig, durch welche Personengruppe der Hinweis erfolgte: Bei mehr als jedem zweiten 8a-Verfahren, das durch Akteure der Kinder- und Jugendhilfe initiiert wurde, wurde eine Kinderwohlgefährdung (51,9 %) festgestellt – bei Meldung durch Bekannte, Nachbarn oder Anonyme hingegen nur bei 18,3 % (s. Abbildung 4).

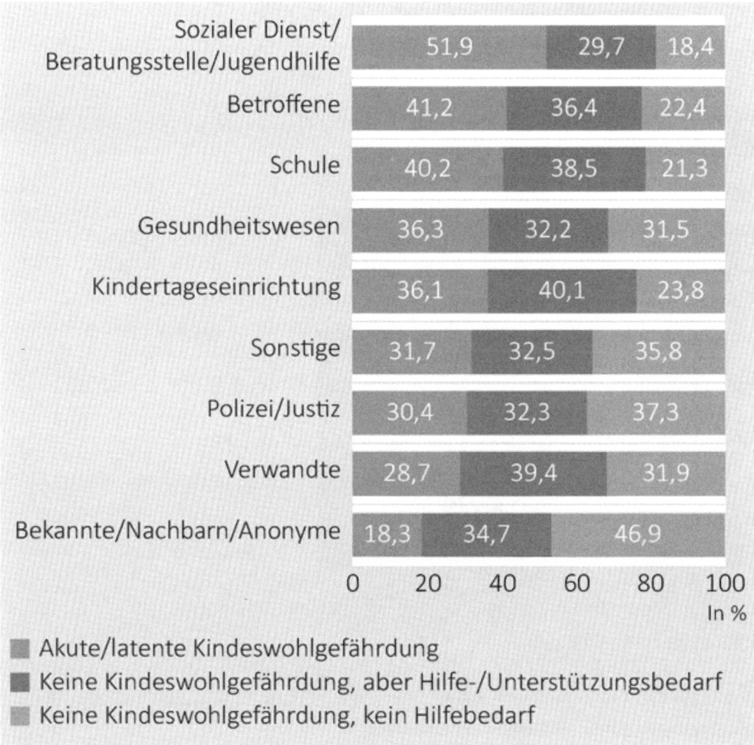

Abbildung 4: Anteil der 8a-Verfahren nach Ergebnis und hinweisgebenden Institutionen oder Personen

Quelle: Autorengruppe Kinder- und Jugendhilfestatistik, Kinder- und Jugendhilfereport 2018 – Eine kennzahlenbasierte Analyse, S. 140, Verlag Barbara Budrich Opladen 2019

6. Geplante Hilfen im Anschluss an eine festgestellte, akute Kindeswohlgefährdung in Abhängigkeit von einer hoheitlichen Maßnahme

Welche Hilfen werden im Anschluss an eine festgestellte Kindeswohlgefährdung geplant? Dies ist davon abhängig, ob sie im Kontext einer hoheitlichen Maßnahme – also einer Inobhutnahme und/oder einer Anrufung des Familiengerichts – erfolgen (betrifft 46,4 % der festgestellten akuten Kindeswohlgefährdungen) oder nicht (53,6 %). Im Zusammenhang mit hoheitlichen Maßnahmen erfolgt in den meisten Fällen jenseits der hoheitlichen Maßnahme keine weitere Hilfe. Wie zu erwarten sind in diesem Kontext ambulante Hilfen selten – im Gegensatz zu den Fällen, in denen keine hoheitliche Maßnahme vorliegt (s. hier unten, Abbildung 5 (bzw. Abb. 6 im Original)).

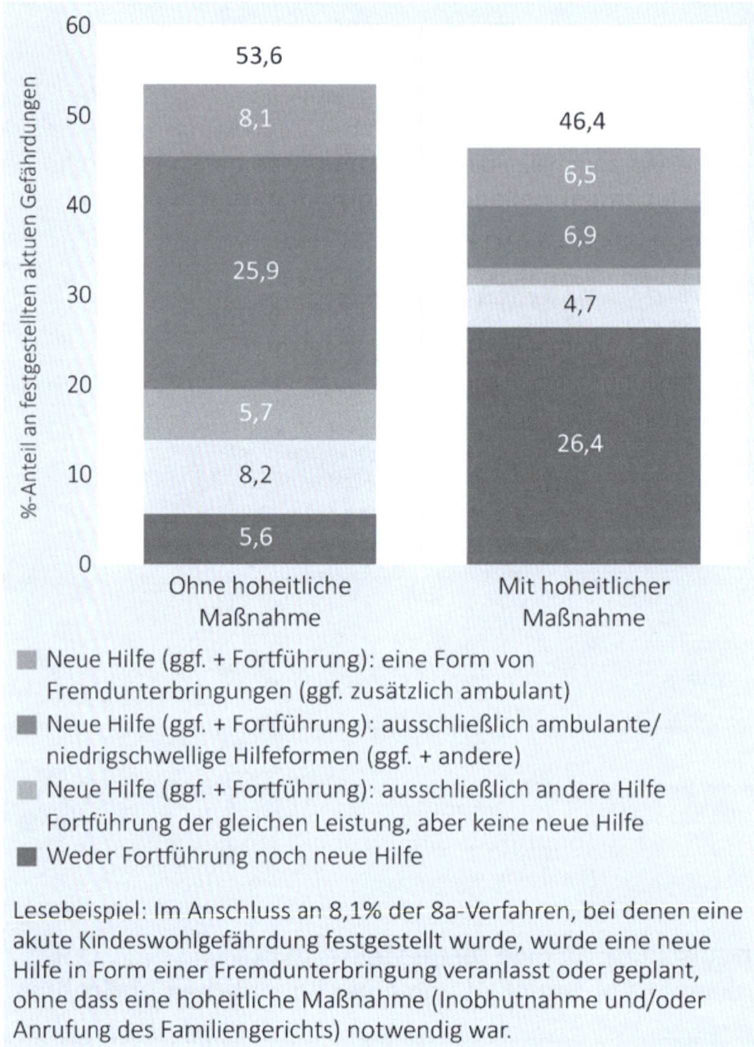

Abbildung 5: Art der Hilfe/Maßnahmen im Anschluss an eine festgestellte akute Kindeswohlgefährdung

Quelle: Autorengruppe Kinder- und Jugendhilfestatistik, Kinder- und Jugendhilfereport 2018 – Eine kennzahlenbasierte Analyse, S. 141, Verlag Barbara Budrich Opladen 2019

Kapitel 4: Handlungsmöglichkeiten nach § 8a SGB VIII bei Vorliegen einer Kindeswohlgefährdung

A. Gefahrenabwehr mit Mitteln des Leistungs- und Eingriffsrechts: Abgrenzung über die Rechtsbegriffe der Geeignetheit und Erforderlichkeit

Nach § 8a Abs. 1 Satz 3 SGB VIII hat das Jugendamt dem Erziehungsberechtigten zur Abwendung einer Gefährdung Hilfen anzubieten, soweit es diese für geeignet und notwendig hält.

Hält das Jugendamt allerdings das **Tätigwerden des Familiengerichts** für erforderlich, hat es nach § 8a Abs. 2 Satz 1 HS. 1 SGB VIII das Gericht anzurufen. Kann bei Vorliegen einer dringenden Gefahr die familiengerichtliche Entscheidung nicht abgewartet werden, muss das Jugendamt das Kind nach § 8a Abs. 2 Satz 2 SGB VIII i.V.m. § 42 Abs. 1 Satz 1 Nr. 2 SGB VIII in Obhut nehmen.

Hinweis:

▶ *Nach der gesetzgeberischen Konzeption kann damit einer bestehenden Gefahr für das Kindeswohl mit den Mitteln des Leistungsrechts durch Hilfen und mit den Mitteln des Gefahrenabwehrrechts durch staatliche Eingriffe begegnet werden.*

Vorrangiges Mittel ist die Gewährung von Hilfen.

Nach Auffassung des Bundesverfassungsgerichts zu gerichtlichen Maßnahmen, welche Auswirkungen auf die Personensorge haben, müsse der Staat,

> „bevor er Kinder von ihren Eltern trennt, nach Möglichkeit versuchen, durch helfende, unterstützende, auf Herstellung oder Wiederherstellung eines verantwortungsgerechten Verhaltens der leiblichen Eltern gerichtete Maßnahmen sein Ziel zu erreichen".[211]

Diese Auffassung basiert zunächst auf der Annahme des Bundesverfassungsgerichts, dass die **Trennung des Kindes von den Eltern** regelmäßig eigenständige Belastungen des Kindes hervorrufe, weil das Kind unter der Trennung selbst dann leiden könnte, wenn sein Wohl bei den Eltern nicht gesichert sei. Eine Trennung des Kindes von der Familie könne daher nicht ohne Weiteres als zur Wahrung des Kindeswohls geeignet gelten, wenn sie ihrerseits nachteilige Folgen für das Kindeswohl haben könnte. Solche negativen Folgen einer Trennung des Kindes von den Eltern und einer Fremdunterbringung seien zu berücksichtigen und müssten durch die Beseitigung der festgestellten Gefahr aufgewogen werden, sodass sich die Situation des Kindes in der Gesamtbetrachtung verbessern würde.[212]

211 BVerfG, B. v. 24.3.2014, 1 BvR 160/14, juris Rn. 38; BVerfG, B. v. 17.3.2014, juris Rn. 30.
212 BVerfG, B. v. 24.3.2014, 1 BvR 160/14, juris Rn. 38; BVerfG, B. v. 17.3.2014, 1 BvR 2695/13, juris Rn. 30.

Zudem betont das Bundesverfassungsgericht, dass aufgrund der starken Grundrechtsbeeinträchtigungen für Eltern und Kind, die mit einer gerichtlich verfügten Trennung verbunden sind, eine Trennung des Kindes von den Eltern nur unter strikter Beachtung des **Verhältnismäßigkeitsgrundsatzes** erfolgen könne.[213]

Obgleich diese Rechtsprechung des Bundesverfassungsgerichts unmittelbar nur für die familiengerichtliche Entscheidung nach § 1666 BGB gilt und für die verwaltungsrechtlichen Entscheidungen nach § 8a SGB VIII und § 42 SGB VIII keine direkte Anwendung findet, ist sie dennoch bei der verwaltungsrechtlichen Beurteilung der Maßnahmen nach § 8a SGB VIII und § 42 SGB VIII zu berücksichtigen. Dies gilt jedenfalls für die Anrufung des Familiengerichts durch das Jugendamt.

Die Anrufung des Familiengerichts nach § 8a Abs. 2 Satz 1 HS. 1 SGB VIII durch das Jugendamt hat zur Folge, dass das Familiengericht eine eigenständige Entscheidung nach § 1666 BGB zu treffen hat. Auch die **Inobhutnahme** löst regelmäßig ein familiengerichtliches Verfahren nach § 1666 BGB aus, wenn die Personensorge- oder Erziehungsberechtigten der Inobhutnahme widersprechen (§ 42 Abs. 3 Satz 2 Nr. 2 SGB VIII).

Der strenge Maßstab, den das Bundesverfassungsgericht in zahlreichen Entscheidungen zu einer Trennung von Eltern und Kind nach § 1666 BGB in den letzten Jahren aufgestellt hat, muss daher nach hiesiger Auffassung auch bei der Betrachtung der Maßnahmen nach § 8a SGB VIII und nach § 42 SGB VIII Berücksichtigung finden.

I. Anbieten von Hilfen gem. § 8a Abs. 1 Satz 3 SGB VIII

Sofern das Jugendamt infolge der Sachverhaltsermittlung nach § 8a Abs. 1 Satz 1 und 2 SGB VIII zu der Auffassung gelangt, dass eine Kindeswohlgefährdung vorliegt, muss das Jugendamt zur Abwendung der Gefährdung handeln.

Die in § 8a Abs. 1 Satz 3 und Abs. 2 Satz 1 HS. 1 SGB VIII enthaltenden Vorgaben zu einem Handeln setzen nach dem Gesetzeswortlaut das Vorliegen einer festgestellten Kindeswohlgefährdung voraus. § 8a Abs. 1 Satz 3 SGB VIII gibt dies mit folgender Formulierung vor:

> „hält das Jugendamt zur Abwendung der Gefährdung …"

Nach § 8a Abs. 1 Satz 3 SGB VIII hat das Jugendamt den Erziehungsberechtigten zur Abwendung einer solchen Gefährdung Hilfen anzubieten, soweit es diese für geeignet und notwendig hält. § 8a Abs. 1 Satz 3 SGB VIII knüpft damit die Verpflichtung des Jugendamts, Hilfen anzubieten, um die Kindeswohlgefährdung abzuwehren, an die unbestimmten Rechtsbegriffe der **Geeignetheit** und **Notwendigkeit**.

Der Begriff der Notwendigkeit wird regelmäßig im Sinn einer **Erforderlichkeit** verstanden.[214]

213 BVerfG, B. v. 22.9.2014, 1 BvR 2108/14, juris Rn. 13; BVerfG B. v. 27.8.2014, 1 BvR 1822/14, juris Rn. 26; BVerfG, B. v. 22.5.2014, 1 BvR 3190/13, juris Rn. 33.

214 S. hierzu Reuter, Jura 2009, 511, 513.

Hinweis:

▶ *Erforderlich ist eine Maßnahme nur dann, wenn ein gleich wirksames, den betroffenen Bürger aber weniger beeinträchtigendes Mittel nicht zur Verfügung steht.*[215]

Das bedeutet, dass unter mehreren gleich effektiven Mitteln dasjenige gewählt werden muss, welches den Bürger am wenigsten beeinträchtigt. Ein milderes Mittel als die Gewährung von Hilfen zur Abwendung einer festgestellten Kindeswohlgefährdung existiert allerdings nicht. Als mildere Handlungsoption zu der Gewährung einer Hilfe, die trotz des Leistungscharakters der Hilfe die Familie vor eine Herausforderung stellt und belastend wirken kann, käme lediglich eine Untätigkeit des Jugendamts in Betracht. Eine solche Untätigkeit ist aber bei einer festgestellten Kindeswohlgefährdung im Hinblick auf die Garantenstellung für das Wohl des Kindes rechtlich unzulässig.

Dem Rechtsbegriff der Notwendigkeit i.S.d. § 8a Abs. 1 Satz 3 SGB VIII kann daher nur die Funktion zukommen, unter mehreren gleich geeigneten Hilfen diejenige zu wählen, die am wenigsten in die elterliche Erziehungsbefugnis eingreift.[216]

§ 8a Abs. 1 Satz 3 SGB VIII knüpft die Verpflichtung des Jugendamtes zur Hilfegewährung zudem an den Rechtsbegriff der **Geeignetheit**.

Hinweis:

▶ *Eine Hilfe ist anzubieten, wenn diese zur Abwehr der Kindeswohlgefährdung geeignet ist.*

Die Geeignetheit ist ein Teilelement des Verhältnismäßigkeitsgrundsatzes.[217] In diesem Sinne ist die jeweilige staatliche Maßnahme[218] schon dann im verfassungsrechtlichen Sinne geeignet, wenn mit ihrer Hilfe der gewünschte Erfolg gefördert werden kann, wobei die **Möglichkeit der Zweckerreichung genügt**.[219] Es muss somit nicht sicher feststehen, dass mit der gewählten Maßnahme der Zweck erreicht werden kann. Vielmehr ist es ausreichend, dass das gewählte Mittel die abstrakte Möglichkeit bietet, den Zweck zu erreichen, das Mittel also nicht von vornherein untauglich ist.[220]

Nach diesem Begriffsverständnis müsste das Jugendamt bei einer festgestellten Kindeswohlgefährdung Hilfen anbieten, sofern die abstrakte Möglichkeit bestünde, die Gefahr mit der Gewährung von Hilfen abzuwenden. In diesem Sinne wird in der Literatur zu § 8a SGB VIII auch die Auffassung vertreten, dass die Geeignetheit i.S.d. § 8a Abs. 1 Satz 3 SGB VIII bereits dann zu bejahen sei, wenn die Hilfe generell tauglich sei, die Gefahr abzuwenden. Eine Geeignetheit sei regelmäßig nur dann nicht gegeben, wenn die Erziehungs-

215 BVerfG, Urt. vom 14.7.1999, 1 BvR 2226/94 u.a., juris Rn. 219.
216 S. hierzu auch Bringewat in Kunkel/Kepert/Pattar, LPK-SGB VIII, § 8 a Rn. 73.
217 S. hierzu mit weiteren Nachweisen BVerfG, B. v. 13.6.2007, 1 BvR 1550/03 u.a., juris Rn. 116.
218 Gemeint sind damit sowohl Gesetze wie auch Verwaltungsakte; beides unterliegt einer Verhältnismäßigkeitskontrolle. Siehe zu den Gemeinsamkeiten und Unterschieden der Kontrolle, Reuter, Jura 2009, 511.
219 BVerfG, Urt. v. 28.3.2006, 1 BvR 1054/01, juris Rn. 112; BVerfG, B. v. 12.12.2006, 1 BvR 2576/04, juris Rn. 81; BVerwG, B. v. 7.10.2014, 4 B 22/14, juris Rn. 8.
220 BVerfG, Urt. v. 14.7.1999, 1 BvR 2226/94 u.a., juris Rn. 214.

berechtigten nicht mitwirkungsbereit oder mitwirkungsfähig seien.[221] Bei bestehender Mitwirkungsbereitschaft der Erziehungsberechtigten sei eine Anrufung des Familiengerichts „in der Regel nicht angezeigt".[222]

Nach dieser in der Literatur vertretenen Auffassung müsste das Jugendamt vielfach Hilfen anbieten und auf eine Anrufung des Familiengerichts verzichten, wenn die Erziehungsberechtigten bereit sind, Hilfen anzunehmen und sich einer Abwehr der Kindeswohlgefährdung nicht verschließen. Dieser Auffassung kann hier aus mehreren Gründen nicht gefolgt werden.

- Gelegentlich schätzen Eltern ihre Veränderungsmöglichkeiten hinsichtlich der Abwehr einer Kindeswohlgefährdung unrealistisch ein.
- Zudem ist zu berücksichtigen, dass das Kinderschutzverfahren, insbesondere über den Abschluss sogenannter Schutzvereinbarungen, den Eltern Anreize setzt, der Anrufung des Familiengerichts durch rein verbales Bekunden einer Veränderungs- und Mitwirkungsbereitschaft zu entgehen.[223]
- Die vom Jugendamt geschuldete Reaktion auf eine festgestellte Kindeswohlgefährdung kann schließlich nicht mit einer ausschließlichen Betrachtung des § 8a Abs. 1 Satz 3 SGB VIII ermittelt werden. Es hat eine Abgrenzung der Handlungsmöglichkeiten anhand der in § 8a Abs. 2 Satz 1 HS 1 SGB VIII normierten Regelung zu erfolgen.

Lediglich, wenn die Erziehungsberechtigten mit der Inanspruchnahme einer stationären Hilfe für das betroffene Kind einverstanden sind und das Jugendamt eine solche Hilfe für erforderlich hält, kann die Entscheidung ausschließlich am Maßstab des § 8a Abs. 1 Satz 3 SGB VIII erfolgen. Regelmäßig werden die Erziehungsberechtigten aber nur mit der Inanspruchnahme einer **ambulanten Hilfe** einverstanden sein und eine **stationäre Hilfe** ablehnen. Dann stehen die Handlungsalternativen nach § 8a Abs. 1 Satz 3 SGB VIII und § 8a Abs. 2 Satz 1 HS 1 SGB VIII in einem Verhältnis der Alternativität.

II. Anrufung des Familiengerichts mit dem Ziel der Durchsetzung einer stationären Hilfe, § 8a Abs. 2 Satz 1 HS 1 SGB VIII

§ 8a Abs. 2 Satz 1 HS 1 SGB VIII bestimmt, dass das Jugendamt das Familiengericht anzurufen hat (also anrufen muss), wenn es das Tätigwerden des Gerichts für **erforderlich** hält. Der Gesetzesbegründung zu § 8a SGB VIII ist hinsichtlich der Abgrenzung der Handlungsalternativen (Gewährung von Hilfen oder Anrufung des Familiengerichts) zu entnehmen, dass das

> „Jugendamt (…) eine Risikoabwägung dahingehend vornehmen muss, ob das Kind besser durch Hilfe für die Familie (…) oder die Einschaltung des Familiengerichts (…) geschützt werden kann …".[224]

---

221 S. hierzu Tillmanns in MüKo BGB, § 8 a Rn. 7; Wiesner in Wiesner, SGB VIII, § 8 a Rn. 29; Meysen in Münder/Meysen/Trenczek, FK-SGB VIII, § 8 a Rn. 35.

222 Tillmanns in MüKo BGB, § 8 a Rn. 7; so auch Meysen in Münder/Meysen/Trenczek, FK-SGB VIII, § 8 a Rn. 35 und Wiesner, FPR 2007 S. 6, 8.

223 S. hierzu Kindler, NZFam 2020, 376.

224 BT-Drs. 15/3676, S. 30.

Der Gesetzesbegründung lässt sich damit entnehmen, dass die Alternativen Hilfen anzubieten oder das Familiengericht anzurufen danach abzugrenzen sind, **welche Maßnahme das Kind „besser schützt"**. Dies soll im Wege einer Abwägung ermittelt werden.

Eine solche Abwägungsentscheidung ist Kernelement der Erforderlichkeitsprüfung.

Erforderlich ist eine Maßnahme nämlich nur dann, wenn ein gleich wirksames, den betroffenen Bürger aber weniger beeinträchtigendes Mittel nicht zur Verfügung steht.[225] Das bedeutet, dass unter mehreren gleich effektiven Mitteln dasjenige gewählt werden muss, welches den Bürger am wenigsten beeinträchtigt.[226]

Unter Zugrundelegung dieses Maßstabs ist bei einer festgestellten Kindeswohlgefährdung daher zu fragen, ob die Anrufung des Familiengerichts nach § 8a Abs. 2 Satz 1 HS 1 SGB VIII erforderlich oder aber die Gewährung von Hilfen vorrangig ist.

- In einem **ersten Schritt** ist zu beurteilen, ob beide Mittel im jeweiligen Einzelfall gleich effektiv sind, um die Kindeswohlgefährdung abzuwehren.
- Nur wenn dies der Fall ist, kommt in einem **zweiten Prüfungsschritt** ein Angebot von Hilfen als ein die Familie weniger belastendes Mittel überhaupt in Betracht.

Über den in der Gesetzesbegründung[227] beschriebenen und in Teilen der Literatur[228] vertretenen Ansatz einer Risikoabwägung hinausgehend ist unter Zugrundelegung des Maßstabs der Erforderlichkeitsprüfung daher nicht nur danach zu fragen, welches Mittel das Kind „besser schützt".[229] Vorrang haben Hilfen vor der Anrufung des Familiengerichts nicht bereits dann, wenn der Kindeswohlgefährdung durch die Inanspruchnahme von Hilfen begegnet werden kann.

Hinweis:

▶ *Vielmehr ist zu klären, ob das Angebot von Hilfen gleich effektiv wie die Anrufung des Familiengerichts ist, um die Kindeswohlgefährdung abzuwenden.*[230]

Lediglich, wenn mit dem Angebot und der Gewährung einer Hilfe eine festgestellte Kindeswohlgefährdung gleich wirksam wie mit dem Mittel der Anrufung des Familiengerichts abgewehrt werden kann, scheidet eine Anrufung des Familiengerichts aus. Nach § 8a Abs. 1 Satz 3 SGB VIII müssen dann Hilfen als milderes Mittel zwingend angeboten werden.[231] Sind beide Mittel nicht gleich wirksam, muss das Jugendamt nach hiesiger Auffassung gem. § 8a Abs. 2 Satz 1 HS 1 SGB VIII das Familiengericht anrufen.

225 BVerfG, Urt. v. 14.7.1999, 1 BvR 2226/94 u.a., juris Rn. 219.

226 BVerfG, B. v. 22.9.2014, 1 BvR 2108/14, juris Rn. 19; s. hierzu auch Reuter, Jura 2009, 511 (513).

227 BT-Drs. 15/3676, S. 30.

228 S. hierzu Bohnert in Hauk/Noftz/Stähr, SGB VIII, § 8 a Rn. 25: Danach verlange das Kriterium der Erforderlichkeit eine Abwägung zwischen dem „leistungsorientierten Ansatz des Kinder- und Jugendhilferechts" und der „aus § 1 Abs. 3 Nr. 3 folgenden Pflicht Minderjährige zu schützen".

229 BT-Drs. 15/3676 S. 30.

230 S. hierzu auch Wiesner, FPR 2007, 6 und 8.

231 S. hierzu auch VGH Hessen, B. v. 7.11.2012, 10 B 1973/12, juris Rn. 13: Nach Auffassung des VGH Hessen ist mit der Anrufung des Familiengerichts noch kein Eingriff in ein subjektives Recht des Personensorgeberechtigten verbunden.

Nur wenn die Gefahr für das Kindeswohl durch das Anbieten einer Hilfe gem. § 8 Abs. 1 Satz 3 SGB VIII also ebenso zielführend und sicher, wie mittels der Anrufung des Familiengerichts abgewehrt werden kann, ist ein Angebot von Hilfen als ein die Familie weniger belastendes Mittel nach § 8a Abs. 1 Satz 3 SGB VIII verwaltungsrechtlich zulässig.

Insbesondere im Fall einer körperlichen Misshandlung des Kindes sowie im Fall eines sexuellen Missbrauchs kommt daher die Gewährung einer ambulanten Hilfe nach dem verwaltungsrechtlichen Maßstab des § 8a Abs. 1 Satz 3 SGB VIII oftmals nicht in Betracht.

Entgegen den Ausführungen in vielen Handlungsempfehlungen kann damit die Gewährung von Hilfen bei einer festgestellten Kindeswohlgefährdung nicht in erster Linie davon abhängig gemacht werden, ob die Eltern des Kindes mitwirkungsbereit und mitwirkungsfähig sind. Vielfach wird bei der Abgrenzung der Handlungsalternativen gem. § 8a SGB VIII nach hier vertretener Auffassung einer **Mitwirkungsbereitschaft und Mitwirkungsfähigkeit** der Eltern zu starkes Gewicht eingeräumt.[232] Selbst bei bestehender Mitwirkungsbereitschaft und -fähigkeit der Eltern kommt in Fällen einer festgestellten Kindeswohlgefährdung durch körperliche Misshandlung oder Missbrauch oft nur die Anrufung des Familiengerichts nach § 8a Abs. 2 Satz 1 HS 1 SGB VIII – gegebenenfalls abgesichert durch eine vorherige Inobhutnahme nach § 8a Abs. 2 Satz 2 SGB VIII i.V.m. § 42 Abs. 1 Satz 1 Nr. 2 b SGB VIII – in Betracht.

In diesem Zusammenhang ist insbesondere auch zu beachten, dass das Kind nach Art. 2 Abs. 1 GG und nach Art. 2 Abs. 2 Satz 1 GG i.V.m. Art. 6 Abs. 2 Satz 2 GG einen Anspruch auf den Schutz des Staats hat, wenn die Eltern ihm nicht den Schutz und die Hilfe bieten, die es benötigt, um gesund aufzuwachsen und sich zu einer eigenverantwortlichen Persönlichkeit zu entwickeln. Diese Schutzpflicht gebietet dem Staat, das Kind von seinen Eltern zu trennen oder eine Trennung aufrechtzuerhalten, wenn das Kind in der Obhut seiner Eltern in seinem körperlichen, geistigen oder seelischen Wohl nachhaltig gefährdet ist.[233]

Hilfen nach § 8a Abs. 1 Satz 3 SGB VIII können allerdings insbesondere bei einer Kindeswohlgefährdung in Form der Vernachlässigung des Kindes und einer gegebenen Mitwirkungsbereitschaft und Mitwirkungsfähigkeit der Eltern in Betracht zu ziehen sein. Sofern in diesen Fallkonstellationen die Gefahr durch die Gewährung einer Hilfe ebenso effektiv wie durch die Anrufung des Familiengerichts abgewendet werden kann, muss das Mittel der Hilfegewährung gewählt werden.

Wird auf eine Kindeswohlgefährdung durch **Anbieten und Gewährung einer Hilfe** nach § 8a Abs. 1 Satz 3 SGB VIII reagiert, muss die einmal getroffene Einschätzung unter fachlichen und rechtlichen Gesichtspunkten in regelmäßigen Zeitabständen überprüft werden. Die jeweilige Gefährdungseinschätzung und rechtliche Beurteilung, ob die Gewährung von Hilfen oder die Anrufung des Familiengerichts die richtige Handlungsoption

232 So aber z.B. anstelle vieler die Empfehlungen der Bundesvereinigung der kommunalen Spitzenverbände zur Feststellung fachlicher Verfahrensstandards in den Jugendämtern bei Gefährdung des Kindeswohls, S. 11 f., https://www.dji.de/fileadmin/user_upload/dasdji/stellungnahmen/2009/2009-05_Empfehlungen_Kinderschutz.pdf, abgerufen am 5.3.2021. Ebenso Gelingensfaktoren bei der Wahrnehmung des Schutzauftrags gemäß § 8a SGB VIII, LVR Landesjugendamt Rheinland, S. 24 f., https://dom.lvr.de/lvis/lvr_recherchewww.nsf/0/9443DFE8991DB1DEC1257EA1002B88ED/$file/Vorlage14_725.pdf, abgerufen am 5.3.2021.

233 BVerfG, B. v. 3.2.2017, 1 BvR 2569/16, juris Rn. 38 f.

ist, muss im Laufe der Fallentwicklung an neu bekanntwerdende Sachverhaltsinformationen oder Veränderungen im Verhalten des Kindes oder der Eltern angepasst werden.[234]

Praxistipp:

In regelmäßigen Zeitabständen ist zu überprüfen, ob die verwaltungsrechtlich und sozialpädagogisch getroffene Entscheidung aufrechterhalten werden kann.

Hinsichtlich des Angebots von Hilfen gem. § 8a Abs. 1 Satz 3 SGB VIII ist schließlich auch zu berücksichtigen, dass es bisher kaum Studien zur Wirksamkeit ambulanter Hilfen bei einer Kindeswohlgefährdung gibt.[235]

III. Exkurs: Effektivität und Wirkfaktoren von Hilfen zur Erziehung bei Kindeswohlgefährdung

Mit diesem Exkurs werden erstmals empirische Ergebnisse Effektivität und den Wirkfaktoren von Hilfen zur Erziehung bei Kindeswohlgefährdung beschrieben.

Grundlage hierfür ist eine 2020 durchgeführte Analyse des Datensatzes der Evaluation Erzieherischer Hilfen (EVAS)[236] in die insgesamt 35.014 evaluierte Hilfen einbezogen wurden, zu denen Aussagen zu Kindeswohlgefährdungsindikatoren vorlagen. Die regionale Verteilung der Stichprobe umfasst sämtliche Bundesländer Deutschlands (s. folgende Abbildung 1).

234 S. hierzu Kindler/Gerber/Lillig, Wissenschaftliche Analyse zum Kinderschutzhandeln des Allgemeinen Sozialen Dienstes im Landkreis Breisgau-Hochschwarzwald im Todesfall des Kindes A., 2016, S. 13 f.

235 Hierzu Abschlussbericht der Kommission Kinderschutz Baden-Württemberg, 2020, Band I, S. 91.

236 Macsenaere/Knab 2004.

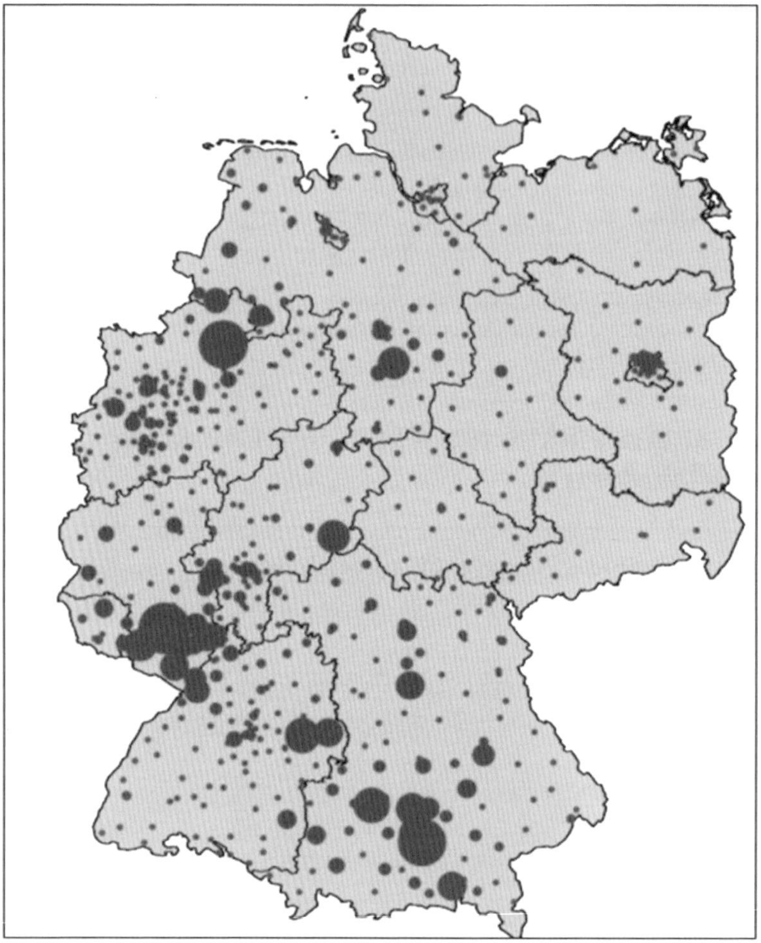

Abbildung 1: Regionale Verteilung der Gesamtstichprobe
Quelle: Eigene Darstellung, IKJ, 2020

Aus der Gesamtstichprobe konnten 10.890 Hilfen selektiert werden, bei denen ein hohes Potenzial an Kindeswohlgefährdung Anlass für die Hilfe zur Erziehung war, so z.B. (sexueller) Missbrauch bzw. körperliche Misshandlung oder Vernachlässigung des Kindes. Dies entspricht einem Anteil an der Gesamtstichprobe von 31 %. Trotz dieser vorliegenden Indikatoren für Kindeswohlgefährdung erfolgte nur bei einem Teil dieser Fallverläufe eine Gefährdungseinschätzung der Jugendämter nach § 8a SGB VIII. Laut der amtlichen Statistik gehen im Jahr 2018 12 % der über den ASD organisierten Hilfen zur Erziehung auf eine solche Gefährdungseinschätzung zurück.

Nachfolgend werden diesen Hilfen mit einem hohen Kindeswohlgefährdungspotenzial zur Kontrastierung insgesamt 24.124 Hilfen gegenübergestellt, für die keine Kindeswohlgefährdung bzw. nur ein geringes Potenzial an Kindeswohlgefährdung dokumentiert wurden.

Ausgangslagen

Zuerst ein Blick darauf, ob sich die Ausgangslagen von Hilfeadressaten/-adressatinnen bei niedrigem versus hohem Potenzial an Kindeswohlgefährdung unterscheiden. Hierzu werden nachfolgend die Unterschiede dargestellt, die sowohl statistisch signifikant wie auch inhaltlich bedeutsam sind. Ausgangslagen bei einem hohen Potenzial an Kindeswohlgefährdung sind wie folgt charakterisiert:

- Geringeres Alter des Kindes bei Hilfebeginn (11,1 Jahre bei hohem Potenzial an Kindeswohlgefährdung vs. 12,6 Jahre bei niedrigem Potenzial an Kindeswohlgefährdung)
- Mädchen sind überrepräsentiert (44 % vs. 31 %)
- Nationalität: Hilfen für Deutsche sind überrepräsentiert (89 % vs. 83 %) – insbesondere für Außereuropäische hingegen unterrepräsentiert (4 % vs. 9 %)
- Aufenthaltsort vor Hilfe bei alleinerziehender Mutter (31 % vs. 26 %) und bei alleinerziehendem Vater (6 % vs. 3 %) überrepräsentiert – bei beiden leiblichen Eltern dagegen unterrepräsentiert (14 % vs. 19 %)
- Sorgerecht bei leiblicher Mutter etwas überrepräsentiert (37 % vs. 35 %) – bei beiden leiblichen Elternteilen unterrepräsentiert (33 % vs. 38 %)
- Familieneinkommen durch Arbeitseinkommen deutlich unterrepräsentiert (24 % vs. 48 %); Familieneinkommen durch öffentliche Transferleistungen drastisch überrepräsentiert (39 % vs. 18 %)
- Kindbezogene Hilfeanlässe: Überrepräsentiert sind Gefährdung durch soziales Umfeld (26 % vs. 16 %) und Entwicklungsdefizite (30 % vs. 25 %); unterrepräsentiert sind Leistungsprobleme in der Schule (33 % vs. 49 %), dissoziale Störungen (28 % vs. 40 %), internalisierende Störung (16 % vs. 22 %), Suchtgefährdung (5 % vs. 8 %) und Weglaufen/Streunen, Straffälligkeit (7 % vs. 10 %)
- Elternbezogene Hilfeanlässe: Überrepräsentiert sind (sexueller) Missbrauch bzw. körperliche Misshandlung (21 % vs. 0 %), familiäre Suchtproblematik (25 % vs. 1 %), psychische Erkrankung (13 % vs. 8 %) und Erziehungsinkompetenz (55 % vs. 46 %)
- Straffälligkeiten, Verurteilungen und Drogenkonsum des Kindes sind unterrepräsentiert
- Kindbezogene Diagnosen liegen seltener vor und Symptome sind geringer ausgeprägt

Insgesamt zeigt sich also, dass die hilferelevanten Problemlagen sich bei einem hohen Potenzial an Kindeswohlgefährdung weniger bei dem betroffenen Kind manifestieren als vielmehr bei den Eltern. Zudem liegt hier ein höherer Grad an sozioökonomischen Einschränkungen wie z.B. Alleinerziehung und Inanspruchnahme von Transferleistungen vor.

Prozessmerkmale der Hilfen

Auf die beschriebenen Ausgangslagen wird mit unterschiedlichen Hilfearten reagiert. Bei einer Sozialpädagogischen Familienhilfe (SPFH) nach § 31 SGB VIII liegt bei 41 % der Hilfen ein hohes Potenzial an Kindeswohlgefährdung vor. Auch bei flexiblen Hilfen nach § 27 Abs. 2 SGB VIII (38 %), intensiver sozialpädagogischer Einzelbetreuung nach § 35 SGB VIII (35 %) und Heimerziehung nach § 34 SGB VIII (34 %) fällt dieser Anteil überproportional aus. Insbesondere bei Sozialer Gruppenarbeit nach § 35 SGB VIII, aber auch bei Erziehung in Tagesgruppen nach § 32 SGB VIII und Erziehungsbeistand/Betreuungshelfer nach § 30 SGB VIII sind Kindeswohlgefährdungen hingegen unterrepräsentiert (s. Abbildung 2).

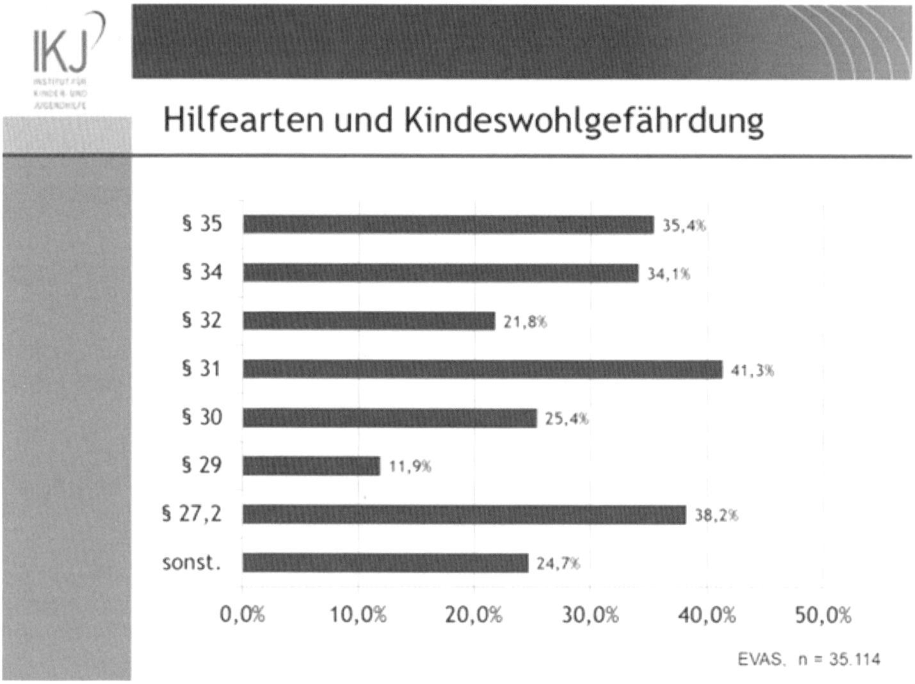

Abbildung 2: Relative Häufigkeit (in Prozent) von dokumentiertem hohem Potenzial an Kindeswohlgefährdung, differenziert nach Hilfearten
Quelle: IKJ, 2020

Bei vorliegendem hohem Potenzial an Kindeswohlgefährdung fällt die Kooperation des jungen Menschen über den gesamten Hilfeverlauf höher aus. Dies betrifft alle vier untersuchten Kooperationsdimensionen „Akzeptanz Hilfeplanung(sziele)", „Mitarbeit an der Hilfegestaltung im Alltag", „Beziehung zur/zur (Haupt-)Bezugsbetreuer/-in" und „Kooperationsverhalten in (Vor-)Schule/Ausbildung". Die Kooperationswerte der Mutter und auch des Vaters fallen hingegen bei Kindeswohlgefährdung deutlich geringer aus. Auch hier betrifft es alle vier erfassten Bereiche „Akzeptanz elternbezogene Hilfeplanung(sziele)", „Akzeptanz kindbezogene Hilfeplanung(sziele)", „Einhalten von Vereinbarungen" und „aktive Beiträge".

Sowohl Betreuungsumfang wie auch Hilfedauer und Gesamtkosten der Hilfe sind bei vorliegender Kinderwohlgefährdung um ca. 10 % erhöht.

Die Abbruchquote ist hingegen geringfügig reduziert (48 % vs. 50 %). Wichtigste Abbruchgründe sind fehlende Mitarbeit bzw. hemmendes/negatives Verhalten des jungen Menschen (57 %) und Krisen bzw. aktuelle Vorkommnisse (36 %). Kindeswohlgefährdung ist bei den Abbruchgründen hemmendes/negatives Verhalten der Eltern, äußere Umstände seitens der Familie und fehlende Mitarbeit des Jugendamtes überrepräsentiert – bei fehlender Mitarbeit bzw. hemmendem/negativem Verhalten des jungen Menschen hingegen unterrepräsentiert.

Liegt eine potenzielle Kindeswohlgefährdung vor, zeigt sich bezüglich der Wohnsituation nach Hilfeende „bei leiblichen Eltern oder einem leiblichen Elternteil" unterrepräsentiert (39 % vs. 44 %) und „stationäre Jugendhilfeeinrichtung" überrepräsentiert (19 % vs. 14 %). Es werden häufiger Anschlusshilfen geplant (52 % vs. 42 %) – davon mit 40 % am häufigsten Heimerziehung und sonstige betreute Wohnformen nach § 34 SGB VIII. Bei Kindeswohlgefährdung zeigt sich die Inanspruchnahme von SPFH (18 % vs. 14 %) und Vollzeitpflege (5 % vs. 2 %) überrepräsentiert.

Effektivität von Hilfe zur Erziehung bei einer Kindeswohlgefährdung

Die Effektivität von Hilfen zur Erziehung in Folge von Kindeswohlgefährdung entspricht knapp dem Niveau von Hilfe zur Erziehung insgesamt. Dies belegen die Ergebnisse zur Erfolgsquote und zur Effektstärke.

Die Erfolgsquote – also der prozentuale Anteil der Hilfen, für deren Verläufe positive Veränderungen gemessen wurden (Cohens $d > 0,2$) – beträgt bei dokumentierter Kindeswohlgefährdung 55 %. Der Anteil von neutralen Hilfeverläufen ($-0,2 < d < 0,2$) beträgt 20 % und die Misserfolgsquote 25 % (Cohens $d < 0,2$) (s. Tab. 1).

Große signifikante negative Effektstärke	11,0 %
Mittlere signifikante negative Effektstärke	7,1 %
Kleine signifikante negative Effektstärke	7,4 %
Indifferenzbereich, negative Tendenz	10,4 %
Indifferenzbereich, positive Tendenz	9,2 %
Kleine signifikante positive Effektstärke	12,1 %
Mittlere signifikante positive Effektstärke	12,5 %
Große signifikante positive Effektstärke	30,3 %

Tabelle 1: Effektstärken (relative Häufigkeit in Prozent) von Hilfen zur Erziehung mit einem dokumentierten hohen Potenzial an Kindeswohlgefährdung vor Hilfebeginn
Quelle: IKJ, 2020

Bei vorliegender Kindeswohlgefährdung werden kindbezogen über den gesamten Hilfeverlauf im Durchschnitt geringe bis mittlere positive Veränderungen erreicht. Die Effektstärke in der Gruppe mit Kindeswohlgefährdung – also das durchschnittliche Ausmaß der erreichten Veränderungen (gemessen mit cohens d) – entspricht knapp der in der Vergleichsgruppe ($d = 0,37$ vs. $d = 0,40$). Die über die Hilfe erreichten positiven Veränderungen bzgl. Symptomen, Diagnosen, Defiziten, Ressourcen und Schulleistungen liegen knapp unter der Vergleichsgruppe. Interessanterweise fallen aber die Zielerreichungsgrade in der Gruppe mit Kindeswohlgefährdung geringfügig höher aus.

Wirkfaktoren von Hilfe zur Erziehung[237] bei Kindeswohlgefährdung

Wie die Tabelle zu den Effektstärken belegt, erreichen Hilfen zur Erziehung in Folge von Kindeswohlgefährdung zum Teil drastisch unterschiedliche Ergebnisse: von gravierenden negativen bis zu ausgeprägt positiven Entwicklungen. Womit sind diese Unterschiede zu erklären? Wie die nachfolgenden Befunde zeigen, hängen sie von den nachfolgend aufgelisteten Einflussfaktoren bzw. Wirkfaktoren ab. Um dies in einer einfach verständlichen Weise aufzuzeigen, wurde für insgesamt 7.282 Hilfen in Folge von Kindeswohlgefährdung, für die die Effektstärke über den gesamten Hilfeverlauf dokumentiert ist, ein Mediansplit vorgenommen. Das heißt, dass zwei Gruppen gebildet wurden:

1. Eine Gruppe, die die 50 % der Hilfen mit unterdurchschnittlichen Effekten umfasst (d = –0,4) und
2. Eine Gruppe, die die 50 % der Hilfen mit überdurchschnittlichen Effekten umfasst (d = 1,1).

Bei den nachfolgend benannten Faktoren zeigten sich zwischen beiden Gruppen signifikante Unterschiede und somit ein Einfluss dieser Faktoren auf die Effektivität.

In Bezug auf die Prozessqualität der Hilfen konnten folgende Wirkfaktoren ermittelt werden:

- Höhere Hilfedauer
- Hilfeart: In der Gruppe mit überdurchschnittlichen Effektstärken sind Hilfen nach §§ 29, 30, 32, 35 SGB VIII, flexible Hilfen nach § 27 Abs. 2 SGB VIII, Geschlossene Unterbringung nach § 1631b BGB und tendenziell SPFH nach § 31 SGB VIII überrepräsentiert, d.h., in diesen Hilfearten werden höhere Effektstärken erreicht. Hilfen nach §§ 33 und 34 hingegen sind hier unterrepräsentiert.
- Weitere zusätzliche Hilfe nach Kindeswohlgefährdung
- Höhere Kooperation (durchgängig über alle Skalen)
    - Von dem jungen Menschen: stark positiver Einfluss
    - Von Mutter – geringfügig positiver Einfluss
    - Von Vater – geringfügig positiver Einfluss
- Geringere Anzahl an Tagen mit entschuldigter und unentschuldigter Abwesenheit
- Planmäßige Beendigung
- Abbruchgründe:
    - Positiv: fehlende Mitarbeit Jugendamt; äußere Umstände der Familie; weniger intensive Hilfe ausreichend;
    - Negativ: Krisen; Verschlimmerung der Problematik; falsche bzw. nicht ausreichende Hilfe; fehlende Mitarbeit des Kindes
- Höhere Gesamtkosten (ausschließlich erklärt durch längere Hilfedauer – nicht durch Tagessatz)

237 Macsenaere/Esser 2015.

Keinen Einfluss auf die Effektivität haben die Anzahl der Hilfeplangespräche und die Anzahl interner Interventionsplanungen.

Jenseits der Prozessqualität können auch die Ausgangslagen mit der Effektivität der Hilfen im Sinne von Risiko- bzw. Schutzfaktoren zusammenhängen. Einen positiven Zusammenhang mit der Effektivität weisen folgende Faktoren auf:

- Geringeres Alter
- Seltener Wohnungswechsel vor Hilfebeginn
- Sorgerecht
  - Geringfügig positiv: beide leibliche Eltern, Vormund
  - Geringfügig negativ: leibliche Mutter alleine
- Aufenthaltsort vor Hilfe
  - Geringfügig positiv: alleinerziehende Mutter, Psychiatrie
  - Geringfügig negativ: Pflegefamilie, Heim
- Familieneinkommen durch Arbeitseinkommen
- Keine Straffälligkeit des Kindes
- Kein Drogenkonsum
- Kindbezogene Hilfeanlässe:
  - Positiv: internalisierende Störungen
  - Negativ: dissoziale Störungen
- Eltern-/umfeldbezogene Hilfeanlässe: Erziehungsinkompetenz

Hingegen weisen Schulleistung, Jugendhilfekarriere, Geschlecht und Staatsangehörigkeit bei vorliegender Kindeswohlgefährdung keinen signifikanten Zusammenhang zur Effektivität auf.

IV. Folgen der Anrufung des Familiengerichts durch das Jugendamt nach § 8a Abs. 2 Satz 1 HS 1 SGB VIII – Rechtsprechung des Bundesverfassungsgerichts zur Trennung von Eltern und Kind nach § 1666 BGB

Die Anrufung des Familiengerichts nach § 8a Abs. 2 Satz 1 HS. 1 SGB VIII durch das Jugendamt kann allerdings nicht isoliert betrachtet werden. Folge der Anrufung des Familiengerichts durch das Jugendamt ist es, dass dieses eine eigenständige Entscheidung nach § 1666 BGB zu treffen hat.

Zu den möglichen **familiengerichtlichen Maßnahmen** zählen nach § 1666 Abs. 3 Nr. 1 bis 4 BGB

- Gebote, beispielsweise Hilfen in Anspruch zu nehmen, sowie
- Verbote, wie z.B. die Familienwohnung nicht zu nutzen.

Nach § 1666 Abs. 3 Nr. 6 BGB kann das Familiengericht allerdings auch die elterliche Sorge entziehen. Zielt die Anrufung des Familiengerichts durch das Jugendamt auf einen solchen

Entzug der elterlichen Sorge , muss die Rechtsprechung des Bundesverfassungsgerichts zu gerichtlichen Maßnahmen, welche Auswirkungen auf die Personensorge haben, in den Blick genommen werden. Diesbezüglich ist zu berücksichtigen, dass eine stationäre Hilfe nach dem SGB VIII (insbesondere gem. § 27 SGB VIII i.V.m. § 33 SGB VIII oder § 34 SGB VIII) gegen den Willen der Personensorgeberechtigten nur nach einem (teilweisen) Entzug der Personensorge durch das Familiengericht möglich ist.

Das Familiengericht muss gem. § 1666 Abs. 3 Nr. 6 BGB zumindest das Recht, eine Hilfe zur Erziehung zu beantragen, und das Aufenthaltsbestimmungsrecht den Personensorgeberechtigten entziehen. Erst hierdurch wird eine Trennung des Kindes von den Eltern gegen deren Willen und eine anschließende stationäre Leistungserbringung nach dem SGB VIII möglich.

Eine Trennung des Kindes von den Eltern kann nach der Rechtsprechung des Bundesverfassungsgerichts aber nur unter strikter Beachtung des **Verhältnismäßigkeitsgrundsatzes** erfolgen.[238] Dabei stellt das Bundesverfassungsgericht aufgrund der starken Grundrechtsbeeinträchtigungen für Eltern und Kind, die mit einer gerichtlich verfügten Trennung verbunden sind, erhöhte Anforderungen an die Erfüllung der Teilelemente des Verhältnismäßigkeitsgrundsatzes.[239]

1. Geeignetheit des Sorgerechtsentzugs

Über die für eine „generelle Eignung"[240] eines Mittels hinausgehende Vorgabe der abstrakten Möglichkeit der Zweckerreichung stellt das Bundesverfassungsgericht bei einer Trennung von Eltern und Kind strenge Anforderungen an die Bejahung der Geeignetheit eines vollständigen oder teilweisen Sorgerechtsentzugs .

So fehlt es nach Auffassung des Bundesverfassungsgerichts

> „an der Eignung einer sorgerechtlichen Maßnahme, wenn sie nicht zur Beendigung des zuvor als gefährlich erkannten Zustands beitragen kann und sich die Situation der Kinder durch diese letztlich nicht verbessert".[241]

Zu berücksichtigen sei, dass die Trennung des Kindes von den Eltern regelmäßig eigenständige Belastungen des Kindes hervorrufe, weil das Kind unter der Trennung selbst dann leiden könnte, wenn sein Wohl bei den Eltern nicht gesichert sei.

Eine Trennung des Kindes von der Familie könne daher nicht ohne Weiteres als zur Wahrung des Kindeswohls geeignet gelten, wenn sie ihrerseits nachteilige Folgen für das Kindeswohl haben könnte. Solche negativen Folgen einer Trennung des Kindes von den Eltern und einer Fremdunterbringung seien zu berücksichtigen und müssten durch die Beseitigung der festgestellten Gefahr aufgewogen werden, sodass sich die Situation des Kindes in der Gesamtbetrachtung verbessern würde.[242]

---

238 BVerfG, B. v. 22.9.2014, 1 BvR 2108/14, juris Rn. 13; BVerfG, B. v. 27.8.2014, 1 BvR 1822/14, juris Rn. 26; BVerfG, B. v. 22.5.2014, 1 BvR 3190/13, juris Rn. 33; BVerfG, B. v. 24.3.2014, 1 BvR 160/14, juris Rn. 37.
239 S. hierzu BVerfG, B. v. 24.3.2014, 1 BvR 160/14, juris Rn. 26.
240 BVerfG, B. v. 17.3.2014, 1 BvR 2695/13, juris Rn. 28 und 29.
241 BVerfG, B. v. 27.8.2014, 1 BvR 1822/14, juris Rn. 35.
242 BVerfG, B. v. 24.3.2014, 1 BvR 160/14, juris Rn. 38; BVerfG, B. v. 17.3.2014, 1 BvR 2695/13, juris Rn. 30.

Damit verlangt das Bundesverfassungsgericht bereits bei der Geeignetheitsprüfung eine **Abwägungsentscheidung**.

2. Erforderlichkeit des Sorgerechtsentzugs

Auch im Rahmen der Prüfung des Erforderlichkeitsgrundsatzes macht das Bundesverfassungsgericht sehr strenge Vorgaben für eine Trennung von Eltern und Kind, die über eine „normale" Erforderlichkeitsprüfung hinausgehen.

Nach Auffassung des Bundesverfassungsgerichts müsse der Staat,

> „bevor er Kinder von ihren Eltern trennt, nach Möglichkeit versuchen, durch helfende, unterstützende, auf Herstellung oder Wiederherstellung eines verantwortungsgerechten Verhaltens der leiblichen Eltern gerichtete Maßnahmen sein Ziel zu erreichen".[243]

Die **Hilfe als Alternative zum Sorgerechtsentzug** muss damit nach Auffassung des Bundesverfassungsgerichts vorrangig in Erwägung gezogen werden. Dabei wird darauf verzichtet zu fordern, dass das Mittel der Hilfe ebenso effektiv zur Abwehr der Gefahr sein muss wie der Sorgerechtsentzug.

3. Angemessenheit des Sorgerechtsentzugs

Schließlich muss die staatliche Maßnahme, hier der Sorgerechtsentzug nach § 1666 Abs. 3 Nr. 6 BGB, auch angemessen sein.

Im Rahmen einer Abwägung ist zu ermitteln, ob die für Kind und Eltern eintretenden Nachteile erkennbar außer Verhältnis zu den Vorteilen der Trennung von Kind und Eltern stehen. Nur wenn die Nachteile der Trennung des Kindes von seinen Eltern zur Abwendung der Kindeswohlgefahr außer Verhältnis zu den Vorteilen stehen, ist die Maßnahme nicht mehr angemessen.[244]

V. Gewährung von Hilfen gem. § 8a Abs. 1 Satz 3 SGB VIII bzw. Anrufung des Familiengerichts nach § 8a Abs. 2 Satz 1 HS 1 SGB VIII unter Berücksichtigung des verwaltungsrechtlichen und familiengerichtlichen Maßstabs

Nach den Vorgaben des § 8a SGB VIII muss eine Hilfe im Fall einer festgestellten Kindeswohlgefährdung nach hier vertretener Auffassung nur zwingend angeboten werden, wenn sie gleich wirksam die Gefahr abwehren kann wie die Anrufung des Familiengerichts.

Eine Trennung des Kindes von der Familie nach § 1666 BGB kommt allerdings nach der Rechtsprechung des Bundesverfassungsgerichts nur unter sehr hohen Voraussetzungen in Betracht. Bevor der Staat Kinder von ihren Eltern trennt, muss er nach Auffassung des Bundesverfassungsgerichts grundsätzlich versuchen, durch Leistungen die familiäre Lebensgemeinschaft aufrechtzuerhalten.

---

243 BVerfG, B. v. 22.9.2014, 1 BvR 2108/14, juris Rn. 19; BVerfG, B. v. 27.8.2014, 1 BvR 1822/14, juris Rn. 26; BVerfG, B. v. 22.5.2014, 1 BvR 3190/13, juris Rn. 33; BVerfG, B. v. 24.3.2014, 1 BvR 160/14, juris Rn. 41.

244 S. hierzu BVerfG, B. v. 22.9.2014, 1 BvR 2108/14, juris Rn. 22.

Diese Rechtsprechung führt zu ganz erheblichen **Schwierigkeiten für das Jugendamt** bei der Handhabung des § 8a SGB VIII. Unmittelbar gilt der strenge Maßstab, den das Bundesverfassungsgericht in einer Reihe von Entscheidungen aufgestellt hat, nur für die familiengerichtliche Entscheidung nach § 1666 BGB und nicht für die verwaltungsrechtliche Entscheidung nach § 8a SGB VIII.

Der verfassungsrechtliche Grundsatz des Untermaßverbots verpflichtet das Jugendamt zudem – ebenso wie das Familiengericht –, sein Handeln so auszugestalten, dass es einen effektiven Schutz gewährleistet. Entscheidend ist, dass die Schutzmaßnahme einen wirksamen Schutz des Kindes oder Jugendlichen gewährleisten kann.[245]

Hinweis:

Das Jugendamt hat daher nach hiesiger Auffassung bereits dann das Familiengericht anzurufen, wenn dies nach verwaltungsrechtlicher Prüfung des § 8a SGB VIII zulässig ist.

Es ist zu berücksichtigen, dass ein (teilweiser) Entzug der Personensorge durch das Familiengericht nur unter strenger Beachtung des Verhältnismäßigkeitsgrundsatzes ausgesprochen werden kann. Es ist eine Geeignetheits-, Erforderlichkeits- und Angemessenheitsprüfung vorzunehmen.

Da der Familienrichter weder die Familie persönlich kennt noch über sozialpädagogisches Fachwissen verfügt, ist er auf einen **fundierten Vortrag des Jugendamtes** und ggf. des Trägers der freien Jugendhilfe angewiesen.

Praxistipp:

*Bezüglich der **Geeignetheitsprüfung** sollte insbesondere ein Vortrag zu den Bindungen des Kindes zu den Eltern erfolgen. Ferner sollte hier schon ein Vortrag zu den durch eine mögliche Trennung des Kindes von den Eltern eintretenden Vorteilen für das Kindeswohl vorgenommen werden.*

*Im Rahmen der **Erforderlichkeitsprüfung** sollte dargelegt werden, ob ambulante Hilfen das Kindeswohl im Vergleich zu stationären Hilfen gleich effektiv schützen können. Wenn dies nicht der Fall ist, sollte dargelegt werden, weshalb stationäre Hilfen nach fachlicher Einschätzung effektiver sind.*

*Hinsichtlich der **Angemessenheitsprüfung** ist zu erläutern, welche Nachteile durch eine Trennung für Kind und Eltern eintreten könnten.*

Zudem muss ein Vortrag zu den Vorteilen einer Trennung für das Kindeswohl erfolgen. Schließlich sollte im Rahmen einer Abwägung dargestellt werden, weshalb die Nachteile für Eltern und Kind nach fachlicher Einschätzung nicht erkennbar außer Verhältnis zu den Vorteilen der Trennung für das Kindeswohl stehen.

245 S. zum Untermaßverbot BVerfG, Urt. v. 28.5.1993, 2 BvF 2/90 u.a., juris Rn. 166 f.

Gleichwohl kann das Jugendamt bei der Aufgabenwahrnehmung in Form der Anrufung des Familiengerichts gem. § 8a Abs. 2 Satz 1 HS. 1 SGB VIII in ein **Dilemma** geraten.

- Soll es das Familiengericht anrufen, wohlwissend, dass dieses der Anrufung nicht Folge leisten und das Kind in der Familie belassen wird? In der Folge kann die Vertrauensbeziehung zur Familie gestört und auch niedrigschwellige ambulante Hilfe nicht mehr möglich sein.
- Oder soll sich das Jugendamt mit der Gewährung von Hilfen nach § 8a Abs. 1 Satz 3 SGB VIII begnügen und damit auch mit dem Risiko leben, dass sich die Kindeswohlgefährdung möglicherweise verwirklicht und in der Folge strafrechtliche Ermittlungsverfahren gegen die Mitarbeitenden geführt werden?

B. Anrufung des Familiengerichts bei Nichtmitwirken bei der Abschätzung des Gefährdungsrisikos, § 8a Abs. 2 Satz 1 HS 2 SGB VIII

Gem. § 8a Abs. 2 Satz 1 HS 2 SGB VIII hat das Jugendamt das Familiengericht auch dann anzurufen, wenn die Erziehungsberechtigten nicht bereit oder in der Lage sind, bei der Abschätzung des Gefährdungsrisikos mitzuwirken.

Im Gegensatz zum Anrufungstatbestand des § 8a Abs. 2 Satz 1 HS 1 SGB VIII ist es hierfür keine Voraussetzung, dass das Vorliegen einer Kindeswohlgefährdung durch das Jugendamt festgestellt worden ist. **Tatbestandsvoraussetzung** für die Anrufung des Gerichts ist es lediglich, dass die Erziehungsberechtigten bei der Abschätzung des Gefährdungsrisikos nicht mitwirken, weil sie hierzu nicht bereit oder in der Lage sind. Auf welchen weiteren Gründen die Nichtmitwirkung basiert, ist für die Anrufung des Familiengerichts rechtlich unerheblich.[246]

In diesen Fällen wird vielfach zum Zeitpunkt der Anrufung des Familiengerichts noch nicht klar sein, ob eine Kindeswohlgefährdung tatsächlich vorliegt. Korrespondierend mit dieser Verpflichtung des Jugendamts soll das Familiengericht gemäß § 157 Abs. 1 FamFG mit den Eltern und in geeigneten Fällen auch mit dem Kind erörtern, wie einer möglichen Kindeswohlgefährdung insbesondere durch öffentliche Hilfen begegnet werden kann.

Da nach dem Gesetzeswortlaut des § 157 Abs. 1 FamFG nur auf eine mögliche Kindeswohlgefährdung abgestellt wird, kann das **Erörterungsgespräch** bereits unterhalb der Schwelle der aufgrund objektiver Tatsachen feststehenden Kindeswohlgefährdung erfolgen.

246 S. hierzu Bringewat in Kunkel/Kepert/Pattar, LPK SGB VIII, § 8 a Rn. 80 und 81; a. A. Wiesner in Wiesner, SGB VIII, § 8 a Rn. 53: Zusätzlich sei eine Erforderlichkeitsprüfung vorzunehmen.

C. Inobhutnahme gemäß § 8a Abs. 2 Satz 2 SGB VIII i.V.m. § 42 Abs. 1 Satz 1 Nr. 2 b SGB VIII

Besteht eine **dringende Gefahr** und kann die Entscheidung des Familiengerichts nicht abgewartet werden, so ist das Jugendamt gemäß § 8a Abs. 2 Satz 2 SGB VIII i.V.m. § 42 Abs. 1 Satz 1 Nr. 2b SGB VIII verpflichtet, das Kind oder den Jugendlichen in Obhut zu nehmen.

Es ist zu prüfen, ob während der Zeit, die eine familiengerichtliche Entscheidung erfordert, ein Schaden beim Kind oder Jugendlichen eintreten könnte. Dabei ist zu berücksichtigen, dass das Familiengericht nach § 157 Abs. 3 FamFG unverzüglich den Erlass einer einstweiligen Anordnung zu prüfen hat. Eine solche Entscheidung ergeht regelmäßig innerhalb weniger Stunden.

Ist zum Zeitpunkt der Entscheidung des Jugendamts nach § 8a Abs. 2 Satz 2 SGB VIII zu befürchten, dass innerhalb der nächsten Stunden ein Schaden beim Kind oder Jugendlichen eintreten könnte, hat das Jugendamt die Inobhutnahme gemäß § 42 Abs. 1 Satz 1 Nr. 2 b SGB VIII durchzuführen. Dies macht allerdings die familiengerichtliche Entscheidung nicht obsolet.

Hinweis:

§ 42 Abs. 3 Satz 2 Nr. 2 SGB VIII verpflichtet zur unverzüglichen Einholung einer Entscheidung des Familiengerichts, sofern die Personensorge- oder Erziehungsberechtigten der Inobhutnahme widersprechen und eine Übergabe des Kindes oder Jugendlichen an die Personensorge- oder Erziehungsberechtigten aufgrund einer fortbestehenden Gefährdungslage nicht möglich ist.

In einer Fallanalyse zur Einleitung von gerichtlichen Maßnahmen bei Kindeswohlgefährdung von Münder aus dem Jahr 2000 wurden in 44 % der Fälle eine Suchterkrankung und in 18 % eine andere psychische Erkrankung der Eltern als Indiz für die Einleitung des Verfahrens gemäß § 1666 BGB eruiert.[247] Das heißt, dass in der vorliegenden Fallanalyse in über der Hälfte der Fälle eine psychische Erkrankung der Eltern den Sorgerechtsentzug nach Auffassung des Jugendamtes zur Abwendung der Kindeswohlgefährdung erforderlich machte.

An dieser Stelle ist zu hinterfragen, inwieweit ASD-Fachkräfte über die erforderlichen Fachkenntnisse im Hinblick auf psychische Erkrankungen, deren Krankheitswert und die Folgen für das Wohlergehen der Kinder verfügen. In diesem Sinne erscheinen weitreichendere Regelungen zum **Einbezug von Sachverständigen** aus dem Bereich der medizinischen Versorgung und Suchthilfe in das 8a-Verfahren sowie in das familiengerichtliche Verfahren angemessen.

Trotz festgestellter Kindeswohlgefährdung reagieren die Jugendämter in der Praxis **überwiegend** mit **Hilfen** im Einverständnis der Personensorgeberechtigten. So weist beispielsweise die Statistik für das Jahr 2016 aus, dass die Jugendämter nur in 46,4 % der Fälle, in

247 Vgl. Münder u.a. 2000.

welchen eine „akute Gefährdung" festgestellt wurde mit einer Inobhutnahme oder der Anrufung des Familiengerichts reagierten.[248]

D. Einschaltung Dritter nach § 8a Abs. 3 SGB VIII

§ 8a Abs. 3 SGB VIII erfasst Sachverhalte, in welchen eine Abwendung der Kindeswohlgefährdung alleine mit den Mitteln der (freien und öffentlichen) Jugendhilfe nicht möglich ist. In diesen Fällen muss das Tätigwerden Dritter, welche die Kindeswohlgefährdung abwenden können, im Rahmen des Schutzauftrags nach § 8a SGB VIII sichergestellt werden. So können insbesondere

- ärztliche Untersuchungen und Behandlungen,
- die Gewährung von Hilfen für geistig oder körperlich behinderte Kinder und Jugendliche nach SGB IX,
- die Strafverfolgung durch die Polizei oder
- Maßnahmen des sozialpsychiatrischen Dienstes

zur Abwendung der Kindeswohlgefährdung notwendig sein. Ergibt die **Beurteilung der Gefährdungslage** durch das Jugendamt die Notwendigkeit solcher Maßnahmen zur Abwehr einer Kindeswohlgefährdung, ist das Jugendamt verpflichtet zu gewährleisten, dass diese Maßnahmen ergriffen und durchgeführt werden.[249]

§ 8a Abs. 3 SGB VIII sieht dabei ein **gestuftes Vorgehen** vor.

- Soweit zur Abwendung der Gefährdung ein Tätigwerden Dritter notwendig ist, hat das Jugendamt auf die Möglichkeit der Inanspruchnahme hinzuweisen und hierfür zu werben, § 8a Abs. 3 Satz 1 SGB VIII.
- Die Erziehungsberechtigten sollen danach zunächst die Möglichkeit erhalten, sich eigeninitiativ an Dritte zu wenden. Dies beruht auf dem Vorrang der elterlichen Erziehungsverantwortung nach Art. 6 Abs. 2 Satz 1 GG und der Subsidiarität staatlichen Eingreifens.
- Ist allerdings ein sofortiges Tätigwerden des Dritten erforderlich und wirken die Personensorge- oder Erziehungsberechtigten nicht mit, hat das Jugendamt nach § 8a Abs. 3 Satz 2 SGB VIII selbst die anderen Stellen einzuschalten. In diesen Fällen ist dann auch eine Datenübermittlung an den Dritten gem. § 69 Abs. 1 Nr. 1 Alt. 2 SGB X i.V.m. § 8a Abs. 3 Satz 2 SGB VIII zulässig.

Nicht abschließend geklärt ist allerdings die Frage, ob die in § 8a Abs. 3 Satz 1 SGB VIII enthaltene Aufzählung der einzuschaltenden Dritten („andere Leistungsträger, Einrichtungen der Gesundheitshilfe oder die Polizei") abschließend ist.

Nach einer grammatikalischen Auslegung liegt der Schluss einer abschließenden Aufzählung zunächst nahe, da der Gesetzgeber auf die Formulierung „insbesondere" bei der Benennung der zu beteiligenden Dritten verzichtet. In der Gesetzesbegründung heißt es

248 Kinder- und Jugendhilfereport 2018, S. 141 f.
249 S. hierzu Bringewat in Kunkel/Kepert/Pattar, LPK-SGB VIII, § 8a Rn. 90.

hierzu, dass das Jugendamt bei Vorliegen einer Kindeswohlgefährdung abwägen muss, ob das Kind besser durch

- „Hilfe für die Familie" oder
- die „Einschaltung des Familiengerichts" geschützt wird oder
- „ob schließlich andere Institutionen wie Polizei oder Psychiatrie informiert werden müssen, weil sie im Hinblick auf die Kindeswohlgefährdung die geeigneten Institutionen zur Abwehr einer Gefährdung sind".[250]

Aus der Formulierung „wie" in der Gesetzesbegründung folgt, dass jedenfalls in der Gesetzesbegründung keine abschließende Aufzählung erfolgt ist. Allerdings wird mit der Gesetzesbegründung auf den Gesetzeswortlaut Bezug genommen. Bereits in der ursprünglichen Gesetzesfassung ist hier nur „das Tätigwerden anderer Leistungsträger, der Einrichtungen der Gesundheitshilfe oder der Polizei" genannt.[251] Aus diesem Grunde werden wohl auch in der Literatur ausschließlich diese Institutionen im Zusammenhang mit § 8a Abs. 3 SGB VIII benannt.[252]

Dies könnte dafür sprechen, dass die Aufgabenerfüllung des Jugendamtes nach § 8a Abs. 3 SGB VII nur die Beteiligung der im Gesetzestext genannten Institutionen oder jedenfalls nur eine Inanspruchnahme von institutionellen Einrichtungen der aufgeführten Bereiche und damit keine Einschaltung weiterer Dritter vorgibt.

Allerdings ist zu berücksichtigen, dass mit § 8a SGB VIII ein Rahmen normiert wird, in welchem **Mitarbeitende des Jugendamtes als Beschützergarant** für das Kind verantwortlich sind.

- Sie übernehmen bei Einsetzen des Schutzauftrags gem. § 8a SGB VIII im Rahmen ihrer Tätigkeit zugunsten der von ihnen zu schützenden Kinder eine Garantenpflicht und sind dabei zu besonderer Sorgfalt bei der Abwehr von Gefahren für das Kindeswohl verpflichtet.
- Sie müssen alle Schritte ergreifen, die zur Abwehr der Kindeswohlgefährdung erforderlich sind. Hierzu kann auch die Einschaltung weiterer Dritter zählen.

Ergibt die Beurteilung der Gefährdungslage durch das Jugendamt eine Erforderlichkeit der Einschaltung dieser Dritten zur Abwehr der Kindeswohlgefährdung, ist das Jugendamt verpflichtet, zu gewährleisten, dass diese Maßnahmen ergriffen und durchgeführt werden. Bei Unterlassen der notwendigen Schritte zur Gefahrenabwehr kann daher auch eine strafrechtliche Verurteilung (insbesondere wegen fahrlässiger Körperverletzung oder fahrlässigen Totschlags durch Unterlassen) des zuständigen Mitarbeitenden bei einer Schädigung des Kindes möglich sein.

---

250 BT-Drs. 15/3676, S. 30.

251 BT-Drs. 15/3676, S. 10.

252 Hierzu Wiesner in Wiesner, SGB VIII, § 8a Rn. 59; Meysen in Münder/Meysen/Trenczek, FK-SGB VIII, § 8a Rn. 50; Bringewat in Kunkel/Kepert/Pattar, LPK-SGB VIII, § 8a Rn. 90.

Die in § 8a Abs. 3 S. 1 SGB VIII enthaltene Aufzählung Dritter kann daher nach hiesiger Auffassung nicht als abschließend aufgefasst werden.[253]

Bei der Prüfung der Einschaltung Dritter nach § 8a Abs. 3 SGB VIII ist zudem zu berücksichtigen, dass sich der Schutzauftrag nach § 8a SGB VIII immer nur auf einen feststehenden Lebenssachverhalt und eine im Einzelfall festgestellte konkrete Gefahr bezieht. Mit § 8a Abs. 1 Satz 1 SGB VIII und der dort verwendeten Formulierung der „Gefährdung des Wohls eines Kindes oder Jugendlichen" wird auf das **Vorliegen einer konkreten Gefahr** abgestellt. Auch § 8a Abs. 3 Satz 1 SGB VIII stellt mit der Formulierung „soweit zur Abwendung der Gefährdung" auf das Vorliegen einer konkreten Gefahr ab.

Eine **abstrakte Gefahr** ist damit nach ganz überwiegender Auffassung für ein Tätigwerden des Jugendamtes nach § 8a SGB VIII de lege lata nicht ausreichend. Eine solche abstrakte Gefahr liegt vor, wenn eine generell abstrakte Betrachtung für bestimmte Arten von Verhaltensweisen oder Zuständen zu dem Ergebnis führt, dass mit hinreichender Wahrscheinlichkeit ein Schaden im Einzelfall einzutreten pflegt. Auf den Nachweis der Gefahr eines Schadenseintritts im Einzelfall kann bei der abstrakten Gefahr verzichtet werden.[254]

Auch wenn es im Ergebnis als schwer hinnehmbar erscheint, darf das Jugendamt bei Vorliegen einer abstrakten Gefahr zur Wahrnehmung des Schutzauftrags nach geltender Rechtslage nicht handeln. Wenn sich etwas aus Anlass eines Kinderschutzfalls Hinweise für eine Gefährdung weiterer Kinder ergeben, ist de lege lata ein Handeln nach § 8a Abs. 3 SGB VIII nicht geschuldet, sofern für diese Kinder mangels entsprechender Konkretisierung des Sachverhalts noch keine konkrete Gefahrenlage angenommen werden kann.

Es ist aber wiederum zu berücksichtigen, dass eine abstrakte Gefahrenlage sehr schnell in eine konkrete Gefahr umschlagen kann. Dies bedeutet, dass nach derzeitiger Rechtslage eine ganz **erhebliche Handlungsunsicherheit** bei Anwendung des § 8a Abs. 3 SGB VIII bestehen kann. Nach hiesiger Auffassung besteht bei § 8a Abs. 3 SGB VIII daher ein dringender gesetzlicher Änderungsbedarf.[255]

E. Einbeziehung von Leistungserbringern in den Schutzauftrag nach § 8 a Abs. 4 SGB VIII

I. Einbezug in den Schutzauftrag mittels öffentlich-rechtlichen Vertrags

§ 3 Abs. 2 Satz 2 SGB VIII bestimmt, dass Leistungsverpflichtungen, die durch dieses Buch begründet werden, sich (nur) an die Träger der öffentlichen Jugendhilfe richten. Entsprechend verpflichten die Absätze 1 bis 3 des § 8a SGB VIII nur das **Jugendamt**.

253 S. hierzu auch Kepert Stellungnahme zum KJSG vor dem Ausschuss für Familien, Senioren, Frauen und Jugend am 22.2.2021, https://www.bundestag.de/resource/blob/822458/255534d25053254a2a92757f86b4de7f/19-13-116l-data.pdf, abgerufen am 05.04.2021

254 BVerwG, B. v. 24.10.1997, 3 BN 1/97, juris Rn. 4.

255 S. hierzu Kepert Stellungnahme zum KJSG vor dem Ausschuss für Familien, Senioren, Frauen und Jugend am 22.2.2021, https://www.bundestag.de/resource/blob/822458/255534d25053254a2a92757f86b4de7f/19-13-116l-data.pdf, abgerufen am 05.04.2021

Damit sind die **Träger der freien Jugendhilfe** zunächst nicht dem Schutzstandard des § 8a SGB VIII verpflichtet. Allerdings sind es gerade die Träger der freien Jugendhilfe, welche aufgrund der Leistungserbringung und der damit verbundenen Nähe zu Eltern und Kindern Anhaltspunkte für eine Kindeswohlgefährdung primär zur Kenntnis bekommen können. Es ist daher unumgänglich, dass auch Träger der freien Jugendhilfe dem Kinderschutz verpflichtet sind.

Aus gutem Grund gibt § 8a Abs. 4 Satz 1 SGB VIII somit den Trägern der öffentlichen Jugendhilfe auf, sicherzustellen, dass auch „Einrichtungen und Dienste, die Leistungen nach diesem Buch erbringen", die Schutzpflichten wahrnehmen.

Grundlage für den Schutzauftrag der Leistungserbringer ist zunächst die privatrechtliche Vereinbarung des Leistungserbringers mit den Eltern über die Betreuung des Kindes. Zusätzlich zu diesem privatrechtlichen Vertrag muss nach § 8a Abs. 4 SGB VIII ein öffentlich-rechtlicher Vertrag gem. §§ 53 ff. SGB X zwischen dem jeweiligen Träger der öffentlichen Jugendhilfe und dem Leistungserbringer geschlossen werden, um die Gewährleistung des Schutzauftrags sicherzustellen. Vertragspartner sind nach dem Gesetzestext alle „Träger von Einrichtungen und Diensten, die Leistungen nach diesem Buch erbringen."

Hinweis:

▶ *Das zuständige Jugendamt muss daher öffentlich-rechtliche Verträge mit allen Trägern abschließen, die im jeweiligen Zuständigkeitsbezirk Leistungen nach dem SGB VIII erbringen.*

Mittels § 8a Abs. 4 SGB VIII werden damit die gesetzlichen Verpflichtungen des § 8a SGB VIII, welche das Jugendamt treffen, auf vertraglichem Wege an die Leistungserbringer weitergegeben. Hierdurch entsteht für diese Leistungserbringer ein eigenständiger Schutzauftrag. Es besteht dann der gesetzliche Schutzauftrag des Jugendamtes nach § 8a Abs. 1 SGB VIII neben dem vertraglichen Schutzauftrag des Leistungserbringers nach § 8a Abs. 4 SGB VIII.

II. Mindestinhalt des öffentlich-rechtlichen Vertrags und zu ergreifende Schritte

1. Sachverhaltsaufklärung

Mittels § 8a Abs. 4 SGB VIII wird der Mindestinhalt des öffentlich-rechtlichen Vertrages, der zwischen dem Jugendamt und dem Leistungserbringer abzuschließen ist, vorgegeben. § 8a Abs. 4 Satz 1 Nr. 1 SGB VIII sieht vor, dass die Fachkräfte des Leistungserbringers bei Bekanntwerden gewichtiger Anhaltspunkte für eine Kindeswohlgefährdung eine Gefährdungseinschätzung vorzunehmen haben.

Ebenso wie nach § 8a Abs. 1 SGB VIII für das Jugendamt besteht damit auch für den Leistungserbringer die Verpflichtung, bei Bekanntwerden von gewichtigen Anhaltspunkten für eine Kindeswohlgefährdung den Sachverhalt aufzuklären. Als Ergebnis der Sachverhaltsaufklärung muss die Frage beantwortet werden, ob eine Kindeswohlgefährdung gegeben ist oder nicht vorliegt.

Gem. § 8a Abs. 4 Satz 1 Nr. 2 SGB VIII muss bei Beantwortung dieser Frage eine insoweit erfahrene Fachkraft hinzugezogen werden. Aus der Formulierung „hinzugezogen werden" und in Abgrenzung zu der in § 8a Abs. 4 Satz 1 Nr. 1 SGB VIII verwendeten Formulierung („deren Fachkräfte"), ist zu schließen, dass die insoweit erfahrene Fachkraft nicht der Arbeitseinheit angehören soll, bei welcher die Anhaltspunkte für die Kindeswohlgefährdung bekannt geworden sind.

Fraglich ist, welche Personen „insoweit erfahrene Fachkraft" in diesem Sinne sein können. Hierbei ist zu berücksichtigen, dass aktuell nicht unerhebliche Unsicherheit und Streit bei Beantwortung der Frage besteht, wer überhaupt Fachkraft in der Jugendhilfe sein kann. So gilt beispielsweise für das Betriebserlaubnisverfahren nach § 45 SGB VIII, dass es kein generelles Fachkräftegebot gibt. Vielmehr kommt es darauf an, dass die in der Einrichtung einzusetzenden Mitarbeitenden den Anforderungen der jeweiligen Einrichtung gewachsen sein müssen.[256]

Nach der Gesetzbegründung zu § 72 SGB VIII sind **Fachkräfte der Jugendhilfe**vor allem Sozialarbeiter, Sozialpädagogen, Erzieher, Psychologen, Diplompädagogen, Heilpädagogen, Sonderschulpädagogen, Psychagogen, Jugendpsychiater, Psychotherapeuten und Pädiater.[257] Alternativ können auch Mitarbeitende eingesetzt werden, wenn sie aufgrund ihrer besonderen Erfahrungen in der sozialen Arbeit in der Lage sind, die Aufgabe zu erfüllen, § 72 Abs. 1 Satz 1 HS 2 SGB VIII. Die erworbene Befähigung, die jeweilige Aufgabe erfüllen zu können, gilt damit als Äquivalent einer entsprechenden Ausbildung.[258]

Nach hiesiger Auffassung können auch solche Mitarbeitende im Verfahren der Gefährdungseinschätzung als insoweit erfahrene Fachkraft einzusetzen sein.[259]

Schließlich setzt sich in jüngerer Zeit die Erkenntnis durch, dass die Gefährdungseinschätzung nach § 8a SGB VIII auch eine **juristische Expertise** erfordert. Nach hiesiger Auffassung sind mit dem Prozess der Gefährdungseinschätzung auch Personen zu betrauen, die über eine rechtliche Ausbildung verfügen. Letztendlich können insoweit erfahrene Fachkräfte i.S.d. § 8a Abs. 4 Satz 1 Nr. 2 SGB VIII die Personen sein, welche aufgrund ihrer Ausbildung oder Erfahrung im Bereich des Kinderschutzes den Anforderungen, die sich im Prozess der Gefährdungseinschätzung stellen, gewachsen sind.

Letztendlich überlässt die gesetzliche Regelung des § 8a Abs. 4 SGB VIII die Bestimmung der erforderlichen Qualifikation der hinzuziehenden insoweit erfahrenen Fachkraft den zwischen Leistungserbringer und Jugendamt abzuschließenden Vereinbarungen. Gem. § 8a Abs. 4 Satz 2 SGB VIII sind in der Vereinbarung die Kriterien für die Qualifikation der beratend Hinzuziehenden festzulegen.

Allerdings ist nunmehr infolge Neuregelung durch Art. 1 des KJSG in § 8a Abs. 4 Satz 2 SGB VIII vorgegeben, dass die Qualifikation der insoweit erfahrenen Fachkraft auch eine angemessene Berücksichtigung spezifischer Schutzbedürfnisse von Kindern mit Behinderung ermöglichen soll. Künftig muss damit sichergestellt werden, dass freie Träger nicht

256 BayVGH, B. v. 2.2.2017, 12 CE 17.71, juris Rn. 33.
257 BT-Drs. 11/5948 S. 97. S. hierzu auch Wiesner in Wiesner, SBG VIII, § 72 Rn. 7 f.
258 S. hierzu Nonninger in Kunkel/Kepert/Pattar, LPK-SGB VIII, § 72 Rn. 16.
259 Str. a.A. Wiesner in Wiesner, SBG VIII, § 8a Rn. 66.

nur eine auf ihren Aufgabenbereich abgestimmte, sondern auch an den besonderen Lebenskontexten von **Kindern und Jugendlichen mit Behinderungen** ausgerichtete spezifische und qualifizierte Beratung durch eine insoweit erfahrene Fachkraft erhalten.[260]

Auch existieren hinsichtlich des Anstellungs- oder Beschäftigungsverhältnisses der insoweit erfahrenen Fachkraft keine gesetzlichen Vorgaben. Der Gesetzgeber lässt es offen, ob die insoweit erfahrene Fachkraft bei dem Leistungsträger oder einem anderen öffentlichen oder freien Träger der Jugendhilfe angestellt ist. Es ist auch vorstellbar, dass insoweit erfahrene Fachkräfte selbstständig tätig sind.

Ebenso wie bei der Sachverhaltsaufklärung durch das Jugendamt nach § 8a Abs. 1 SGB VIII gibt § 8a Abs. 4 Satz 1 Nr. 3 SGB VIII für die Sachverhaltsaufklärung des Leistungserbringers vor, dass grundsätzlich Erziehungs- bzw. Personensorgeberechtigte und Kind in die Gefährdungseinschätzung einzubeziehen sind. Nur ausnahmsweise, soweit der wirksame Schutz des Kindes bei einer direkten Einbeziehung der Eltern oder sonstiger Personensorge- oder Erziehungsberechtigter in Frage gestellt wäre, hat eine Sachverhaltsaufklärung bei Dritten zu erfolgen.

2. Handlungsmöglichkeiten

Sofern der Leistungserbringer nach Abschätzung des Gefährdungsrisikos zu der Auffassung gelangt, dass eine Kindeswohlgefährdung gegeben ist, sind Maßnahmen zu ergreifen.

Fraglich ist, ob diese Verpflichtung auch unterhalb der Schwelle der Kindeswohlgefährdung gilt. Der Gesetzestext ist hier nach hiesiger Auffassung nicht hinreichend bestimmt. Im Gegensatz zur Vorgabe für das Handeln des Jugendamtes nach § 8a Abs. 1 Satz 3 SGB VIII („hält das Jugendamt zur Abwendung der Gefährdung") wird mit § 8a Abs. 4 Satz 3 SGB VIII nicht explizit auf das Vorliegen einer festgestellten Kindeswohlgefährdung abgestellt.

Nach Sinn und Zweck der Vorschrift des § 8a SGB VIII, nämlich dem „Schutzauftrag bei Kindeswohlgefährdung", wird man aber auch im Rahmen des § 8a Abs. 4 SGB VIII davon auszugehen haben, dass die Verpflichtung zur Ergreifung von Maßnahmen eine festgestellte Kindeswohlgefährdung zur Voraussetzung hat. Dies belegt auch die in § 8a Abs. 4 Satz 3 SGB VIII enthaltene Vorgabe:

> „falls die Gefährdung nicht anders abgewendet werden kann."

Hinsichtlich der zu ergreifenden Maßnahmen bei Vorliegen einer Kindeswohlgefährdung sieht die Systematik des § 8a Abs. 4 SGB VIII diesbezüglich primär eine Klärung im Verhältnis des Leistungserbringers und der Eltern vor.

Nach § 8a Abs. 4 Satz 3 HS 1 SGB VIII haben die Fachkräfte der Träger bei den Erziehungsberechtigten auf die Inanspruchnahme von Hilfen hinzuwirken, wenn sie diese für erforderlich halten. Obgleich diese Hilfen nicht zwingend Leistungen nach dem SGB VIII sein müssen, kommen zur Abwendung einer Kindeswohlgefährdung primär solche Leistungen der Kinder- und Jugendhilfe in Betracht.

260 BT-Drs. 19/26107, S. 71.

Sofern im Zusammenhang mit einer festgestellten Kindeswohlgefährdung eine (drohende) körperliche oder geistige Behinderung eines Elternteils oder eine seelische Behinderung eines Elternteils, welcher das 27. Lebensjahr bereits vollendet hat, vorliegt und damit Leistungen nach dem SGB VIII (insbesondere nach § 41 SGB VIII) nicht mehr in Betracht kommen oder aber das Kind eine (drohende) körperliche oder geistige Behinderung aufweist, kommt der **Eingliederungshilfe** nach § 99 SGB IX erhebliche Bedeutung zu.

Im Übrigen zielt die Vorschrift des § 8a Abs. 4 S. 3 HS 1 SGB VIII primär darauf, dass sich die Erziehungsberechtigten eigeninitiativ an das Jugendamt wenden und mit der Inanspruchnahme einer Hilfe eine Gefährdungslage abgewendet werden kann. Den Eltern soll damit auch die Möglichkeit verschafft werden, sich diesbezüglich freiwillig ans Jugendamt zu wenden.[261]

Ferner soll der Leistungserbringer nach Möglichkeit **Hemmschwellen der Eltern** gegenüber dem Jugendamt **abbauen**. Er soll auf die Eltern einwirken, um Vertrauen zu schaffen und eine eigenständige Inanspruchnahme von weiteren Hilfen des Jugendamtes durch die Eltern zu ermöglichen.[262]

Nur wenn die Gefährdung nicht anders abgewendet werden kann, hat der Leistungserbringer gem. § 8a Abs. 4 S. 3 HS 2 SGB VIII das Jugendamt zu informieren. Nur dann ist auch datenschutzrechtlich eine **Datenübermittlung** durch den Leistungserbringer an das Jugendamt zulässig. Erst wenn der Leistungserbringer der Auffassung ist, dass eine Kindeswohlgefährdung nur durch eine Information des Jugendamtes effektiv abwendbar ist, liegen die Tatbestandsvoraussetzungen nach § 69 Abs. 1 Nr. 1 Alt. 2 und 3 SGB X i.V.m. § 8a Abs. 4 Satz 3 SGB VIII für eine Datenübermittlung an das Jugendamt vor.[263]

Hinweis:

! *Die häufig anzutreffende Praxis, wonach ein Jugendamt bereits über die Durchführung einer Gefährdungseinschätzung § 8a Abs. 4 Satz 1 Nr. 1 SGB VIII informiert wird, ist insofern rechtswidrig.*

Eine Information des Jugendamtes wird aber dann notwendig werden, wenn eine Kindeswohlgefährdung vorliegt und die Eltern nicht bereit sind, sich eigeninitiativ an das Jugendamt zu wenden. Der Leistungserbringer wird in der Regel überprüfen müssen, ob sich die Erziehungsberechtigten auf seine Initiative hin an das Jugendamt zur Inanspruchnahme einer weiteren Hilfe wenden. Erfolgt dies durch die Erziehungsberechtigten nicht, so muss eine Information des Jugendamtes durch den Leistungserbringer erfolgen.

261 S. hierzu auch Abschlussbericht der Kommission Kinderschutz Baden-Württemberg, 2020, Band I, S. 65.
262 S. hierzu Meysen in Münder/Meysen/Trenczek, FK-SGB VIII, § 8a Rn. 72.
263 S. hierzu auch Meysen in Münder/Meysen/Trenczek, FK-SGB VIII, § 8a Rn. 74.

Praxistipp:

Weigern sich die Erziehungsberechtigten, eine vom Leistungserbringer angeratene Hilfe eigeninitiativ in Anspruch zu nehmen, muss das Jugendamt informiert werden.[264]

Eine **Verpflichtung zur Information des Jugendamtes** besteht aber auch dann, wenn – trotz bestehender Mitwirkungsbereitschaft der Erziehungsberechtigten – die eigeninitiative Inanspruchnahme von weiteren Hilfen durch die Erziehungsberechtigten beim Jugendamt nicht für ausreichend erachtet wird, um eine Kindeswohlgefährdung wirksam abzuwehren. Dies wird man insbesondere dann annehmen müssen, wenn eine Trennung von Kind und Eltern ins Auge gefasst werden muss, um eine Kindeswohlgefährdung abwehren zu können, und die Eltern nur zur freiwilligen Inanspruchnahme von ambulanten Hilfen bereit sind.

In diesen Fällen muss das Jugendamt informiert werden.

- Dieses hat dann zu prüfen, ob das **Familiengericht** nach § 8a Abs. 2 Satz 1 HS 1 SGB VIII anzurufen ist.
- In zugespitzten Situationen ist dann zusätzlich eine vorherige **Inobhutnahme** nach § 8a Abs. 2 Satz 2 SGB VIII i.V.m. § 42 Abs. 1 Satz 1 Nr. 2b SGB VIII zu erwägen.
- Ferner kann auch dann vom Jugendamt zu prüfen sein, ob **Dritte** i.S.d. § 8a Abs. 3 SGB VIII zu Abwehr einer Kindeswohlgefährdung einzuschalten sind.

Generell lässt sich sagen, dass der Leistungserbringer immer dann das Jugendamt informieren muss und darf, wenn eine Kindeswohlgefährdung mit den Mitteln eines Leistungserbringers nicht abgewendet werden kann. Dann ist zwingend das Jugendamt zu aktivieren, um die Abwehr einer festgestellten Kindeswohlgefährdung zu sichern.[265]

Praxistipp:

Der Leistungserbringer wird bei einer festgestellten Kindeswohlgefährdung regelmäßig zunächst prüfen müssen, ob eine Abwehr der Kindeswohlgefährdung eigeninitiativ durch die Eltern oder sonstige Erziehungsberechtigte (i.d.R. unter Inanspruchnahme von Hilfen durch das Jugendamt) in Betracht kommt.

Sofern die Eltern nicht bereit sind, sich eigeninitiativ an das Jugendamt zu wenden, oder der Leistungserbringer zu dem Schluss kommt, dass mit weitergehenden Maßnahmen (Anrufung des Familiengerichts, Inobhutnahme, Einschaltung Dritter gem. § 8a Abs. 3 SGB VIII) auf eine Kindeswohlgefährdung zu reagieren ist, muss und darf das Jugendamt informiert werden.

Dann kommt es auch zu einer geteilten Verantwortung von Leistungserbringer und Jugendamt für den Kinderschutzfall.

264 S. hierzu auch Wapler in Wiesner/Wapler, SBG VIII § 8a 80 und 82.
265 Bringewat in Kunkel/Kepert/Pattar, LPK-SGB VIII, Rn. 109.

III. Keine Pflicht zum Vertragsabschluss

Ein rechtlicher Zwang zum Abschluss einer Vereinbarung gem. § 8a Abs. 4 SGB VIII besteht für den jeweiligen Leistungserbringer nicht. Lediglich das Jugendamt wird mit § 8a Abs. 4 SGB VIII zum Abschluss von Vereinbarungen verpflichtet. Der Leistungserbringer hingegen handelt autonom und ist Weisungen des Jugendamtes nicht unterworfen. Die potenziellen Vertragspartner begegnen sich auf gleicher Augenhöhe.

Hinweis:

▶ *Der Erlass eines Verwaltungsaktes durch das Jugendamt gegenüber dem Leistungserbringer ist nicht möglich. Daher besteht keine Möglichkeit für das Jugendamt, den Abschluss eines Vertrages nach § 8a Abs. 4 SGB VIII zwangsweise durchzusetzen.*

Allerdings ist die **Erteilung einer Betriebserlaubnis**nach § 45 SGB VIII nur möglich, wenn das Wohl der Kinder/Jugendlichen in der Einrichtung gewährleistet ist. Verweigert ein Leistungserbringer den Abschluss einer Vereinbarung nach § 8a Abs. 4 SGB VIII, ist im Betriebserlaubnisverfahren sehr genau zu prüfen, ob dennoch das Kindeswohl gewährleistet werden kann.

Zudem wird in **Leistungsvereinbarungen** nach § 78b Abs. 1 Nr. 1 SGB VIII auf den Abschluss von Vereinbarungen nach § 8a Abs. 4 SGB VIII hingewirkt werden können. Vergleichbares gilt vor Abschluss einer Entgeltvereinbarung gem. § 77 SGB VIII. Ohne Abschluss einer Vereinbarung nach § 8a Abs. 4 SGB VIII wird daher regelmäßig der Abschluss von Entgeltvereinbarungen nach § 77 SGB VIII oder §§ 78a ff. SGB VIII in Frage stehen.

Anders ist die Rechtslage allerdings bei der Leistungserbringung nach § 24 SGB VIII in einer Tageseinrichtung. Auch ohne den Abschluss einer Vereinbarung nach § 8a Abs. 4 SGB VIII besteht grundsätzlich ein Anspruch auf Förderung der Betriebskosten gem. § 74a SGB VIII i.V.m. Landesrecht. Ähnliches gilt für die Förderung der Kindertagespflege.

Mit Art. 1 des KJSG wurde daher mit § 8a Abs. 5 SGB VIII eine Neuregelung für den Abschluss von **Vereinbarungen mit Kindertagespflegepersonen** geschaffen. Im Kontext der Aufgabenwahrnehmung nach § 8a Abs. 5 SGB VIII kommt auch der insoweit erfahrenen Fachkraft eine spezifische Aufgabe zu. Es ist zu berücksichtigen, dass Kindertagespflege insbesondere nach § 24 SGB VIII für Kinder vor Vollendung des dritten Lebensjahres geleistet wird. Diese Kinder sind besonders vulnerabel und haben daher ein erhöhtes Schutzbedürfnis.[266]

IV. Verfahren im Umgang mit einer (vermuteten) Kindeswohlgefährdung in der Jugendhilfe Oberbayern der Diakonie Rosenheim

Die Diakonie Rosenheim ist einer der größten freien Jugendhilfeträger in Bayern und bietet unter der Marke Jugendhilfe Oberbayern (fast) alle Leistungen der Kinder- und Jugendhilfe in ganz Oberbayern und Teilen von Niederbayern an.

266 S. hierzu auch VGH BW, B. v. 21.03.2022, 12 S 1357/21, juris.

Entsprechend hat der Träger mit einer Vielzahl von kreisfreien Städten und Landkreisen Vereinbarungen i.S.d. § 8a Abs. 4 Satz 1 SGB VIII geschlossen. Damit die Fachkräfte in den verschiedenen Leistungsbereichen und Regionen Kinder und Jugendliche professionell und zuverlässig vor Gefahren für ihr Wohl schützen können, entwickelte der Träger im Kontext der Gefährdungseinschätzung **einheitliche Verfahren und Dokumentenvorlagen**

- zum Erkennen gewichtiger Anhaltspunkte,
- zur Hinzuziehung „Insoweit erfahrener Fachkräfte",
- zum Einbezug der Erziehungsberechtigten sowie der Kinder oder Jugendlichen,
- zum Hinwirken auf die Inanspruchnahme von Hilfen und – falls die Gefährdung nicht anders abgewendet werden kann –
- zur Information des Jugendamts.

Die Entwicklung der Verfahren und Dokumente erfolgte unter Einbezug wissenschaftlicher Erkenntnisse und Arbeitshilfen zu

- Beurteilungsfragen,
- Handeln im Kinderschutz sowie
- zu Risiken im Handeln im Kinderschutz.[267]

Fachkräfte können auf verschiedene Einschätzungsformen beim Schutz von Kindern und Jugendlichen zugreifen.

Anhaltspunkte für eine mögliche Gefährdung können anhand des Erscheinungsbildes Minderjähriger, ihres Erlebens, ihres Verhaltens sowie ihrer Aussagen erkannt werden, aber auch anhand der Gestaltung der Erziehung und der Beziehung zwischen den Minderjährigen und den Eltern. Zudem steuern die Wahrnehmung und das Verhalten der Eltern sowie ihre Aussagen Anhaltspunkte bei, dies betrifft auch die Wohnsituation.

Bei der Beurteilung sind Alter und Entwicklungsstand oder -besonderheiten sowie etwaige vorhergehende Hilfeverläufe einzubeziehen.

1. Verfahrensschritte

a) Ersteinschätzung gewichtiger Anhaltspunkte

Werden in einem Angebot des Trägers Hinweise für eine mögliche Gefährdung eines oder einer Minderjährigen wahrgenommen, so wird zunächst intern ein/-e erfahrene/-r Kollege bzw. Kollegin oder die Leitung zur ersten Beurteilung des Sachverhalts hinzugezogen.

Bestätigen sich bei diesem Schritt die Hinweise als gewichtige Anhaltspunkte für eine Kindeswohlgefährdung, wird eine trägereigene insoweit erfahrene Fachkraft involviert. Im weiteren Prozess der Informationsbewertung und Handlungsplanung wirkt diese Fachkraft beratend mit. Generell wird die jeweilige Leitung über alle weiteren Schritte informiert und einbezogen.

267 S. hierzu auch Kindler et al.: Handbuch Kindeswohlgefährdung nach § 1666 BGB und Allgemeiner Sozialer Dienst, 2006, Lillig: Wege zur Beurteilung von Gefährdungen im Jugendalter, 2012, Gerber/Lillig: Gemeinsam lernen aus Kinderschutzverläufen, 2018.

b) Sicherheitseinschätzung

Zunächst wird im Rahmen einer Sicherheitseinschätzung geprüft, ob das Kinder oder die/der Jugendliche trotz der gewichtigen Anhaltspunkte für eine Kindeswohlgefährdung in ihrer bzw. seiner gegenwärtigen Situation ausreichend vor einer dringenden konkreten Gefahr geschützt ist. Kann dies nicht bejaht werden, so sind – regelhaft unter unmittelbarer Beteiligung des Jugendamtes – umgehend geeignete Maßnahmen zu treffen, die den Schutz des/der Minderjährigen gewährleisten.

Gemäß § 8a Abs. 2 Satz 2 i.V.m. § 42 SGB VIII ist es Aufgabe des Jugendamtes, durch eine Inobhutnahme den Schutz von Minderjährigen sicherzustellen, sofern eine „dringende Gefahr" für deren Wohl besteht und die Eltern dieser nicht abhelfen. Über die Inobhutnahme entscheidet das Jugendamt.[268]

c) Gefährdungseinschätzung

Wenn keine Inobhutnahme notwendig ist, wird anhand einer Gefährdungseinschätzung beurteilt, ob der junge Mensch einer konkreten Gefährdung ausgesetzt ist, die ihn mit großer Wahrscheinlichkeit erheblich in der Entwicklung schädigt.

Die Übergänge zwischen der Unterstützung von Familien, der anlassbezogenen Klärung gewichtiger Anhaltspunkte für eine mögliche Kindeswohlgefährdung sowie der Feststellung einer solchen sind nicht immer trennscharf. Daher muss gewährleistet werden, dass die oben beschriebene Sicherheitseinschätzung aufgrund neuer Informationen oder veränderter individueller oder familiärer Situationen prozesshaft weitergeführt wird. Dabei sind nur die bestehenden und die gegebenenfalls prognostizierten negativen Auswirkungen auf den/die Minderjährige/n relevant.

Um zu einer validen Gefährdungseinschätzung zu gelangen, ist es erforderlich, systematisch Informationen zu erheben und diese zu bewerten.

Dabei richtet sich der Blick zunächst auf die **Bedürfnisse des Kindes oder der/des Jugendlichen**:

- Wie gestaltet sich die Lebens- und Entwicklungssituation?
- Liegen (positive oder problematische) Entwicklungsbesonderheiten vor?
- Welche Förderbedürfnisse existieren, lassen sich bereits Entwicklungsbeeinträchtigungen oder Schädigungen feststellen?

Die Informationserhebung geschieht in der Regel auch durch gemeinsame Gespräche mit den Personensorgeberechtigten und der/dem Minderjährigen. Entsteht jedoch durch das Gespräch mit den Eltern womöglich eine Gefahr für das Kind oder der/dem Jugendliche/-n oder wird eine bestehende Gefahr dadurch erhöht, so wird von einem Gespräch mit den Eltern abgesehen.

268 Vgl. Schindler, Was ist im Zusammenhang mit einer Inobhutnahme zu beachten? 2006, S. 1.

Im Rahmen der Beurteilung der konkreten Gefahr müssen ferner das **Fürsorge- und Erziehungshandeln der Eltern** betrachtet werden:

- Wird die Gefahr durch deren Tun oder Unterlassen (mit-)verursacht oder aufrechterhalten?
- Wie reagieren die Eltern mit Blick auf die bereits bestehende konkrete oder abstrakte Gefahr?
- Sind sie in der Lage, die Gefahr oder einen drohenden Schaden zu erkennen?
- Sind sie fähig und willens, die Gefahr mit eigenen Mitteln abzuwenden oder sich durch Hilfen unterstützen zu lassen?
- Welche Ressourcen und Defizite zeigen sie in ihrem Fürsorge- und Erziehungshandeln?

Weiter müssen eventuell bestehende **Belastungs- und Risikofaktoren** identifiziert werden:

- Sind bei den Eltern oder im Lebensraum der/des Minderjährigen Faktoren bekannt, die Misshandlung oder Vernachlässigung begünstigen?
- Sind diese Belastungen vorübergehend oder dauerhaft?

Schließlich gilt es, **Ressourcen und Schutzfaktoren** aufseiten der Eltern und Minderjährigen zu betrachten:

- Was gelingt im familiären Alltag?
- Wodurch werden die Eltern in der Fürsorge und Erziehung unterstützt?
- Welche positiven Bewältigungsressourcen und -strategien sind beim/bei der Minderjährigen vorhanden?

Der Bereitschaft und dem Vermögen der Eltern, eine konkrete Gefahr für das Kinde oder die/den Jugendliche/-n wahrzunehmen und abzuwenden, kommt im Beurteilungsprozess eine große Bedeutung zu. Für die weitere Einschätzung sind vier Aspekte von besonderer Bedeutung:

1. Können die Eltern nach einem Gespräch mit der Fachkraft verstehen, inwiefern ihr Tun oder Unterlassen die/den Minderjährige/-n bereits erheblich schädigt oder sehr wahrscheinlich schädigen wird?
2. Können sie mit Fachkräften zusammenarbeiten, um eine Kindeswohlgefährdung abzuwenden und ihre Erziehungskompetenzen zu verbessern, oder schränken Erkrankungen oder anderweitige Belastungen diese Fähigkeit ein (**Kooperationsfähigkeit**)?
3. Können sie ihr Erziehungs- und Fürsorgeverhalten nachhaltig zum Positiven verändern oder stehen dem z.B. längerfristige (Sucht-)Erkrankungen oder geistige Behinderung entgegen (**Veränderungsfähigkeit**)?

4. Dem schließt sich die Frage an: Wollen die Eltern ihr Fürsorge- und Erziehungsverhalten zum Positiven verändern (**Veränderungsbereitschaft**) und sind sie dazu bereit (**Kooperationsbereitschaft**), geeignete Hilfen anzunehmen?[269]

d) Ergebnisse einer Gefährdungseinschätzung

Eine anhand obiger Aspekte erstellte Gefährdungseinschätzung kann zu drei möglichen Beurteilungen mit jeweils verschiedenen Handlungsoptionen führen:

1. Es liegt keine Gefährdung vor.

Ungeachtet dessen ist zu klären, ob, und wenn ja, welche weiteren Hilfen das Kind oder die Eltern benötigen. Eine Vermittlung an das Jugendamt zur weiteren Beratung über geeignete Hilfen ist möglich. Es obliegt aber allein den Personensorgeberechtigten, weitere erzieherische Hilfen anzunehmen oder abzulehnen.

2. Es liegt eine konkrete Gefährdung vor.

Liegt eine konkrete Gefahr vor, so ist unverzüglich ein Schutzkonzept zu entwickeln und unmittelbare Schutzmaßnahmen sind einzuleiten.

Ebenfalls ist zu entscheiden, ob zur Abwendung der Gefahr das Jugendamt informiert werden muss, oder ob dies in eigener fachlicher Verantwortung geschehen kann. Maßgeblich für diese Entscheidung sind die vorhandenen Ressourcen und die Kontrollierbarkeit der Wirkung der eingeleiteten Schutzmaßnahmen im jeweiligen Arbeitsfeld. So gestalten sich beispielsweise die Handlungsmöglichkeiten einer sozialpädagogischen Familienhilfe in der Regel größer und vielfältiger als die einer Schulsozialarbeit.

3. Es bestehen gewichtige Anhaltspunkte, eine konkrete Gefährdung kann jedoch nicht abschließend beurteilt werden

Um eine abschließende Gefährdungseinschätzung vornehmen zu können, müssen weitere Beobachtungen getroffen, Informationen erhoben oder Gespräche geführt werden.

Der Kreislauf der Verfahrensschritte wird entsprechend wiederholt, was auch das erneute Hinzuziehen einer insofern erfahrenen Fachkraft beinhalten kann.

e) Schutzkonzepte

Schutzkonzepte fußen auf den Ergebnissen von Gefährdungseinschätzungen und zielen auf unmittelbaren oder längerfristigen Schutz. Sie setzen sich aus

- einem Sicherheitskonzept für Kinder bzw. Jugendliche sowie
- aus einem Hilfekonzept und
- einem Kontrollkonzept für Minderjährige und ihre Eltern

zusammen.

Das **Sicherheitskonzept** benennt konkrete und gemeinsam mit den Personensorgeberechtigten vereinbarte Maßnahmen, die Minderjährige unmittelbar vor konkreten Gefahren und erheblichem Schaden schützen. Grundlegend für die Erarbeitung solcher Maßnah-

269 S. hierzu Kindler: Wie kann die Veränderungsbereitschaft und -fähigkeit von Eltern eingeschätzt werden? 2006.

men ist die vorangegangene transparente Kommunikation gegenüber den Eltern, welche konkreten Mindeststandards hinsichtlich des Kinderschutzes erreicht sein müssen.

Das **Hilfekonzept** führt Hilfen an, die geeignet sind, die Eltern in der Stärkung ihres Fürsorge- und Erziehungshandelns zu unterstützen. Für betroffene Minderjährige werden spezifische Hilfen benannt, die unmittelbar oder auch längerfristig geeignet sind, ggf. bereits entstandene Belastungen oder Schädigungen auszugleichen.

Mittels eines **Kontrollkonzepts** wird beschrieben, wann der Erfolg der Sicherheits- und Hilfemaßnahmen überprüft wird, und ob die/der Minderjährige durch die ergriffenen Maßnahmen tatsächlich geschützt ist. Ebenso sollte darin festgelegt sein, wer diese Prüfung vornimmt, und wann dies geschieht.[270]

Für sämtliche Maßnahmen eines Schutzkonzepts gilt, dass sie umso nachhaltiger wirken, je näher sie in Verbindung zu den **Ressourcen** der betroffenen Sorgeberechtigten stehen. Daher sollte in der Ausarbeitung von Lösungswegen die Rangfolge der Ressourcen beachtet werden. Nach Möglichkeit sind zunächst die persönlichen, dann die sozialen und schließlich die sozialräumlichen Ressourcen zu aktivieren und erst als letzte Instanz sind die institutionellen Hilfesysteme heranzuziehen.

2. Beteiligung von Eltern und Minderjährigen

Eltern sind in geeigneter Weise in die Gefährdungseinschätzung einzubeziehen.

Eine **Ausnahme** stellen Gefährdungssituationen dar, in denen eine Beteiligung der Eltern die Gefahr erhöhen würde (z.B. Zwangsverheiratung, sexueller Missbrauch in der Familie). Zeichnet sich im Verlauf der Einschätzung ab, dass die Eltern nicht in der Lage oder willens sind mitzuwirken, die Gefahr abzuwenden oder unterstützende Hilfen zu akzeptieren, so ist das Jugendamt auch gegen den ausdrücklichen Willen der Eltern – aber nicht ohne deren Wissen[271] – zum Schutz des Kindes oder Jugendlichen zu informieren.

Auch die Beteiligung von Kindern und Jugendlichen an der Gefährdungseinschätzung ist durch §§ 8 und 8a SGB VIII gesetzlich geregelt und unbedingt erforderlich. Sie haben gem. § 8 Abs. 3 SGB VIII einen Anspruch auf Beratung und dies auch ohne Kenntnis ihrer Personensorgeberechtigten.

Die **Zielsetzung** von Gesprächen mit Minderjährigen unter Kinderschutzaspekten kann vielgestaltig sein. Zum einen kann im Zentrum des Interesses stehen zu erfahren, wie Minderjährige belastende oder potenziell gefährdende Erlebnisse wahrnehmen und bewerten. Daran anknüpfend kann vor allem auch das Beziehungserleben mit ihren Eltern von Relevanz sein. Auch ihre individuellen Hilfewünsche oder die Information über die nächsten Handlungsschritte der Fachkraft können Gegenstand des Gesprächs sein.

Eine **offene Gesprächsatmosphäre** und eine flexible Themensetzung, die sich an den Wünschen der/des Minderjährigen orientiert, schaffen geschützte Rahmen sich zu öffnen, Bedürfnisse zu äußern und über etwaige Missbrauchs- und Misshandlungserfahrungen zu

270 Vgl. Landschaftsverband Westfalen-Lippe 2013.
271 Vgl. Münder u.a. 2019, S. 138.

sprechen. Eine transparente Verfahrensgestaltung und Information der Minderjährigen tragen dazu bei, Unsicherheiten und Belastungen zu reduzieren.[272]

Zur Unterstützung der Fachkraft in den Gesprächen sollten ggf. die insoweit erfahrene Fachkraft zur Planung und Nachbereitung eines Gesprächs sowie die jeweilige Leitung zu Beratung und Mentoring hinzugezogen werden.

3. Zusammenarbeit mit dem Jugendamt und Grenzen der Beurteilung

In Abhängigkeit von der Situation kann sich die Zusammenarbeit mit dem Jugendamt unterschiedlich gestalten.

Zur Abwehr einer dringenden konkreten Gefahr für das Wohl der/des Minderjährigen erfolgt eine umgehende Hinzuziehung des Jugendamtes, das in der Regel eine Inobhutnahme veranlasst. Im weiteren Verfahren sind vom Jugendamt die Gründe, die zur Inobhutnahme führten, zu klären und dem Kind oder der/dem Jugendlichen und seiner Familie Hilfe und Unterstützung anzubieten.

Die Maßnahmen müssen im konkreten Fall auf ihre Wirksamkeit hin überprüft werden, um sicherzustellen, dass eine dringende konkrete Gefährdung abgewendet werden kann und eine positive Veränderung eintreten wird.

Sofern die Eltern grundsätzlich gewillt und bereit sind, unterstützende Hilfen anzunehmen, und dies zur Gefährdungsabwendung sinnvoll erscheint, sollte von den Fachkräften frühzeitig die Hinzuziehung des Jugendamtes vorbereitet werden. Dadurch werden die – bei freien Trägern der Kinder- und Jugendhilfe häufig eingeschränkten – Hilfemöglichkeiten erweitert und womöglich passgenauere Hilfen gefunden. Dabei ist unerlässlich, die Eltern transparent über den Einbezug und die Aufgaben des Jugendamtes zu informieren und so möglicherweise bestehende Ängste abzubauen.

Verweigern die Eltern hingegen die Zusammenarbeit in der Gefährdungsabschätzung, nehmen sie Hilfen zur Abwehr der Gefährdung nicht in Anspruch oder schlagen diese fehl, so ist das Jugendamt – auch gegen den Willen der Eltern – notwendigerweise hinzuzuziehen. Sofern dies nicht den Schutz des/der Minderjährigen gefährdet, sind die Eltern darüber zu informieren. Ihnen soll transparent dargelegt werden, welche Aspekte diesen Schritt notwendig machen. Dadurch erhalten die Eltern Gelegenheit offene Fragen zu klären, ihre Beurteilung der vermuteten Gefährdungssituation in das Verfahren einzubringen und die weitere Zusammenarbeit aller Akteure zu besprechen.

Die wahrgenommene Gefährdungssituation wird in dem Kinderschutz-Dokument zur „Meldung einer Gefährdung" dem Jugendamt mitgeteilt.

In Abhängigkeit vom jeweiligen Arbeitsfeld ist es unter Umständen jedoch nicht immer möglich, sämtliche Aspekte einer Gefährdungseinschätzung zu eruieren und zu beurteilen. Im Einzelfall kann es daher erforderlich und angeraten sein, frühzeitig das Jugendamt an einer ggf. notwendigen und weiteren Klärung zu beteiligen.

272 Vgl. Zimmermann u.a. 2014.

4. Inanspruchnahme und Aufgaben der Fachberatung[273]

Die Komplexität einer Gefährdungseinschätzung und deren Konsequenzen ist für viele Fachkräfte mit Unsicherheit verbunden. Zum einen gibt es etliche Arbeitsbereiche, in denen die Wahrnehmung, Beurteilung und Abwendung von möglichen Gefährdungssituationen nicht zu den alltäglichen Aufgaben gehören. Zum anderen erleben gerade Fachkräfte aus Arbeitsfeldern, in denen sie für gewöhnlich im Auftrag oder zumindest mit dem Einverständnis der Eltern handeln, einen massiven Rollenkonflikt. Sie sehen sich mitunter vor der Notwendigkeit, ggf. auch ohne Einverständnis oder gegen den erklärten Willen der Eltern Maßnahmen einzuleiten, die zum Schutz der/des Minderjährigen erforderlich sind.

Die insoweit erfahrene Fachkraft berät und unterstützt daher die federführende Fachkraft nach § 8a Abs. 4 SGB VIII im Rahmen einer Gefährdungseinschätzung.

In der Diakonie – Jugendhilfe Oberbayern nimmt diese Aufgabe eine Gruppe von Mitarbeitenden aus unterschiedlichen Arbeitsbereichen der Jugendhilfe (Kita, Jugendsozialarbeit/Angebote an Schulen, Hilfe zur Erziehung) wahr. Diese werden zur Fachberatung im Kinderschutz fortgebildet und stehen einrichtungsübergreifend allen Fachkräften zur Verfügung. In **Intervisionsgruppen** finden fachliche Reflexion und bedarfsorientierte Weiterentwicklung zu Kinderschutzthemen statt.

Die **Zuteilung** der insoweit erfahrenen Fachkräfte zu den jeweiligen Angeboten und Einrichtungen erfolgt in erster Linie nach Arbeitsbereichen. So werden höchstmögliche Fachkompetenz und Erfahrung in der Beurteilung von Gefährdungsmomenten in Bezug auf die jeweilige minderjährige Zielgruppe und deren Bedürfnisse gewährleistet.

Insoweit erfahrene Fachkräfte helfen und beraten bei der systematischen Erhebung und Strukturierung von Gefährdungshinweisen und deren Bewertung. Die Fallverantwortung, also die abschließende Bewertung der Situation und das damit verbundene weitere Vorgehen, verbleibt in Absprache mit der zuständigen Leitung immer bei der zuständigen Fachkraft. Um Rollenkonflikte zu vermeiden und Neutralität zu gewährleisten, übernimmt die insoweit erfahrene Fachkraft keine Fachberatung in der eigenen Einrichtung bzw. dem eigenen Angebot.

Die Fachberatung erfolgt zudem mit anonymisierten Sozialdaten.

Insoweit erfahrene Fachkräfte unterstützen dabei, vermutete von konkret wahrgenommenen Gefährdungshinweisen zu trennen und noch zu klärende Aspekte zu benennen und Informationen dazu zu erheben. Auch sind sie an der **Vor- und Nachbereitung** von Gesprächen mit Eltern und Minderjährigen beteiligt und in die Schutz- und Hilfeplanung eingebunden. Ferner wirken sie an der Planung der notwendigen nächsten Handlungsschritte und Entscheidungen mit und tragen zur Klärung der Fragen bei, ob, wann und ggf. wie das Jugendamt hinzugezogen werden soll. Darüber hinaus können sie einen Blick über den Tellerrand vermitteln, indem sie über Richtlinien und Arbeitsweisen anderer Einrichtungen und Träger informieren.

Schließlich kann die insoweit erfahrene Fachkraft auch zur **Reflexion** der zuständigen Fachkraft hinsichtlich der eigenen Rolle, der Gefühle und Ängste beitragen und einer

273 Für einen Überblick der Beratungsaufgaben vgl. Bertsch/Ziegenhain/Künster, JAmt 2016, 54 f.

Wahrnehmungsverzerrung oder einem Belastungserleben entgegenwirken. Im Bedarfsfall besteht zudem die Möglichkeit, regional trägerübergreifend installierte interdisziplinäre Kinderschutzgremien und Experten aus spezialisierten Beratungsstellen zur Unterstützung der insoweit erfahrenen Fachkraft hinzuzuziehen.

5. Dokumentation

Fachkräfte in der Kinder- und Jugendhilfe sind gesetzlich verpflichtet, mögliche Gefährdungslagen von Kindern und Jugendlichen zu erkennen und in geeigneter Weise abzuwenden. Ihr Handeln muss objektiv nachvollziehbar und auch überprüfbar sein.

Folglich sind alle Beobachtungen, Informationen und Ereignisse, jeder einzelne Arbeitsschritt sowie die getroffenen Einschätzungen, Entscheidungen und auch die geschlossenen Vereinbarungen und durchgeführten Hilfen **vollständig und transparent** zu dokumentieren. Für die Bearbeitung von möglichen Gefährdungsfällen werden standardisierte Dokumentationsvorlagen verwendet.

Solche **Vorlagen** vereinfachen die übersichtliche Dokumentation einer Fülle von Informationen, Ereignissen, Prozessen, Entscheidungen, Vereinbarungen und Kooperationen. Sie strukturieren notwendige Einschätzungen, Bewertungen, Entscheidungen, Handlungsplanungen und professionelle Kooperationen. Zudem bieten sie einen gefährdungsrelevanten fachspezifischen Wissensbestand, der für die Fallbearbeitung leitend sein kann.

Schließlich stellen solche Vorlagen auch sicher, dass innerhalb der Organisation eine einheitliche Falldokumentation erfolgt.

6. Kinderschutz-Dokumente

Zur Dokumentation werden Vorlagen verwendet, die auf den gesetzlichen Grundlagen und auf fachlichen Erkenntnissen basieren. Darin werden die regelhaft zu klärenden Aspekte (Bewertung gewichtiger Anhaltspunkte und deren Einordnung in Gefährdungsmerkmale, Gespräche mit Eltern und Minderjährigen, Beurteilung von Risiken, Problemen und Ressourcen, Kooperation und Veränderungsfähigkeit von Eltern, geeignete Hilfen und Überprüfung) angeführt.

Da unter Umständen nicht in allen Arbeitsbereichen alle Aspekte geklärt werden können, ist durch die zuständige Fachkraft – ggf. unterstützt durch die insoweit erfahrene Fachkraft – eine sinnvolle Auswahl zu treffen.

Die Fachkräfte der Diakonie – Jugendhilfe Oberbayern können bei der Bearbeitung möglicher Gefährdungsfälle auf folgende Dokumente zurückgreifen:

- *Dokument zum Kinderschutz Nr. 1:*

Dieses Schaubild existiert in einer internen und einer externen Fassung (für Kooperationspartner) und vermittelt einen schematischen Überblick über die trägereigenen „Handlungsschritte bei (Verdacht) einer Kindeswohlgefährdung". Die einzelnen Arbeitsschritte sowie damit verbundene Beurteilungsfragen, die erforderliche Beteiligung der insoweit erfahrenen Fachkraft sowie von Leitungskräften bis hin zur ggf. nötigen Meldung an das Jugendamt werden dargestellt.

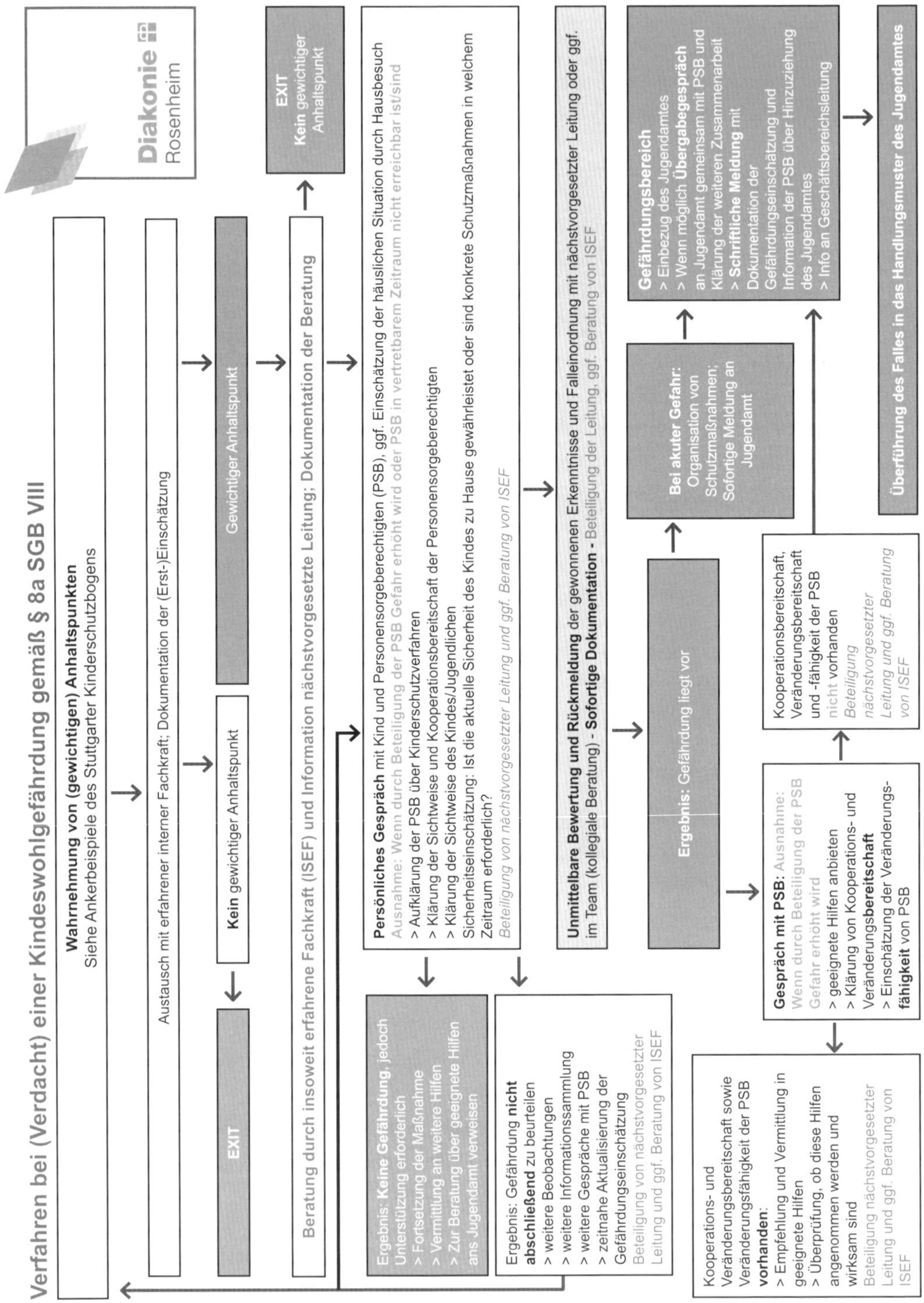

Abbildung 3: Dokument zum Kinderschutz Nr. 1: Handlungsschritte bei (Verdacht) einer Kindeswohlgefährdung
Quelle: Diakonie Rosenheim, 2021

- *Dokument zum Kinderschutz Nr. 2:*

„(Erst-)Einschätzung einer möglichen Gefährdung eines Kindes oder Jugendlichen", dies kann auch für einen längeren Bearbeitungsprozess genutzt werden.

- *Dokument zum Kinderschutz Nr. 3:*

„Ankerbeispiele des Stuttgarter Kinderschutzbogens"

Dieses Dokument dient zur Beschreibung und Beurteilung von gewichtigen Anhaltspunkten und möglichen Gefährdungslagen von Kindern und Jugendlichen. Es kann flexibel (zu unterschiedlichen Zeitpunkten und Fragestellungen in der Fallbearbeitung) und altersbezogen genutzt werden. Unterschieden werden die Altersbereiche 0 bis 3, 3 bis 6, 6 bis 14 und 14 bis 18 Jahre sowie Kriterien zur Beurteilung der Kooperationsbereitschaft der Personensorgeberechtigten. Es wurde freundlicherweise vom Jugendamt Stuttgart zur allgemeinen Nutzung zur Verfügung gestellt.

- *Dokument zum Kinderschutz Nr. 4:*

„Fachberatung mit einer Insoweit erfahrenen Fachkraft (ISEF)"

- *Dokument zum Kinderschutz Nr. 5:*

Insoweit erfahrenen Fachkräften wird mit dem „Leitfaden zur Fachberatung im Kinderschutz" eine Orientierungshilfe an die Hand gegeben.

- *Dokument zum Kinderschutz Nr. 6:*

„Meldung einer Gefährdung eines Minderjährigen an das Jugendamt." Ggf. sind zusätzlich zu dieser Vorlage auch spezielle Vorlagen/Vorgaben des jeweiligen Jugendamtes zu beachten.

Die Handlungsschritte im Kinderschutz sind in allen Einrichtungen und Diensten der Diakonie Rosenheim – von der Kindertagesbetreuung bis zu den Sozialen Diensten – verbindlich. Trägerintern werden dadurch Mindeststandards in der Klärung und Bearbeitung von möglichen Fällen der Kindeswohlgefährdung gewährleistet. Diese Standards sind für Kooperationspartner und Jugendämter transparent nachvollziehbar.

7. Kinderschutz-Fortbildungen

Die Grundlagen des Kinderschutzes sowie Funktion und Nutzung der Kinderschutz-Dokumente werden neuen Mitarbeitenden der Diakonie – Jugendhilfe Oberbayern in arbeitsfeldbezogenen Fortbildungen vermittelt.

Darüber hinaus werden bei Bedarf einrichtungs- bzw. angebotsbezogene Schulungen angeboten. Um die qualitätssichernde Rolle von Leitungskräften im Kinderschutz zu stärken, erhalten diese spezielle Schulungen.

Die trägereigenen insoweit erfahrenen Fachkräfte werden durch eine dreimodulige Qualifizierung, themenspezifische Fortbildungstage und regelmäßig durchgeführte Intervisionsgruppen geschult.

8. Evaluation

Zur Qualitätssicherung und kontinuierlichen Qualitätsentwicklung werden die entwickelten Dokumente und Verfahrensschritte, die Fachberatung sowie die thematischen Fortbildungen einer regelmäßigen Überprüfung unterzogen und anhand neu gewonnener Erkenntnisse angepasst und verbessert.

Um der Bedeutung und auch der Komplexität des Kinderschutzhandelns gerecht werden zu können, müssen Fachkräfte bestmöglich in ihrem Handeln unterstützt werden.

F. Verpflichtung zur Datenweitergabe nach § 8a Abs. 6 SGB VIII

§ 8a Abs. 6 Satz 1 SGB VIII verpflichtet das Jugendamt (missverständlich formuliert der Gesetzestext: „örtlicher Träger") dazu, alle Daten, deren Kenntnis zur Wahrnehmung des Schutzauftrags bei einer Kindeswohlgefährdung erforderlich sind, dem für die Gewährung von Leistungen örtlich zuständigen Jugendamt mitzuteilen.

Nach § 8a Abs. 6 Satz 2 HS 1 SGB VIII soll die Übermittlung der Daten im Rahmen eines Gesprächs zwischen den Fachkräften der beteiligten Jugendämter erfolgen. § 8a Abs. 6 Satz 2 HS 2 SGB VIII sieht vor, dass die Personensorgeberechtigten sowie das Kind oder der Jugendliche an dem **Übermittlungsgespräch** beteiligt werden sollen, soweit dadurch der wirksame Schutz des Kindes oder des Jugendlichen nicht infrage gestellt wird.

Einzelheiten zur Datenweitergabe werden in diesem Buch im Kapitel 8 „Kinderschutz und Datenschutz" dargestellt.

G. Beginn und Ende des Schutzauftrags gem. § 8a SGB VIII

Der **Beginn des Schutzauftrags** ist mit § 8a Abs. 1 Satz 1 SGB VIII klar geregelt. Werden dem Jugendamt gewichtige Anhaltspunkte für eine Kindeswohlgefährdung bekannt, muss es tätig werden. Entsprechendes gilt mittels § 8a Abs. 4 Satz 1 SGB VIII für die Leistungserbringer nach dem SGB VIII, also die Träger der freien Jugendhilfe.

Eine entsprechende gesetzliche Regelung zum **Ende des Schutzauftrags** existiert nicht. Hinsichtlich der Wahrnehmung des Schutzauftrags ist aber zunächst zu berücksichtigen, dass Maßnahmen des Jugendamtes nicht repressiv auf die Vergangenheit abzielen. Vielmehr dient das Handeln einem präventiven Schutz des Kindeswohles. Dem Kindeswohl kann damit regelmäßig nur dann dauerhaft entsprochen werden, wenn eine **fortlaufende Begleitung des Verfahrens** und eine Überprüfung getroffener Entscheidungen erfolgen. Sowohl die Maßnahmen des Jugendamtes als auch die Maßnahmen des Familiengerichts müssen daher regelmäßig überprüft und ggf. geänderten Verhältnissen angepasst werden. Während für das Familiengericht entsprechende **Überprüfungspflichten** gesetzlich geregelt sind, fehlen entsprechende Regelungen für das Jugendamt gänzlich. Dennoch ist festzustellen, dass die Fallzuständigkeit des Jugendamtes gem. § 8a SGB VIII bei Bekanntwerden von gewichtigen Anhaltspunkten für eine Kindeswohlgefährdung nicht mit der Anrufung des Familiengerichts endet.[274]

Der Schutzauftrag des Jugendamtes nach § 8a SGB VIII endet auch nicht automatisch mit einer Entscheidung des Familiengerichts nach § 1666 BGB. Das staatliche Wächteramt des Jugendamtes wird mit Anrufung und Tätigwerden des Familiengerichts weder unterbrochen noch beendet.

Der Schutzauftrag nach § 8a SGB VIII endet ferner vielfach auch nicht mit der Durchführung einer Hilfeplanung oder einer Leistungsimplementierung.

Hinweis:

Der Schutzauftrag nach § 8a SGB VIII besteht nach hiesiger Auffassung vielmehr so lange, wie gewichtige Anhaltspunkte für eine Kindeswohlgefährdung vorliegen.

Eine punktuelle Aufgabenwahrnehmung bzw. eine zeitliche Begrenzung der Tätigkeit einer Kinderschutzstelle im Jugendamt ist mit den aus § 8a SGB VIII resultierenden gesetzlichen Erfordernissen daher kaum in Übereinstimmung zu bringen.

Solange gewichtige Anhaltspunkte für eine Kindeswohlgefährdung fortbestehen, bleibt das Jugendamt dem Schutz des Kindeswohls verpflichtet. Vergleichbares gilt für den Träger der freien Jugendhilfe gem. § 8a Abs. 4 SGB VIII.

Es muss sichergestellt werden, dass der fallführenden Fachkraft während der gesamten Dauer eines § 8a-Verfahrens – also mit Bekanntwerden von gewichtigen Anhaltspunkten bis zum Entfallen solcher Anhaltspunkte – alle relevanten Informationen zufließen. Ferner ist eine **vollständige und gut strukturierte Aktenführung** während des 8a-Verfahrens unerlässlich für eine sachgerechte Bearbeitung des Schutzauftrags. Auch dies wird mit dem Zwischenbericht des „Untersuchungsausschusses Lügde" wie folgt betont:

> „Alles für die Betreuung des Falles Erforderliche muss stets aus der Akte hervorgehen. Dies ist seitens der Vorgesetzten zu kontrollieren und sicherzustellen."[275]

Die gesetzlichen Verpflichtungen des Jugendamtes und des Familiengerichts bestehen nebeneinander. Ferner kann eine vertragliche Verpflichtung des Trägers der freien Jugendhilfe nach § 8a Abs. 4 SGB VIII bestehen.

Unabhängig von der Entscheidung des Familiengerichts muss das Jugendamt bei Vorliegen von gewichtigen Anhaltspunkten für eine Kindeswohlgefährdung daher weiterhin den Fall begleiten und eine **eigenständige verwaltungsrechtliche Entscheidung** treffen. Aus diesem Grunde kann es auch erforderlich sein, dass das Jugendamt auch während eines laufenden familiengerichtlichen Verfahrens eigene Maßnahmen, insbesondere z.B. eine Inobhutnahme, durchführt.[276]

274 S. hierzu auch DIJuf-Rechtsgutachten vom 15.2.2017, JAmt 2017, 184 und Socha, JAmt 2017, 522.
275 Zwischenbericht des Parlamentarischen Untersuchungsausschusses IV („Ausschuss Lügde") NRW, LT-Drs. 17/16770, S. 3133.
276 S. hierzu Bringewat in Kunkel/Kepert/Pattar, LPK-SGB VIII, § 8a Rn. 83.

Auch kann es erforderlich sein, dass das Jugendamt gegen eine erstinstanzliche Entscheidung des Familiengerichts **Beschwerde** gem. § 58 FamFG erhebt und die Inobhutnahme bei einer fortwährenden Kindeswohlgefährdung aufrechterhält, bis eine Entscheidung über die Beschwerde ergangen ist. Für eine Fortführung einer Inobhutnahme im Anschluss an eine familiengerichtliche Entscheidung bedarf es daher auch keiner „Aufrechterhaltung" durch das Familiengericht mittels „Teilentzug von Sorgerechten".[277]

Ebenso besteht für das Jugendamt – neben der Verpflichtung des Familiengerichts gem. § 166 FamFG zur Überprüfung einer getroffenen gerichtlichen Entscheidung – eine aus § 8a SGB VIII resultierende Verpflichtung zur **umfassenden weiteren Prüfung** des jeweiligen Kinderschutzfalls.

Aufgrund dieser gesetzlichen Verpflichtung kann sich nach hier vertretener Auffassung auch die eigenständige verwaltungsrechtliche Verpflichtung nach § 8a SGB VIII zur Überprüfung ergeben, ob beispielsweise eine familiengerichtliche Auflage oder ein Verbot nach § 1666 Abs. 3 Nr. 3 oder 4 BGB tatsächlich eingehalten wird.

Auch kann sich für das Jugendamt aufgrund des aus § 8a SGB VIII resultierenden Schutzauftrags die Verpflichtung zur **erneuten Anrufung des Familiengerichts** ergeben, wenn das Familiengericht eine Maßnahme nach § 1666 BGB abgelehnt hat. Dies stellt auch der Gesetzgeber klar. So wird mit der Gesetzesbegründung zu § 166 Abs. 3 FamFG Folgendes betont:

> „Die Zuständigkeit der Kinder- und Jugendhilfe, das Familiengericht in eigener Verantwortung erneut anzurufen, bleibt davon (Anmerkung des Verfassers: Der Überprüfungspflicht des Gerichts aus § 166 Abs. 3 FamFG) unberührt."[278]

Nach hiesiger Auffassung wäre es zu begrüßen, wenn der Gesetzgeber eine entsprechende klarstellende Regelung in § 8a SGB VIII schaffen würde.

Das Jugendamt bleibt unabhängig vom Handeln des Familiengerichts dem Kindeswohl verpflichtet und muss auch nach Durchführung eines familiengerichtlichen Verfahrens weiterhin eigenständige Maßnahmen prüfen und gegebenenfalls ergreifen. Diese Verpflichtung sollte klarstellend gesetzlich normiert werden.

Praxistipp:

▶ *Solange gewichtige Anhaltspunkte für eine Kindeswohlgefährdung vorliegen, bleibt das Jugendamt dem Schutzauftrag verpflichtet. Vergleichbares gilt für den Träger der freien Jugendhilfe.*

Der Schutzauftrag nach § 8a SGB VIII endet nicht automatisch mit der Anrufung oder Entscheidung des Familiengerichts.

277 So aber Salgo, ZKJ 2018, 168, 170.
278 BT-Drs. 16/6308, S. 243.

H. Örtliche Zuständigkeit für die Wahrnehmung des Schutzauftrags gem. § 8a SGB VIII

Im Gegensatz zu allen anderen Leistungen i.S.d. § 2 Abs. 2 SGB VIII und anderen Aufgaben i.S.d. § 2 Abs. 3 SGB VIII findet sich in den §§ 86 ff. SGB VIII keine Regelung zur örtlichen Zuständigkeit für die Wahrnehmung des Schutzauftrags nach § 8a SGB VIII.

Lediglich für die **Ergreifung einzelner Schritte** bei einer festgestellten Kindeswohlgefährdung finden sich Regelungen zur örtlichen Zuständigkeit. So ist die Mitwirkung des Jugendamtes im familiengerichtlichen Verfahren nach Anrufung des Familiengerichts nach § 8a Abs. 2 Satz 1 HS. 1 oder HS 2 SGB VIII gem. § 87b SGB VIII geregelt. Diese örtliche Zuständigkeit wird mittels § 87b Abs. 1 Satz 1 i.V.m. § 86 Abs. 1 bis 4 SGB VIII geregelt.[279] Örtlich zuständig ist danach das Jugendamt, welches für eine vorausgehende Leistung zuständig ist, oder, falls eine solche bisher nicht erfolgt ist, für eine Leistung zuständig wäre.[280]

Auch findet sich mit § 87 SGB VIII eine Regelung zur örtlichen Zuständigkeit für die **Inobhutnahme** gem. § 8a Abs. 2 Satz 2 SGB VIII i.V.m. § 42 SGB VIII. Demnach ist der örtliche Träger zuständig, in dessen Bereich sich das Kind vor Beginn der Maßnahme tatsächlich aufhält. Ferner wird mit § 8a Abs. 5 SGB VIII eine Mitteilungspflicht an das für die Gewährung von Leistungen zuständige Jugendamt (bzw. den örtlichen Träger der öffentlichen Jugendhilfe) bei Bekanntwerden von gewichtigen Anhaltspunkten für eine Kindeswohlgefährdung normiert.

Es findet sich hingegen keinerlei Regelung für die örtliche Zuständigkeit für den **Prozess der Gefährdungseinschätzung** nach § 8a Abs. 1 Satz 1 und 2 SGB VIII. Ebenso fehlen explizite Regelungen zur örtlichen Zuständigkeit hinsichtlich § 8a Abs. 3 und 4 SGB VIII. Für diese Aufgaben, insbesondere den Prozess der Gefährdungseinschätzung gem. § 8a Abs. 1 Satz 1 und 2 SGB VIII, wird nach einer in der Rechtsprechung vertreten Auffassung eine (analoge) Anwendung des § 87 SGB VIII bejaht. Zuständig für den Prozess der Gefährdungseinschätzung sei danach das Jugendamt, in dessen Zuständigkeitsbezirk sich das Kind tatsächlich aufhält.[281] In der Literatur wird hingegen überwiegend von einer „Allzuständigkeit" jedes Jugendamtes ausgegangen, dem gewichtige Anhaltspunkte für eine Kindeswohlgefährdung bekannt werden.[282]

Problematisch an dieser **Regelungslücke** ist nach hiesiger Auffassung die Tatsache, dass mit der in der Literatur vertretenen Auffassung gleichzeitig eine Zuständigkeit verschiedener Jugendämter begründet werden kann. Dann kann sich die Frage nach der Letztverantwortlichkeit eines Jugendamtes stellen. Auch ist es problematisch, wenn die verschiedenen Jugendämter, welche nach § 8a Abs. 1 Satz 1 und 2 SGB VIII tätig werden müssen, zu divergierenden Auffassungen hinsichtlich des Vorliegens einer Kindeswohlgefährdung oder der zu ergreifenden Maßnahmen kommen.

---

279 S. hierzu Kunkel/Kepert in Kunkel/Kepert/Pattar, LPK-SGB VIII, § 87b Rn. 1.
280 S. hierzu Kunkel/Kepert in Kunkel/Kepert/Pattar, LPK-SGB VIII, § 87b Rn. 2.
281 VG Braunschweig, Urt. v. 28.10.2010, 3 A 127/09, juris Rn. 18.
282 S. hierzu Meysen in Münder/Meysen/Trenczek, FK-SGB VIII, § 8a Rn. 10; Kößler in Schlegel/Voelzke, jurisPK-SGB VIII, § 8a Rn. 33.

Kapitel 5: Die Inobhutnahme gem. § 42 SGB VIII

A. Zur Grundstruktur der Inobhutnahme

Die Entscheidung über die Durchführung einer Inobhutnahme durch das Jugendamt stellt einen **Verwaltungsakt** i.S.d. § 31 SGB X dar.

Träger der freien Jugendhilfe können daher auch mangels Behördeneigenschaft i.S.d. § 31 Satz 1 SGB X keine Inobhutnahme verfügen. Der Verwaltungsakt der Inobhutnahme enthält durch die tatsächliche Mitnahme des Minderjährigen – ähnlich wie beispielsweise die Beschlagnahme im Fall der freiwilligen Herausgabe der Sache im Polizeirecht – ein Vollzugselement.

Lediglich die zwangsweise Mitnahme des Kindes gegen den Willen des Kindes oder der Eltern ist vom Verwaltungsakt der Inobhutnahme nicht gedeckt. In dieser Fallkonstellation muss der Verwaltungsakt der Inobhutnahme mittels des Zwangsvollstreckungsmittels **unmittelbarer Zwang** vollstreckt werden. § 42 Abs. 6 SGB VIII stellt diesbezüglich fest, dass das Jugendamt für die Anwendung des unmittelbaren Zwangs die „dazu befugten Stellen" (die Polizei) hinzuziehen hat.[283]

§ 42 Abs. 1 SGB VIII normiert die **Tatbestandsvoraussetzungen** und die **Rechtsfolgenseite** der Inobhutnahme. Mit Absatz 1 Satz 1 werden mit den Nummern 1, 2 a, 2 b und 3 vier Varianten der Inobhutnahme geregelt, die sich hinsichtlich der erforderlichen Tatbestandsvoraussetzungen teilweise erheblich voneinander unterscheiden.

Gemein ist den Vorschriften die Rechtsfolgenseite: Bei Vorliegen der Tatbestandsvoraussetzungen muss die Inobhutnahme erfolgen (gebundene Entscheidung).

- § 42 Abs. 1 Satz 1 Nr. 1 SGB VIII regelt die Inobhutnahme eines sog. **Selbstmelders**.
- § 42 Abs. 1 Satz 1 Nr. 2 SGB VIII regelt die Inobhutnahme von Amts wegen bei Vorliegen einer **dringenden Gefahr** für das Wohl des Minderjährigen.
- § 42 Abs. 1 Satz 1 Nr. 3 SGB VIII befasst sich mit der Inobhutnahme **ausländischer Kinder oder Jugendlicher**, die unbegleitet nach Deutschland kommen, wenn sich weder Personensorgeberechtigte noch Erziehungsberechtigte im Inland aufhalten. Die Regelung wird durch die §§ 42a bis 42f SGB VIII ergänzt, welche durch das Gesetz zur Verbesserung der Unterbringung, Versorgung und Betreuung ausländischer Kinder und Jugendlicher zum 1. November 2015 neu ins SGB VIII eingefügt worden sind.

Hinsichtlich der Rechtswirkungen der Inobhutnahme ist insbesondere zwischen

- der Inobhutnahme nach § 42 Abs. 1 Satz 1 Nr. 1 und 2 SGB VIII auf der einen Seite und
- der Inobhutnahme nach § 42 Abs. 1 Satz 1 Nr. 3 SGB VIII auf der anderen Seite

zu unterscheiden.

Obgleich während einer Inobhutnahme nach § 42 Abs. 1 Satz 1 Nr. 1 und 2 SGB VIII auch Fragen der sozialrechtlichen Leistungsgewährung sowie der sozialpädagogischen Bera-

283 Ausführlich hierzu Kepert in Kunkel/Kepert/Pattar, LPK-SGB VIII, § 42 Rn. 122 f.

tung und Betreuung des Kindes eine wesentliche Rolle spielen, geht es im Kern um eine auf dem staatlichen Wächteramt nach Art. 6 Abs. 2 Satz 2 GG beruhende Intervention, welche die Rechte der betroffenen Kinder und Eltern berührt und insoweit Bestandteil der Eingriffsverwaltung ist. Während eine Inobhutnahme nach § 42 Abs. 1 Satz 1 Nr. 1 oder 2 SGB VIII damit regelmäßig einen mit einem **Eingriff in das Elternrecht** verbundenen belastenden Verwaltungsakt darstellt, handelt es sich bei der Inobhutnahme nach § 42 Abs. 1 Satz 1 Nr. 3 SGB VIII in der Regel um einen **begünstigenden Verwaltungsakt**.

Hauptgrund für die Inobhutnahmen im Jahr 2018 war eine „Überforderung der Eltern". Mit deutlichem Abstand folgen die **Gründe** „Anzeichen für körperliche/psychische Misshandlung" sowie „Anzeichen für Vernachlässigung".[284] Ein ähnliches Bild ergibt sich für das Jahr 2019. Auch hier war Hauptgrund „Überforderung der Eltern".

Allerdings sind hinsichtlich weiterer Gründe deutliche Unterschiede in Bezug auf das Alter der Kinder erkennbar. Bei jüngeren Kindern hat auch der Grund „Vernachlässigung" große Bedeutung. Bei älteren Kindern geben die Fachkräfte als Gründe für Inobhutnahmen im Vergleich deutlich häufiger „psychische oder körperliche Misshandlung" an.

Ab einem Alter von 12 Jahren werden deutliche geschlechtsspezifische Unterschiede offensichtlich. Bei Mädchen werden häufiger Beziehungsprobleme sowie Anzeichen für sexuelle, psychische und physische Gewalt genannt. Bei Jungen werden hingegen Delinquenz und Integrationsprobleme in Heimen und Pflegefamilien sowie Suchtprobleme als Gründe für die Inobhutnahme verstärkt benannt.[285]

§ 42 Abs. 2 bis 4 SGB VIII gibt Regelungen vor, die bei der Durchführung der Inobhutnahme von Bedeutung sind. Mit § 42 Abs. 5 SGB VIII besteht eine Regelung zu freiheitsentziehenden Maßnahmen. § 42 Abs. 6 SGB VIII enthält eine Regelung zur Vollstreckung der Inobhutnahme mit dem Mittel des unmittelbaren Zwangs.

Im **deutschlandweiten Vergleich** fällt auf, dass die Inobhutnahmezahlen extrem variieren. Diese Varianz lässt sich nur bedingt durch lokale Begebenheiten erklären. So wurden beispielsweise im Jahr 2016 in Bremen 35,8 pro 10.000 Kinder wegen einer dringenden Gefahr in Obhut genommen. In Berlin sind es hingegen nur 19,1 und in Bayern 11.[286] Auch bei der Dauer der Inobhutnahmen ergeben sich im Ländervergleich extreme Unterschiede. So liegt die durchschnittliche Dauer einer Inobhutnahme wegen einer dringenden Gefahr in Berlin bei 13,1 Tagen und in Bremen bei 58,6 Tagen.[287]

---

284 Pressemitteilung des Statistischen Bundesamts vom 16.8.2019, https://www.destatis.de/DE/Presse/Pressemitteilungen/2019/08/PD19_308_225.html, abgerufen am 9.3.2021.

285 Mühlmann, Komdat 2/3 2020, S. 23.

286 S. hierzu Kinder- und Jugendhilfereport 2018, S. 148.

287 S. hierzu Kinder- und Jugendhilfereport 2018, S. 150.

B. Tatbestandsvoraussetzungen und Rechtsfolge

I. Tatbestandsvoraussetzungen und Rechtsfolge nach § 42 Abs. 1 Satz 1 Nr. 1 SGB

1. Tatbestandsvoraussetzungen

Tatbestandsvoraussetzung für die Inobhutnahme nach § 42 Abs. 1 Satz 1 Nr. 1 SGB VIII ist nach dem Gesetzeswortlaut die Bitte des Kindes oder Jugendlichen um Inobhutnahme (sog. Selbstmelder).

Zunächst muss die um Inobhutnahme bittende Person damit Kind oder Jugendlicher sein. Dies bestimmt sich nach § 7 Abs. 1 Nr. 1 SGB VIII bzw. Nr. 2 SGB VIII (Person im Alter von null Jahren bis zur Vollendung des 18. Lebensjahres).

Ferner muss eine Bitte um Inobhutnahme im Sinne des Gesetzes erfolgen. Dem Gesetzeswortlaut sind zunächst keine weiteren Voraussetzungen für die Bitte des Kindes oder Jugendlichen zu entnehmen. Allerdings wird mit der Gesetzesbegründung klargestellt, dass die Bitte um Hilfe „aus einer Notlage heraus" erfolgen muss.[288]

Um unverhältnismäßige Eingriffe in das Elternrecht aus Art. 6 Abs. 2 Satz 1 GG zu vermeiden, ist § 42 Abs. 1 Satz 1 Nr. 1 SGB VIII dahingehend verfassungskonform auszulegen, dass zusätzlich zur geschriebenen Tatbestandsvoraussetzung der **Bitte um Inobhutnahme** noch die ungeschriebene Tatbestandsvoraussetzung des Vorliegens eines **subjektiven Schutzbedürfnisses** (also dass das Kind oder der Jugendliche sich für gefährdet hält) gegeben sein muss, um die Verpflichtung zur Inobhutnahme auszulösen.

Dies erscheint auch sachgerecht, wenn man den Begriff der „Obhut" sprachlich zutreffend im Zusammenhang mit erbetenem Schutz und erstrebter Fürsorge deutet. Es muss damit aus Sicht des Minderjährigen ein subjektiver Hilfebedarf bestehen. Nach Möglichkeit hat dies das Jugendamt vor der Inobhutnahme zu prüfen, um verfassungswidrige Eingriffe in das Elternrecht aus Art. 6 Abs. 2 Satz 1 GG zu vermeiden.

Die **Prüfung** hat sich darauf zu erstrecken, ob das Kind sich tatsächlich subjektiv für gefährdet hält. Situationen, welchen eine solche subjektive Gefährdungsannahme nicht zugrunde liegt, das Kind etwa aus Wut über die Eltern das Jugendamt anruft, können eine Inobhutnahme nicht rechtfertigen. Andererseits sind an die Bitte um Inobhutnahme keine zu hohen Anforderungen zu stellen. Die Bitte ist keine rechtsgeschäftliche Willensäußerung.

Praxistipp:

Die ernst gemeinte Bitte um Inobhutnahme aufgrund eines vom Minderjährigen angenommenen Hilfebedarfs löst die Pflicht der Behörde zum Handeln aus, ohne dass es einer Begründung der Bitte durch das Kind oder den Jugendlichen bedarf.

288 BT-Drs. 11/5948 S. 80.

2. Rechtsfolge

Auf der **Rechtsfolgenseite** normiert § 42 Abs. 1 Satz 1 Nr. 1 SGB VIII eine gebundene Entscheidung des Jugendamts („ist verpflichtet"). Sofern eine ernst gemeinte Bitte des Kindes oder Jugendlichen aus einer subjektiv angenommenen Notlage erfolgt, muss damit eine Inobhutnahme durch das Jugendamt erfolgen.

II. Tatbestandsvoraussetzungen und Rechtsfolge nach § 42 Abs. 1 Satz 1 Nr. 2a und b SGB VIII

1. Gemeinsame Tatbestandsvoraussetzungen des § 42 Abs. 1 Satz 1 Nr. 2a und b SGB VIII

Zunächst weisen die Inobhutnahmetatbestände nach § 42 Abs. 1 Satz 1 Nr. 2a und b SGB VIII zwei gemeinsame Tatbestandsvoraussetzungen auf. Hinsichtlich der dritten Tatbestandsvoraussetzung bestehen Unterschiede zwischen den Tatbeständen nach Ziff. a und b.

a) Dringende Gefahr für das Kindeswohl

Zentrale Tatbestandsvoraussetzung für die Inobhutnahme nach § 42 Abs. 1 Satz 1 Nr. 2 SGB VIII ist das Vorliegen einer dringenden Gefahr für das Wohl eines Kindes oder Jugendlichen nach § 7 Abs. 1 Nrn. 1 oder 2 SGB VIII.

Wann eine dringende Gefahr i.S.d. § 42 Abs. 1 Satz 1 Nr. 2 SGB VIII vorliegt, ist in Literatur und Rechtsprechung umstritten.[289] Nach hier vertretener – und mittlerweile wohl herrschender – Auffassung liegt eine dringende Gefahr i.S.d. § 42 Abs. 1 Satz 1 Nr. 2 SGB VIII bei einer Sachlage vor, bei welcher bei ungehindertem Geschehensablauf unmittelbar bevorstehend mit ziemlicher Sicherheit eine erhebliche Schädigung des Kindeswohls auf körperlicher, geistiger oder seelischer Ebene einzutreten droht.[290]

Die dringende Gefahr entsteht regelmäßig im elterlichen Haushalt. Eine solche Gefahrenlage kann zum einen entstehen, wenn die Eltern nicht in der Lage oder willens sind, das Kind in ausreichendem Umfang zu pflegen, zu erziehen und vor Gefahren zu schützen. Auch gibt es Fallkonstellationen, in welchen die Eltern die Gefahrenlage für ihr Kind schaffen, indem sie das Kind psychisch oder physisch misshandeln oder missbrauchen.

Die Notwendigkeit zur Durchführung einer Inobhutnahme kann sich aber auch bei einer bereits erfolgten Fremdunterbringung ergeben. Insbesondere dann, wenn das Kindeswohl in der Einrichtung gefährdet ist oder der Leistungserbringer die Leistung kurzfristig einstellt. Zudem kann eine dringende Gefahr beispielsweise auch in einer Pflegefamilie entstehen.

Das Vorliegen einer Kindeswohlgefährdung hat daher nicht zwingend die Verursachung der Gefährdung durch die Eltern zur Voraussetzung. Dies wird anhand des § 1666 Abs. 1 BGB sehr offensichtlich: Zusätzlich zur Kindeswohlgefährdung – und hiervon zu trennen –

289 S. hierzu die Ausführungen in Kapitel 1.
290 S. hierzu auch BayVGH, B. v. 9.1.2017, 12 CS 16.2181, juris Rn. 9 und 12.

ist es für gerichtliche Entscheidungen nach § 1666 BGB erforderlich, dass die Eltern nicht gewillt oder nicht in der Lage sind, die Gefahr abzuwenden.

b) Erforderlichkeit der Inobhutnahme

Weitere Tatbestandsvoraussetzung ist es, dass die Gefahr die Inobhutnahme erfordert. Bei der Erforderlichkeit handelt es sich um ein Teilelement des Verhältnismäßigkeitsgrundsatzes.

Erforderlich ist eine Maßnahme nur dann, wenn ein gleich wirksames, den betroffenen Bürger aber weniger beeinträchtigendes Mittel nicht zur Verfügung steht. Das bedeutet, dass unter mehreren gleich effektiven Mitteln dasjenige gewählt werden muss, welches den Bürger am wenigsten beeinträchtigt.[291]

Zu prüfen ist daher, ob die Kindeswohlgefährdung auch auf andere Weise, insbesondere durch öffentliche Hilfen, gleich effektiv abgewendet werden kann. Allein die Existenz eines milderen Mittels lässt allerdings die Erforderlichkeit der Inobhutnahme nicht entfallen. Das mildere gleich wirksame Mittel muss auch tatsächlich unmittelbar umsetzbar sein. Nur wenn im konkreten Einzelfall die Kindeswohlgefährdung durch Hilfen gleich effektiv wie mit einer Herausnahme des Kindes abgewendet werden kann, ist die Inobhutnahme nach § 42 Abs. 1 Satz 1 Nr. 2 SGB VIII nicht erforderlich.

Diesbezüglich ist zu berücksichtigen, dass die Beendigung einer Inobhutnahme umgehend geprüft werden muss, wenn eine mildere gleich wirksame Maßnahme (z.B. eine stationäre Hilfe zur Erziehung) umsetzbar wird.

Auch ist zu berücksichtigen, dass infolge Rechtsänderung durch Art. 1 des KJSG mit Wirkung vom 10. Juni 2021 nach § 19 SGB VIII eine gemeinsame stationäre Unterbringung von Vater, Mutter und Kind oder neuem Lebenspartner, Mutter und Kind möglich ist. Mit der Gesetzesbegründung wird ausdrücklich betont, dass diese Leistung darauf zielt „für das Kindeswohl gegebenenfalls schädliche langfristige Trennungen" zu vermeiden.[292]

2. Weitere Tatbestandsvoraussetzung nach § 42 Abs. 1 Satz 1 Nr. 2a SGB VIII

Nach § 42 Abs. 1 Satz 1 Nr. 2 a SGB VIII ist weitere Tatbestandsvoraussetzung für die Inobhutnahme, dass die Personensorgeberechtigten der beabsichtigten Inobhutnahme nicht widersprechen.

Wie bereits aus dem Gesetzeswortlaut („die Personensorgeberechtigten") ersichtlich wird, müssen im Regelfall Vater und Mutter der Inobhutnahme nicht widersprechen. Leben beispielsweise gemeinsam personensorgeberechtigte Eltern in Trennung und sind sie unterschiedlicher Auffassung über eine Inobhutnahme, bedarf es der Herbeiführung einer Entscheidung durch das Familiengericht, da es insoweit zweifelsohne um eine Regelung von erheblicher Bedeutung für das Kind geht, die gegenseitiges Einvernehmen der Eltern erforderlich macht (s. § 1687 Abs. 1 Satz 1 BGB).

Einigkeit besteht auch in der Feststellung, dass die Personensorgeberechtigten in der Lage sein müssen, der Inobhutnahme zu widersprechen. So kann zweifellos eine Inobhutnahme

291 BVerfG, B. v. 22.9.2014, 1 BvR 2108/14, juris Rn. 19.
292 BT-Drs. 19(13)137, 94.

nicht auf § 42 Abs. 1 Satz 1 Nr. 2a SGB VIII gestützt werden, wenn die Personensorgeberechtigten zum Zeitpunkt der Verfügung der Inobhutnahme ortsabwesend sind und nicht erreicht werden können. Gleiches gilt, wenn sie nicht ansprechbar sind, z.B. aufgrund eines Alkohol- oder Drogenrausches.

Nicht abschließend geklärt ist die Rechtsfrage, ob „nicht widersprechen" i.S.d. § 42 Abs. 1 Satz 1 Nr. 2a SGB VIII auch dann angenommen werden kann, wenn die Personensorgeberechtigten die Durchführung der Inobhutnahme stillschweigend dulden. Teilweise wird in Rechtsprechung und Literatur angenommen, dass ein reines (stillschweigendes) Dulden der Inobhutnahme nicht ausreichend sei, um den Tatbestand des § 42 Abs. 1 Satz 1 Nr. 2a SGB VIII zu erfüllen.[293]

Nach hiesiger Auffassung ist hingegen bei einem **Dulden der Inobhutnahme** von „nicht widersprechen" i.S.d. § 42 Abs. 1 Satz 1 Nr. 2a SGB VIII auszugehen.[294] Die Fassung des Gesetzes beruht im Wesentlichen darauf, dass das Gesetz die Befugnis zur Wegnahme des Kindes zur Abwendung einer akuten Kindeswohlgefährdung auch auf den Kreis der Personensorgeberechtigten selbst ausweiten wollte, wobei die verfassungsrechtlich garantierten Elternrechte ausreichend berücksichtigt sein sollten.[295] Da die Inobhutnahme nur bei einer dringenden Gefahr für das Wohl des Kindes erfolgen darf, deren Abwendung jedoch prinzipiell zunächst in der Elternverantwortung liegt,[296] liegt es nahe, das Schweigen zur Inobhutnahme bzw. die stillschweigende Duldung einer Inobhutnahme von im Ergebnis zur Gefahrenabwehr nicht handlungsbereiten bzw. handlungsunfähigen Personensorgeberechtigten als mangelnden Widerspruch im Sinne der Vorschrift zu werten, der damit die Inobhutnahme rechtlich zulässt.

Widersprechen allerdings die Personensorgeberechtigten der Inobhutnahme, ist diese nach § 42 Abs. 1 Satz 1 Nr. 2a SGB VIII nicht in rechtmäßiger Weise möglich. Zu prüfen ist dann, ob eine Inobhutnahme nach § 42 Abs. 1 Satz 1 Nr. 2b SGB VIII möglich ist.

3. Weitere Tatbestandsvoraussetzung nach § 42 Abs. 1 Satz 1 Nr. 2 b SGB VIII

Trotz Widerspruchs der Personensorgeberechtigten ist eine Inobhutnahme gemäß § 42 Abs. 1 Satz 1 Nr. 2 b SGB VIII zulässig, wenn eine familiengerichtliche Entscheidung nicht rechtzeitig zur Abwendung der im konkreten Einzelfall vorliegenden dringenden Gefahr eingeholt werden kann.

Es ist zu prüfen, ob während der Zeit, die eine Einholung der familiengerichtlichen Entscheidung erfordert, ein Schaden beim Minderjährigen eintreten könnte. Dabei ist zu berücksichtigen, dass das Familiengericht nach § 157 Abs. 3 FamFG unverzüglich den Erlass einer einstweiligen Anordnung zu prüfen hat. Eine solche Entscheidung ergeht regelmäßig innerhalb weniger Stunden.

Ist zum Zeitpunkt der Entscheidung des Jugendamts über die Durchführung der Inobhutnahme zu befürchten, dass innerhalb der nächsten Stunden ein Schaden beim Minderjäh-

293 BayVGH, B. v. 9.1.2017, 12 CS 16.2181, juris Rn. 13; Dürbeck in Wiesner/Wapler, SGB VIII, § 42 Rn. 12.
294 So auch Tillmanns in MüKo BGB, § 42 Rn. 6.
295 S. Gesetzentwurf der Bundesregierung, Tagesbetreuungsausbaugesetz – TAG, 75.
296 S. Art. 6 Abs. 2 GG bzw. § 1666 Abs. 1 BGB mit seinem negativen Tatbestandsmerkmal der mangelnden Handlungsbereitschaft bzw. mangelnden Handlungsfähigkeit.

rigen eintreten könnte, muss das Jugendamt die Inobhutnahme verfügen und umsetzen. Die familiengerichtliche Entscheidung wird hierdurch allerdings nicht überflüssig. Die familiengerichtliche Entscheidung muss nach Durchführung der Inobhutnahme unverzüglich eingeholt werden (§ 42 Abs. 3 Satz 2 Nr. 2 SGB VIII).

Strittig und noch nicht abschließend in der Rechtsprechung geklärt ist die Frage, ob für die Tatbestandserfüllung des § 42 Abs. 1 Nr. 2 b vor Verfügung der Inobhutnahme der erfolglose Versuch der Anrufung des Familiengerichts unternommen worden sein muss, oder aber, ob es ausreichend ist, wenn das Jugendamt aufgrund einer Prognoseentscheidung zu der Annahme berechtigt ist, dass ein Schaden am Kindeswohl bis zu einer Entscheidung des Familiengerichts eintreten könnte.[297]

Teilweise wird die Auffassung vertreten, dass für die Tatbestandserfüllung tatsächlich ein **erfolgloser Versuch der Anrufung des Familiengerichts** durch das Jugendamt vor Verfügung der Inobhutnahme unternommen worden sein muss.[298] Nach hiesiger Auffassung ist dies nicht zwingend der Fall. Zutreffend ist, dass über eine Trennung von Eltern und Kind primär vom Familiengericht entschieden werden muss. Eine Inobhutnahme kommt deshalb nur in besonders gelagerten Gefährdungssituationen in Betracht, die ein Abwarten der Entscheidung des Familiengerichts nicht erlauben.[299]

Hinweis:

Diesbezüglich ist zu berücksichtigen, dass die Familiengerichte über einen gerichtlichen Bereitschaftsdienst verfügen und zur unverzüglichen Prüfung einer Eilentscheidung gemäß § 157 Abs. 3 FamFG verpflichtet sind.

Eine Inobhutnahme ohne Einholung einer familiengerichtlichen Entscheidung kommt daher nur in besonders gelagerten Situationen in Betracht. Steht allerdings nach den Erfahrungswerten des Jugendamtes fest, dass bis zum Vorliegen einer familiengerichtlichen Eilentscheidung ein Schaden am Kindeswohl einzutreten droht (weil z.B. weil bis zu einem Vorliegen einer familiengerichtlichen Entscheidung mehrere Stunden vergehen werden und ein Schadenseintritt in den nächsten ein, zwei Stunden droht), ist nach hiesiger Auffassung der Tatbestand des § 42 Abs. 1 Satz 1 Nr. 2b SGB VIII auch dann erfüllt, wenn vor der Inobhutnahme ein erfolgloser Versuch einer Anrufung des Familiengerichts nicht unternommen worden ist.

Nach hiesiger Auffassung folgt dieses Auslegungsergebnis bereits aus § 42 Abs. 3 Satz 2 Nr. 2 SGB VIII. Widersprechen die Personensorge- oder Erziehungsberechtigten der Inobhutnahme, so hat das Jugendamt unverzüglich eine Entscheidung des Familiengerichts über die erforderlichen Maßnahmen zum Wohl des Kindes oder des Jugendlichen herbeizuführen. Diese Regelung geht implizit davon aus, dass ein nachträgliches Anrufen des Familiengerichts, also nach Verfügung der Inobhutnahme, zulässig ist.

---

297 S. hierzu BayVGH, B. v. 9.1.2017, 12 CS 16.2181, juris Rn. 14.
298 OVG NRW Beschl. v. 7.2.2022, 12 A 1402/18, juris Rn. 134; OVG Mecklenburg-Vorpommern, Beschl. v. 26.4.2018, 1 LZ 238/17, juris Rn. 6; Kirchhoff in Schlegel/Voelzke, jurisPK-SGB VIII, § 42 Rn. 108.
299 S. hierzu OVG Mecklenburg-Vorpommern, B. v. 26.4.2018, 1 LZ 238/17, juris Rn. 6.

4. Rechtsfolge

Sowohl bei fehlendem Widerspruch der Personensorgeberechtigten (Ziffer a) als auch, wenn eine familiengerichtliche Entscheidung nicht rechtzeitig eingeholt werden kann (Ziffer b), sieht § 42 Abs. 1 Satz 1 Nr. 2 SGB VIII auf Rechtsfolgenseite eine **gebundene Entscheidung** vor.

Das Jugendamt muss daher bei Vorliegen der Tatbestandsvoraussetzungen die Inobhutnahme zwingend verfügen. Dies gilt auch dann, wenn das betroffene Kind und/oder die Eltern mit der Inobhutnahme nicht einverstanden sind.

Die Willenslage der Eltern ist lediglich für das weitere Verfahren nach Verfügung der Inobhutnahme maßgeblich. Sofern die Eltern mit der Inobhutnahme nicht einverstanden sind, wird regelmäßig eine Pflicht zur Anrufung des Familiengerichts bestehen, § 42 Abs. 3 Satz 2 Nr. 2 SGB VIII.

III. Systematik der Inobhutnahme gem. § 42 Abs. 1 Satz 1 Nr. 3 SGB VIII

Mit § 42 Abs. 1 Satz 1 Nr. 3 SGB VIII wird die Inobhutnahme eines **ausländischen Kindes oder Jugendlichen** geregelt, soweit dessen Einreise unbegleitet nach Deutschland erfolgt und sich weder Personensorgeberechtigte noch Erziehungsberechtigte im Inland aufhalten. Die Regelung wird mit den §§ 42a bis 42f SGB VIII ergänzt.

Systematisch ist die Vorschrift des § 42 Abs. 1 Satz 1 Nr. 3 SGB VIII in § 42 SGB VIII nach hiesiger Auffassung nicht richtig verortet. Während es sich bei der Inobhutnahme nach § 42 Abs. 1 Satz 1 Nr. 1 und 2 SGB VIII regelmäßig um eine Maßnahme handelt, die in das Elternrecht aus Art. 6 Abs. 2 Satz 1 GG eingreift und insoweit belastend wirkt, handelt es sich bei der Inobhutnahme nach § 42 Abs. 1 Satz 1 Nr. 3 SGB VIIII um eine Maßnahme mit (jedenfalls ganz überwiegend) **begünstigender Wirkung** für den minderjährigen Ausländer.

Die Verpflichtung zur Inobhutnahme nach § 42 Abs. 1 Satz 1 Nr. 3 SGB VIII beruht auf der Annahme, dass für unbegleitet eingereiste und sich ohne Personensorgeberechtigte oder Erziehungsberechtigte im Inland aufhaltende Minderjährige prinzipiell eine latente kindeswohlgefährdende Situation besteht, die ohne weitere Abschätzung eines Gefährdungsrisikos eine Inobhutnahme erforderlich macht.[300]

Da es sich bei dieser Vorschrift aber um **keine Regelung zur Gefahrenabwehr** im engeren Sinne handelt, wird im Rahmen der hiesigen Betrachtung nicht vertiefend auf die Vorschrift eingegangen.

IV. Wegnahme des Minderjährigen bei Dritten

Nach dem Gesetzeswortlaut des § 42 Abs. 1 Satz 1 Nr. 2 SGB VIII ist es keine Tatbestandsvoraussetzung, dass die Inobhutnahme aus dem Haushalt des Personensorgeberechtigten zu erfolgen hat. Ebenso wenig muss die Herausnahme zwingend dort erfolgen, wo die Schadensverwirklichung droht. § 42 Abs. 1 Satz 2 SGB VIII HS. 2 stellt vielmehr ausdrück-

300 Ausführlich hierzu Kepert in Kunkel/Kepert/Pattar, LPK-SGB VIII, § 42 Rn. 39.

lich klar, dass die Inobhutnahme nach § 42 Abs. 1 Satz 1 Nr. 2 SGB VIII auch die Befugnis zur Wegnahme des Kindes „von einer anderen Person" umfasst.

Allerdings ist vor der Inobhutnahme bei einer dritten Person zu prüfen, ob diese Person oder Einrichtung zur Herausgabe des Minderjährigen berechtigt ist, oder aberaufgrund zivilrechtlicher Beziehungen zu den Personensorgeberechtigten an der Herausgabe des Minderjährigen gehindert ist (z.B. Inobhutnahme aus einer Kindertageseinrichtung). In diesen Fallkonstellationen muss das Jugendamt den Dritten mittels einer Duldungsverfügung verpflichten, die Herausnahme bzw. Herausgabe des Minderjährigen zu dulden.[301]

Die **Duldungsverfügung** an den Träger der Kindertageseinrichtung dient der Vollziehung einer öffentlich-rechtlichen Verfügung trotz des Entgegenstehens eines zivilrechtlichen Rechtsverhältnisses. Mit einer Duldungsverfügung kann nicht nur ein Hindernis bezüglich entgegenstehender zivilrechtlicher Rechte, sondern auch bezüglich entgegenstehender Pflichten ausgeräumt werden. Letztendlich geht es bei der Duldungsverfügung darum, Hindernisse auszuräumen, die sich aus zivilrechtlichen Rechtsverhältnissen ergeben. Jedenfalls bei einer zwangsweisen Herausnahme des Kindes, also der Vollstreckung der Inobhutnahme, besteht eine zwingende Notwendigkeit des Erlasses einer solchen Duldungsverfügung.[302]

Rechtsgrundlage für den Erlass dieser Duldungsverfügung ist § 42 Abs. 1 Satz 1 Nr. 2 SGB VIII.

V. Vorläufige Unterbringung

Gem. § 42 Abs. 1 Satz 2 HS. 1 SGB VIII umfasst die Inobhutnahme ferner die Befugnis, das betroffene Kind

- bei einer geeigneten Person,
- in einer geeigneten Einrichtung oder
- in einer sonstigen Wohnform

vorläufig unterzubringen. Da das Gesetz die Unterbringungsorte abschließend aufzählt, kann von einer Inobhutnahme im Sinne des Gesetzes nur dann gesprochen werden, wenn eine der genannten Unterbringungsmodalitäten in Anspruch genommen wird.

Die Bestimmung stellt die verschiedenen Möglichkeiten der Unterbringung zur Disposition, ohne Auswahlkriterien zu nennen. Bei der Eignung der jeweiligen Unterbringungsform wird das Alter des Kindes ebenso ein entscheidendes Kriterium darstellen wie der Anlass der Inobhutnahme und der Herkunftsort des Kindes.

Darüber hinaus sollte gerade der beabsichtigte Unterbringungsort den optimalen Rahmen für die Handlungsverpflichtung des Jugendamtes bieten. Schließlich sollte das Wunsch-

301 S. hierzu für die vergleichbare Situation des Erlasses einer Duldungsverfügung an den Mieter eines Hauses OVG NRW, Beschl. v. 9.4.2014, 15 B 234/14, juris Rn. 8 und 12; OVG Berlin, Beschl. v. 28.2.1997, 2 S 28.96. Auch wenn in dieser Fallkonstellation die Duldungsverfügung in erster Linie der Überwindung von Rechten (zur Nutzung des Hauses) und nicht von Pflichten (welche die Herausgabe des Kindes an Dritte nicht zulassen) dient, besteht eine Vergleichbarkeit.

302 Vgl. hierzu VGH Hessen, Beschl. v. 1.12.2014, 3 B 1633/14, juris Rn. 19; VG Saarland, Urt. v. 19.11.2014, 5 K 451/13, juris Rn. 45.

und Wahlrecht gem. § 5 SGB VIII berücksichtigt werden, obgleich es sich bei der Inobhutnahme um keine Leistung i.S.d. § 2 Abs. 2 SGB VIII handelt. Ferner muss die Auswahl dem allgemeinen Beteiligungsrecht des Kindes gem. § 8 Abs. 1 Satz 1 SGB VIII genügen.

VI. Weiteres Verfahren bei Durchführung der Inobhutnahme, § 42 Abs. 2 und 3 SGB VIII

1. Klärung und verfahrensrechtliche Anforderungen

Gemäß § 42 Abs. 2 Satz 1 SGB VIII hat das Jugendamt während der Inobhutnahme die Situation, welche die Inobhutnahme erforderlich gemacht hat, zusammen mit dem Minderjährigen zu klären und Möglichkeiten der Hilfe und Unterstützung aufzuzeigen. Zudem ist dem Minderjährigen unverzüglich Gelegenheit zu geben, eine Person seines Vertrauens zu benachrichtigen (§ 42 Abs. 2 Satz 2 SGB VIII).

Erfolgt die Inobhutnahme auf der Rechtsgrundlage des § 42 Abs. 1 Satz 1 Nr. 1 oder 2 SGB VIII, muss das Jugendamt zudem unverzüglich die Personensorge- oder Erziehungsberechtigten von der Inobhutnahme unterrichten und mit ihnen das Gefährdungsrisiko abschätzen (§ 42 Abs. 3 Satz 1 SGB VIII). Diesbezüglich ist zu beachten, dass die Inobhutnahme als Verwaltungsakt nur wirksam werden kann, wenn der Verwaltungsakt bekannt gegeben wird (§§ 37, 39 SGB X).

Gemäß § 37 Abs. 1 Satz 1 Alt. 1 X ist der **Verwaltungsakt** demjenigen, für den er bestimmt ist, **bekannt** zu **geben**. Zudem besteht nach § 37 Abs. 1 Satz 1 Alt. 2 SGB X die Verpflichtung, den Verwaltungsakt demjenigen bekannt zu geben, der von ihm betroffen ist. Daher muss die Inobhutnahme den Personensorgeberechtigten sowie dem betroffenen Kind oder Jugendlichen[303] gegenüber bekannt gegeben werden, um Wirksamkeit entfalten zu können. Vor Mitnahme des Minderjährigen muss der Verwaltungsakt der Inobhutnahme daher gegenüber den Personensorgeberechtigten verfügt werden.[304] Unterbleibt die Bekanntgabe, wird die Inobhutnahme als Verwaltungsakt somit nicht wirksam. Rechtsfolgen können sich somit daraus nicht ergeben. Zudem ist das bei der Inobhutnahme zusätzlich vorhandene Vollzugselement der Herausnahme des Kindes grundsätzlich rechtswidrig.[305]

Die **Unterrichtungspflicht** nach § 42 Abs. 3 Satz 1 SGB VIII wird daher regelmäßig bereits mit der Bekanntgabe erfüllt. Allerdings verlangt § 42 Abs. 3 Satz 1 SGB VIII hierüber hinausgehend eine gemeinsame Gefährdungsrisikoabschätzung. Eigenständige Bedeutung hat die Unterrichtungspflicht jedoch in Fällen, in welchen die Inobhutnahme den Personensorgeberechtigten mangels Erreichbarkeit nicht bekannt gegeben werden kann. In diesen Fällen kann die Inobhutnahme rechtmäßig nur im Wege einer unmittelbaren Ausführung oder des Sofortvollzugs erfolgen.[306] Im Anschluss an die Herausnahme des Kindes

303 § 36 Abs. 1 SGB I ist hier nicht anwendbar. Daher muss die Bekanntgabe gegenüber dem Kind ebenfalls über die Eltern bzw. gesetzlichen Vertreter erfolgen. Ausführlich hierzu Kepert in Kunkel/Kepert/Pattar, LPK-SGB VIII, § 42 Rn. 126.

304 Ausführlich hierzu Kepert in Kunkel/Kepert/Pattar, LPK-SGB VIII, § 42 Rn. 123 f.

305 S. hierzu auch VG Minden, Beschl. v. 12.12.2007, 6 L 624/07, juris Rn. 7 ff.; VG Neustadt, Beschl. v. 22.2.2017, 4 L 165/17 NW, juris Rn. 3.

306 Ausführlich hierzu Kepert in Kunkel/Kepert/Pattar, LPK-SGB VIII, § 42 Rn. 129.

sind die Personensorge- oder Erziehungsberechtigten unverzüglich über die Inobhutnahme zu unterrichten.

Mit Art. 1 des KJSG ist in § 42 Abs. 2 Satz 1 SGB VIII die Pflicht zu einer unverzüglichen und umfassenden Aufklärung des Kindes oder Jugendlichen über die Inobhutnahme in einer verständlichen, nachvollziehbaren und wahrnehmbaren Form festgeschrieben worden. Mit Absatz 3 wird eine entsprechende Aufklärungspflicht gegenüber den Personensorge- und Erziehungsberechtigten für das Jugendamt verpflichtend vorgegeben. Nach der Gesetzesbegründung soll damit die bessere Nachvollziehbarkeit der Bedeutung und Folgen einer Inobhutnahme sichergestellt werden.[307]

Der Mangel an Information und Beteiligung, den Betroffene in problematischen Kinderschutzverläufen erleben, wird insbesondere von jungen Menschen im Zusammenhang mit vorläufigen Schutzmaßnahmen als beängstigende und traumatische Erfahrung beschrieben[308]. Äußerst kritisch ist zu beobachten, dass diesem **Mangel an Information, Vorbereitung und Beteiligung** der jungen Menschen beim Maßnahmenvollzug in mehreren Fallschilderungen mit körperlichem Zwang begegnet wird.

Auch Eltern berichten davon, nach dem hochinvasiven Ereignis einer Inobhutnahme aus ihrer Sicht uninformiert und auf sich allein gestellt gewesen zu sein. In der Jugendamtsbefragung geben zudem mehr als die Hälfte (55 %) der Fachkräfte an, dass in ihrer Behörde Eltern in der Regel vor oder bei einer Inobhutnahme nicht direkt schriftliche Informationen zur Maßnahme und ihren Handlungsoptionen bekommen[309]. Demgemäß könnte eine Schärfung der Regelung in § 42 Abs. 3 Satz 1 SGB VIII hinsichtlich der Information und Beteiligung von Eltern und jungen Menschen eine hilfreiche Grundlage bieten, um die Umsetzungspraxis zu verbessern. Komplementär dürften Maßnahmen der Fortbildung und Qualitätsentwicklung indiziert sein.

In der übergreifenden Befragung der Fachkräfte sind nur knapp 30 % der Meinung, dass ein **Änderungsbedarf** bestehe, damit Eltern und Kinder bei Inobhutnahmen verpflichtend und dokumentiert über alle Verfahrensschritte sowie ihre Rechts- und Beratungsansprüche informiert werden[310]. Deutlich unterstützt wird diese Forderung jedoch vom Arbeitsfeld der ombudschaftlichen Beratung und der Wohnungslosenhilfe, während insbesondere die öffentliche Kinder- und Jugendhilfe hier nur sehr selten einen Handlungsbedarf sieht.

Ähnlich ist das Ergebnis bei der Frage nach einem Regelungsbedarf zur Beteiligung von Kindern und Jugendlichen in Bezug auf den gesamten Prozess der Inobhutnahme, einschließlich der Übergangsplanung zu Anschlusshilfen. Dieser Bedarf wird von 35 % der Fachkräfte gesehen, vorrangig aus dem Bereich der Wohnungslosenhilfe, der Ombudsstellen und der Suchthilfe. In diesem Zusammenhang ist erwähnenswert, dass in der Jugendamtsbefragung 57 % der Fachkräfte angeben, in ihrer Behörde ein standardisiertes Vorgehen zum Zusammenwirken aller professionellen Verfahrensbeteiligten an einer Inobhutnahme anzuwenden, um deren angemessene fachliche Umsetzung sicherzustellen.

---

307 BT-Drs. 19/26107, S. 92.

308 Feist-Ortmanns, Macsenaere 2020, S. 59.

309 Ebd. S. 59.

310 Ebd.

Im Hinblick auf Regelungen zur **Einführung fachlicher Standards** bei Inobhutnahmen sind zudem gut 30 % der befragten Fachkräfte der Auffassung, dass verpflichtend eine Eingangsdiagnostik unter besonderer Berücksichtigung von Traumabelastungen und Traumafolgestörungen der betroffenen jungen Menschen erfolgen sollte. Diese Forderung wird vor allem von Vertreterinnen und Vertretern der Suchthilfe befürwortet. Ebenso bemerkenswert ist der Befund, dass bei einem Gesamtzustimmungswert von 40 % die Fachkräfte der Wohnungslosenhilfe signifikant häufiger als alle anderen Arbeitsfelder einen Regelungsbedarf bei der Abstimmung von Inobhutnahme- und Anschlusshilfestrukturen sehen, um eine bessere Kooperation und Koordination der Übergänge im Einzelfall sicherzustellen. Sehr hoch fallen hier auch die Zustimmungswerte vonseiten der Vertreterinnen und Vertreter der Justiz aus.

Im Zuge der Befragung befürworten viele Fachkräfte den **Ausbau von Inobhutnahmeplätzen**, insbesondere in spezialisierten Einrichtungen (z.B. für unter Dreijährige).[311] Mit Blick auf strukturelle Rahmenbedingungen werden von den Fachkräften in den Fokusgruppen insbesondere die hohen Fallzahlen, die die einzelnen ASD-Mitarbeitenden der Jugendämter zu betreuen haben, als Problem für eine angemessene Entscheidung benannt, ebenso wie ein mangelnder Einbezug von Fachkräften aus den angrenzenden Arbeitsfeldern bei der Entscheidungsfindung.

Vertreterinnen und Vertreter der medizinischen Versorgung verweisen zudem darauf, dass Inobhutnahmen bei unter Dreijährigen unbedingt zu vermeiden seien und dass es an bedarfsgerechten Angeboten für die Zielgruppe fehle. Im Sinne des Bindungserhalts ist die Hälfte der Fachkräfte in der standardisierten Erhebung der Ansicht, dass bei Inobhutnahmen Regelungen zur Sicherstellung einer gemeinsamen Unterbringung von Geschwisterkindern erforderlich seien, wenn dem nicht die Schutzinteressen der betroffenen jungen Menschen entgegenstehen.

Bezüglich aller skizzierten Bereiche sehen die Fachkräfte der öffentlichen Kinder- und Jugendhilfe im Vergleich zu den Fachkräften der anderen Arbeitsfelder signifikant seltener die Notwendigkeit einer Änderung. Ein gesetzlicher Handlungsbedarf wird hingegen gerade von den Arbeitsfeldern bestätigt, die sich vorrangig mit den problematischen Fallverläufen befassen, also der ombudschaftlichen Beratung sowie der Sucht- und Wohnungslosenhilfe.

2. Sorge und Vornahme von Rechtshandlungen

Gemäß § 42 Abs. 2 Satz 3 SGB VIII hat das Jugendamt zudem während der Inobhutnahme für das Wohl des Minderjährigen zu sorgen. Der notwendige Unterhalt und die Krankenhilfe sind sicherzustellen.

Nach § 42 Abs. 2 Satz 4 SGB VIII ist das Jugendamt während der Inobhutnahme berechtigt, alle Rechtshandlungen vorzunehmen, die zum Wohl des Minderjährigen notwendig sind. Eine Begrenzung der Befugnisse des Jugendamts ergibt sich damit lediglich aus dem unbestimmten Rechtsbegriff der Notwendigkeit.

311 S. auch LVR/LWL, 2016.

Praxistipp:

Alles, was zur Erfüllung der Aufgabe der Inobhutnahme notwendig bzw. erforderlich ist, ist rechtlich zulässig.

Zu prüfen ist daher vor Durchführung der jeweiligen Rechtshandlung, ob eine gleich geeignete mildere Alternative besteht. Zudem ist der mutmaßliche Wille der Personensorge- oder Erziehungsberechtigten angemessen zu berücksichtigen.

3. Weiterer Gang der Inobhutnahme

Der weitere Gang der Inobhutnahme nach § 42 Abs. 1 Satz 1 Nr. 1 und 2 SGB VIII hängt maßgeblich davon ab, ob nach weiterer Sachverhaltsaufklärung weiterhin vom Bestehen einer Kindeswohlgefährdung ausgegangen werden muss und ob die Personensorge- oder Erziehungsberechtigten der Inobhutnahme widersprechen.

Widersprechen die Personensorgeberechtigten der Inobhutnahme nicht, ist unverzüglich ein **Hilfeplanverfahren** zur Gewährung einer Hilfe einzuleiten (§ 42 Abs. 3 Satz 5 SGB VIII).

Erfolgt hingegen ein Widerspruch, muss das Jugendamt nach § 42 Abs. 3 Satz 2 Nr. 1 SGB VIII den Minderjährigen unverzüglich den Personensorge- oder Erziehungsberechtigten übergeben. Dies ist allerdings nur dann eine zulässige Handlungsoption, wenn eine Gefährdung für das Kindeswohl nicht oder nicht mehr besteht oder die Personensorgeberechtigten bereit und in der Lage sind, die Gefährdung abzuwenden.

Widersprechen die Personensorgeberechtigten der Inobhutnahme und besteht weiterhin eine Gefahr für das Kindeswohl, ist nach § 42 Abs. 3 Satz 2 Nr. 2 SGB VIII unverzüglich eine Entscheidung des Familiengerichts über die erforderlichen Maßnahmen herbeizuführen. Einzig das Familiengericht kann eine längerfristige Trennung von Kind und Eltern bei entgegenstehendem Willen der Eltern legitimieren. Das Jugendamt darf Eltern und Kind lediglich im Wege einer Notkompetenz kurzfristig trennen. Auch im Fall einer Inobhutnahme nach § 42 Abs. 1 Satz 1 Nr. 2 b SGB VIII wird damit die familiengerichtliche Entscheidung nicht obsolet.

Aus § 42 Abs. 1 Satz 2 HS. 1 SGB VIII wird deutlich, dass es sich bei der Inobhutnahme um eine vorläufige Maßnahme handelt. Die Intervention mittels Inobhutnahme ist **zeitlich eng begrenzt**. Allerdings lässt sich die Inobhutnahme nicht durch eine feste Zeitvorgabe für die Maßnahme im Einzelfall konkretisieren.[312]

Sofern eine Rückgabe des Kindes an die Eltern aufgrund einer fortbestehenden Kindeswohlgefährdung nicht möglich ist und die Eltern der Inobhutnahme widersprechen, muss gem. § 42 Abs. 3 Satz 2 Nr. 2 SGB VIII ein familiengerichtliches Verfahren eingeleitet werden. Im Anschluss hieran muss über eine Hilfe entschieden werden. Schließlich muss diese Hilfe in die Wege geleitet werden. Daher können zwischen Herausnahme des Kindes und Beendigung der Inobhutnahme durch Leistungserbringung mehrere Wochen liegen.

Eine Inobhutnahme sollte allerdings in der Regel nicht mehrere Monate andauern.[313]

312 S. hierzu auch BVerwG, Urt. v. 8.7.2004, 5 C 63/03, juris Rn. 14 f.

313 S. hierzu auch Rücker/Petermann in Volbert u.a., Empirische Grundlagen der familienrechtlichen Begutachtung, S. 329, 331. A.A.: VG Saarland, Urt. v. 6.2.2019, 3 K 1411/17, juris Rn. 53 f.

4. Freiheitsentziehende Maßnahmen und unmittelbarer Zwang

Freiheitsentziehende Maßnahmen

Gemäß § 42 Abs. 5 SGB VIII sind freiheitsentziehende Maßnahmen im Rahmen einer Inobhutnahme zulässig, wenn und soweit sie erforderlich sind, um eine Gefahr für Leib oder Leben Dritter abzuwenden.

Eine gerichtliche Entscheidung über die Fortdauer der freiheitsentziehenden Maßnahmen muss spätestens mit Ablauf des Tages, der dem Tag der Freiheitsentziehung folgt, ergehen. Liegt bis zu diesem Zeitpunkt eine gerichtliche Entscheidung nicht vor, muss die freiheitsentziehende Maßnahme beendet werden.

Unmittelbarer Zwang

Der Verwaltungsakt der Inobhutnahme umfasst das Vollzugselement der Mitnahme des Kindes. Allerdings ist hiervon lediglich die freiwillige Mitnahme des Kindes umfasst. Ist das Kind oder sind die Eltern nicht mit der Herausnahme einverstanden und leisten Widerstand, muss der Verwaltungsakt der Inobhutnahme nach dem jeweiligen Landesverwaltungsvollstreckungsgesetz vollstreckt werden.

In Betracht kommendes **Vollstreckungsmittel** ist hier unmittelbarer Zwang. Hierunter wird jede Einwirkung auf Personen oder Sachen durch einfache körperliche Gewalt, Hilfsmittel der körperlichen Gewalt oder Waffengebrauch verstanden.[314] Im Falle der Durchsetzung der Inobhutnahme wird bei Widerstandshandlungen regelmäßig eine Einwirkung auf Personen durch einfache körperliche Gewalt in Betracht zu ziehen sein.

Grundsätzlich ist für die Vollstreckungsmaßnahme die Behörde zuständig, die auch den zu vollstreckenden Verwaltungsakt erlassen hat.[315] Etwas anderes gilt für die Inobhutnahme. Für die Anwendung des unmittelbaren Zwangs regelt § 42 Abs. 6 SGB VIII, dass die hierzu „befugten Stellen hinzuziehen" sind. Nach der Gesetzesbegründung ist dies die **Polizei**.[316] Den vom Jugendamt zu verfügenden Verwaltungsakt der Inobhutnahme hat daher eine andere Behörde, nämlich die Polizei, zu vollstrecken.

Nicht abschließend geklärt ist die Frage, ob die Polizei dann in Rahmen der Amtshilfe oder Vollzugshilfe tätig wird.[317] Nach hiesiger Auffassung wird die Polizei im Wege der **Amtshilfe** gem. § 4 Abs. 1 Nr. 1 SGB X tätig. Dies ist schon deshalb erforderlich, um ein Verfahren mit bundesweit gleichem Schutz- und Verfahrensstandard zu gewährleisten, da die Regelungen zur Vollzugshilfe regelmäßig nur im Landespolizeigesetz[318] enthalten sein können. Amtshilfe ist hingegen durch Bundesgesetz verbindlich für alle 16 Bundesländer mit §§ 3 ff SGB X geregelt. Die ersuchende Behörde, hier also das Jugendamt, hat gegenüber der ersuchten Behörde, hier der Polizei, bei Vorliegen der gesetzlichen Voraussetzungen nach § 42 SGB VIII einen Rechtsanspruch auf die Amtshilfe.

---

314 S. hierzu z.B. § 26 Abs. 1 Satz 1 VwVG BW.
315 S. hierzu z.B. § 4 Abs. 1 VwVG BW.
316 BT-Drs. 15/3676, S. 17.
317 Hierzu Kirchhoff in Schlegel/Voelzke, jurisPK-SGB VIII, § 42 Rn. 234 und ebenso Trenczek/Düring/Neumann-Witt, Inobhutnahme, S. 326.
318 S. z.B. § 60 Abs. 5 PolG BW.

Sofern bei dieser Vollstreckung auch eine elterliche Wohnung betreten werden muss, ist das Grundrecht auf **Unverletzlichkeit der Wohnung** nach Art. 13 GG zu beachten. Nach Art. 13 Abs. 2 GG dürfen Durchsuchungen nur durch den Richter, bei Gefahr im Verzuge auch durch die in den Gesetzen vorgesehenen anderen Organe angeordnet und nur in der dort vorgeschriebenen Form durchgeführt werden. Von einer solchen Durchsuchung kann bei einem Betreten der Wohnung zum Zwecke der Durchführung der Inobhutnahme sehr schnell auszugehen sein. Dies hat jüngst der Bayerische Verwaltungsgerichtshof mit folgenden Worten unmissverständlich festgestellt:

> „Wenn Vollstreckungsorgane - wie hier - eine Wohnung betreten, um dort den Inhabern der Wohnung Kinder wegzunehmen, die diese von sich aus nicht herausgeben wollen, handelt es sich um eine Durchsuchung im Sinne des Art. 13 Abs. 2 GG".[319]

Für die Verwaltungspraxis der Jugendämter bedeutet dies, dass in der Regel eine richterliche Entscheidung eingeholt werden muss, sofern eine zwangsweise Herausnahme eines Kindes aus der elterlichen Wohnung zu erfolgen hat.

5. Ende der Inobhutnahme

Nach § 42 Abs. 4 Nr. 1 SGB VIII endet die Inobhutnahme mit der Übergabe des Minderjährigen an die Personensorge- oder Erziehungsberechtigten.

Diese Regelung korrespondiert mit der Regelung in § 42 Abs. 3 Satz 2 Nr. 1 SGB VIII. Nach § 42 Abs. 4 Nr. 1 SGB VIII kann die Inobhutnahme damit nur enden, wenn eine Gefährdung für das Kindeswohl nicht oder nicht mehr besteht oder die Personensorgeberechtigten bereit und in der Lage sind, die Gefährdung abzuwenden.

Liegt weiterhin eine Gefährdungslage vor, endet die Inobhutnahme nach § 42 Abs. 4 Nr. 2 SGB VIII mit der Entscheidung über die Gewährung von Hilfen nach dem Sozialgesetzbuch. Die Inobhutnahme geht dann nahtlos in eine Hilfegewährung, insbesondere einer Hilfe zur Erziehung nach § 27 SGB VIII i.V.m. §§ 28 f. SGB VIII, über. In diesen Fällen wird die Inobhutnahme regelmäßig mehrere Tage, einige Wochen oder sogar wenige Monate andauern, da eine Entscheidung über die geeignete und notwendige Hilfe getroffen werden und beispielsweise eine geeignete Pflegefamilie i.S.d. § 33 SGB VIII oder ein geeigneter Heimplatz i.S.d. § 34 SGB VIII gefunden werden muss.

Wenn keiner der Tatbestände der Nummern 1 und 2 des § 42 Abs. 4 SGB VIII greift, kann die Inobhutnahme, die durch Dauerverwaltungsakt verfügt wird, nur nach einer Aufhebung gemäß § 48 SGB X beendet werden.[320]

---

319 BayVGH, Beschl. v. 10.10.2022, 10 B 22.798.
320 Ausführlich hierzu Kepert in Kunkel/Kepert/Pattar, LPK-SGB VIII, § 42 Rn. 105.

6. Wirkungen des Widerspruchs der Erziehungs- bzw. Personensorgeberechtigten

Pflicht zur Anrufung des Familiengerichts

Widersprechen die Personensorge- oder Erziehungsberechtigten der Inobhutnahme, so hat das Jugendamt unverzüglich eine Entscheidung des Familiengerichts über die erforderlichen Maßnahmen zum Wohl des Kindes oder des Jugendlichen herbeizuführen, sofern eine Kindeswohlgefährdung nach Auffassung des Jugendamtes weiterhin besteht (§ 42 Abs. 3 Satz 2 Nr. 2 SGB VIII).

Das Familiengericht muss dann aus Anlass einer Inobhutnahme eine eigenständige zivilrechtliche Entscheidung gem. § 1666 BGB treffen. Dem Familiengericht kommt dabei nicht die Aufgabe zu, eine Inobhutnahme des Jugendamtes zu überprüfen, deren Fortdauer anzuordnen oder eine Inobhutnahme zu beenden.

Hinweis:

▶ *Mit der familiengerichtlichen Entscheidung nach § 1666 BGB erfolgt keine Kontrolle des Handelns des Jugendamtes.*

Das Bundesverfassungsgericht hat dies bereits im Jahr 2007 mit folgenden Worten klargestellt:

> „Diesem (Anmerkung des Verfassers: das Familiengericht) ist daher dadurch nicht die Aufgabe zugewiesen, die Rechtmäßigkeit der Inobhutnahme zu überprüfen oder deren Fortdauer anzuordnen; vielmehr hat das Gericht die notwendigen sorgerechtlichen Maßnahmen anzuordnen."[321]

Anfechtungswiderspruch und Anfechtungsklage

Eine Überprüfung des Handelns des Jugendamtes ist allerdings mittels der Rechtsbehelfe Anfechtungswiderspruch und Anfechtungsklage nach der VwGO möglich.

Die Inobhutnahme stellt einen belastenden Verwaltungsakt dar.[322] Gegen einen belastenden Verwaltungsakt kann der Regelungsadressat Anfechtungswiderspruch gem. § 68 Abs. 1 VwGO und Anfechtungsklage gem. § 42 Abs. 1 Alt. 1 VwGO erheben. Diesen Rechtsbehelfen kommt nach § 80 Abs. 1 Satz 1 VwGO **aufschiebende Wirkung** zu. Eine weitere Vollziehung der Inobhutnahme ist dann nicht mehr möglich.[323]

Dies kann die Verwaltungspraxis vor ganz erhebliche Probleme stellen. Ohne Anordnung der sofortigen Vollziehung gem. § 80 Abs. 2 Nr. 4 VwGO müsste das Kind an die Personensorgeberechtigten im Falle der Widerspruchserhebung übergeben werden, auch wenn diese das Kind weiterhin gefährden. Eine Anordnung der sofortigen Vollziehung ist aber nicht ohne Weiteres möglich.

---

321 BVerfG, B. v. 14.6.2007, 1 BvR 338/07, juris Rn. 32. S. hierzu auch VG Stuttgart, B. v. 14.12.2017, 7 K 18365/17, juris Rn. 7.

322 Ausführlich hierzu Kepert in Kunkel/Kepert/Pattar, LPK-SGB VIII, § 42 Rn. 123 f.

323 S. hierzu VG Würzburg, Beschl. v. 5.6.2018, W 3 S 18.745, juris Rn. 23 und 24. S. hierzu auch VG Cottbus, Beschl. v. 2.12.2019, 6 L 580/19, juris und OVG NRW, Beschl. v. 7.3.2019, 12 E 676/18, juris Rn. 11 sowie OVG NRW, Beschl. v. 22.12.2017, 12 B 1553/17, juris.

Hierbei ist zu berücksichtigen, dass eine Inobhutnahme oftmals sehr kurzfristig verfügt werden muss. Eine Anordnung der sofortigen Vollziehung setzt aber eine umfassende Einzelfallabwägung und eine schriftliche Begründung gem. § 80 Abs. 3 Satz 1 VwGO voraus.

Praxistipp:

Die Anordnung der sofortigen Vollziehung hat formelle und materielle Voraussetzungen.

In formeller Hinsicht muss zunächst eine schriftliche Begründung gem. § 80 Abs. 3 Satz 1 VwGO vorliegen. Diese Begründung muss grundsätzlich über die Begründung des Verwaltungsaktes (hier der Inobhutnahme) hinausgehen. Textbausteinartige, pauschale Formulierungen sind nicht ausreichend. Notwendig ist eine auf die Umstände des konkreten Falles bezogene Darlegung des besonderen Interesses gerade an der sofortigen Vollziehbarkeit des Verwaltungsakts.[324]

In materieller Hinsicht ist zunächst die Darlegung einer Dringlichkeit an der sofortigen Umsetzung der Inobhutnahme erforderlich. Zudem muss im Rahmen einer Abwägung ermittelt werden, ob das öffentliche Vollzugsinteresse das Interesse der Eltern und/oder des Kindes an der aufschiebenden Wirkung des Anfechtungswiderspruchs bzw. der Anfechtungsklage übersteigt. Es müssen besondere Gründe dafür sprechen, dass der Verwaltungsakt der Inobhutnahme sofort und nicht erst nach Eintritt der Bestandskraft in einigen Wochen, Monaten oder Jahren vollzogen wird.[325] *Solche Gründe sind bei der Inobhutnahme mit dem drohenden Schaden für das Kindeswohl regelmäßig gegeben.*

Es ist also darzulegen, welcher Schaden am Kindeswohl eintreten könnte, wenn die Inobhutnahme nicht sofort vollzogen werden würde. Diese Gründe des Schutzes des Kindeswohls werden in der Regel das Interesse der Eltern und/oder des Kindes an der aufschiebenden Wirkung übersteigen.

Nach hiesiger Auffassung sollte der Gesetzgeber daher in § 42 SGB VIII nach dem Vorbild des § 45 Abs. 7 Satz 2 SGB VIII eine Regelung i.S.d. § 80 Abs. 2 Nr. 3 VwGO normieren.[326] Dies würde die Anordnung der sofortigen Vollziehung gem. § 80 Abs. 2 Nr. 4 VwGO überflüssig machen, da dann der Widerspruch kraft Gesetzes keine aufschiebende Wirkung hätte.

7. Rechtsverhältnis zwischen Inobhutnahme und familiengerichtlichem Verfahren

Art. 6 Abs. 2 Satz 2 GG bestimmt, dass die staatliche Gemeinschaft über die „Betätigung" des elterlichen Grundrechts auf Pflege und Erziehung der Kinder wacht. Im Bereich des Schutzes von Kindern vor einer Gefährdung des körperlichen, geistigen oder seelischen

324 S. hierzu Schoch in Schoch/Schneider, VwGO, § 80 Rn. 247.
325 S. hierzu Gersdorf in Posser/Wolff, BeckOK VwGO, § 80 Rn. 99 f.
326 S. hierzu auch Kepert, Stellungnahme zum KJSG vor dem Ausschuss für Familien, Senioren, Frauen und Jugend am 22.2.2021, https://www.bundestag.de/resource/blob/822458/255534d25053254a2a92757f86b4de7f/19-13-116l-data.pdf, abgerufen am 17.2.2023

Wohls sind diesem staatlichen Wächteramt insbesondere das Jugendamt und das Familiengericht verpflichtet.

Zunächst sind dabei die **Aufgabenbereiche** beider Akteure klar voneinander abzugrenzen. Sie handeln eigenständig mit unterschiedlichen Handlungsspielräumen. Allerdings gibt es auch wichtige Verbindungen zwischen dem Handeln des Jugendamtes und des Familiengerichts bei Vorliegen einer Kindeswohlgefährdung.

Aufgrund der Tatsache, dass die Aufgabenbereiche von Jugendamt und Familiengericht zunächst klar voneinander zu trennen sind, andererseits aber wichtige Verbindungen der Aufgabenbereiche entstehen, wenn ein Jugendamt ein Kind oder einen Jugendlichen gegen den Willen der Personensorgeberechtigten in Obhut nimmt, weist die gemeinsame Aufgabenwahrnehmung **Schwierigkeiten** besonderer Art auf: Nach hier vertretener Auffassung ist sie weder auf legislativer Ebene noch in der täglichen Verwaltungspraxis hinreichend abgestimmt[327]. Daher kann es nicht verwundern, dass die Zusammenarbeit von Jugendamt und Familiengericht nicht in jedem Einzelfall gelingt und es im Fall des Scheiterns zu gegenseitigen Schuldzuweisungen kommt.

a) Getrennte Aufgabenbereiche – Das Familiengericht ist keine Kontrollinstanz des Jugendamtes

Jugendamt und Familiengericht haben unterschiedliche Aufgaben wahrzunehmen, die deutlich voneinander zu trennende Handlungsmöglichkeiten aufweisen. Dabei nehmen beide Akteure ihre jeweiligen Aufgaben eigenverantwortlich wahr, ein wechselseitiges Aufsichtsverhältnis besteht nicht.

Insbesondere kommt dem Familiengericht nicht die Aufgabe zu, eine Inobhutnahme des Jugendamtes zu überprüfen, deren Fortdauer anzuordnen oder eine Inobhutnahme zu beenden. Mit der familiengerichtlichen Entscheidung nach § 1666 BGB erfolgt keine Kontrolle des Handelns des Jugendamtes.[328] Hierüber kann nicht gestritten werden, das Bundesverfassungsgericht hat dies bereits im Jahr 2007 mit folgenden Worten klargestellt:

> „Diesem (Anmerkung des Verfassers: das Familiengericht) ist daher dadurch nicht die Aufgabe zugewiesen, die Rechtmäßigkeit der Inobhutnahme zu überprüfen oder deren Fortdauer anzuordnen; vielmehr hat das Gericht die notwendigen sorgerechtlichen Maßnahmen anzuordnen".[329]

---

327 So werden bereits die bestehenden gesetzlichen Vorschriften zur Überprüfung familiengerichtlicher Entscheidungen nicht einheitlich gehandhabt, s. hierzu Socha, JAmt 2017, 522. Auch bestehen Unklarheiten hinsichtlich der Anwendung gesetzlicher Regelungen. Beispielsweise wird regelmäßig die unzutreffende Auffassung vertreten, dass das Familiengericht die Inobhutnahme aufheben oder auf andere Weise beenden könne, s. hierzu http://www.faz.net/aktuell/gesellschaft/kriminalitaet/freiburger-missbrauchsfall-warum-durfte-christian-l-mit-einem-kind-leben-15401994.html, zuletzt abgerufen am 17.2.2023.

328 Das Familiengericht kann daher auch keine Rückführung des Kindes aus einer Inobhutnahmestelle anordnen. Zumindest missverständlich daher AG Freiburg, B. v. 11.4.2017, 46 F 798/17, juris Rn 12.: „Das Gericht geht davon aus, dass angesichts der angeordneten Gebote eine Rückkehr von X. in den mütterlichen Haushalt nichts mehr entgegensteht und eine Rückführung des Kindes aus der Bereitschaftspflegestelle als Inobhutmaßnahme zur Mutter zeitnah durchgeführt wird."

329 BVerfG, B. v. 14.6.2007, 1 BvR 338/07, juris Rn. 32. S. hierzu auch VG Stuttgart, B. v. 14.12.2017, 7 K 18365/17, juris Rn. 7.

Jüngst hat hierzu erneut das Brandenburgische Oberlandesgericht folgende Feststellung getroffen:

> „Die Entscheidung eines Familiengerichts, die Inobhutnahme eines Kindes zu bestätigen, ist prozessual verfehlt, weil die Inobhutnahme als Verwaltungsakt (§ 31 Satz 1 SGB X) einer Bestandsprüfung durch das Familiengericht entzogen ist."[330]

Die Inobhutnahme – öffentlich-rechtliches Handeln durch das Jugendamt in Form eines Verwaltungsakts

Das Jugendamt hat nach § 42 Abs. 1 Satz 1 Nr. 2a oder b SGB VIII die Pflicht, im Sinne einer gebundenen Entscheidung auf eine dringende Gefahr für das Kindeswohl bei Vorliegen der weiteren Tatbestandsvoraussetzungen mit einer Inobhutnahme zu reagieren und damit das Kind vorläufig zu schützen.

Es handelt sich um öffentlich-rechtliches Handeln, welches präventiv einen in der nahen Zukunft sich abzeichnenden Schaden des Kindeswohles abwehren soll. Im Falle des Vorliegens einer Kindeswohlgefährdung muss das Jugendamt daher von Amts wegen, auch gegen den Willen der Eltern, mit den Mitteln des Eingriffsrechts tätig werden.

Die Entscheidung über die Durchführung einer Inobhutnahme durch das Jugendamt stellt einen Verwaltungsakt im Sinne des § 31 SGB X dar[331]. Eine **Überprüfung** dieses Verwaltungsaktes kann daher nur im Widerspruchsverfahren oder durch die Verwaltungsgerichtsbarkeit im Klageverfahren nach der VwGO erfolgen. Im Rahmen eines vorläufigen Rechtsschutzverfahrens nach § 80 Abs. 5 VwGO[332] und mittels einer Anfechtungsklage[333] kann die Rechtmäßigkeit einer Inobhutnahme einer verwaltungsgerichtlichen Prüfung zugeführt werden.[334]

Die familiengerichtliche Entscheidung – zivilrechtliches Handeln durch gerichtliche Entscheidung

Die Inobhutnahme ist als vorläufige Maßnahme angelegt. Sie berechtigt nur zur vorläufigen Unterbringung des Kindes bei einer geeigneten Person, in einer geeigneten Einrichtung oder in einer sonstigen Wohnform (§ 42 Abs. 1 Satz 2 SGB VIII).

Das Handeln des Jugendamts in Form der Inobhutnahme stellt damit eine zeitlich begrenzte Schutzmaßnahme dar. Das Jugendamt handelt im Rahmen einer „öffentlich-rechtlichen Notkompetenz". Längerfristige Maßnahmen, welche zu einer Trennung des Kindes von den Eltern gegen deren Willen führen, unterliegen dem Richtervorbehalt.

Daher sind sorgerechtlichen Maßnahmen, welche zu einem längerfristigen Eingriff in das Elternrecht aus Art. 6 Abs. 2 Satz 1 GG führen können, vom Familienrichter zu treffen.[335] Das Familiengericht hat damit eine – von der Inobhutnahme klar zu trennende – eigenstän-

330 OLG Brandenburg, B. v. 10.7.2019, 13 UF 121/19, juris Leitsatz 1 und Rn. 4.
331 S. hierzu auch BVerwG, Urt. v. 11.7.2013, 5 C 24/12, juris Rn. 11 f..
332 Verwaltungsgerichtsordnung in der Fassung der Bekanntmachung vom 19.3.1991 (BGBl. I S. 686), zuletzt geändert durch Gesetz vom 8.10.2017 (BGBl. I S. 3546).
333 Sofern Landesrecht nichts Abweichendes bestimmt nach erfolgloser Durchführung eines Widerspruchsverfahrens.
334 Ebenso Kirchhoff in Schlegel/Voelzke, jurisPK-SGB VIII, § 42 Rn. 177 m.w.N.
335 BVerfG, Beschl. v. 14.6.2007, 1 BvR 338/07, juris Rn. 32.

dige Entscheidung auf Grundlage der zivilrechtlichen Ermächtigung des § 1666 BGB zu treffen.

Hinweis:

▶ *Aus diesem Grund befasst sich die familiengerichtliche Entscheidung auch nicht mit der Rechtmäßigkeit der Inobhutnahme, sondern allein mit etwaigen notwendigen sorgerechtlichen Maßnahmen aus Anlass einer Kindeswohlgefährdung.*

b) Verbindung der Aufgabenbereiche von Jugendamt und Familiengericht – Pflicht zur Anrufung des Familiengerichts bei Widerspruch der Personensorgeberechtigten

Trotz dieser klaren Trennung des Handelns von Jugendamt und Familiengericht gibt es allerdings auch eine enge Verbindung der Aufgabenbereiche. Gesetzlich angelegt ist diese Verbindung in § 42 Abs. 3 Satz 2 SGB VIII.

Widersprechen die Personensorgeberechtigten der Inobhutnahme, muss das Jugendamt nach § 42 Abs. 3 Satz 2 Nr. 1 SGB VIII das Kind oder den Jugendlichen diesen unverzüglich übergeben. Diese Handlungsoption kommt allerdings nur in Betracht, wenn der Minderjährige im Falle einer solchen Rückgabe nicht weiterhin gefährdet ist. Bei einer fortbestehenden Kindeswohlgefährdung muss das Jugendamt nach § 42 Abs. 3 Satz 2 Nr. 2 SGB VIII unverzüglich eine Entscheidung des Familiengerichts über die erforderlichen Maßnahmen zum Wohl des Minderjährigen herbeiführen. Es besteht dann also eine Vorlagepflicht durch das Jugendamt gegenüber dem Familiengericht.

Das Familiengericht wird in dieser Fallkonstellation aus Anlass der Inobhutnahme durch das Jugendamt tätig. Dennoch kommt dem Familiengericht nicht die Aufgabe zu, die Inobhutnahme durch das Jugendamt zu bewerten. Vielmehr ist das Familiengericht verpflichtet, eine vom öffentlich-rechtlichen Handeln des Jugendamtes **eigenständige zivilrechtliche Entscheidung** über die im Einzelfall angezeigte gerichtliche Maßnahme zu treffen.

Hinweis:

! *Inobhutnahme und familiengerichtliche Entscheidung ergänzen sich dabei und stehen daher in keinem Konkurrenzverhältnis.*

Die Inobhutnahme stellt eine kurzfristige Schutzmaßnahme zur Verhinderung eines Schadenseintritts beim Kind oder Jugendlichen dar. Anordnungen des Familiengerichts nach § 1666 BGB befassen sich hingegen mit längerfristigen Maßnahmen zur Gefahrenabwehr. Die familiengerichtliche Entscheidung verschafft dem Jugendamt damit den entsprechenden rechtlichen Handlungsrahmen, insbesondere durch den (teilweisen) Entzug der Personensorge[336], um das Kind oder den Jugendlichen wirksam schützen zu können. Insbesondere ist die Erbringung einer Hilfe zur Erziehung nach § 27 SGB VIII i.V.m. § 33 SGB VIII, § 34 SGB VIII oder § 35 SGB VIII gegen den Willen der Personensorgeberechtigten ohne eine gerichtliche Entscheidung nach § 1666 Abs. 1, Abs. 3 Nr. 6 BGB nicht möglich.

336 S. hierzu § 1666 Abs. 3 Nr. 6 BGB.

Hinweis:

Es ist daher zu betonen, dass weder Inobhutnahme gem. § 42 SGB VIII noch familiengerichtliche Entscheidung nach § 1666 BGB regelmäßig isoliert zu einem umfassenden Schutz des Kindeswohls führen können.

Nach Beendigung der Inobhutnahme und Abschluss des familiengerichtlichen Verfahrens kann bei einer fortdauernden Gefährdung des Minderjährigen im elterlichen Haushalt ein umfassender Schutz nur durch eine **stationäre Unterbringung** erfolgen. Diese Unterbringung in Form einer Gewährung einer stationären Hilfe zur Erziehung in einer Pflegefamilie, in einer betreuten Wohnform oder einer sozialpädagogischen Einzelbetreuung gem. § 27 SGB VIII i.V.m. § 33 SGB VIII, § 34 SGB VIIII oder § 35 SGB VIII ist bei einem entgegenstehenden Willen der Personensorgeberechtigten nur möglich, wenn das Familiengericht die Personensorge (teilweise) entzieht und auf einen Dritten überträgt.

Praxistipp:

Das Jugendamt kann aus eigener Kompetenz damit lediglich im Sinne einer kurzfristigen Notintervention handeln.

Bei einem entgegenstehenden Willen des Personensorgeberechtigten kann es zu einem weitergehenden Handeln nur aufgrund einer Ermächtigung durch das Familiengericht befähigt werden.

8. Fehlende Anordnungskompetenz des Familiengerichts gegenüber dem Jugendamt

(a) Keine Anordnungskompetenz zur Erbringung einer Hilfe nach dem SGB VIII

Während mit § 36a Abs. 1 SGB VIII feststeht, dass das Jugendamt die Kosten einer Leistung nach dem SGB VIII nur zu tragen hat, wenn sie aufgrund seiner Entscheidung ergangen ist, ist in Rechtsprechung und Literatur nicht abschließend geklärt, ob dem Familiengericht eine Kompetenz gegenüber dem Jugendamt zukommt, die Erbringung einer Hilfe nach dem SGB VIII anzuordnen. Dies betrifft insbesondere die Frage, ob das Jugendamt verpflichtet ist, eine Hilfe zu leisten, die vom Familienrichter den Personensorgeberechtigten nach § 1666 Abs. 3 Nr. 1 BGB auferlegt wird.

Eine abschließende Klärung dieser Rechtsfrage ist in der Rechtsprechung bisher nicht erfolgt.[337] Nach hier vertretener Auffassung hat eine solche richterliche Anordnung keine Bindungswirkung gegenüber dem Jugendamt.[338]

Zu berücksichtigen ist diesbezüglich zunächst, dass dem Jugendamt hinsichtlich der Beurteilung der Tatbestandsvoraussetzung der Geeignetheit einer Hilfe nach dem SGB VIII ein

337 Offengelassen von BVerfG, B. v. 24.3.2014, 1 BvR 160/14, juris Rn. 52 mit Anm. von Kunkel, FamRZ 2015, 901, und OLG Nürnberg, Urt. v. 17.11.2014, 11 UF 1097/14, juris Rn. 36.

338 Ebenso OLG Oldenburg, Beschl. v. 27.11.2007, 4 WF 240/07, juris Rn. 2; AG Rudolstadt, Urt. v. 10.3.2016, 312 Js 24369/15-1 Ls jug, juris Rn. 32; a.A. OLG Koblenz, Beschl. v. 29.5.2012, 11 UF 266/12, juris Rn. 43 und 44. Jedenfalls verneint für den Fall eines begleiteten Umgangs nach § 18 Abs. 3 SGB VIII OLG Frankfurt, Beschl. v. 24.3.2015, 5 UF 270/14, juris Rn. 9.

Beurteilungsspielraum zukommt,[339] welcher selbst von der Verwaltungsgerichtsbarkeit nur eingeschränkt gerichtlich überprüfbar ist.[340] Ein solcher „weiter" Beurteilungsspielraum besteht erst recht gegenüber der Familiengerichtsbarkeit.[341]

Insbesondere fehlt zudem für eine entsprechende gerichtliche Anordnung durch das Familiengericht gegenüber dem Jugendamt eine Rechtsgrundlage. Die Entscheidung über die geeignete und notwendige Hilfe obliegt dem Jugendamt.

Praxistipp:

▶ *Aus diesem Grunde ist es nach hiesiger Auffassung erforderlich, dass der Familienrichter mit dem jeweiligen Mitarbeiter des Jugendamts Einvernehmen über die Hilfe erzielt. Der Mitarbeiter des Jugendamts muss die Entscheidung des Richters zu seiner eigenen machen.*

Das Oberlandesgericht Nürnberg hat dies mit Entscheidung vom 17. November 2014 wie folgt prägnant zusammengefasst:

> „Die Familiengerichte sind insoweit aber auch gar nicht befugt, dem Jugendamt Weisungen zu erteilen. Die Entscheidung über die Erfüllung der Tatbestandsvoraussetzungen und die Leistungserbringung jugendhilferechtlicher Leistungen erfolgt durch den Träger der öffentlichen Jugendhilfe (§ 3 Abs. 2 Satz 2 SGB VIII) als Verwaltungsakt (§ 31 SGB X) oder im Rahmen eines öffentlich-rechtlichen Vertrags (§ 53 SGB X). Die Fach- und Sachkompetenz ist grundsätzlich beim Jugendamt angesiedelt (vgl. OLG Koblenz, NJW 2012, 3108 ff., Rn. 41 im juris-Ausdruck)."[342]

Da eine höchstrichterliche und damit abschließende Klärung dieser Rechtsfrage in der Rechtsprechung allerdings bisher nicht erfolgt ist,[343] wird man zumindest feststellen müssen, dass sich die Familiengerichtsbarkeit nicht ohne Weiteres über die fachkundige Einschätzung der sozialpädagogischen Fachbehörde Jugendamt hinwegsetzen kann. In der Literatur wird hierzu Folgendes vertreten:

> „Ist das Votum des Jugendamtes plausibel begründet, wird sich das FamG hierauf in der Regel verlassen können. Bezweifelt es dessen Richtigkeit oder will gar Hilfen anordnen, die das Jugendamt für ungeeignet hält, so bedarf es hierfür grundsätzlich eines **sozialpädagogischen Sachverständigengutachtens** als Entscheidungsgrundlage und einer ausdrücklich **auch gegen das Jugendamt gerichteten Anordnung**."[344]

Jüngst hat das Oberverwaltungsgericht Lüneburg mit Entscheidung vom 9. Mai 2019 hierzu folgende Feststellungen getroffen:

339 Dies gilt für die Hilfe nach § 19 SGB VIII, die Hilfe zur Erziehung nach § 27 SGB VIII sowie die Eingliederungshilfe gem. § 35a SGB VIII.
340 S. hierzu Kunkel/Kepert in Kunkel/Kepert/Pattar, LPK-SGB VIII, § 27 Rn. 13.
341 So ausdrücklich Coester in Staudinger, BGB, § 1666a Rn. 21.
342 OLG Nürnberg, Urt. v. 17.11.2014, 11 UF 1097/14, juris Rn. 36.
343 Zweifelnd BVerfG, B. v. 17.3.2014, 1 BvR 2695/13, juris Rn. 37; offengelassen von BVerfG, B. v. 24.3.2014, 1 BvR 160/14, juris Rn. 52 mit Anm. von *Kunkel*, FamRZ 2015, 901.
344 Coester in Staudinger, BGB, § 1666a Rn. 19.

> „In die dem Jugendamt (...) damit gesetzlich eingeräumte Kompetenz der fachlich-inhaltlichen Steuerung des Hilfeprozesses für die Kinder vermögen die Anweisungen des Familiengerichts daher nicht einzugreifen".
>
> Die Jugendhilfeträger haben bei der Prüfung der Voraussetzungen der Gewährung öffentlicher Jugendhilfe die sorgerechtlichen Entscheidungen der Zivilgerichte (...) zu beachten, die gesetzlichen Voraussetzungen der Gewährung von Jugendhilfe aber eigenverantwortlich zu prüfen. **Nur den Verwaltungsgerichten** obliegt nach dem Willen des Gesetzgebers die inhaltliche Kontrolle der Arbeit der Jugendämter".[345]

(b) Keine Anordnungskompetenz zur Begleitung von Umgängen

Der Familiengerichtsbarkeit kommt ferner weder gegenüber dem Jugendamt noch gegenüber Trägern der freie Jugendhilfe eine Anordnungskompetenz zur Begleitung von Umgängen zu.

BVerfG, Beschl. v. 29.7.2015, 1 BvR 1468/15, juris Rn. 5; s. hierzu auch VG Köln, Beschl. v. 17.10.2022, 25 L 1569/22, juris.

(c) Keine Anordnungskompetenz des Familiengerichts zur Kontrolle gerichtlicher Entscheidungen

Das Jugendamt kann nach hiesiger Auffassung auch nicht zu einem weitergehenden Handeln durch das Familiengericht verpflichtet werden.

Insbesondere kann das Familiengericht das Jugendamt nicht zur Überprüfung verpflichten, ob eine familiengerichtliche Entscheidung, etwa ein Verbot gemäß § 1666 Abs. 3 Nr. 3 oder 4 BGB, tatsächlich eingehalten wird. Für eine solche Anordnung des Familiengerichts gegenüber dem Jugendamt fehlt ebenfalls eine Rechtsgrundlage.[346]

9. Wirksamkeit der Inobhutnahme trotz abschlägiger familiengerichtlicher Entscheidung

Im Idealfall sind Jugendamt und Familiengericht einer Meinung hinsichtlich des Vorliegens einer Kindeswohlgefährdung und der Ergreifung der geeigneten und notwendigen Maßnahmen.

Besondere Probleme beim Handeln der Akteure können aber entstehen, wenn **unterschiedliche Auffassungen** hinsichtlich des Kinderschutzfalls vertreten werden. Fraglich in diesem Zusammenhang kann es insbesondere sein, welche Schritte das Jugendamt bei Durchführung einer Inobhutnahme ergreifen kann und muss, wenn das Familiengericht in 1. Instanz keine Trennung von Eltern und Kind im Verfahren nach § 1666 BGB für erforderlich hält, obgleich das Jugendamt eine stationäre Hilfeleistung zum Schutz des Kindes für geboten erachtet.

In diesem Zusammenhang ist unklar, ob die Wirksamkeit einer Inobhutnahme durch eine familiengerichtliche Entscheidung, mit welcher sorgerechtliche Maßnahmen nach § 1666 Abs. 3 Nr. 6 BGB abgelehnt werden, beendet wird. Konkret stellt sich die Frage, ob ein Ju-

345 OVG Lüneburg, B. v. 9.5.2019, 10 ME 57/19, juris Rn. 7.

346 Nach hiesiger Auffassung kann daher das Familiengericht dem Jugendamt nicht die Kontrolle einer gerichtlichen Auflage auferlegen.

gendamt die Inobhutnahme beenden und das Kind an die Personensorgeberechtigten übergeben muss, wenn das Familiengericht in 1. Instanz eine Entscheidung gem. § 1666 Abs. 3 Nr. 6 BGB ablehnt und die Eltern mit einer weiteren Trennung des Kindes nicht einverstanden sind.

Jüngst hat das Brandenburgische Oberlandesgericht diese Frage wie folgt aufgeworfen:

> „Daneben könnte es eines Herausgabeverlangens gegen das Jugendamt, das ein Kind wegen von ihm für gegeben gehaltener Kindeswohlgefährdung den Eltern vorenthält, nur dann bedürfen, wenn das Jugendamt gegen den Widerspruch der Eltern und gegen die Gerichtsentscheidung, die elterliche Sorge werde nicht entzogen, das Kind dennoch nicht an die Eltern herausgibt".[347]

Zu fragen ist, ob das Jugendamt eine Inobhutnahme bei Vorliegen eines **Widerspruchs der Personensorgeberechtigten** weiterhin aufrechterhalten darf, wenn das Familiengericht im Verfahren nach § 1666 BGB von einem (teilweisen) Entzug der Personensorge gem. § 1666 Abs. 3 Nr. 6 BGB absieht. Rechtlich stellt sich diesbezüglich die Frage, ob eine solche Entscheidung die Wirksamkeit einer Inobhutnahme beenden kann, sodass ein **Herausgabeanspruch** der Personensorgeberechtigten gem. § 1632 BGB aufgrund widerrechtlichen Vorenthaltens des Kindes durch das Jugendamt entsteht.

Mit Entscheidung vom 22. Januar 2019 hat der 4. Senat des Oberlandesgerichts Frankfurt wohl diese Auffassung vertreten. Zwar obliege dem Familiengericht nicht die Prüfung der Rechtmäßigkeit einer erfolgten Inobhutnahme. Allerdings müsse das Familiengericht im Falle einer Trennung eines Kindes von den Eltern durch eine Inobhutnahme bei einem Herausgabeverlangen der Personensorgeberechtigten die Wirksamkeit der Inobhutnahme prüfen. Sofern das Jugendamt die Inobhutnahme aufrechterhalte, obwohl das Familiengericht die Ergreifung sorgerechtlicher Maßnahmen zur Aufrechterhaltung der Fremdunterbringung wirksam abgelehnt hat, sei von einer Widerrechtlichkeit des Vorenthaltens des Kindes im Sinne des § 1632 Abs. 1 BGB auszugehen.[348] Es bestehe dann ein Herausgabeanspruch der Personensorgeberechtigten, weil die Wirksamkeit der Inobhutnahme nach der Systematik des § 42 SGB VIII mit der Entscheidung des Familiengerichts über die zu ergreifenden sorgerechtlichen Maßnahmen ende.[349]

Diese rechtliche Bewertung zur Wirksamkeit einer Inobhutnahme überzeugt nach hiesiger Auffassung aus nachstehenden Gründen nicht.

- Zunächst ist zu betonen, dass die Fallzuständigkeit des Jugendamtes gem. § 8a SGB VIII bei Bekanntwerden von gewichtigen Anhaltspunkten für eine Kindeswohlgefährdung nicht mit der Anrufung des Familiengerichts endet.[350] Dies gilt auch dann nicht, wenn das Familiengericht eine Entscheidung nach § 1666 BGB trifft oder eine solche Entscheidung ablehnt.
- Das staatliche Wächteramt des Jugendamtes wird mit Anrufung und Tätigwerden des Familiengerichts weder unterbrochen noch beendet. Solange gewichtige Anhalts-

347 OLG Brandenburg, B. v. 18.2.2019, 13 WF 210/18, juris Rn. 11.
348 OLG Frankfurt, B. v. 22.1.2019, 4 WF 145/18, juris Rn. 14.
349 OLG Frankfurt, B. v. 22.1.2019, 4 WF 145/18, juris Leitsatz 3.
350 S. hierzu auch DIJuf-Rechtsgutachten vom 15.2.2017, JAmt 2017, 184 und Socha, JAmt 2017, 522.

punkte für eine Kindeswohlgefährdung fortbestehen, bleibt das Jugendamt dem Schutz des Kindeswohls verpflichtet.

- Die gesetzlichen Verpflichtungen des Jugendamtes und des Familiengerichts bestehen nebeneinander. Unabhängig von der Entscheidung des Familiengerichts muss das Jugendamt bei Vorliegen von gewichtigen Anhaltspunkten für eine Kindeswohlgefährdung daher weiterhin den Fall begleiten und eine eigenständige verwaltungsrechtliche Entscheidung treffen. Aus diesem Grunde kann es auch erforderlich sein, dass das Jugendamt auch während eines laufenden familiengerichtlichen Verfahrens eigene Maßnahmen, insbesondere eine Inobhutnahme, durchführt.[351]
- Auch kann es erforderlich sein, dass das Jugendamt gegen eine erstinstanzliche Entscheidung des Familiengerichts Beschwerde gem. § 58 FamFG erhebt und die Inobhutnahme bei einer fortwährenden Kindeswohlgefährdung aufrechterhält, bis eine Entscheidung über die Beschwerde ergangen ist.

Für eine **Fortführung einer Inobhutnahme** im Anschluss an eine familiengerichtliche Entscheidung 1. Instanz bedarf es daher nach hier vertretener Auffassung auch nicht zwingend einer „Aufrechterhaltung" durch das Familiengericht mittels „Teilentzug von Sorgerechten".[352] Eines solchen Entzugs der Sorge bedarf es lediglich für eine im Anschluss an die Inobhutnahme folgende stationäre Hilfe nach dem SGB VIII gegen den Willen der Personensorgeberechtigten.

Gem. § 39 Abs. 2 SGB X bleibt ein Verwaltungsakt wirksam, solange und soweit er nicht zurückgenommen, widerrufen, anderweitig aufgehoben oder durch Zeitablauf oder auf andere Weise erledigt ist.

Nach der Rechtsprechung des Bundesverfassungsgerichts kommt der Familiengerichtsbarkeit nicht die Zuständigkeit zu, die Rechtmäßigkeit des Verwaltungsaktes der Inobhutnahme zu prüfen.[353] Dann kann ihr aber auch nicht die Kompetenz der **Aufhebung des Verwaltungsaktes** zukommen.

Nach dem gerichtlichen System der Aufhebung eines Verwaltungsaktes ist eine festgestellte Rechtswidrigkeit des Verwaltungsaktes unabdingbare Mindestvoraussetzung für eine gerichtliche Aufhebung.[354] Ferner ist zu berücksichtigen, dass auch ein rechtswidriger Verwaltungsakt wirksam ist. Lediglich ein nichtiger Verwaltungsakt ist unwirksam (§ 39 Abs. 3 SGB X).

Die hier in Bezug genommene Rechtsauffassung des 4. Senates des Oberlandesgerichts Frankfurt ließe sich daher rechtsdogmatisch nur damit begründen, dass sich der Verwaltungsakt der Inobhutnahme mit einer familiengerichtlichen Entscheidung durch Zeitablauf oder auf andere Weise erledigt.

Zunächst spricht aber nichts für die Annahme, dass sich die Inobhutnahme mit einer erstinstanzlichen Entscheidung im familiengerichtlichen Verfahren durch Zeitablauf erledigt. Einschlägig kann daher nur die **Alternative der Erledigung „auf andere Weise"** sein.

351 S. hierzu Bringewat in Kunkel/Kepert/Pattar, LPK-SGB VIII, § 8a Rn. 83.
352 Hierzu Salgo, ZKJ 2018, 168, 170.
353 BVerfG, Beschl. v. 14.6.2007, 1 BvR 338/07, juris Rn. 32.
354 S. hierzu § 113 Abs. 1 Satz 1 VwGO.

Für die Annahme einer solchen Erledigung bleibt nach überwiegender Auffassung ein eng begrenzter Anwendungsbereich.[355] So nimmt das Bundesverwaltungsgericht eine Erledigung an, wenn alle Beteiligten den Verwaltungsakt als obsolet ansehen und konsensual davon ausgehen, dass die Sach- und Rechtslage neu zu beurteilen ist.[356] Dies wird man nicht annehmen können, wenn das Familiengericht während des Andauerns einer durch das Jugendamt verfügten Inobhutnahme von Maßnahmen gem. § 1666 Abs. 3 Nr. 6 BGB absieht, obgleich das Jugendamt eine stationäre Hilfeleistung für erforderlich hält.

Ferner geht das Bundesverwaltungsgericht davon aus, dass die Erledigung eines Verwaltungsaktes eintritt, wenn er aufgrund einer nachträglichen Änderung der Sach- oder Rechtslage seinen **Regelungszweck** nicht mehr erreichen kann.[357] Regelungszweck der Inobhutnahme ist zunächst der kurzfristige Schutz des Kindes vor einer unmittelbar bevorstehenden Schädigung. Sofern nach der Herausnahme des Kindes aus dem familiären Umfeld und einer Klärung i.S.d. § 42 Abs. 2 SGB VIII weiterhin vom Fortbestehen einer Kindeswohlgefährdung bei Rückkehr in die Familie ausgegangen werden muss, zielt das Handeln des Jugendamtes regelmäßig auf den Übergang der Inobhutnahme in eine stationäre Hilfe nach dem SGB VIII (§ 42 Abs. 4 Nr. 2 SGB VIII).

Eine solche stationäre Hilfe zum Schutz des Kindes oder Jugendlichen ist bei einem entgegenstehenden Willen der Personensorgeberechtigten nur mittels einer familiengerichtlichen Entscheidung gem. § 1666 Abs. 3 Nr. 6 BGB möglich. Regelungszweck der Inobhutnahme ist es dann – über den kurzfristigen Schutz des Kindes hinausgehend – das Kind längerfristig mittels einer der Inobhutnahme folgenden stationären Hilfe nach dem SGB VIII zu schützen.

Aus § 42 Abs. 1 Satz 2 HS. 1 SGB VIII wird deutlich, dass es sich bei der Inobhutnahme um eine vorläufige Maßnahme handelt. Die Intervention mittels Inobhutnahme ist zeitlich eng begrenzt. Eine **Erledigung des Regelungszwecks** der Inobhutnahme wird daher angenommen werden müssen, wenn nicht innerhalb weniger Monate nach Verfügung der Inobhutnahme ein Übergang in eine stationäre Hilfe mittels einer familiengerichtlichen Entscheidung gem. § 1666 Abs. 3 Nr. 6 BGB erreichbar ist. Die Nichterreichbarkeit dieses Regelungszwecks steht allerdings in der Regel nicht bereits mit der Entscheidung des Familiengerichts 1. Instanz (also des Amtsgerichts gem. § 23b GVG) fest.

Sofern das Amtsgericht von einem (teilweisen) Entzug der Personensorge absieht, besteht für das Jugendamt grundsätzlich die Möglichkeit der Beschwerdeerhebung. Das Oberlandesgericht, welches gem. § 119 Abs. 1 Nr. 1a GVG als Beschwerdegericht in Verfahren nach § 1666 BGB sachlich zuständig ist, hat dann die Möglichkeit, eine Entscheidung über einen (teilweisen) Sorgerechtsentzug gem. § 1666 Abs. 3 Nr. 6 BGB zu treffen. Mit einer solchen Entscheidung kann der Regelungszweck der Inobhutnahme im Verfahren der einstweiligen Anordnung innerhalb weniger Wochen erreicht werden.

Erst wenn auch das Oberlandesgericht von einer solchen Maßnahme absieht, wird man in Verfahren der einstweiligen Anordnung von einem Nichterreichen des Regelungszwecks ausgehen müssen. Erst dann kann sich nach hiesiger Auffassung eine Erledigung des Ver-

355 S. hierzu Sachs in Stelkens/Bonk/Sachs, VwVfG, § 43 Rn. 209.
356 BVerwG, Urt. v. 23.9.1998, 6 C 2 /98, juris Rn. 21 f.
357 BVerwG, Urt. v. 27.2.2014, 2 C 1/13, juris Rn. 14.

waltungsaktes der Inobhutnahme und damit der Wirksamkeit im Sinne der Annahme der zitierten Entscheidung des Oberlandesgerichts Frankfurt ergeben.

Bis zu diesem Zeitpunkt liegt aber nach hiesiger Auffassung kein widerrechtliches Vorenthalten durch das Jugendamt i.S.d. § 1632 BGB vor.

10. Exkurs zu Befunden der amtlichen Statistik zur Inobhutnahme

Nachfolgend werden ausgewählte Befunde aus der amtlichen Statistik skizziert, die einen Überblick zur Entwicklung der Inanspruchnahme, den zugrundeliegenden Altersgruppen, den Anlässen und der Dauer von Inobhutnahme ermöglichen.[358]

Inanspruchnahme von Inobhutnahmen im Zeitverlauf:

Die Zahl der regulären Inobhutnahmen ohne UMA lag in 2021 bei insgesamt 36.245. Darunter sind 7.727 von Minderjährigen selbst angeregte und 28.518 von anderen Personen/Stellen angeregte Inobhutnahmen subsumiert.

Die Gesamtzahl der regulären Inobhutnahmen ist seit 2010 sukzessive gestiegen und erreichte 2019 einen Höchststand. Danach erfolgte bis 2021 eine Reduzierung der Inobhutnahmen um ca. 10 % (s. Abbildung 1).

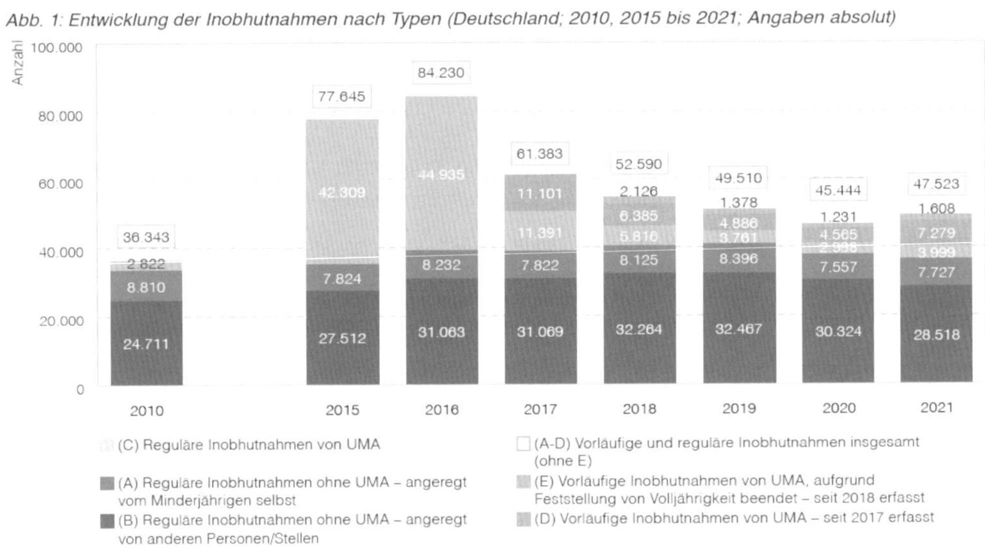

Abbildung 1: Entwicklung der Inobhutnahmen nach Typen (Deutschland; 2010, 2015 bis 2021; Angaben absolut)
Quelle: Mühlmann 2022. KOMDAT 2022, Heft 2, S. 6
UMA: unbegleitete ausländische Minderjährige

358 Kinder- und Jugendhilfereport 2018; Komdat 2020, 2/3.

Inanspruchnahme von Inobhutnahmen und Alter:

Aus Abbildung 2 wird ersichtlich, dass über den gesamten Auswertungszeitraum die Altersgruppen der 14- bis unter 16-Jährigen sowie die der 16- bis unter 18-Jährigen am häufigsten von Inobhutnahme betroffen sind mit einer Quote von 0,59 % bzw. 0,54 % der altersentsprechenden Jugendlichen. Die niedrigsten Quoten liegen bei den 6- bis unter 9-Jährigen (0,12%) und den 3- bis unter 6-Jährigen (0,13%) vor.

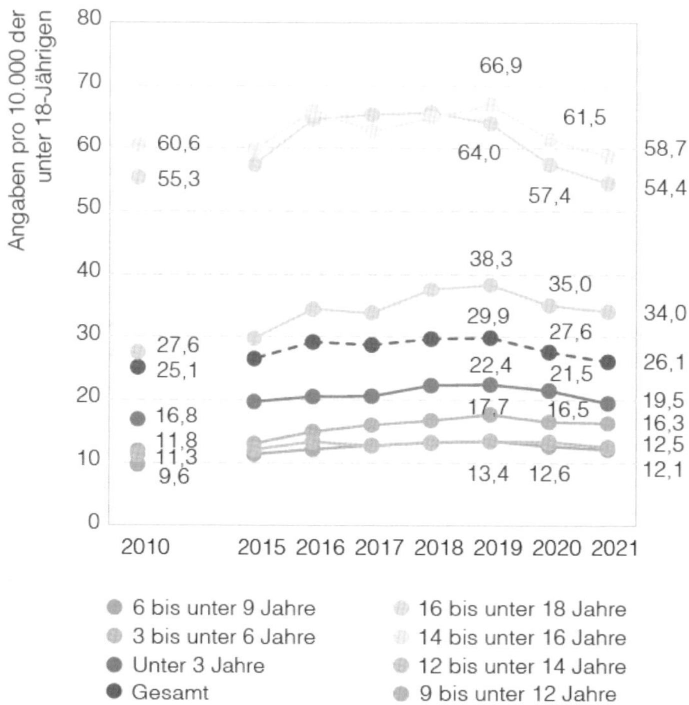

Abbildung 2: Entwicklung der Inobhutnahmen (ohne UMA) nach Altersgruppen (Deutschland; 2010, 2015 bis 2021; Angaben pro 10.000 der altersentspr. Bevölkerung; Typ A, B)

Quelle: Mühlmann 2022. KOMDAT 2022, Heft 2, S. 7

Erläuterungen:
UMA: unbegleitete ausländische Minderjährige
TYP A: Inobhutnahmen, die von den Kindern und Jugendlichen selbst angeregt wurden (ohne UMA)
Typ B: Inobhutnahmen, die aufgrund von Hinweisen anderer Personen oder Stellen erfolgten (ohne UMA)

Anlässe von Inobhutnahmen:

Die Anlässe von Inobhutnahmen unterscheiden sich nach Alter – kaum aber nach Geschlecht (s. hier unten, Abbildung 3).

Alter und Anlass der Inobhutnahme: Insbesondere die Aufnahmeanlässe „Anzeichen für Vernachlässigung" und „Überforderung der Eltern bzw. eines Elternteils" sind hoch korreliert mit dem Alter der jungen Menschen: Je jünger, desto häufiger stellen sie einen relevanten Aufnahmeanlass dar.

Geschlecht und Anlass der Inobhutnahme: Bei den unter 6-Jährigen wie auch den 6- bis unter 12-Jährigen liegen nur marginale Unterschiede nach Geschlechtern vor. Bei den jungen Menschen ab 12 Jahren zeigen sich zumindest wenige geschlechtsspezifische Unterschiede: Bei Mädchen dieser Altersgruppe liegen häufiger Beziehungsprobleme sowie Anzeichen für sexuelle, psychische und physische Gewalt vor – bei Jungen hingegen Delinquenz, Suchtprobleme und Integrationsprobleme in Heimen bzw. Pflegefamilien.

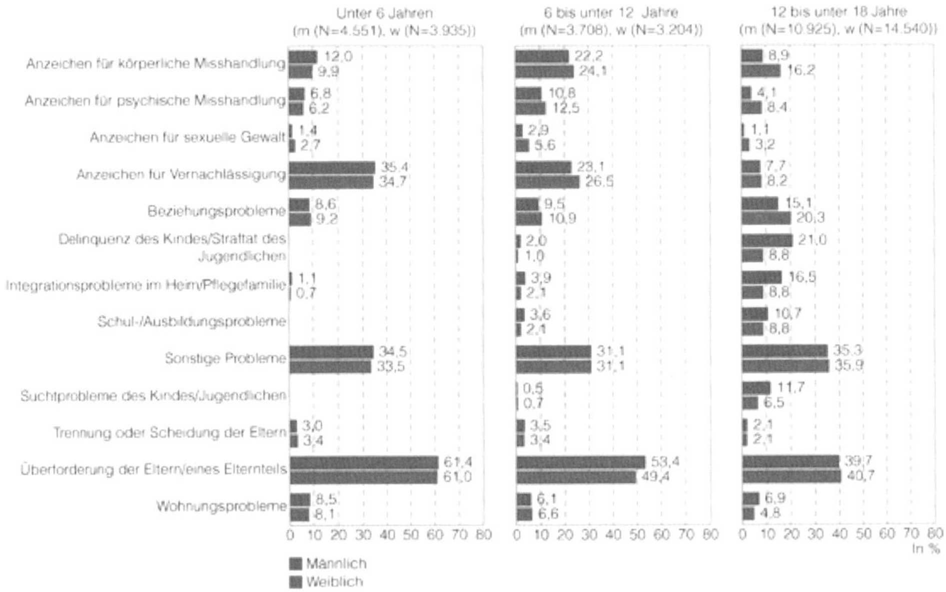

1 Die zum Redaktionsschluss vorliegende Datenlage ermöglicht keine eindeutige Differenzierung nach Typen. Hier erfolgt dies als Schätzung auf Grundlage der auf Auswertungen früherer Jahrgänge begründeten Annahme, dass für UMA nur selten weitere Gründe neben der unbegleiteten Einreise angegeben wurden

Abbildung 3: Anlässe der Inobhutnahmen nach Altersgruppen und Geschlecht (Deutschland; 2019; Mehrfachnennungen; geschätzte Anteile in % für die Typen A und B
Quelle:Mühlmann/Pothmann 2020. KOMDAT 2020, Heft 2 & 3, S. 25

Dauer der Inobhutnahmen und Alter:

Abbildung 4 (unten) zeigt den Zusammenhang zwischen Alter der jungen Menschen und der Dauer von Inobhutnahmen (Datenbasis 2018): Je jünger die inobhutgenommenen Kinder und Jugendlichen sind, desto länger ist die Verweildauer.

Während bei den Jugendlichen mehr als knapp über die Hälfte der Inobhutnahmen weniger als eine Woche dauert, sind es bei den unter 3-Jährigen weniger als 30 %. Umgekehrt betreffen längere Inobhutnahmen von mindestens zwei Monaten 31 % der unter 3-Jährigen 31 % der Inobhutnahmen, aber nur 12 % der Jugendlichen. Dies zeigt sich auch beim arithmetischen Mittelwert der Verweildauer, der insgesamt bei 45 Tagen liegt. Während die unter 3-Jährigen im Mittel 74 Tage in der Inobhutnahme verweilen, sind es bei Jugendlichen hingegen nur 29 Tage.

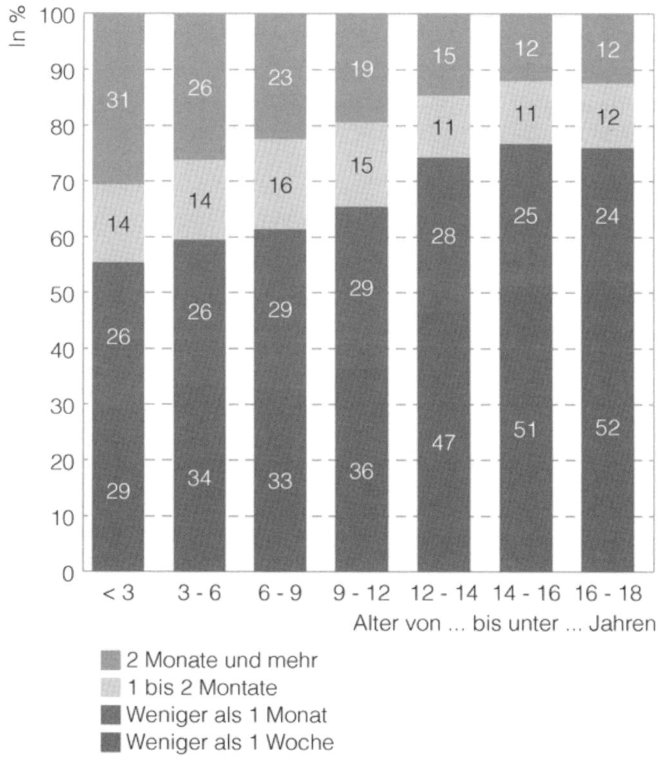

Abbildung 4: Dauer der Inobhutnahmen (ohne UMA) nach Altersgruppen (Deutschland; 2018; Angaben in %; Typ B)

Quelle: Mühlmann/Pothmann 2020. KOMDAT 2020, Heft 2 & 3, S. 26

11. Exkurs: Effektivität und den Wirkfaktoren von Inobhutnahmen

Mit diesem Exkurs werden erstmals unter der Nutzung einer großen Stichprobe empirische Ergebnisse zu der Effektivität und den Wirkfaktoren von Inobhutnahmen nach § 42 SGB VIII beschrieben.

Grundlage hierfür ist eine 2020 durchgeführte Analyse von insgesamt 48.379 im Rahmen der Evaluation Erzieherischer Hilfen (EVAS)[359] dokumentierter Hilfen. In die vorliegende Auswertung wurden 4.048 Inobhutnahmen und deren Anschlusshilfen einbezogen. Zudem wurden 2.019 reine Inobhutnahmen (ohne Anschlusshilfe) analysiert.

Die nachfolgend kursorisch dargestellten Befunde ermöglichen einen Überblick und Einblick zu den Ausgangslagen, der Ausgestaltung, der Effektivität und den Wirkfaktoren von Inobhutnahmen und ihren Anschlusshilfen.

Im Folgenden werden den 4.048 analysierten **Inobhutnahmen** (und deren Anschlusshilfen) zur Kontrastierung insgesamt 44.331 **Hilfen zur Erziehung** ohne Inobhutnahme gegenübergestellt.

359 Macsenaere/Knab, 2004.

Ausgangslagen:

Wie unterschieden sich die Ausgangslagen von Hilfeadressaten/-adressatinnen, die Inobhutnahme in Anspruch nehmen, im Vergleich zu denen, die Hilfen zur Erziehung ohne Inobhutnahme in Anspruch nehmen?

Zur Bearbeitung dieser Fragestellung werden die sowohl statistisch signifikanten wie auch inhaltlich bedeutsamen Unterschiede aufgezeigt. Ausgangslagen bei Inobhutnahmen sind demnach wie folgt charakterisiert:

- Geringeres Alter des Kindes bei Hilfebeginn (11,2 Jahre bei Inobhutnahme vs. 12,3 Jahre bei HzE ohne Inobhutnahme)
- Nationalität: Inobhutnahmen für außereuropäische Staatsangehörige sind überrepräsentiert (20 % vs. 6 %) – für Deutsche hingegen unterrepräsentiert (67 % vs. 87 %)
- Vor Inobhutnahmen werden seltener und/oder niedrigschwelligere Hilfen in Anspruch genommen (Jugendhilfekarriereindex 4,8 vs. 6,6)
- Heim (nach § 34 SGB VIII) und Psychiatrie sind als Aufenthaltsort vor Hilfe unterrepräsentiert
- Sorgerecht bei Vormund ist überrepräsentiert (21 % vs. 11 %) – bei beiden leiblichen Elternteilen (29 % vs. 36 %) und bei alleinerziehender Mutter (35 % vs. 38 %) unterrepräsentiert
- Familieneinkommen durch Arbeitseinkommen ist deutlich unterrepräsentiert (17 % vs. 42 %)
- Kindbezogene Hilfeanlässe: Überrepräsentiert sind Gefährdung durch soziales Umfeld (34 % vs. 20 %) und Weglaufen/Streunen (17 % vs. 10 %). Unterrepräsentiert sind Leistungsprobleme in der Schule (20 % vs. 45 %), dissoziale Störungen (21 % vs. 36 %), internalisierende Störungen (10 % vs. 22 %) und Entwicklungsdefizite (18 % vs. 29 %)
- Als elternbezogene Anlässe für Inobhutnahme liegen häusliche Konflikte mit 57 % und Erziehungsinkompetenz mit 37 % am häufigsten vor. Überrepräsentiert zur Vergleichsgruppe sind (sexueller) Missbrauch bzw. körperliche Misshandlung (11 % vs. 6 %), Ausfall eines Elternteils (15 % vs. 7 %) und familiäre Suchtproblematik (13 % vs. 10 %); Unterrepräsentiert sind hingegen häusliche Konflikte (57 % vs. 67 %) und Erziehungsinkompetenz (37 % vs. 52 %)
- Bei jungen Menschen liegen zu Beginn der Inobhutnahme folgende Symptome am häufigsten vor: soziale Unsicherheit (32 %), ADHS (26 %), aggressives Verhalten (25 %), dissoziales Verhalten (23 %) und relative Leistungsschwäche in der Schule (20 %). Überproportional oft zur Vergleichsgruppe liegen keine Symptome vor (14 % vs. 5 %). Unterrepräsentiert sind dagegen relative Leistungsschwäche in der Schule (20 % vs. 39 %), aggressives Verhalten (25 % vs. 43 %), ADHS (26 % vs. 42 %), dissoziales Verhalten (23 % vs. 38 %), soziale Unsicherheit (33 % vs. 47 %) und Delinquenz (8 % vs. 17 %)

Die skizzierten Befunde verdeutlichen, dass bei Inobhutnahmen die hilferelevanten Problemlagen sich weniger bei dem betroffenen Kind manifestieren als vielmehr bei den Eltern.

Prozessmerkmale von Inobhutnahmen:

Inobhutnahmen inklusive deren Anschlusshilfen unterscheiden sich hinsichtlich einiger Prozessmerkmale signifikant von den Hilfen zur Erziehung ohne Inobhutnahme. So ist die Hilfedauer um gut 10 % verkürzt, der Betreuungsumfang aber um 30 % erhöht.

Hinsichtlich der **Kooperation** der jungen Menschen zeigen sich signifikante Unterschiede zu der Kooperation von Mutter und Vater: Die Kooperation von jungen Menschen fällt bei Inobhutnahmen über alle untersuchten Skalen höher aus. Demgegenüber fallen die Kooperationswerte von Müttern wie auch Vätern drastisch geringer aus – sowohl gegenüber den jungen Menschen wie auch gegenüber der Vergleichsgruppe ohne Inobhutnahme. Dies betrifft alle vier erfassten Bereiche „Akzeptanz elternbezogene Hilfeplanung(sziele)", „Akzeptanz kindbezogener Hilfeplanung(sziele)", „Einhalten von Vereinbarungen" und „aktive Beiträge".

Auch mit Blick auf die **Hilfebeendigung** liegen relevante Unterschiede vor. Hilfen mit Inobhutnahme im Vorfeld werden nur seltener abgebrochen (40 % vs. 51 %). Die häufigsten Abbruchgründe sind fehlende Mitarbeit bzw. hemmendes/negatives Verhalten des jungen Menschen (bei 50 % der abgebrochenen Hilfen) und Krisen bzw. aktuelle Vorkommnisse (33 %). Die Verschlimmerung der Problematik, fehlende Mitarbeit des jungen Menschen und fehlende Mitarbeit der Eltern sind als Abbruchgründe im Vergleich zu Hilfen ohne Inobhutnahme unterrepräsentiert.

Nach Hilfeende wohnen die jungen Menschen am häufigsten bei ihren leiblichen Eltern bzw. einem leiblichen Elternteil (28 %), gefolgt von einer eigenen Wohnung (13 %).

Als **Wohnsituation** überrepräsentiert nach Inanspruchnahme von Inobhutnahme sind Ersatzeltern, eigene Wohnungen und stationäre Jugendhilfeeinrichtungen. Unterrepräsentiert ist hingegen das Wohnen bei leiblichen Eltern bzw. bei leiblichem Elternteil mit Partnerin.

Mit 57 % (vs. 46 %) sind häufiger **Anschlusshilfen** geplant. Unter den Anschlusshilfen werden Heimerziehung/sonstige betreute Wohnformen (42 %) und SPFH (22 %) am häufigsten gewählt. Beide Hilfearten sind auch in Bezug zur Vergleichsgruppe ohne Inobhutnahme überrepräsentiert, ebenso wie Vollzeitpflege.

Effektivität von Inobhutnahmen:

Die Effektivität von Inobhutnahmen und ihren Anschlusshilfen erreicht im Durchschnitt eine geringe positive Effektstärke (cohens d = 0,31). Gegenüber der Vergleichsgruppe (d = 0,38) fällt das Effektivitätsniveau marginal geringer aus.

Dies betrifft auch sämtliche Subskalen, so die Ressourcen, Schulleistungen, Symptome, Diagnosen und Defizite. Auch hier fallen die Unterschiede zwischen beiden Gruppen nur sehr gering aus und sind damit inhaltlich nicht bedeutsam.

Im Gegensatz zu den beschriebenen Effekten, die auf Veränderungsmessungen beruhen, erreichen die Zielerreichungsgrade insbesondere bei den jungen Menschen, aber auch bei den Eltern im Durchschnitt höhere Werte als bei der Vergleichsgruppe.

Kapitel 6: Zulässigkeit und Reichweite von „Schutzvereinbarungen" sowie „aufsuchende Hilfen mit Kontrollauftrag"

In der Praxis der Jugendämter und auch der familiengerichtlichen Rechtsprechung zu § 1666 BGB kommt sogenannten Schutzvereinbarungen und aufsuchenden Hilfen mit Kontrollauftrag zur Abwehr einer Kindeswohlgefährdung eine erhebliche Bedeutung zu. Bis zum jetzigen Zeitpunkt fehlt jedoch eine vertiefende rechtliche Betrachtung dieser Instrumente. Nach hiesiger Auffassung kann mit diesen Maßnahmen nur dann gearbeitet werden, wenn sie auf Freiwilligkeit beruhen und keinerlei Druck zur Mitwirkung seitens der Jugendhilfe erzeugt wird.

A. Keine Rechtsgrundlage für die „aufsuchende Hilfe mit Kontrollauftrag"

Der Bundesgerichtshof hat mit Beschluss vom 6. Februar 2019 die Auffassung vertreten, dass eine Paarbeziehung mittels einer ambulanten Hilfe zur Erziehung gem. §§ 27 ff. SGB VIII überwacht werden könne. Es sei denkbar, zur Unterstützung der Familie einen regelmäßigen in der Familie verkehrenden sozialpädagogischen Familienhelfer i.S.v. § 31 SGB VIII hinzuzuziehen. Dieser sei „am ehesten" in der Lage zu bemerken, ob sich die familiäre Situation verschlechtere und damit die Wahrscheinlichkeit eines Schadenseintritts beim Kind steige.

Auch wenn ein Kontrollauftrag nicht originäres Ziel einer **sozialpädagogischen Familienhilfe** sei, hindere dies einen Familienhelfer nicht, dem Familiengericht zeitnah von möglichen Veränderungen der Paarbeziehung zu berichten, sodass hinreichend Gelegenheit bestände, den Sachverhalt aufzuklären und angemessen zu reagieren. Schließlich sei eine Weisung, die Familienhilfe in Anspruch zu nehmen, in § 1666 Abs. 3 Nr. 1 BGB ausdrücklich geregelt.[360]

Nach hiesiger Auffassung ist es aber rechtlich unzulässig, mittels einer Leistung nach dem SGB VIIII – hier einer Hilfe zur Erziehung nach § 27 SGB VIII i.V.m. § 31 SGB VIII – eine Familie im Rahmen des Schutzauftrags zu überwachen und auszuforschen.

In der jugendhilferechtlichen Praxis wird insbesondere die ambulante Hilfe zur Erziehung in Form der Sozialpädagogischen Familienhilfe nach § 27 SGB VIII i.V.m. § 31 SGB VIII im Rahmen des Schutzauftrags nach § 8a SGB VIII als sogenannte aufsuchende Hilfe mit Kontrollauftrag installiert. Bisher setzt man sich hierbei allerdings nicht mit der Frage auseinander, ob § 27 SGB VIII oder § 31 SGB VIII überhaupt eine taugliche Rechtsgrundlage für einen solchen Eingriff in das Elterngrundrecht nach § 6 Abs. 2 Satz 1 GG sein kann.

360 BGH, B. v. 6.2.2019, XII ZB 408/18, juris Rn. 45.

Auch der Bundesgerichtshof ist dieser Frage mit Entscheidung vom 6. Februar 2019 nicht nachgegangen. Vielmehr hat sich der Bundesgerichtshof ohne rechtliche Prüfung mit der lapidaren Feststellung begnügt, dass es nicht „originäres Ziel einer sozialpädagogischen Familienhilfe" sei, einen Kontrollauftrag wahrzunehmen.[361] Dennoch sei eine solche Kontrolle unter Verweis auf § 1666 Abs. 3 Nr. 1 BGB zulässig. Nach hiesiger Auffassung folgt aber aus der Tatsache, dass eine Weisung, die Familienhilfe in Anspruch zu nehmen, in § 1666 Abs. 3 Nr. 1 BGB ausdrücklich geregelt ist, keine Zulässigkeit einer aufsuchenden Hilfe mit Kontrollauftrag.[362]

Auch im Rahmen von § 1666 Abs. 3 Nr. 1 BGB ist immer der Leistungscharakter und die Freiwilligkeit der Inanspruchnahme zu beachten.[363] Es ist streng zwischen der **reinen Sozialleistung der Familienhilfe** i.S.d. § 1666 Abs. 3 Nr. 1 BGB i.V.m. §§ 27, 31 SGB VIII und der **Kontrolle bzw. Ausforschung mittels dieser Hilfe** zu unterscheiden. Für eine Kontrolle der Familie existiert im Gegensatz zur Hilfe keine Rechtsgrundlage, welche einen solchen Grundrechtseingriff legitimieren könnte.

Diesbezüglich ist auch zu berücksichtigen, dass eine solche Kontrolle von Anhaltspunkten für eine Kindeswohlgefährdung der anderen Aufgabe des § 8a SGB VIII zuzuordnen ist. Eine Hilfe zur Erziehung ist jedoch **rechtlich als Sozialleistung** i.S.d. § 11 SGB I der Kategorie der Leistung zuzuordnen, § 2 Nr. 4 SGB VIII. Eine Kontrollaufgabe der Hilfe zur Erziehung gem. § 27 SGB VIII i.V.m. § 30 SGB VIII oder § 31 SGB VIII wird dem Wesen der Sozialleistung in keiner Weise gerecht und konterkariert den eindeutig auf Freiwilligkeit basierenden Leistungscharakter.[364]

Hinweis:

! *Die Hilfe zur Erziehung als Sozialleistung in der Form einer sozialpädagogischen Dienstleistung ist nach Sinn und Zweck der Regelung in keiner Weise mit staatlichen Eingriffen zu vereinbaren.[365] Dies gilt in besonderem Maße für die Sozialpädagogische Familienhilfe, welche als praktische Lebenshilfe i.S. einer Hilfe zur Alltagsbewältigung in den Intimbereich der Familie eindringt.[366]*

Eine Kontrolle oder gar Ausforschung der Familie stellt aber einen staatlichen Eingriff dar. Hieran ändert auch die Tatsache nichts, dass der staatliche Eingriff durch Kontrolle in die Hilfe nach § 31 SGB VIII eingebettet ist oder gar mit dieser Hilfe „getarnt" erfolgt. Bereits eine gerichtlich verbindlich getroffene Anordnung zur Kontrolle beeinträchtigt den Betroffenen in seiner Entscheidungsbildung. Dies gilt umso mehr, als der betroffene Elternteil im Falle des Nichtzulassens der Hilfe mit Kontrollauftrag mit negativen Konsequenzen im weiteren familiengerichtlichen Verfahren rechnen muss.[367]

361 BGH, B. v. 6.2.2019, XII ZB 408/18, juris Rn. 45.
362 So aber BGH, B. v. 6.2.2019, XII ZB 408/18, juris Rn. 45.
363 S. hierzu Olzen in MüKo BGB, § 1666 Rn. 173.
364 S. hierzu Kunkel/Kepert in Kunkel/Kepert/Pattar, LPK-SGB VIII, § 30 Rn. 10,
365 S. hierzu auch Tammen/Trenczek in Münder/Meysen/Trenczek, FK-SGB VIII, vor §§ 27–41 Rn. 8,.
366 Struck in Münder/Meysen/Trenczek, FK-SGB VIII, § 31 Rn. 4, 6 und 11.
367 BVerfG, B. v. 1.12.2010, 1 B vR 1572/10, juris Rn. 16.

Auch kann nach der **Lehre vom Gesetzesvorbehalt** ein Eingriff in Art. 6 Abs. 2 Satz 1 GG weder auf § 27 SGB VIII noch auf § 31 SGB VIII gestützt werden. Ausweislich des eindeutigen Wortlautes sind die Vorschriften ausschließlich auf eine Hilfe und Unterstützung der Familie gerichtet. Die Normen enthalten keine Ermächtigung der Behörde zu einer Kontrolle und Ausforschung der Familie. Eine solche ausdrückliche gesetzliche Ermächtigung wäre nach der Lehre vom Gesetzesvorbehalt aber Grundvoraussetzung für einen Eingriff in den Intimbereich durch eine „aufsuchende Kontrolle".

Lediglich mit § 30 SGB VIII ist neben der Hilfe zur Erziehung in Form der Erziehungsbeistandschaft eine Betreuung außerhalb der Sozialleistung, nämlich der Betreuung im Rahmen einer jugendrichterlichen Weisung, geregelt worden. Für diese Betreuung besteht damit eine ausdrücklich gesetzliche Grundlage. Dies gilt insbesondere auch für eine Kontrolle der Einhaltung von Weisungen und Auflagen nach § 38 JGG.

Dieser Kontrollauftrag ist aber klar begrenzt auf die Aufgabe der Jugendgerichtshilfe. Für eine „aufsuchende Hilfe mit Kontrollauftrag" im Rahmen eines familiengerichtlichen Verfahrens nach § 1666 BGB fehlt auch hier offensichtlich eine Rechtsgrundlage.

Hinweis:

! *Nach hiesiger Auffassung bewegt sich die „aufsuchende Hilfe mit Kontrollauftrag" daher de lege lata im rechtsfreien Raum. Sie ist eine Erfindung der fachlichen Verwaltungspraxis, die keine gesetzliche Verankerung hat.*[368]

Mangels Rechtsgrundlage ist eine solche Maßnahme daher unzulässig. Hier ist der Gesetzgeber gefragt. De lege ferenda sollte nach hiesiger Auffassung eine entsprechende Regelung in § 8a SGB VIII verankert werden.

Mit der aufsuchenden Hilfe kann daher nach geltender Rechtslage nur dann gearbeitet werden, wenn mit der Hilfe zur Kontrolle einer Familie **keinerlei unmittelbarer oder mittelbarer Zwang** einhergeht. Die Inanspruchnahme muss wirklich **freiwillig** erfolgen. Dies ist nicht der Fall, wenn das Jugendamt oder der Träger der freien Jugendhilfe die Durchführung eines Verfahrens nach § 8a SGB VIII oder die Anrufung des Familiengerichts für den Fall der Verweigerung einer Hilfe mit Kontrollauftrag in Aussicht stellt.

B. Keine Rechtsgrundlage für „Schutzvereinbarungen"

Ähnliches gilt für „Schutzvereinbarungen", die in der Verwaltungspraxis zwischen dem zuständigen Jugendamt oder dem Träger der freien Jugendhilfe und den betroffenen Personensorgeberechtigten abgeschlossen werden.[369] Regelmäßig wird den Personensorgeberechtigten in Aussicht gestellt, dass das Familiengericht angerufen werden müsse, falls eine „Schutzvereinbarung" nicht abgeschlossen werde.

---

368 So bereits im Jahr 2008 sehr treffend Frings, JAmt 2018, 461, 464.

369 S. hierzu Landschaftsverband Westfalen-Lippe, Schutzkonzepte in der Hilfeplanung, https://www.lwl-landesjugendamt.de/media/filer_public/78/3c/783ca5e2-817f-4c23-a240-9d05b3af7cfb/abschlussbricht_schutzkonzepte_2.pdf, abgerufen am 15.2.2023.

Die Inanspruchnahme von Hilfen nach dem SGB VIII steht im freien Belieben der Personensorgeberechtigten. Auch kann ein zunächst erklärtes Einverständnis zur Inanspruchnahme einer Hilfe jederzeit zurückgenommen werden. Gegen den Willen der Personensorgeberechtigten kann ohne familiengerichtliche Entscheidung nach § 1666 Abs. 1, Abs. 3 Nr. 1 BGB keine Hilfe erbracht werden.

Entgegen landläufiger Meinung ist mit den Anspruchsgrundlagen nach §§ 27 f. SGB VIII auch keine Befugnis zum Eingriff in die Privatsphäre der Personensorgeberechtigten nach Art. 2 Abs. 1 GG i.V.m. Art. 1 Abs. 1 GG verbunden. Es ist verfassungsrechtlich unstrittig anerkannt, dass eine „klassische Eingriffssituation" besteht, wenn der Staat in einem behördlichen Verfahren im Rahmen der Sachverhaltserforschung auf Informationen aus dem privaten Bereich zurückgreift und den privaten Bereich ausforscht.[370] Ferner ist es unstrittig, dass der Staat für einen solchen Eingriff einer Rechtsgrundlage bedarf. An einer solchen expliziten und hinreichend bestimmten Ermächtigung des Jugendamtes durch ein formelles Gesetz[371] fehlt es aber de lege lata ganz offensichtlich.

Vergleichbares gilt hinsichtlich der Einflussnahme des Jugendamtes mittels Schutzvereinbarungen auf die private Lebensführung und Alltagsgestaltung der Betroffenen. Daher verwundert es hier sehr, dass die mit Schutzvereinbarungen erfolgenden Ausforschungs- und Einflussmaßnahmen, welche im rechtsfreien Raum erfolgen, juristisch nicht längst beanstandet worden sind.

Hinweis:

Ein Tätigwerden zur Abwehr einer Kindeswohlgefährdung mittels einer Schutzvereinbarung ist daher de lege lata nach hier vertretener Auffassung nur dann zulässig, wenn der Abschluss einer Schutzvereinbarung erkennbar freiwillig durch die Personensorgeberechtigten erfolgt. Der Abschluss einer solchen Vereinbarung darf mit keinerlei direktem oder indirektem Zwang verbunden werden.

Nach hiesiger Auffassung ist daher der Abschluss einer Schutzvereinbarung unzulässig, wenn das Jugendamt oder der Träger der freien Jugendhilfe mit der Anrufung des Familiengerichts für den Fall der Verweigerung des Abschlusses einer Schutzvereinbarung droht.

Da das Instrument der Schutzvereinbarung insbesondere im Bereich des präventiven Kinderschutzes einen wichtigen Beitrag zur Gewährleistung des Kindeswohls leisten kann, sollte ein rechtlicher und fachlicher Diskurs zur künftigen Ausgestaltung dieses Instruments geführt werden. Aus rechtlicher Sicht sollte dabei insbesondere der nachstehend skizzierte „Kontrollbereich" von Schutzvereinbarungen einer rechtlichen Klärung zugeführt werden. In der bisherigen Form sind die untenstehend skizzierten Kontrollen nach hiesiger Auffassung regelmäßig unzulässig.

Vergleichbares gilt für die **Verfügung von „Auflagen"**. In rechtlicher Hinsicht stellt die Auflage eine Nebenbestimmung i.S.d. § 32 Abs. 2 Nr. 4 SGB X dar, welche bei Vorliegen einer gesetzlichen Ermächtigung einem Verwaltungsakt beigefügt werden kann. Eine

370 Hierzu Di Fabio in Maunz/Dürig, GG-Kommentar, Art. 2 Abs. 1 GG Rn. 151.
371 Hierzu Di Fabio in Maunz/Dürig, GG-Kommentar, Art. 2 Abs. 1 GG Rn. 157.

„Auflage“ im Kontext der Aufgabenwahrnehmung nach § 8a SGB VIII ist gesetzlich nicht geregelt und damit nach dem Vorbehalt des Gesetzes gem. § 31 SGB I auch nicht zulässig.

Auch wenn das professionelle Handeln auf Basis von Schutzvereinbarungen und „Auflagen“ derzeit in einem rechtlich nicht geklärten Bereich stattfindet, ist es im Hinblick auf einen stetigen Anstieg der Inobhutnahmezahlen in den letzten Jahren[372] und einen stabilen Durchschnittswert von 41 % der jungen Menschen, die im Anschluss wieder an den vorherigen Lebensort zurückkehren, bedenkenswert, alternative Handlungsoptionen für die Sicherstellung des Kindeswohls bei gravierenden Hilfebedarfen unterhalb der Eingriffsschwelle im Sinne des präventiven Kinderschutzes verstärkt in den Blick zu nehmen. Insbesondere in Anbetracht des großen Anteils an Fällen mit alleinerziehenden und in Teilen minderjährigen Müttern könnten kooperative, das Unterstützungsnetzwerk der Betroffenen aktivierende methodische Zugänge der Schutzplanung,[373] wie der evaluierte „Signs of Safety“-Ansatz[374] in Betracht gezogen werden.

Da im SGB VIII bisher gesetzliche Regelungen zum Instrument der Schutzplanung und zum Erstellen von Schutzvereinbarungen fehlen, könnte der Gesetzgeber im Reformprozess tätig werden und rechtliche Vorgaben zur Anwendung von „Schutzvereinbarungen“ und „aufsuchenden Hilfen mit Kontrollauftrag“ schaffen.

C. Funktion und Kernelemente von Schutzkonzepten

In den letzten Jahren hat sich der Schwerpunkt der Gesetzgebung sowie der Fachdiskussion eher darauf fokussiert, (drohende) Kindeswohlgefährdungen möglichst zuverlässig zu entdecken.[375] Doch wirksamer Kinderschutz ist wesentlich mehr als nur das Aufdecken bzw. Erkennen von Gefährdungsfällen und die kurzfristige Beseitigung von Risikosituationen. Vielmehr ist die Frage von großer Relevanz,

> „welche Interventionen und Angebote nach der Entdeckung einer Gefährdung geeignet sind, die Gefährdungssituation zu beenden, Beteiligungsrechte zu wahren und eine möglichst sichere und positive Entwicklung des von Gefährdung betroffenen Kindes oder Jugendlichen und gegebenenfalls seiner Familie zu gewährleisten.“[376]

In diesem Zusammenhang spielt die Erarbeitung zuverlässiger Schutzkonzepte eine zentrale Rolle, denn eine verlässliche Gewährleistung von Schutz und Sicherheit der in ihrem Wohl bedrohten jungen Menschen ist die Grundlage für eine partizipativ ausgerichtete Initiierung längerfristiger Hilfekonzepte und damit für eine nachhaltig positive Entwicklung dieser Kinder und Jugendlichen.

Lenkenhoff u.a.[377] erläutern den Begriff des Schutzkonzepts im Sinne einer Arbeitsdefinition wie folgt:

---

372 Mühlmann, 2019.
373 LWL, 2013.
374 Munro u.a., 2016.
375 NZFH, 2018.
376 Ebd. S. 12.
377 LWL, 2013, S. 23.

> „Das Schutzkonzept kennzeichnet […] eine konkrete Anforderung an die Personensorgeberechtigten, um ihre Kinder vor Gefahren für ihr Wohl (im Sinne des § 8a SGB VIII und des § 1666 BGB) zu schützen. Solche konkreten Anforderungen an das Verhalten der Personensorgeberechtigten lassen sich nur aus konkreten Gefährdungsmerkmalen herleiten und können keinesfalls allgemeine Erziehungsanforderungen sein […]."

Außerdem benennen Lenkenhoff u.a. drei wesentliche Elemente, die ein Schutzkonzept in der Regel aufweist:

1. ein **Hilfekonzept** (§ 36 SGB VIII), das dazu dient, die Erziehungssituation des Kindes oder Jugendlichen nachhaltig zu verbessern (meist mittel- bis langfristig).
2. ein **Sicherheitskonzept** zur kurzfristigen Sicherstellung des Kindeswohls (bzw. zur kurzfristigen Abwehr von Gefahren). […] Dieses Konzept muss sich logisch und nachvollziehbar aus einer Gefährdungsanalyse ableiten lassen und sich genau auf diese Analyse beziehen.
3. ein **Kontrollkonzept**, welches sicherstellt, dass die zum Schutz des Kindes/Jugendlichen verabredeten Maßnahmen auch durchgeführt werden und im Sinne des Kinderschutzes greifen" (ebd.).

Die Erarbeitung eines solchen umfassenden Schutzkonzeptes stellt die am Entwicklungsprozess beteiligten Fachkräfte aufgrund der meist krisenhaften Situation, des nicht selten bestehenden Zeit- und Handlungsdrucks sowie der oftmals schwierigen Zusammenarbeit mit den betroffenen Familien vor große Herausforderungen: Es

> „erfordert von den Fachkräften die Vermeidung von Schuldzuweisungen, das Verständnis von Widerstand, das Kennenlernen von Problemdefinitionen und Bewältigungsstrategien aller Familienmitglieder, die Wahrnehmung und Abbildung von Ressourcen und die Entwicklung eines gemeinsamen Problem- und Lösungsverständnisses".[378]

Ein auf Grundlage dieses Verständnisses entwickeltes Schutzkonzept sollte insbesondere die folgenden Fragen beantworten:

- „In welcher Weise ist das Kindeswohl gefährdet?
- Welche Vereinbarungen wurden getroffen bzw. welche Aufträge wurden zur Wiederherstellung des Kindeswohls erteilt? (Was ist zu tun? Wer macht es? Wann?)
- Wer kontrolliert die Vereinbarungen? Was genau wird kontrolliert? Wann?
- Wer informiert wen wann worüber, wenn die Vereinbarungen nicht eingehalten werden?
- Woran ist zu erkennen, dass die Kontrolle nicht mehr notwendig ist? (Beschreibung der angestrebten Situation/des angestrebten Zieles)
- Wann endet die Kontrolle? Wann wird das Kindeswohl als nicht mehr gefährdet angesehen?
- Findet eine Information des Familiengerichts über die getroffene Vereinbarung bzw. die verhängten Auflagen statt?"[379]

---

378 Rotering, 2008, S. 7.
379 LWL, 2013, S. 21.

Die zu klärenden Fragen machen deutlich, dass ein fachlich qualifiziertes Schutzkonzept immer auch ein daran orientiertes Kontrollkonzept beinhaltet, in dem verbindlich festgelegt wird, wie die im Schutzkonzept vereinbarten Handlungsschritte und Verantwortlichkeiten zuverlässig überprüft werden können. Das Kontrollkonzept muss dabei mit seinen Maßstäben zur Bewertung allerdings immer auf den konkret formulierten und transparent vermittelten Kriterien des Schutzkonzepts aufbauen. Ohne diesen unmittelbaren Zusammenhang hätte eine etwaig ausgeübte Kontrolle des Jugendamts keine fachliche Legitimation und „wäre gleichbedeutend mit Willkür".[380]

Um für diese Kontrolle im Rahmen des Schutz- und Hilfeauftrags bei den betroffenen Eltern Akzeptanz zu erlangen und mit einer möglichst hohen Wahrscheinlichkeit eine konstruktive Wirkung erzielen zu können, sollten nach Wolf[381] u.a. die folgenden sechs Voraussetzungen erfüllt sein:

1. Wahrnehmung der Kontrolle durch vertraute Menschen (Vertrauen als Grundlage der Kontrolle; keine Kontrolle durch „Funktionäre einer Institution")
2. Beschränkung des Kontrollauftrages auf abgrenzbare Bereiche
3. Vereinbarungen über Reduzierungen der Kontrolle im Verlauf der Hilfe
4. gemeinsame Planung der Interventions- und Kontrollelemente mit den Eltern
5. keine verdeckten Aufträge; kein „Verrat", d.h. Weitergabe von negativen Informationen über die Familie, die vorher nicht besprochen wurden
6. Einbindung der Helferzusagen in das Kontrollkonzept (Kontrolle der Helfer/-innen durch die Eltern).

Schutz- und Kontrollkonzept sind nicht impliziter Bestandteil des grundsätzlich zu erstellenden Hilfeplans, sondern

> „werden in einer gesonderten Vereinbarung (Anlage zum Hilfeplan) festgehalten, um gegenüber der Familie und gegenüber den beteiligten Fachkräften die unterschiedlichen Schwerpunkte und Handlungsmodalitäten einer Hilfe zur Erziehung als Dienstleistung und einer Gefährdungsabwehr als Schutzmaßnahme für das Kind transparent zu halten."[382]

Hinweis:

! *Zu beachten ist in diesem Zusammenhang, dass es keine rechtliche Grundlage für die Erstellung von Schutzkonzepten gibt und dieses somit nur eine freiwillige Vereinbarung zwischen der Familie und den Fachkräften sein kann, um den Verbleib des betreffenden jungen Menschen in der Familie zu ermöglichen und zu sichern.*

380 LWL, 2013, S. 24.
381 Wolf, 2012, 222 ff.
382 Ebd.

Kapitel 7: Weitere wichtige Regelungen im Zusammenhang mit der Wahrnehmung des Schutzauftrags

A. Beratung ohne Kenntnis der Personensorgeberechtigten nach § 8 Abs. 3 SGB VIII

Mit § 8 Abs. 3 SGB VIII wird ein Beratungsanspruch des Kindes oder Jugendlichen ohne Kenntnis der Personensorgeberechtigten geregelt. Nach der bis zum 9. Juni 2021 bestehenden Rechtslage war eine solche Beratung ohne Kenntnis der Eltern nur im absoluten Ausnahmefall bei Bestehen einer „Not- und Konfliktlage" möglich. Mit Art. 1 des KJSG ist mit Wirkung vom 10. Juni 2021 die Vorgabe „wenn die Beratung auf Grund einer Not- und Konfliktlage erforderlich ist" gestrichen worden. Zudem wurde folgende Neuregelung in § 8 Abs. 3 SGB VIII implementiert:

> „Die Beratung kann auch durch einen Träger der freien Jugendhilfe erbracht werden; § 36a Absatz 2 Satz 1 bis 3 gilt entsprechend."

Mittels eines neuen Absatzes 4 wird ferner Folgendes bestimmt:

> „Beteiligung und Beratung von Kindern und Jugendlichen nach diesem Buch erfolgen in einer für sie verständlichen, nachvollziehbaren und wahrnehmbaren Form."

Nach alter Rechtslage war eine Beratung von Kindern und Jugendlichen „hinter dem Rücken der Eltern" nur unter sehr hohen Voraussetzungen zulässig. Es musste zunächst eine „**Not- und Konfliktlage**" bestehen (durch eine Notsituation des Kindes ausgelöste und zu einem Konflikt mit den Eltern führende Lage, die zu einer dringenden Gefahr für das Wohl des Kindes führen kann).

Diese Notberatung ist mit der Neuregelung nach Auffassung des Gesetzgebers in einen „elternunabhängigen Beratungsanspruch" umgewandelt worden. Nach der Gesetzesbegründung ist ein solcher Beratungszugang insbesondere deshalb erforderlich, weil sich die bisher vorausgesetzte „Not- und Konfliktlage" auf Grund eines noch nicht aufgebauten Vertrauensverhältnisses nicht immer bereits beim ersten Kontakt zeigt. Diese Nichterkennbarkeit einer Not- und Konfliktlage könne das Jugendamt aber daran hindern, überhaupt ein Gespräch mit dem Minderjährigen zu führen und eine „Not- und Konfliktlage" zu ermitteln.[383]

Mittels der Neuregelung soll ein „**niedrigschwelliger Zugang**" für Kinder bzw. Jugendliche zur Beratung durch das Jugendamt ohne Kenntnis des Personensorgeberechtigten geschaffen werden. Die Eltern sollen über die „erfolgte" Beratung (also nach Durchführung der Beratung) informiert werden, wenn dies dem Kindeswohl nicht widerspricht.[384] Dieses Erfordernis ergibt sich allerdings nicht aus dem Gesetzestext, sondern nur aus der Geset-

383 BT-Drs. 19/26107, S. 73.
384 BT-Drs. 19/26107, S. 73.

zesbegründung. Diesbezüglich ist zu berücksichtigen, dass die Vorgaben der Gesetzesbegründung nicht immer von der Praxis rezipiert werden. Hier hätte sich daher eine gesetzliche Klarstellung im Gesetzestext angeboten.

Praxistipp:

▶ *Die etwaige Verpflichtung zu einer nachträglichen Information der Personensorgeberechtigten sollte dem Kind oder Jugendlichen bereits vor Durchführung des Gesprächs mitgeteilt werden.*

Der Gesetzgeber ist der Auffassung, dass mit der Neuregelung die **Elternrechte nicht beeinträchtigt** werden, weil die rechtlichen Vorgaben, wonach sämtliche Maßnahmen, die nach der Beratung zu ergreifen sind (weitere Gespräche, Leistungen, Inobhutnahme), nur mit Kenntnis der Eltern bzw. deren Beteiligung erfolgen dürfen, unberührt bleiben.[385]

Diese Auffassung wird hier nicht geteilt. Bereits mit der Beratung des Kindes oder Jugendlichen ohne Kenntnis des Personensorgeberechtigten erfolgt grundsätzlich ein Eingriff in die grundrechtlich geschützte Rechtsposition der Eltern aus Art. 6 Abs. 2 Satz 1 GG. Aus dem Elterngrundrecht und der Personensorgeberechtigung folgt das Recht der Eltern zu bestimmen, welche staatliche Institution mit dem Kind Gespräche führt.[386] Bereits die Führung eines Gesprächs mit dem Kind ohne Wissen und Wollen der Eltern stellt nach hiesiger Auffassung daher einen **Eingriff in das Elterngrundrecht** nach Art. 6 Abs. 2 Satz 1 GG dar.

Die Neuregelung steht ferner in einem gewissen Widerspruch zu § 8a Abs. 1 Satz 2 SGB VIII. Selbst zur weiteren Sachverhaltsaufklärung bei Vorliegen von gewichtigen Anhaltspunkten hat grundsätzlich eine gemeinsame Gesprächsführung mit Kind und Eltern zu erfolgen.

Schließlich ist zu berücksichtigten, dass der Gesetzeswortlaut des § 8 Abs. 3 Satz 1 SGB VIII auch nach der Neuregelung weiterhin die Vereitelung des Beratungszwecks bei einer Mitteilung an die Personensorgeberechtigten – jedenfalls bei einer vor der Beratung erfolgenden Mitteilung – zur Tatbestandsvoraussetzung für die Beratung des Kindes oder Jugendlichen ohne Kenntnis des Personensorgeberechtigten erhebt. Auch nach neuer Rechtslage ist daher im jeweiligen Einzelfall vor Durchführung der Beratung zwingend eine **Prüfung der Tatbestandsvoraussetzungen** vorzunehmen, ob durch die vorherige Mitteilung an den Personensorgeberechtigten der Beratungszweck vereitelt werden würde.

Zudem sind Inhalt und Ausmaß der Beratung am **Verhältnismäßigkeitsgrundsatz** zu messen. Das Jugendamt hat zu gewährleisten, dass es im jeweiligen Einzelfall zu einer verhältnismäßigen Ausgestaltung des Eingriffs in das Elterngrundrecht aus Art. 6 Abs. 2 Satz 1 GG kommt. Diesbezüglich ist schließlich zu berücksichtigen, dass der Gesetzgeber selbst noch bei Einführung des § 8 Abs. 3 SGB VIII der Rechtsauffassung gewesen ist, dass eine Verletzung des Elterngrundrechts aus Art. 6 Abs. 2 Satz 1 GG nur im Einzelfall aufgrund

385 BT-Drs. 19/26107, S. 69.
386 Diese Auffassung hat auch der Gesetzgeber im Jahr 2017 mit dem KJSG vertreten, s. hierzu BT-Drs. 18/12730, 45 und 46.

der hohen Tatbestandsvoraussetzungen (Konfliktlage als Voraussetzung für den Beratungsanspruch ohne Kenntnis des Personensorgeberechtigten) zu vermeiden ist. So führte der Gesetzgeber aus, dass das Elternrecht aus Art. 6 Abs. 2 Satz 1 GG nur

> „soweit und solange hinter dem Schutzauftrag des Staates zurücktreten (muss), als dies zu einem wirksamen Schutz des Kindes geboten ist."[387]

In der Gesetzesbegründung zum KJSG bleibt jedenfalls der Gesetzgeber eine rechtliche Begründung für die Annahme schuldig, dass sich die vormalige Annahme als rechtlich unzutreffend erwiesen hat.

Nach der Gesetzesbegründung ist der Beratungsanspruch nach § 8 Abs. 3 SGB VIII grundsätzlich von demjenigen Jugendamt zu erfüllen, an den sich das Kind wendet. Mit der Neuregelung in § 8 Abs. 3 Satz 3 SGB VIII soll aber gewährleistet werden, dass das Jugendamt bzw. der örtliche Träger der öffentlichen Jugendhilfe den Beratungsanspruch auch mittels Leistungserbringung durch einen Träger der freien Jugendhilfe erfüllen kann. Mittels entsprechender Vereinbarungen, in welchen die **Voraussetzungen und die Ausgestaltung der Leistungserbringung** sowie die Übernahme der Kosten geregelt werden, sollen die Voraussetzungen hierfür geschaffen werden (§ 8 Abs. 3 Satz 3 SGB VIII i.V.m. § 36a Abs. 2 Satz 2 SGB VIII).[388] Sofern im Rahmen einer solchen Beratung Anhaltspunkte für eine Kindeswohlgefährdung bekannt werden, hat der Träger der freien Jugendhilfe entsprechend der in § 8a Abs. 4 SGB VIII enthaltenen und vertraglich vereinbarten Vorgaben zu handeln.

Mittels § 8 Abs. 4 SGB VIII wird „konkretisierend" geregelt, dass die Beteiligung und Beratung von Kindern in einer für diese **verständlichen, nachvollziehbaren und wahrnehmbaren Form** erfolgen muss.[389] Wie das erfolgen kann, lässt der Gesetzestext offen. Mit der Gesetzesbegründung wird lediglich festgestellt, dass „eine allgemein verbindliche Vorgabe, welche Form wahrnehmbar ist, nicht möglich" sei. Daher sei es erforderlich, unterschiedliche Informationsmöglichkeiten in Abhängigkeit von der Bedarfslage des Kindes oder Jugendlichen zu schaffen.[390]

Diese Vorgabe stellt die beratende Stelle vor erhebliche Herausforderungen. Der Einsatz eines Dolmetschers kann damit ebenso erforderlich werden, wie der Einsatz von Mitarbeitenden, welche aufgrund ihrer Qualifikation oder Erfahrung in der Lage sind, spezifischen Bedürfnissen eines Kindes (z.B. an Asperger-Autismus erkrankt) gerecht zu werden.

B. Fachliche Beratung und Begleitung zum Schutz von Kindern und Jugendlichen gem. § 8b SGB VIII

Gem. § 8b Abs. 1 SGB VIII haben Personen, die beruflich in Kontakt mit Kindern oder Jugendlichen stehen, bei der Einschätzung einer Kindeswohlgefährdung im Einzelfall gegenüber dem örtlichen Träger der Jugendhilfe Anspruch auf Beratung durch eine insoweit erfahrene Fachkraft.

---

387 BT-Drs. 17/6256, S. 20.
388 BT-Drs. 19/26107, S. 73.
389 BT-Drs. 19/26107, S. 73.
390 BT-Drs. 19/26107, S. 74.

Dieser Beratungsanspruch ist vor dem Hintergrund der verfassungsrechtlichen Regelung zum staatlichen Wächteramt in Art. 6 Abs. 2 Satz 2 GG und der Regelungen in den §§ 3 Abs. 2, 8 a Abs. 4 SGB VIII zu sehen. Das **staatliche Wächteramt** ist von der öffentlichen Jugendhilfe, insbesondere von den Jugendämtern, wahrzunehmen. Nur diese werden von den Leistungsverpflichtungen des SGB VIII direkt erreicht.

Da aber andererseits die **Träger der freien Jugendhilfe** in beträchtlichem Umfang Hilfen erbringen, muss sichergestellt werden, dass auch diese in den Schutzauftrag bei einer Kindeswohlgefährdung einbezogen und in die Lage versetzt werden, bei Anhaltspunkten für eine Gefährdung adäquat zu reagieren.

Mittels der durch Art. 1 des KJSG eingefügten Neuregelung in Absatz 3 muss sichergestellt werden, dass bei der Beratung den spezifischen Schutzbedürfnissen von Kindern und Jugendlichen mit Behinderungen Rechnung getragen wird. Auch diese Vorgabe ist sehr vage gehalten und bedarf daher einer weiteren Konkretisierung der Anforderungen.

I. Beratung durch eine insoweit erfahrene Fachkraft

§ 8a Abs. 4 Satz 1 Nr. 2 SGB VIII sieht vor, dass die freien Träger eine auf ihren Aufgabenbereich abgestimmte qualifizierte Beratung durch eine insoweit erfahrene Fachkraft erhalten.[391] Damit soll eine bestmögliche Abschätzung eines Gefährdungsrisikos ermöglicht werden.

Nach der Gesetzesbegründung zu **§ 8b SGB VIII** soll die Aufgabenwahrnehmung durch die insoweit erfahrene Fachkraft aber weiter gehen. Im Kinderschutz erfahrene Fachkräfte sollen in einem System des kooperativen Kinderschutzes nicht nur beratende und prozessbegleitende Aufgaben gegenüber Fachkräften in den Einrichtungen und Diensten der Kinder- und Jugendhilfe nach § 8a Absatz 4 SGB VIII haben, sondern auch gegenüber **außerhalb des Systems der Kinder- und Jugendhilfe** tätigen Berufsgruppen, die in einem beruflichen Kontakt mit Kindern und Jugendlichen stehen. Diesen Berufsgruppen räumt § 8b Abs. 1 SGB VII einen Rechtsanspruch auf Beratung gegenüber dem örtlichen Träger der öffentlichen Jugendhilfe ein, der im Rahmen seiner Gesamt- und Planungsverantwortung gem. § 79 SGB VIII zur Vorhaltung eines entsprechenden Pools an insoweit erfahrenen Fachkräften verpflichtet ist.[392]

Ein mit § 8b Abs. 1 SGB VIII vergleichbarer Beratungsanspruch besteht auch nach **§ 4 KGG**. Allerdings ist dieser Beratungsanspruch auf die in § 4 Abs. 1 KGG genannten Personen beschränkt. Nach § 4 KGG steht der Beratungsanspruch daher nur bestimmten Berufsgruppen offen, während § 8b Abs. 1 SGB VIII einen Beratungsanspruch für alle Personen, die beruflich[393] in Kontakt mit Kindern oder Jugendlichen stehen, vermittelt. § 8b Abs. 1 SGB VIII geht damit über die Beratungsansprüche nach § 8a Abs. 4 SGB VIII und § 4 KGG hinaus.

391 BT-Drs. 17/6256, S. 21.
392 BT-Drs. 17/6256, S. 22.
393 Also nicht ehrenamtlich, s. hierzu auch Kößler in Schlegel/Voelzke, jurisPK-SGB VIII, Rn. 12.

Nach dem Gesetzeswortlaut des § 8b Abs. 1 SGB VIII soll die Beratung im konkreten Einzelfall „bei der Einschätzung einer Kindeswohlgefährdung" erfolgen. Der Beratungsanspruch knüpft daher an eine Kindeswohlgefährdung an.

Nicht hinreichend klar ist nach dem Gesetzeswortlaut, ob **gewichtige Anhaltspunkte** für eine Kindeswohlgefährdung i.S.d. § 8a Abs. 1 SGB VIII tatsächlich vorliegen müssen oder aber ob auch eine **subjektive Vermutung** der mit dem Fall befassten Person den Beratungsanspruch auslösen kann.

Unstrittig muss der Beratungsanspruch einen **Einzelfallbezug** aufweisen.[394] Nach überwiegender Auffassung ist es ausreichend, dass es bei „der Einschätzung einer Kindeswohlgefährdung" i.S.d. § 8b Abs. 1 SGB VIII im Einzelfall auf die subjektive Annahme einer Kindeswohlgefährdung ankommt. Es ist also nicht erforderlich, dass tatsächlich objektive Anhaltspunkte für eine Kindeswohlgefährdung vorliegen oder gar eine Kindeswohlgefährdung tatsächlich gegeben ist.

Der Beratungsanspruch gem. § 8b Abs. 1 SGB VIII wird auch ausgelöst, wenn die Beratung beanspruchende Person „einen vagen Verdacht" oder ein „ungutes Gefühl" hinsichtlich einer möglichen Kindeswohlgefährdung hat.[395] Sinn und Zweck der Beratung ist es gerade, ein „ungutes Gefühl" abzuklären und eine weitergehende Prüfung zu ermöglichen, ob tatsächlich eine Kindeswohlgefährdung gegeben sein könnte.

II. Beratung bei der Entwicklung und Anwendung fachlicher Handlungsleitlinien

Gem. § 8b Abs. 2 SGB VIII haben auch **Träger von Einrichtungen**,

> „in denen sich Kinder oder Jugendliche ganztägig oder für einen Teil des Tages aufhalten oder in denen sie Unterkunft erhalten, und die zuständigen Leistungsträger"

einen Anspruch auf Beratung durch den überörtlichen Träger der Jugendhilfe. Damit soll die Norm zur weiteren Qualifizierung des Kinderschutzes beitragen.[396]

Hinweis:

▶ *Durch fachliche Beratung durch die öffentliche Jugendhilfe sollen möglichst alle Personen, die in engem Kontakt zu Kindern und Jugendlichen stehen, gestärkt und in die Lage versetzt werden, adäquat zur Sicherung des Kindeswohls tätig werden zu können.*

Der Beratungsanspruch zielt ab auf die Entwicklung und Anwendung fachlicher Handlungsleitlinien zur Sicherung des Kindeswohls und zur Beteiligung von Kindern und Jugendlichen an wichtigen Entscheidungen in der jeweiligen Einrichtung sowie zu Beschwer-

394 S. hierzu auch Kößler in Schlegel/Voelzke, jurisPK-SGB VIII, § 8b Rn. 13 und 15; Wapler in Wiesner/Wapler, SGB VIII, § 8b Rn. 20 f. § 8b Abs. 1 SGB VIII greift daher nicht bei einer „strukturellen Betrachtung" unabhängig vom Einzelfall.

395 S. hierzu Wapler in Wiesner/Wapler SGB VIII, § 8b Rn. 21; Meysen in Münder/Meysen/Trenzcek, FK-SGB VIII, § 8b Rn. 7.

396 BT-Drs. 17/6256, S. 21.

deverfahren.[397] Dieser Anspruch steht auch den Leistungsträgern zu.[398] Die Einrichtungen und Träger sollen durch diesen Beratungsanspruch unterstützt werden, um Kinder und Jugendliche bestmöglich vor Gefahren von außen, aber auch von innen, etwa durch Mitarbeiter der Einrichtungen, zu schützen.[399]

C. Das Gesetz zur Kooperation und Information im Kinderschutz, insbesondere § 4 KKG

I. Überblick

Mit dem KKG[400] soll nach Auffassung des Gesetzgebers der Kinderschutz über den originären Bereich der Kinder- und Jugendhilfe hinaus gestärkt werden. Insbesondere ist eine **Erweiterung der Handlungsmöglichkeiten** in den „Feldern des präventiven und des intervenierenden Kinderschutzes" intendiert.[401] Besondere Bedeutung kommt dabei der Vorschrift des § 4 KKG zu.

§ 4 KKG ging nach bisheriger Rechtslage davon aus, dass auf einer **ersten Stufe** die in § 4 Abs. 1 KKG genannten Berufsgruppen bzw. Normadressaten selbst – beraten durch eine insoweit erfahrene Fachkraft – tätig werden und erst auf einer subsidiären **zweiten Stufe** das Jugendamt informiert werden darf. Der Gesetzgeber begründete den Vorrang der ersten Stufe nach § 4 Abs. 1 KKG mit dem elterlichen Erziehungsprimat.[402]

An diesem abgestuften Vorgehen wird auch nach einer Änderung des § 4 KKG durch Art. 2 des KJSG mit Wirkung vom 10. Juni 2021 festgehalten. Im Gesetzgebungsverfahren war es zunächst intendiert, mittels Neuregelung stärker zu betonen, dass die Berufsgeheimnisträgerinnen und -träger befugt sind, das Jugendamt zu informieren und ihm die zur Abwendung der Gefährdung erforderlichen Daten mitzuteilen, soweit die Berufsgeheimnisträger dies zur Abwendung der Gefährdung für erforderlich halten.

Nach Widerstand im Gesetzgebungsverfahren ist die beabsichtigte klarstellende Regelung allerdings weitgehend aufgegeben worden. Für **Berufsgeheimnisträgerinnen und -zräger** nach § 4 Abs. 1 Nr. 2 bis 7 KKG ist die Rechtslage nicht verändert worden. Damit wird weiterhin – ähnlich wie § 8a Abs. 4 SGB VIII – ein Vorrang von Maßnahmen zur Abwendung der Gefahr durch die Normadressaten des § 4 Abs. 1 KKG selbst begründet.

Mit § 4 Abs. 3 S. 3 KKG besteht nach neuer Rechtslage aber eine Sonderregelung für Berufsgeheimnisträgerinnen und -träger nach § 4 Abs. 1 Nr. 1 KKG.[403] Diese sollen unverzüglich das Jugendamt informieren, wenn nach subjektiver Einschätzung eine dringende Gefahr für das Wohl des Kindes oder des Jugendlichen das Tätigwerden des Jugendamtes er-

397 S. auch Wapler in Wiesner/Wapler, SGB VIII, § 8b Rn. 27 f.
398 S. auch Meysen in Münder/Meysen/Trenzcek, FK-SGB VIII, § 8b Rn. 10.
399 S. hierzu BT-Drs. 17/6256, S. 22.
400 Gesetz zur Kooperation und Information im Kinderschutz vom 22. Dezember 2011 (BGBl. I S. 2975), zuletzt geändert durch Artikel 20 Absatz 1 des Gesetzes vom 23. Dezember 2016 (BGBl. I S. 3234).
401 BT-Drs. 17/6256, S. 1.
402 BT-Drs. 17/6256, S. 19.
403 S. hierzu BT-Drs. 19/28870, S. 101 und 102.

fordert. Beim Gefährdungseinschätzungsverfahren und insbesondere auch „mit Blick auf die Pflicht zur Meldung an das Jugendamt" kann sich der Berufsgeheimnisträger oder die Berufsgeheimnisträgerin durch eine insoweit erfahrene Fachkraft beraten lassen und sich auch an die medizinische Kinderschutzhotline wenden.[404]

Hinweis:

Primärer Regelungsinhalt des § 4 KKG ist es daher, dass die genannten Berufsgruppen einen Beratungsanspruch haben und gem. § 4 KKG eine Datenübermittlung an das Jugendamt zulässig ist.[405]

Insbesondere diese Datenübermittlungsbefugnis ist von elementarer Bedeutung für den Kinderschutz. Berufsgeheimnisträgerinnen und -träger sind datenschutzrechtlich ohne Vorliegen einer Einwilligung des Betroffenen nicht befugt, sich untereinander auszutauschen. Jeder Berufsgeheimnisträger hat allerdings die Befugnis nach § 4 Abs. 3 KKG zur Datenübermittlung an das Jugendamt.

Das Jugendamt ist daher die zentrale Stelle, bei welcher die unterschiedlichen Erkenntnisse zusammengeführt werden können. Unterschiedliche Befugnisnormen in verschiedenen Landesgesetzen zum Kinderschutz werden durch § 4 KKG als Bundesgesetz wegen Art. 31 GG grundsätzlich verdrängt.[406] Einige landesrechtliche Regelungen wurden aufgrund des Inkrafttretens von § 4 KKG auch aufgehoben.

II. Zweistufiges Verfahren

1. Stufe: Erörterung der Situation und Hinwirken auf Hilfe

Das Verfahren nach § 4 Abs. 1 KKG wird – entsprechend den Regelungen in § 8a Abs. 1 und 4 SGB VIII – mit Bekanntwerden von gewichtigen Anhaltspunkten für eine Kindeswohlgefährdung in Ausübung der jeweiligen beruflichen Tätigkeit ausgelöst.

Ebenso wie bei § 8a SGB VIII soll zunächst der Sachverhalt aufgeklärt werden. Im Zuge dieser **Sachverhaltsaufklärung** haben die in Absatz 1 genannten Berufsgruppen gem. § 4 Abs. 2 S. 1 KKG gegenüber dem Träger der öffentlichen Jugendhilfe einen Anspruch auf Beratung durch eine insoweit erfahrene Fachkraft. Sie sind zu diesem Zweck befugt, der insoweit erfahrenen Fachkraft die für die Beratung erforderlichen Daten zu übermitteln. Vor einer Übermittlung der Daten sind diese zu pseudonymisieren.

Im Zuge der Sachverhaltsaufklärung soll sodann die Situation zusammen mit dem Kind und den Personensorgeberechtigten erörtert werden.

Als **Handlungsmöglichkeit** gibt § 4 KKG das Hinwirken auf die Inanspruchnahme von Hilfen vor, soweit dies für erforderlich gehalten wird und hierdurch der wirksame Schutz des Kindes oder des Jugendlichen nicht in Frage gestellt wird.

404 BT-Drs. 19/28870, S. 101 und 102.
405 S. hierzu Kunkel/Kemper in Kunkel/Kepert/Pattar, LPK-SGB VIII, § 4 KKG Rn. 1.
406 S. hierzu Kunkel/Kemper in Kunkel/Kepert/Pattar, LPK-SGB VIII, § 4 KKG Rn. 1 m.w.V.

Im Gegensatz zu den Regelungen in § 8a Abs. 1 SGB VIII und § 8a Abs. 4 SGB VIII geht mit diesen Vorgaben für die genannten Berufsgruppen **keine gesetzliche Verpflichtung** zur Beschreitung der genannten Schritte einher. Die gesetzliche Vorgabe kann vielmehr nur als Verhaltensappell verstanden werden.[407]

Eine **Rechtspflicht** zum Handeln kann sich aber aus anderen Gründen, insbesondere aufgrund des Innehabens einer berufsbedingten Garantenpflicht gegenüber dem betroffenen Kind, ergeben.

2. Stufe: Information des Jugendamtes

a) Übermittlungsbefugnis

Scheidet eine Abwendung der Gefährdung durch ein Hinwirken auf die Inanspruchnahme von Hilfen aus oder ist ein solches Vorgehen erfolglos und halten die in Absatz 1 genannten Personen ein Tätigwerden des Jugendamtes für erforderlich, um eine Gefährdung des Wohls eines Kindes oder eines Jugendlichen abzuwenden, so sind sie gem. § 4 Abs. 3 S. 1 und 2 KKG befugt, das Jugendamt zu informieren.

Nach dem Gesetzeswortlaut ist es für das Vorliegen der Übermittlungsbefugnis ausreichend, dass der Berufsgeheimnisträger die Information des Jugendamtes „für erforderlich hält". Es genügt also, dass eine solche **Erforderlichkeit** der Information des Jugendamtes subjektiv angenommen wird. Es kommt damit nicht darauf an, ob aufgrund der objektiv vorliegenden Tatsachen das Tätigwerden des Jugendamtes zur Gefahrenabwehr auch tatsächlich erforderlich ist.[408]

Eine Information des Jugendamtes ist daher nach § 4 KKG für die in Absatz 1 genannten Berufsgeheimnisträger einfacher möglich, als es für Leistungserbringer gem. § 8a Abs. 4 SGB VIII ist.

Praxistipp:

▶ *Vor einer Information des Jugendamtes sind die Betroffenen auf die beabsichtigte Information hinzuweisen. Dies gilt nicht, wenn damit der wirksame Schutz des Kindes in Frage gestellt werden würde, § 4 Abs. 3 Satz 1 KKG.*

Für Berufsgeheimnisträgerinnen und -träger nach § 4 Abs. 1 Nr. 1 KKG besteht mit § 4 Abs. 3 S. 3 KKG die unter I. genannte Sonderregelung. Das Jugendamt soll unverzüglich informiert werden, wenn nach subjektiver Einschätzung eine dringende Gefahr für das Wohl des Kindes oder des Jugendlichen das Tätigwerden des Jugendamtes erfordert.

b) Übermittlungspflicht

Mit § 4 KKG besteht im Einzelfall lediglich eine Übermittlungsbefugnis für die in § 4 Abs. 1 Nr. 2 bis 7 KKG genannten Berufsgeheimnisträgerinnen und -träger und keine Übermittlungspflicht. Ob ein Jugendamt informiert wird, hängt damit vom subjektiven Dafürhalten des jeweiligen Berufsgeheimnisträgers ab.

407 S. hierzu Kunkel/Kemper in Kunkel/Kepert/Pattar, LPK-SGB VIII, § 4 KKG Rn. 1 und 6.
408 S. hierzu Kunkel/Kemper in Kunkel/Kepert/Pattar, LPK-SGB VIII, § 4 KKG Rn. 1 und 6.

Etwas anderes kann sich allerdings ergeben, wenn der jeweilige Berufsgeheimnisträger eine **Garantenstellung** nach § 13 StGB innehat. Eine solche Garantenstellung kann aufgrund einer rechtlichen oder auch nur tatsächlichen Schutzübernahme für ein Kind entstehen.

Hinweis:

Aus der Garantenpflicht folgt eine Rechtspflicht zum Handeln. Diese Handlungspflicht kann zu einer Übermittlungspflicht an das Jugendamt führen.

Problematisch hierbei ist es, dass es keine allgemeingültigen Vorgaben für das Entstehen einer solchen Garantenpflicht gibt. Das Entstehen einer **Rechtspflicht zum Handeln** kann sich nur aufgrund der jeweiligen Einzelfallumstände ergeben und ist hinsichtlich der Entstehungsgründe vielschichtig und nicht abschließend geklärt. Nach der überwiegenden Rechtsprechung kann die Garantenstellung auf Gesetz, Vertrag, vorangegangenem gefährdendem Tun (Ingerenz) und auf enger Lebensgemeinschaft beruhen.[409]

Hinsichtlich der in § 4 Abs. 1 Nr. 2 bis 7 KKG genannten Personen wird man zunächst prüfen müssen, ob im Einzelfall eine Garantenpflicht aufgrund der Übernahme der Verantwortlichkeit für das Handeln eines Kindes in Betracht kommt.[410] So kann beispielsweise ein Lehrender als sogenannter Beschützergarant Obhutspflichten gegenüber seinen Schülerinnen und Schülern haben.

Eine Garantenpflicht kann auch infolge einer **Amtsträgerschaft** eintreten. Allerdings bestehen solche Amtspflichten nur beschränkt und bezogen auf den jeweiligen Aufgabenbereich.[411] Amtspflichten im Bereich des Kinderschutzes treffen daher in erster Linie Mitarbeitende der Jugendämter.

Sofern eine Garantenpflicht dem Grunde nach besteht, ist zu fragen, welchen Inhalt und Umfang die Garantenpflicht hat. Dies bestimmt sich nach dem konkreten Pflichtenkreis, den der Verantwortliche übernommen hat.

Aufgrund dieser Unbestimmtheit hinsichtlich des Entstehens und des Umfangs einer Garantenpflicht sind klare gesetzliche Regelungen hinsichtlich Übermittlungspflichten vorzugswürdig. Gesetzliche Regelungen zu entsprechenden Übermittlungspflichten finden sich aber **nur in wenigen Spezialgesetzen**, beispielsweise in Art. 14 Abs. 6 Gesundheitsdienst- und Verbraucherschutzgesetz Bayern (GDVG) und in § 6 Abs. 2 Kinderschutzgesetz Sachsen-Anhalt.

Für Berufsgeheimnisträgerinnen und -träger nach § 4 Abs. 1 Nr. 1 KKG besteht mit § 4 Abs. 3 S. 3 KKG eine Sonderregelung. Mit der Gesetzesbegründung nimmt der Gesetzgeber auf eine „Pflicht zur Meldung an das Jugendamt" Bezug.[412] Danach besteht also nicht nur eine Übermittlungsbefugnis, sondern auch eine Pflicht zur Übermittlung. Hierfür spricht auch der Gesetzeswortlaut: Im Regelfall hat eine Übermittlung zu erfolgen („informieren sollen").

409 S. hierzu Heuchemer in BeckOK StGB § 13 Rn. 34.
410 Gaede in Kindhäuser/Neumann/Paeffgen, StGB, § 13 Rn. 51 f.
411 Gaede in Kindhäuser/Neumann/Paeffgen, StGB, 13 Rn. 62.
412 BT-Drs. 19/28870, S. 102.

III. Rückmeldung durch das Jugendamt

Mit Art. 2 des KJSG hat § 4 Abs. 4 KKG folgende Neuregelung erhalten:

> „Wird das Jugendamt von einer in Absatz 1 genannten Person informiert, soll es dieser Person zeitnah eine Rückmeldung geben, ob es die gewichtigen Anhaltspunkte für die Gefährdung des Wohls des Kindes oder Jugendlichen bestätigt sieht und ob es zum Schutz des Kindes oder Jugendlichen tätig geworden ist und noch tätig ist. Hierauf sind die Betroffenen vorab hinzuweisen, es sei denn, dass damit der wirksame Schutz des Kindes oder des Jugendlichen in Frage gestellt wird."

Mit der Gesetzesbegründung wird betont, dass

> „allein das Wissen um den weiteren Fortgang des Verfahrens nach einer Meldung von den Berufsgeheimnisträgerinnen und Berufsgeheimnisträgern als für eine vertrauensvolle Kooperationsbeziehung zum Jugendamt sehr förderlich eingeschätzt"

werde. Entsprechende Informationen seien zudem erforderlich, um bestehende Aufgaben und Pflichten erfüllen zu können.[413]

Mit der Neuregelung ist eine Befugnis zu einer entsprechenden Datenübermittlung durch das Jugendamt gem. § 69 Abs. 1 Nr. 1 Alt. 2 SGB X i.V.m. § 4 Abs. 4 KKG entstanden. Allerdings ist im Rahmen der **Erforderlichkeitsprüfung** zu berücksichtigen, dass der übermittlungsfähige Datensatz beschränkt ist:

Hinweis:

! *Es darf nur mitgeteilt werden, ob sich die Anhaltspunkte hinsichtlich einer Kindeswohlgefährdung bestätigt haben und ob das Jugendamt zur Abwendung der Gefährdung des Wohls des Kindes oder Jugendlichen tätig geworden ist und ob die ergriffenen Maßnahmen noch andauern.*

Dies wird auch durch eine Neuregelung in § 64 SGB VIII klargestellt. Folgender neuer Absatz 4 wurde normiert:

> „Erhält ein Träger der öffentlichen Jugendhilfe nach Maßgabe des § 4 Absatz 1 des Gesetzes zur Kooperation und Information im Kinderschutz Informationen und Daten, soll er gegenüber der meldenden Person ausschließlich mitteilen, ob sich die von ihr mitgeteilten gewichtigen Anhaltspunkte für die Gefährdung des Wohls des Kindes oder Jugendlichen bestätigt haben und ob das Jugendamt zur Abwendung der Gefährdung tätig geworden ist und noch tätig ist."

Die Regelung stellt die Befugnis des Jugendamtes zur Datenübermittlung im Kontext der Gefährdungsabwendung nach § 4 KKG an die in § 4 Absatz 1 Satz 1 KKG genannten Berufsgeheimnisträgerinnen und Berufsgeheimnisträger klar.[414]Es besteht damit eine Befugnis zur Datenübermittlung nach § 69 Abs. 1 Nr. 1 Alt. 2 SGB X und nach § 64 Abs. 4 SGB VIII.

413 BT-Drs. 19/26107, S. 121.
414 Regierungsentwurf KJSG, S. 116.

Nach hiesiger Auffassung ist die mit § 4 Abs. 4 KKG vorgenommene Neuregelung schon deshalb dringend erforderlich, weil der Berufsgeheimnisträger aufgrund einer Garantenstellung für das Wohl des Kindes vielfach wissen muss, ob er weitere Schritte zu ergreifen hat.

Im Zusammenhang mit der Einbeziehung von Berufsgeheimnisträgerinnen und -trägern in den Prozess der Einschätzung und Abwehr von Gefährdungen für junge Menschen identifizieren die Fokusgruppen im Rahmen der wissenschaftlichen Begleitung des Dialogprozesses zur Reform des SGB VIII als Änderungsbedarf insbesondere die **Schaffung von Handlungssicherheit im Informationsaustausch** bei datenschutzrechtlichen Vorschriften. Auch wird die Information der Berufsgeheimnisträgerinnen und -träger, die dem Jugendamt nach § 4 KKG den Verdacht einer Kindeswohlgefährdung gemeldet haben, über die im Anschluss getroffene Gefährdungseinschätzung und ggfs. die ergriffenen Schutzmaßnahmen als erfolgskritisch für einen gelingenden multiprofessionellen Kinderschutz angesehen.

In der standardisierten Befragung fordert knapp die Hälfte der Fachkräfte **klarere Regelungen** zum verbesserten Einbezug von Berufsgeheimnisträgerinnen und -trägern in den Prozess der Einschätzung und Abwehr von Gefährdungen für junge Menschen. Während Fachkräfte aus den Arbeitsbereichen Landesstellen und Landesjugendämter, Schule und Bildung sowie öffentliche Kinder- und Jugendhilfe signifikant häufiger dem dargelegten Änderungsbedarf zustimmen, wird dieser signifikant seltener von Fachkräften der freien Kinder- und Jugendhilfe bestätigt.[415]

Der Gesetzgeber hat diesen fachlichen Bedarf mit der Neuregelung in § 4 Abs. 4 KKG aufgegriffen.

Die Rückmeldepflicht des Jugendamtes nach § 4 Abs. 4 KKG koppelt allerdings daran, dass eine Information durch einen Berufsgeheimnisträger nach § 4 Abs. 1 Nr. 1 bis 7 KKG erfolgt ist. Insbesondere **Kindertageseinrichtungen** beschäftigten aufgrund der in den Landesgesetzen enthaltenen Fachkräftevorgaben kaum noch Berufsgeheimnisträger in diesem Sinne. Bei rechtskonformer Anwendung des § 4 Abs. 4 KKG kann das Jugendamt daher auch nach neuer Rechtslage Kindertageseinrichtungen oftmals keine Rückmeldung geben. Vergleichbares gilt für **Kindertagespflegepersonen**.

Dies ist nicht sachgerecht. Nach hiesiger Auffassung bedarf es daher einer Neufassung des § 4 Abs.4 KKG (s. hierzu die Ausführungen in Kapitel 3).

415 Vgl. Feist-Ortmanns/Macsenaere, 2020, S. 58.

Kapitel 8: Kinderschutz und Datenschutz

Nach Art. 6 Abs. 2 Satz 2 GG wacht die staatliche Gemeinschaft über die Wahrnehmung des Rechts der Eltern auf Erziehung und Pflege des Kindes. Dieses staatliche Wächteramt verpflichtet verschiedene Akteure. Insbesondere besteht eine Verpflichtung des Jugendamtes und des Familiengerichts zur Wahrnehmung des Schutzauftrags.[416]

Die „staatliche Gemeinschaft" i.S.d. Art. 6 Abs. 2 Satz 2 GG beschränkt sich allerdings nicht auf diese Akteure. Auch die Justizbehörden, die Polizei, die Schule, Kindertageseinrichtungen sowie Kindertagespflege und das Gesundheitswesen sind über unterschiedliche gesetzliche und vertragliche Vorgaben dem Kinderschutz verpflichtet. Besondere Bedeutung kommt bei der Wahrnehmung des Kinderschutzes ferner den Trägern der freien Jugendhilfe zu.

Grundvoraussetzung für ein Gelingen des Schutzauftrags ist eine gute **Kooperation** dieser verschiedenen Akteure.[417] Defizite beim Austausch von Informationen und Schwierigkeiten in der Zusammenarbeit verschiedener Akteure stellen nach fachlicher Einschätzung das wohl am häufigsten identifizierte Problem bei einer rückblickenden Aufarbeitung fehlgeschlagener Kinderschutzfälle dar.[418]

Kinderschutz ist daher auf einen intensiven **Informationsaustausch** zwischen den verschiedenen Akteuren, die dem staatlichen Wächteramt nach Art. 6 Abs. 2 Satz 2 GG verpflichtet sind, angewiesen. Dies gilt umso mehr, als es sich beim Kinderschutz um eine Daueraufgabe handelt, welche ständig in die Zukunft gerichtete Prognoseentscheidungen erfordert.

In der Praxis bestehen allerdings nicht selten rechtliche **Unsicherheiten** im Hinblick auf Möglichkeiten und Grenzen des Austausches von Informationen.[419] Kinderschutz kann daher nicht isoliert von datenschutzrechtlichen Fragestellungen betrachtet werden. Vielmehr ist ein präzises Abhandeln datenschutzrechtlicher Fragestellungen Grundvoraussetzung für einen wirksamen Kinderschutz.

---

416 S. hierzu Badura in Maunz/Dürig, GG-Kommentar, Art. 6 GG Rn. 139 und 140.

417 S. hierzu auch Kindler/Gerber/Lillig, Wissenschaftliche Analyse zum Kinderschutzhandeln des Allgemeinen Sozialen Dienstes im Landkreis Breisgau-Hochschwarzwald im Todesfall des Kindes A., S. 19 f.

418 Kindler/Gerber/Lillig, Wissenschaftliche Analyse zum Kinderschutzhandeln des Allgemeinen Sozialen Dienstes im Landkreis Breisgau-Hochschwarzwald im Todesfall des Kindes A., S. 21 unter Bezugnahme auf Sidebotham, 2012. S. hierzu auch Abschlussbericht, Untersuchung der Kommunikation zwischen den beteiligten Behörden und Gerichten bei Gefährdung des Kindeswohls sowie der Überwachung der Einhaltung von gerichtlichen Ge- und Verboten aus Anlass des „Staufener Missbrauchsfalls", S. 4 und 15: Die Arbeitsgruppe empfiehlt Verbesserungen in der Informationsbeschaffung und der Kommunikation unter den Beteiligten.

419 Kindler/Gerber/Lillig, Wissenschaftliche Analyse zum Kinderschutzhandeln des Allgemeinen Sozialen Dienstes im Landkreis Breisgau-Hochschwarzwald im Todesfall des Kindes A., S. 21 und 30.

A. In welchem Verhältnis stehen Kinderschutz und Datenschutz zueinander?

Das Datenschutzgrundrecht, exakter das Grundrecht auf informationelle Selbstbestimmung nach Art. 2 Abs. 1 GG i.V.m. Art. 1 Abs. 1 GG, wurde im Jahre 1983 vom Bundesverfassungsgericht im sogenannten Volkszählungsurteil[420] entwickelt. So hat das Bundesverfassungsgericht bereits im Jahr 1983 betont, dass die

> „freie Entfaltung der Persönlichkeit (...) unter den modernen Bedingungen der Datenverarbeitung den Schutz des Einzelnen gegen unbegrenzte Erhebung, Speicherung, Verwendung und Weitergabe seiner persönlichen Daten voraus(setzt)."[421]

Dieses Grundrecht auf **informationelle Selbstbestimmung** hat nach Auffassung des Bundesverfassungsgerichts einen hohen Stellenwert. Es begründet dies letztendlich mit einem Schutz der Grundrechte nach Art. 8 und 9 GG wie folgt:

> „Wer unsicher ist, ob abweichende Verhaltensweisen jederzeit notiert und als Information dauerhaft gespeichert, verwendet oder weitergegeben werden, wird versuchen, nicht durch solche Verhaltensweisen aufzufallen. Wer damit rechnet, daß etwa die Teilnahme an einer Versammlung oder einer Bürgerinitiative behördlich registriert wird und daß ihm dadurch Risiken entstehen können, wird möglicherweise auf eine Ausübung seiner entsprechenden Grundrechte (Art 8, 9 GG) verzichten. Dies würde nicht nur die individuellen Entfaltungschancen des Einzelnen beeinträchtigen, sondern auch das Gemeinwohl, weil Selbstbestimmung eine elementare Funktionsbedingung eines auf Handlungsfähigkeit und Mitwirkungsfähigkeit seiner Bürger begründeten freiheitlichen demokratischen Gemeinwesens ist."[422]

Aufgrund des hohen Stellenwerts, welchen das Grundrecht auf informationelle Selbstbestimmung genießt, sind die Anforderungen, die an einen verfassungskonformen Eingriff zu stellen sind, daher auch vergleichsweise hoch.

Grundsätzlich muss der Grundrechtsträger Einschränkungen seines Rechts auf informationelle Selbstbestimmung nur im überwiegenden Allgemeininteresse hinnehmen. Die **Einschränkung** des Grundrechts darf nicht weitergehen, als es zum Schutz öffentlicher Interessen unerlässlich ist. Es sind umso höhere Anforderungen an den Eingriff in das Grundrecht auf informationelle Selbstbestimmung zu stellen, je tiefer die in den Dateien gespeicherten Informationen Auskunft über den privaten Bereich des Betroffenen gehen und je intensiver die Daten benutzt werden sollen.[423]

Auch europarechtlich ist der Schutz personenbezogener Daten grundrechtlich nach Art. 8 Abs. 1 EU-Grundrechtecharta geschützt. Europarechtlich auf einfachgesetzlicher Ebene ist der Datenschutz mit der EU-DSGVO[424], welche seit dem 25. Mai 2018 unmittelbar im deutschen Rechtsraum wirkt, normiert.

---

420 BVerfG, Urt. v. 15.12.1983, 1 BvR 209/83 u.a., juris.

421 BVerfG, Urt. v. 15.12.1983, 1 BvR 209/83 u.a., juris Rn. 149.

422 BVerfG, Urt. v. 15.12.1983, 1 BvR 209/83 u.a., juris Rn. 148.

423 S. hierzu Di Fabio in Maunz/Dürig, GG-Kommentar, Art. 2 Abs. 1 GG Rn. 181.

424 Verordnung (EU) 2016/679 des Europäischen Parlaments und des Rates vom 27. April 2016 zum Schutz natürlicher Personen bei der Verarbeitung personenbezogener Daten, zum freien Datenverkehr und zur Aufhebung der Richtlinie 95/46/EG, im Folgenden: EU-DSGVO.

Die in der Praxis teilweise vertretene Auffassung „Kinderschutz bricht Datenschutz" ist daher rechtlich unzutreffend. Vielmehr können sich die grundrechtlichen Positionen des Kinderschutzes und Datenschutzes im Einzelfall auf Augenhöhe begegnen.

Geteilt wird zunächst die Auffassung, dass Kinderschutz erst durch Datenschutz stark wird. **Kinderschutz braucht Datenschutz.**[425] Eine erfolgreiche Aufgabenwahrnehmung im Bereich der Kinder- und Jugendhilfe und insbesondere auch im Bereich des Kinderschutzes benötigt einen besonderen Vertrauensschutz zwischen den Trägern der Jugendhilfe und Personensorge sowie Erziehungsberechtigten und Kind.[426]

Diese Annahme ist weitestgehend unstrittig. Ihr liegen wichtige Regelungen im Bereich der Kinder- und Jugendhilfe, insbesondere § 65 SGB VIII, zugrunde. Mittels einer vertrauensvollen Arbeitsbeziehung zwischen dem hilfebedürftigen Bürger und dem jeweiligen Mitarbeitenden des Jugendamtes oder des Trägers der freien Jugendhilfe soll ein umfassender Austausch zwischen Eltern, Kind und Jugendhilfe als Grundlage wirksamer Hilfe ermöglicht werden.[427] Datenschutz ist daher ein wichtiges Instrument des Kinderschutzes.

Dieser Befund darf allerdings nicht den Blick auf **Probleme bei Wahrnehmung des Schutzauftrags** versperren. Die datenschutzrechtlichen Regelungen, insbesondere § 65 SGB VIII, führen auch zu besonderen Problemen bei der täglichen Arbeit, weil eine Datenverarbeitung, auch innerhalb einer Arbeitseinheit eines Trägers der öffentlichen oder freien Jugendhilfe, erschwert wird. Die datenschutzrechtlichen Restriktionen können im Einzelfall der Wahrnehmung des Schutzauftrags abträglich sein.

Datenschutz und Kinderschutz können sich damit im Einzelfall auch als **widerstreitende Interessen** gegenüberstehen.[428] Das Spannungsverhältnis ist dann über eine Abwägung in einen möglichst schonenden Ausgleich zu bringen. Im Sinne einer praktischen Konkordanz ist ein Ausgleich der widerstreitenden Interessen herbeizuführen.[429] Auch wenn es sich bei dem Grundrecht auf informationelle Selbstbestimmung um ein hohes Gut handelt, muss der Einzelne Beschränkungen hinnehmen. Das BVerfG hat dies im Volkszählungsurteil wie folgt betont:

> „Grundsätzlich muß daher der Einzelne Einschränkungen seines Rechts auf informationelle Selbstbestimmung im überwiegenden Allgemeininteresse hinnehmen."[430]

Die Beschränkungen des Grundrechts auf informationelle Selbstbestimmung erfordern damit grundsätzlich das Vorliegen eines überwiegenden Allgemeininteresses. Ein solches stellt sicherlich der Kinderschutz dar.

---

425 In diese Richtung z.B. Mörsberger in Wiesner, SGB VIII, vor § 61 Rn. 2 und 13 und Kirchhoff in Schlegel/Voelzke, jurisPK-SGB VIII, § 61 Rn. 19.

426 S. hierzu auch Hoffmann in Münder/Meysen/Trenzcek, FK-SGB VIII, vor Kap. 4 Rn. 3.

427 S. hierzu BT-Drs. 11/5948, S. 123; Kirchhoff in Schlegel/Voelzke, jurisPK-SGB VIII, § 65 Rn. 15; Hoffmann in Münder/Meysen/Trenzcek, FK-SGB VIII, § 65 Rn. 1; Kunkel in Kunkel/Kepert/Pattar, LPK-SGB VIII, § 65 Rn. 1 f.

428 S. hierzu auch Kunkel/Rosteck/Vetter, StV 2017, 829.

429 Vgl. BVerfG, B. v. 18.7.2015, 1 BvQ 25/15, juris Rn. 6 f.; OLG Köln, B. v. 18.6.2018, 15 W 27/18, juris Rn. 6 und 7.

430 BVerfG, Urt. v. 15.12.1983, 1 BvR 209/83 u.a., juris Rn. 150.

Ein Handeln im Bereich des Kinderschutzes rechtfertigt daher vielfach auch einen Eingriff in das Grundrecht auf informationelle Selbstbestimmung. Es ist aber auch zu konstatieren, dass datenschutzrechtliche Vorgaben dazu geeignet sind, die Wahrnehmung des Schutzauftrags zur Gewährleistung des Kinderschutzes im Einzelfall zu beeinträchtigen. Anders ist ein Ausgleich der widerstreitenden Interessen nicht möglich.

Damit ist allerdings nicht gemeint, dass auf der Ebene der Einzelfallanwendung durch die Exekutive oder Judikative in jedem Fall aufs Neue eine Güterabwägung zwischen Datenschutz und Kinderschutz zu erfolgen hat.

Diese Abwägung ist vielmehr in erster Linie auf legislativer Ebene vorzunehmen.[431] Sie spiegelt sich in den gesetzlichen Regelungen, welche eine **Datenverarbeitung** auch im Bereich des Kinderschutzes nur **unter hohen Voraussetzungen** zulassen.

B. Der Sozialdatenschutz

I. Rechtliche Vorgaben

Der Sozialdatenschutz wird zunächst mit § 35 SGB I sowie §§ 67 ff. SGB X geregelt. Für das Kinder- und Jugendhilferecht finden sich zudem zusätzliche Regelungen in §§ 61 ff. SGB VIII, welche die allgemeinen sozialdatenschutzrechtlichen Regelungen der §§ 67 ff. SGB X spezifisch ergänzen. Die Ergänzungen durch §§ 61 ff. SGB VIII sind notwendig, um den regelmäßig besonders sensiblen Arbeitsbeziehungen zwischen Eltern, Kind und der Jugendhilfe Rechnung tragen zu können.[432]

§ 37 SGB I regelt das Verhältnis der §§ 67 ff SGB X und §§ 61 ff SGB VIII. Gem. § 37 Satz 1 SGB VIII wird dem SGB VIII Vorrang eingeräumt. § 37 Satz 2 SGB I nimmt allerdings diesen Vorrang für die dort genannten Paragraphen wieder zurück. Das Sozialgeheimnis nach § 35 SGB I ist daher auch beim Vollzug des SGB VIII vorrangig zu beachten.

Die Regelungen des **Bundesdatenschutzgesetzes** (BDSG) und der **Landesdatenschutzgesetze** der Bundesländer (LDSG) sind im Vergleich zu den spezifischen sozialdatenschutzrechtlichen Regelungen nachrangig.[433] Das bedeutet, dass die Vorgaben des BDSG und des LDSG bei Vollzug des Kinder- und Jugendhilferechts nur Anwendung finden, soweit auf sie verwiesen wird.[434]

Hinweis:

▶ *Die Tätigkeit des Trägers der öffentlichen und freien Jugendhilfe im Bereich des Kinderschutzes unterliegt damit zunächst einfachgesetzlich ausschließlich den sozialda-*

431 S. hierzu z.B. auch die Begründung zum Kinderschutzgesetz BW: „Allerdings muss nach sorgfältiger Abwägung im Einzelfall bei einer akuten Gefahr für Leib und Leben eines Kindes der Datenschutz dann zurücktreten, wenn nur so die Gefahr abgewendet werden kann", LT-Drs. 14/3587, S. 7.

432 S. hierzu auch Kirchhoff in Schlegel/Voelzke, jurisPK-SGB VIII, § 61 Rn. 12.

433 S. z.B. § 2 Abs. 3 Satz 1 LDSG BW.

434 S. zu den im Sozialdatenschutz anzuwenden Vorschriften des BDSG und LSDG die Aufstellung von Kunkel in Kunkel/Kepert/Pattar, LPK-SGB VIII, § 61 Rn. 3.

tenschutzrechtlichen Regelungen des § 35 SGB I, der §§ 67 ff. SGB X, der §§ 61 ff. SGB VIII sowie den europarechtlichen Vorgaben der EU-DSGVO.[435]

Die Anwendung dieser Regelungen ist allerdings wenig anwenderfreundlich ausgestaltet.[436] Insbesondere finden sich, wohl zur Vermeidung eines Verstoßes gegen das europarechtliche Normwiederholungsverbot, wichtige Begriffsbestimmungen nicht mehr im nationalen Recht, sondern ausschließlich in der EU-DSGVO.

Erst aus einem **Zusammenspiel von nationalem Recht und EU-DSGVO** („Reißverschlusssystem") lässt sich daher eine sozialdatenschutzrechtliche Frage abschließend beantworten. Dies betrifft insbesondere auch die Einwilligung als Legitimation einer Datenverarbeitung.

Praxistipp:

▶ *Sofern datenschutzrechtliche Fragen umfassend beantwortet werden sollen, genügt regelmäßig nicht ein Blick in die nationalen Regelungen im SGB I, SGB X und SGB VIII. Wichtige Fragen lassen sich nur mittels (zusätzlicher) Anwendung der EU-DSGVO beantworten. Dies gilt insbesondere für die Prüfung der Voraussetzungen einer Einwilligung.*

II. Das Sozialdatum und Verpflichtete des Sozialgeheimnisses

Schützenswerte „personenbezogene Daten" werden zunächst mittels Art. 4 Nr. 1 EU-DSGVO legaldefiniert. Werden solche Daten von einem Sozialleistungsträger im Hinblick auf dessen Aufgabenerfüllung verarbeitet, so werden personenbezogene Daten zu Sozialdaten. § 67 Abs. 2 Satz 1 SGB X bestimmt diesbezüglich Folgendes:

> „Sozialdaten sind personenbezogene Daten (Artikel 4 Nummer 1 der Verordnung (EU) 2016/679), die von einer in § 35 des Ersten Buches genannten Stelle im Hinblick auf ihre Aufgaben nach diesem Gesetzbuch verarbeitet werden".

Entscheidungserheblich für die Einstufung als Sozialdatum ist es damit, dass ein **Sozialleistungsträger** i.S.d. § 35 SGB I handelt. § 12 Satz 1 SGB I enthält für den Sozialleistungsträger folgende Legaldefinition:

> „Zuständig für die Sozialleistungen sind die in den §§ 18 bis 29 genannten Körperschaften, Anstalten und Behörden (Leistungsträger)."

§ 27 SGB I benennt in diesem Zusammenhang die Leistungen der Kinder- und Jugendhilfe nach dem SGB VIII. Nach § 85 Abs. 1 SGB VIII i.V.m. § 69 Abs. 1 und 3 SGB VIII in Verbindung mit den jeweiligen landesrechtlichen Regelungen sind dies in den meisten Bundesländern die Stadtkreise/kreisfreien Städte und Landkreise. Hiervon umfasst sind auch die Dienste (z.B. Beratungsstellen) und Einrichtungen (z.B. Kindertageseinrichtungen, Einrich-

435 Die EU-DSGVO ist nach übereinstimmender Auffassung bei Wahrnehmung der gesamten Aufgaben nach dem SGB VIII anwendbar. Dies gilt auch für die gefahrenabwehrrechtlichen Regelungen des § 8a und § 42 SGB VIII, s. hierzu Kirchhoff in Schlegel/Voelzke, jurisPK-SGB VIII, § 61 Rn. 15.

436 Hierzu auch Hoffmann in Münder/Meysen/Trenzcek, FK-SGB VIII, vor Kap. 4 Rn. 4.

tungen nach § 34 SGB VIII) der genannten Gebietskörperschaften. Dies gilt auch dann, wenn die Dienste und Einrichtungen in privatrechtlicher Form betrieben werden.[437]

Aber auch sonstige Gemeinden können Leistungsträger i.S.d. § 35 SGB I sein. Dies ist der Fall, wenn sie einzelne Aufgaben der Kinder- und Jugendhilfe nach dem SGB VIII wahrnehmen (§ 35 Abs. 1 Satz 4 SGB I und § 61 Abs. 1 Satz 3 SGB VIII).[438] Dies trifft für viele Gemeinden aufgrund der Unterhaltung von Kindertageseinrichtungen oder der Erbringung einzelner Leistungen nach §§ 11 ff. SGB VIII (insbesondere Schulsozialarbeit nach § 13 SGB VIII) zu. Schließlich ist auch der überörtliche Träger der Jugendhilfe dem Sozialdatenschutz verpflichtet, wenn er Aufgaben nach dem SGB VIII wahrnimmt, § 85 Abs. 2 SGB VIII.[439]

Träger der freien Jugendhilfe sind hingegen keine Sozialleistungsträger i.S.d. § 35 SGB I i.V.m. § 12 SGB I. Auf gesetzlichem Wege sind sie daher zunächst nicht dem Sozialdatenschutz verpflichtet. Bestätigt wird dieser Befund von § 61 Abs. 3 SGB VIII. Nach § 61 Abs. 3 SGB VIII ist der Träger der öffentlichen Jugendhilfe Garant dafür, dass der Datenschutz auch bei den Trägern der freien Jugendhilfe beachtet wird. Der Träger der öffentlichen Jugendhilfe muss sicherstellen, dass der Schutz der personenbezogenen Daten „in entsprechender Weise" gewährleistet wird. Das bedeutet, dass der Datenschutzstandard des freien Trägers dem des öffentlichen Trägers entsprechen muss.

Hinweis:

! *§ 35 SGB I, §§ 61 ff. SGB VIII und §§ 67 ff SGB X sind daher auch vom Träger der freien Jugendhilfe zu beachten. Der öffentliche Träger muss dies über geeignete Instrumente, insbesondere über den Abschluss eines öffentlich-rechtlichen Vertrags gem. §§ 53 ff. SGB X, sicherstellen.*

Für den Fall der **Datenübermittlung** vom Träger der öffentlichen Jugendhilfe an den Träger der freien Jugendhilfe ist zudem § 78 Abs. 1 Satz 3 SGB X zu beachten.[440] Nach dieser Vorschrift rückt der Träger der freien Jugendhilfe in die datenschutzrechtliche Stellung des Trägers der öffentlichen Jugendhilfe. Den Träger der freien Jugendhilfe trifft dann auch die aus § 78 Abs. 1 Satz 1 SGB X folgende strenge Zweckbindung: Eine Verwendung der Daten ist nur zu dem Zweck zulässig, zu dem die Daten übermittelt worden sind.

Unter den **Schutz des Sozialdatums** fallen damit alle Angaben über persönliche (Angaben über den Betroffenen selbst) oder sachliche (Angaben hinsichtlich eines Sachverhalts, der sich auf den Betroffenen bezieht) Verhältnisse einer bestimmten oder bestimmbaren Person (Betroffener), die ein Träger der öffentlichen Jugendhilfe, eine sonstige Gemeinde,

437 Kunkel in Kunkel/Kepert/Pattar, LPK-SGB VIII, § 61 Rn. 30.

438 Der Streit, ob die sonstigen Gemeinden bei Leistungserbringung nach dem SGB VIII dann als Leistungserbringer i.S.d. § 35 SGB I einzustufen sind (so Kunkel in Kunkel/Kepert/Pattar, LPK-SGB VIII, § 61 Rn. 27) oder der Datenschutz „nur" entsprechend über § 61 Abs. 1 Satz 3 SGB VIII gilt (so Mörsberger in Wiesner, SGB VIII, § 61 Rn. 4), kann offengelassen werden. In jedem Fall sind auch die sonstigen Gemeinden dem Sozialdatenschutz verpflichtet.

439 Kunkel in Kunkel/Kepert/Pattar, LPK-SGB VIII, § 61 Rn. 27.

440 Ausführlich hierzu Kunkel in Schlegel/Voelzke, jurisPK-SGB X, § 78 Rn. 23 ff.

welche Leistungen der Kinder- und Jugendhilfe erbringt, oder die ein Träger der freien Jugendhilfe verarbeitet.

Insbesondere durch die Einbeziehung von sachlichen Verhältnissen in den Sozialdatenschutz entstehen regelmäßig sogenannte **Sozialdaten mit Doppelbezug oder Drittbezug**.[441] Die jeweilige Information bezieht sich dann auf **mehrere Betroffene**.

Fallbeispiel:

Der Lebensgefährte der Mutter schlägt das Kind. Der Lebenssachverhalt bezieht sich auf den Lebensgefährten und das Kind. Diese Personen sind die Betroffenen.

Abwandlung Fallbeispiel:

Sofern die Mutter obigen Sachverhalt dem Jugendamt oder Träger der freien Jugendhilfe berichtet, muss auch ein datenschutzrechtlicher Einbezug der Mutter erfolgen. Die Schilderung durch die Mutter ist nämlich wiederum ein datenschutzrechtlicher Lebenssachverhalt.

Dies spielt insbesondere bei Prüfung der Rechtmäßigkeit der Datenverarbeitung mittels einer **Einwilligung** eine Rolle. Einwilligen müssen dann alle Betroffenen. Im Fallbeispiel sind dies der Lebensgefährte und das Kind. Hinsichtlich des Kindes stellt sich zudem die Frage, ob das Kind selbst die Einwilligung zu erteilen hat oder der/die gesetzlichen Vertreter einwilligen müssen.

C. Anforderungen an die Rechtmäßigkeit der Datenverarbeitung

I. Vorliegen einer Einwilligung oder einer Rechtsgrundlage

Nach Art. 6 EU-DSGVO ist die Datenverarbeitung nur rechtmäßig, wenn mindestens eine der in Art. 6 Abs. 1 EU-DSGVO genannten Bedingungen erfüllt ist.

Danach ist die Datenverarbeitung insbesondere zunächst rechtmäßig, wenn die betroffene Person ihre Einwilligung zu der Verarbeitung der sie betreffenden personenbezogenen Daten für einen oder mehrere bestimmte Zwecke gegeben hat (Art. 6 Abs. 1 Satz 1 lit. a EU-DSGVO).

Die Datenverarbeitung ist zudem dann rechtmäßig, wenn sie für die Wahrnehmung einer Aufgabe erforderlich ist, die im öffentlichen Interesse liegt oder in Ausübung öffentlicher Gewalt erfolgt, die dem Verantwortlichen übertragen wurde (Art. 6 Abs. 1 Satz 1 lit. e EU-DSGVO) oder zur Erfüllung einer rechtlichen Verpflichtung (z.B. nach dem SGB VIII) erforderlich ist (Art. 6 Abs. 1 Satz 1 lit. c EU-DSGVO). Hinsichtlich dieser Rechtmäßigkeitsvoraussetzungen können die Mitgliedstaaten spezifischere Bestimmungen beibehalten oder einführen, indem sie spezifische Anforderungen für die Verarbeitung sowie sonstige Maßnah-

441 Hierzu Hoffmann in Münder/Meysen/Trenzcek, FK-SGB VIII, § 61 Rn. 8.

men präziser bestimmen, um eine rechtmäßig und nach Treu und Glauben erfolgende Verarbeitung zu gewährleisten (Art. 6 Abs. 2 EU-DSGVO). In der Bestimmung muss der **Zweck** der Verarbeitung in der Rechtsgrundlage festgelegt oder für die Erfüllung der gesetzlichen Aufgabe erforderlich sein (Art. 6 Abs. 3 Satz 2 EU-DSGVO).

Dies hat Deutschland mit der Normierung der **§§ 67 ff. SGB X** und **§§ 61 ff. SGB VIII** vollzogen.

Praxistipp:

Die Datenverarbeitung ist damit rechtmäßig, wenn entweder

1. *eine wirksame Einwilligung des Betroffenen vorliegt oder*
2. *die Tatbestandsvoraussetzungen einer Rechtsgrundlage nach §§ 67 ff. SGB X oder §§ 61 ff. SGB VIII im jeweiligen Einzelfall gegeben sind.*

Beachte: Bei einer Verarbeitung anvertrauter Daten i.S.d. § 65 SGB VIII muss außerdem noch eine der zusätzlichen Voraussetzungen des § 65 Abs. 1 Satz 1 Nr. 1 bis 5 SGB VIII erfüllt sein.

II. Anonymisierte Daten

Nach Erwägungsgrund 26 Satz 1 der EU-DSGVO gelten die Grundsätze des Datenschutzes für alle Informationen, die sich auf eine identifizierte oder identifizierbare natürliche Person beziehen.

Ein solcher Bezug zu einer natürlichen Person ist nicht mehr herzustellen, wenn das jeweilige Datum anonymisiert wird. Eine solche Anonymisierung setzt voraus, dass die Einzelangaben über persönliche oder sachliche Verhältnisse nicht mehr oder nur mit einem unverhältnismäßig großen Aufwand (Zeit, Kosten, Arbeitskraft) einer bestimmten oder bestimmbaren natürlichen Person zugeordnet werden können.[442]

Nach Erwägungsgrund 26 Satz 5 und 6 der EU-DSGVO gelten weder die Grundsätze des Datenschutzes noch die EU-DSGVO für solche anonymen Informationen.

Hinweis:

Anonymisierte Daten unterfallen daher nicht dem Sozialdatenschutz.[443] Eine Verarbeitung anonymisierter Daten ist damit datenschutzrechtlich problemlos möglich.

442 So die bis zum 24.5.2018 in § 67 Abs. 8 SGB X enthaltene Legaldefinition. Auch nach neuer Rechtslage ist das Anonymisieren anerkannt, s. § 67c Abs. 5 S. 2 SGB X. S. hierzu auch Kirchhoff in Schlegel/Voelzke, jurisPK-SGB VIII, § 61 Rn. 29.

443 Fromm in Schlegel/Voelzke, jurisPK-SGB X, § 67 Rn. 74; Kirchhoff in Schlegel/Voelzke, jurisPK-SGB VIII, § 61 Rn. 29; Kunkel in Kunkel/Kepert/Pattar, LPK-SGB VIII, § 61 Rn. 22.

III. Pseudonymisierte Daten

Schwieriger zu beurteilen ist die Rechtslage bei pseudonymisierten Daten.

Nach Art. 4 Nr. 5 EU-DSGVO liegt eine Pseudonymisierung vor, wenn die personenbezogenen Daten ohne Hinzuziehung zusätzlicher Informationen nicht mehr einer spezifischen betroffenen Person zugeordnet werden können, sofern diese zusätzlichen Informationen gesondert aufbewahrt werden und technischen und organisatorischen Maßnahmen unterliegen, die gewährleisten, dass die personenbezogenen Daten nicht einer identifizierten oder identifizierbaren natürlichen Person zugewiesen werden.

Nach Erwägungsgrund 26 Satz 2 bis 4 EU-DSGVO sollten personenbezogene Daten, die einer Pseudonymisierung unterzogen worden sind, aber durch Heranziehung zusätzlicher Informationen einer natürlichen Person zugeordnet werden könnten, als Informationen über eine identifizierbare natürliche Person betrachtet werden. Um festzustellen, ob eine natürliche Person identifizierbar ist, sollten alle Mittel berücksichtigt werden, die von dem Verantwortlichen oder einer anderen Person nach allgemeinem Ermessen wahrscheinlich genutzt werden, um die natürliche Person direkt oder indirekt zu identifizieren (z.B. das Aussondern). Bei der Feststellung, ob Mittel nach allgemeinem Ermessen wahrscheinlich zur Identifizierung der natürlichen Person genutzt werden, sollten alle objektiven Faktoren – wie die Kosten der Identifizierung und der dafür erforderliche Zeitaufwand – herangezogen werden, wobei die zum Zeitpunkt der Verarbeitung verfügbare Technologie und technologische Entwicklungen zu berücksichtigen sind.

In der Literatur wird bei pseudonymisierten Daten unter Berücksichtigung dieser Vorgaben der EU-DSGVO zwischen Personen differenziert,

- welche aufgrund ihrer Kenntnisse einen Bezug zur jeweiligen natürlichen Person herstellen können und
- welchen mangels Kenntnis ein solcher Rückschluss nicht möglich ist.

Für Personen, denen eine Bezugnahme auf eine natürliche Person nicht möglich ist, wird angenommen, dass das pseudonymisierte Datum nicht dem Sozialdatenschutz unterfällt.[444] Für die Personen, die einen Bezug zur jeweiligen natürlichen Person allerdings herstellen können, bestehe der personale Bezug fort, sodass die datenschutzrechtlichen Vorschriften zu beachten seien.[445]

Für diese Auffassung sprechen auch die datenschutzrechtlichen Vorgaben im SGB VIII. Der Gesetzgeber stellt hier pseudonymisierte Daten mit anonymisierten Daten gleich. So sind die Sozialdaten nach § 64 Abs. 2a SGB VIII zu anonymisieren oder zu pseudonymisieren, soweit die Aufgabenerfüllung dies zulässt. Hierauf wird in § 65 Abs. 1 Satz 1 Nr. 4 HS 2 SGB VIII Bezug genommen.

444 Kirchhoff in Schlegel/Voelzke, jurisPK-SGB VIII, § 61 Rn. 30; Kunkel in Kunkel/Kepert/Pattar, LPK-SGB VIII, § 61 Rn. 22.

445 Kirchhoff in Schlegel/Voelzke, jurisPK-SGB VIII, § 61 Rn. 30 unter Bezugnahme auf Härting, NJW 2013, 2065, 2066.

Hinweis:

Lässt sich daher bei pseudonymisierten Daten mangels Kenntnis kein Bezug zu einer natürlichen Person herstellen, unterfallen die Daten nach hier vertretener Auffassung nicht dem Sozialdatenschutz. Da es hier aber um eine autonome Auslegung unionsrechtlicher Begrifflichkeiten geht, muss letztlich der EuGH diese Rechtsfrage abschließend beantworten.

IV. Die Einwilligung

1. Rechtliche Vorgaben

Nach Art. 6 Abs. 1 Satz 1 lit. a EU-DSGVO ist die Datenverarbeitung rechtmäßig, wenn die betroffene Person ihre Einwilligung zu der Verarbeitung der sie betreffenden personenbezogenen Daten für einen oder mehrere bestimmte Zwecke gegeben hat.

Art. 4 Nr. 11 EU-DSGVO enthält eine Legaldefinition der Einwilligung. Danach ist eine Einwilligung der betroffenen Person jede freiwillig für den bestimmten Fall in informierter Weise und unmissverständlich abgegebene Willensbekundung in Form einer Erklärung oder einer sonstigen eindeutigen bestätigenden Handlung, mit der die betroffene Person zu verstehen gibt, dass sie mit der Verarbeitung der sie betreffenden personenbezogenen Daten einverstanden ist.

Art. 7 EU-DSGVO gibt „Bedingungen" für eine wirksame Einwilligung vor. Ferner sind für die Beurteilung der Wirksamkeit einer Einwilligung die in den Erwägungsgründen 42 und 43 der EU-DSGVO enthaltenen Vorgaben zu beachten. Schließlich enthält § 67b Abs. 2 SGB X ergänzende nationale Vorgaben für die Einwilligung.

2. Verfügungsberechtigter

a) Die „betroffene Person"

Die Entscheidung über die Erteilung der Einwilligung steht nach Art. 6 Abs. 1 Satz 1 lit. a EU-DSGVO sowie Art. 7 EU-DSGVO ausschließlich der „betroffenen Person" zu. Nach Art. 4 Nr. 1 EU-DSGVO ist „betroffene Person" die natürliche Person, auf die sich die Informationen, also die personenbezogenen Daten, beziehen.

Insbesondere durch die Einbeziehung von sachlichen Verhältnissen in den Sozialdatenschutz entstehen regelmäßig sogenannte **Sozialdaten mit Doppelbezug oder Drittbezug**. Die jeweilige Information bezieht sich dann auf mehrere Betroffene.

Beispiel:

Der Lebensgefährte der Mutter schlägt das Kind.

Betroffene sind der Lebensgefährte und das Kind, weil sich die Information auf beide Personen bezieht: der Lebensgefährte schlägt; das Kind wird geschlagen.

Mehrere Betroffene kann es auch dann geben, wenn eine Person Angaben über eine andere Person macht. Dann ist sowohl der Vorgang der Mitteilung als auch die mitgeteilte Information als personenbezogenes Datum geschützt.[446]

In diesen Fallkonstellationen reicht es damit nicht aus, wenn nur eine Person die Einwilligung erteilt. Vielmehr müssen für eine rechtmäßige Datenverarbeitung **alle Personen** die Einwilligung erteilen, auf die sich die jeweilige Information bezieht.

Beispiel:

Geht es somit um den Lebenssachverhalt „Lebensgefährte der Mutter schlägt das Kind", müssen daher der Lebensgefährte und das Kind eine Einwilligung erteilen, um die Daten in rechtmäßiger Weise auf Basis der Einwilligung verarbeiten zu können (Art. 6 Abs. 1 Satz 1 lit. a EU-DSGVO).

Erteilt ein Betroffener die Einwilligung nicht, kann eine Datenverarbeitung nur zulässig sein, wenn die Tatbestandsvoraussetzungen einer Rechtsgrundlage nach §§ 67 ff. SGB X oder §§ 61 ff. SGB VIII im jeweiligen Einzelfall einschlägig sind.

b) Einwilligungsfähigkeit

Bei Personen, die das 18. Lebensjahr noch nicht vollendet haben oder die an einer krankhaften Störung der Geistestätigkeit leiden, stellt sich die Frage, wer die Einwilligung zu erteilen hat.

Aufgrund des Bezugs zu einem konkreten Eingriff in das Grundrecht auf informationelle Selbstbestimmung nach Art. 2 Abs. 1 GG i.V.m. Art. 1 Abs. 1 GG lässt sich die Einwilligungsfähigkeit einer Person **nicht abstrakt-generell** feststellen. Eine Person ist daher grundsätzlich nicht mit Erreichen eines bestimmten Alters allgemein einwilligungsfähig.

Auch kann nicht pauschal auf die Regelung zur verwaltungsrechtlichen Handlungsfähigkeit nach § 36 Abs. 1 SGB I ab Vollendung des 15. Lebensjahres abgestellt werden. Vielmehr ist zu prüfen, ob der Betroffene hinsichtlich des konkreten Datenverarbeitungsvorgangs und des damit verbundenen Grundrechtseingriffs nach seinem **individuellen Entwicklungsstand** einsichts- und urteilsfähig ist.[447]

Bei alterstypischer Entwicklung der betroffenen Person wird in der Literatur übereinstimmend angenommen, dass spätestens ab Vollendung des 14. oder 15. Lebensjahres eine Einwilligungsfähigkeit des Minderjährigen gegeben bzw. zu vermuten sei.[448]

---

446 S. hierzu auch Kunkel in Kunkel/Kepert/Pattar, LPK-SGB VIII, § 61 Rn. 22 und Hoffmann in Münder/Meysen/Trenzcek, FK-SGB VIII, § 61 Rn. 8. Differenzierend hinsichtlich des Betroffenen i.S.d. § 62 Abs. 2 SGB VIII Mörsberger in Wiesner, SGB VIII, § 62 Rn. 11 f.

447 S. hierzu auch Kunkel in Kunkel/Kepert/Pattar, LPK-SGB VIII, § 61 Rn. 71.

448 Hoffmann in Münder/Meysen/Trenzcek, FK-SGB VIII, vor Kap. 4 Rn. 20; Kunkel in Kunkel/Kepert/Pattar, LPK-SGB VIII, § 61 Rn. 71; Kirchhoff in Schlegel/Voelzke, jurisPK-SGB VIII, § 61 Rn. 23.1; Reinhardt, JAmt 2018, 126, 127.

c) Einwilligung durch den gesetzlichen Vertreter

Ist die „betroffene Person" nicht einwilligungsfähig, hat ihr gesetzlicher Vertreter bzw. der „Träger der elterlichen Verantwortung"[449] über die Erteilung der Einwilligung zu entscheiden. Im Regelfall sind dies gem. § 1626 Abs. 1 BGB die Eltern.[450]

Bei dieser Entscheidung hat der gesetzliche Vertreter i.d.R. den Willen der nicht einwilligungsfähigen Person und sein Wohl zu berücksichtigen (§ 1627 Abs. 1 Satz 1 BGB). Ist klar erkennbar, dass es der Wille der datenschutzrechtlich nicht einwilligungsfähigen Person ist, das jeweilige personenbezogene Datum vom Träger der Jugendhilfe verarbeiten zu lassen, wird in der Literatur vertreten, dass im Einzelfall bei einer Verweigerung der Einwilligung durch den gesetzlichen Vertreter – „der gesetzlichen Wertung" in § 8 SGB VIII folgend – eine Einwilligung des gesetzlichen Vertreters entbehrlich sein kann. Maßgeblich soll dann nur die Einwilligung des Minderjährigen sein.[451]

Die Frage, ob sich ein einwilligungsunfähiger Minderjähriger gegen die Fremdbestimmung seines gesetzlichen Vertreters wehren kann, ist allerdings in der Rechtsprechung noch nicht abschließend geklärt.[452] Ferner ist zu beachten, dass im Einzelfall auch das Erteilen einer Einwilligung entgegen dem Willen der betroffenen Person zu deren Wohl erforderlich sein kann.[453]

d) Ersetzung der Einwilligung des gesetzlichen Vertreters

Sofern ein Elternteil die Einwilligung zur datenschutzrechtlichen Verarbeitung einer Information verweigert, die sich auf eine datenschutzrechtlich nicht einwilligungsfähige Person bezieht, stellt sich die Frage, ob die fehlende Einwilligung ersetzt werden kann.

Nach § 1626 Abs. 1 Satz 1 BGB haben die Eltern die Pflicht und das Recht, für das minderjährige Kind zu sorgen. Teil dieser Sorge ist nach § 1626 Abs. 1 Satz 2 BGB die Personensorge. Zur Personensorge gehören alle Angelegenheiten, welche die Person des Kindes betreffen.[454]

Hinweis:

Auch die Entscheidung über die Erteilung einer Einwilligung ist damit Teil der Personensorge.[455]

Das Familiengericht kann nach § 1666 Abs. 3 Nr. 5 BGB bei einer festgestellten Kindeswohlgefährdung sowie beim Vorliegen der weiteren Voraussetzungen nach § 1666 BGB (Subsidiaritätsklausel auf Tatbestandsseite und Wahrung des Verhältnismäßigkeitsgrund-

449 S. zu diesem Begriff Art. 8 Abs. 1 Satz 2 EU-DSGVO.
450 S. hierzu auch Kunkel in Kunkel/Kepert/Pattar, LPK-SGB VIII, § 61 Rn. 71.
451 Mörsberger in Wiesner, SGB VIII, § 65 Rn. 16 hinsichtlich der Einwilligung gem. § 65 Abs. 1 Satz 1 Nr. 1 SGB VIII.
452 S. hierzu Veit in Bamberger/Roth/Hau/Poseck, BeckOK BGB, § 1626 Rn. 51.
453 S. hierzu Hoffmann in Münder/Meysen/Trenzcek, FK-SGB VIII, vor Kap. 4 Rn. 19.
454 S. hierzu Veit in Bamberger/Roth/Hau/Poseck, BeckOK BGB, § 1626 Rn. 42.
455 S. hierzu Veit in Bamberger/Roth/Hau/Poseck, BeckOK BGB, § 1626 Rn. 50.

satzes auf Rechtsfolgenseite) Erklärungen des Inhabers der elterlichen Sorge ersetzen. Damit kann auch die Erteilung der Einwilligung in die Datenverarbeitung ersetzt werden.[456]

3. Tatbestandsvoraussetzungen einer wirksamen Einwilligung

Nach Art. 6 Abs. 1 Satz 1 lit. a EU-DSGVO ist die Datenverarbeitung mittels einer Einwilligung nur rechtmäßig, wenn die Einwilligung den Anforderungen genügt, welche die EU-DSGVO vorgibt. Zudem ist § 67b Abs. 2 SGB X zu beachten.

Zunächst ist die Erteilung einer Einwilligung durch die **„betroffene Person"** erforderlich, die auf einer freiwilligen Entscheidung beruhen muss. Dies betont auch Art. 4 Nr. 11 EU-DSGVO mit folgender Legaldefinition:

> „Einwilligung der betroffenen Person jede freiwillig für den bestimmten Fall, in informierter Weise und unmissverständlich abgegebene Willensbekundung in Form einer Erklärung oder einer sonstigen eindeutigen bestätigenden Handlung, mit der die **betroffene Person** zu verstehen gibt, dass sie mit der Verarbeitung der sie betreffenden personenbezogenen Daten einverstanden ist".

Nach Erwägungsgrund 42 Satz 5 EU-DSGVO sollte nur dann davon ausgegangen werden, dass die betroffene Person ihre Einwilligung **freiwillig** gegeben hat, wenn sie eine echte oder freie Wahl hat und somit in der Lage ist, die Einwilligung zu verweigern oder zurückzuziehen, ohne Nachteile zu erleiden.

Nach Erwägungsgrund 43 EU-DSGVO muss insbesondere in Fällen, in welchen eine **Behörde** eine Datenverarbeitung auf Grundlage einer Einwilligung vornehmen möchte, in besonderem Maße auf die Einhaltung der Freiwilligkeit geachtet werden. Erwägungsgrund 43 der EU-DSGVO gibt dies wie folgt vor:

> „Um sicherzustellen, dass die Einwilligung freiwillig erfolgt ist, sollte diese in besonderen Fällen, wenn zwischen der betroffenen Person und dem Verantwortlichen ein klares Ungleichgewicht besteht, insbesondere wenn es sich bei dem Verantwortlichen um eine Behörde handelt, und es deshalb in Anbetracht aller Umstände in dem speziellen Fall unwahrscheinlich ist, dass die Einwilligung freiwillig gegeben wurde, keine gültige Rechtsgrundlage liefern. Die Einwilligung gilt nicht als freiwillig erteilt, wenn zu verschiedenen Verarbeitungsvorgängen von personenbezogenen Daten nicht gesondert eine Einwilligung erteilt werden kann, obwohl dies im Einzelfall angebracht ist, oder wenn die Erfüllung eines Vertrags, einschließlich der Erbringung einer Dienstleistung, von der Einwilligung abhängig ist, obwohl diese Einwilligung für die Erfüllung nicht erforderlich ist."

Ferner genügt die Einwilligung den Vorgaben der EU-DSGVO nur dann, wenn sie **in informierter Weise** erteilt wird. Dem **Grundsatz der Transparenz** nach Art. 5 Abs. 1 lit. a EU-

456 So OLG Schleswig-Holstein, B. v. 22.6.2017, 10 UF 103/17, juris Rn. 33 f. S. hierzu auch Schiefer, FuR 2018, 514, 515; Veit in Bamberger/Roth/Hau/Poseck, BeckOK BGB, § 1626 Rn. 50; Kunkel in Kunkel/Kepert/Pattar, LPK-SGB VIII, § 61 Rn. 71 ausdrücklich für den Fall der Erteilung einer Einwilligung zur Datenverarbeitung bei sexuellem Missbrauch der Tochter durch den Vater sowie Kunkel/Leonhardt in Kunkel/Pattar/Kepert, LPK-SGB VIII, § 55 Rn. 11. S. hierzu auch Walther in Wiesner, SGB VIII, § 55 Rn. 71 für die Wahrnehmung des Zeugnisverweigerungsrechts des Minderjährigen bei Strafverfahren gegen sorgeberechtigte Elternteile.

DSGVO kommt in diesem Zusammenhang besondere Bedeutung zu. Nach Erwägungsgrund 42 Satz 4 EU-DSGVO muss die betroffene Person danach mindestens wissen,

- wer der Verantwortliche ist und
- für welche Zwecke ihre personenbezogenen Daten verarbeitet werden.

Nach Erwägungsgrund 43 Satz 2 der EU-DSGVO sollte sich die Einwilligung auf eine bestimmte Datenverarbeitung beziehen. Für jeden **Verarbeitungsvorgang** muss grundsätzlich eine gesonderte Einwilligung eingeholt werden. Wenn die Verarbeitung mehreren Zwecken dient, sollte für alle diese Verarbeitungszwecke eine Einwilligung gegeben werden (Erwägungsgrund 32 Satz 5 EU-DSGVO).

Zudem muss die Erklärung der Einwilligung **unmissverständlich** im Sinne einer eindeutigen bestätigenden Handlung, mit der die betroffene Person zu verstehen gibt, dass sie mit der Verarbeitung ihrer Daten einverstanden ist, erfolgen. Stillschweigen oder Untätigkeit können keine Einwilligung darstellen (Erwägungsgrund 32 Satz 3 EU-DSGVO).

Diese Voraussetzung nach der EU-DSGVO dürfte in der Verwaltungspraxis keine Probleme bereiten. Über die Vorgabe der EU-DSGVO hinausgehend soll nach § 67b Abs. 2 Satz 1 SGB X die Einwilligung nämlich schriftlich oder elektronisch erfolgen.

Schließlich muss die betroffene Person nach Art. 7 Abs. 3 Satz 3 EU-DSGVO über die jederzeitige **Möglichkeit des Widerrufs** der Einwilligung informiert werden. § 67b Abs. 2 Satz 2 SGB X regelt ergänzend hierzu Folgendes:

> „Wird die Einwilligung der betroffenen Person eingeholt, ist diese auf den Zweck der vorgesehenen Verarbeitung, auf die Folgen der Verweigerung der Einwilligung sowie auf die jederzeitige Widerrufsmöglichkeit gemäß Artikel 7 Absatz 3 der Verordnung (EU) 2016/679 hinzuweisen."

Praxistipp:

▶ *Diese Wirksamkeitsvoraussetzungen machen die Einwilligung in der Praxis schwer handhabbar. Auf die Einwilligung kann verzichtet werden, wenn sich die Datenverarbeitung auf eine Rechtsgrundlage im konkreten Fall stützen kann. In diesen Fällen ist das Handeln auf Basis einer Rechtsgrundlage daher vorzugswürdig.*

V. Rechtmäßigkeit der Datenverarbeitung bei Vorliegen einer Rechtsgrundlage

1. Die Datenverarbeitung

Die Datenverarbeitung ist, auch wenn keine Einwilligung des Betroffenen vorliegt, rechtmäßig, wenn sie für die Wahrnehmung einer Aufgabe erforderlich ist, die im öffentlichen Interesse liegt oder in Ausübung öffentlicher Gewalt erfolgt, die dem Verantwortlichen übertragen wurde (Art. 6 Abs. 1 Satz 1 lit. e EU-DSGVO) oder zur Erfüllung einer rechtlichen Verpflichtung (z.B. nach dem SGB VIII) erforderlich ist (Art. 6 Abs. 1 Satz 1 lit. c EU-DSGVO).

Deutschland hat diesbezüglich von der nach Art. 6 Abs. 2 EU-DSGVO eröffneten Möglichkeit zur Fortführung bzw. des Erlasses spezifischer nationaler Bestimmungen mit §§ 67 ff. SGB X und §§ 61 ff. SGB VIII Gebrauch gemacht. Es liegen damit Rechtsgrundlagen vor, welche eine Datenverarbeitung bei Vorliegen der Tatbestandsvoraussetzungen im jeweiligen Einzelfall legitimieren können. Die Datenverarbeitung kann daher auch rechtmäßig sein, wenn sie ohne Einwilligung oder gegen den ausdrücklichen Willen des Betroffenen erfolgt.

Hinsichtlich der jeweiligen Rechtsgrundlage ist weiter zu **differenzieren**. Bei dem Begriff der Datenverarbeitung handelt es sich nämlich um einen Oberbegriff. Art. 4 Nr. 2 EU-DSGVO enthält folgende Legaldefinition:

> „Verarbeitung jeden mit oder ohne Hilfe automatisierter Verfahren ausgeführten Vorgang oder jede solche Vorgangsreihe im Zusammenhang mit personenbezogenen Daten wie das Erheben, das Erfassen, die Organisation, das Ordnen, die Speicherung, die Anpassung oder Veränderung, das Auslesen, das Abfragen, die Verwendung, die Offenlegung durch Übermittlung, Verbreitung oder eine andere Form der Bereitstellung, den Abgleich oder die Verknüpfung, die Einschränkung, das Löschen oder die Vernichtung"

Es ist danach zwischen verschiedenen Verarbeitungsvorgängen zu differenzieren. Nach nationalem Recht ist insbesondere zwischen den Vorgängen

- der **Datenerhebung**,
- der **Datenspeicherung**,
- der **Datenübermittlung** und
- der **Datennutzung**

zu unterscheiden. Diese datenschutzrechtlichen Schritte haben auch zentrale Bedeutung für die Wahrnehmung des Schutzauftrags nach Art. 6 Abs. 2 Satz 2 GG.

Praxistipp:

Bei der Datenverarbeitung handelt es sich um einen Oberbegriff. Eine exakte datenschutzrechtliche Prüfung verlangt eine Differenzierung hinsichtlich der Schritte:

- *Datenerhebung,*
- *Datenspeicherung,*
- *Datenübermittlung und*
- *Datennutzung.*

Als Tatbestandsvoraussetzungen setzten die Rechtsgrundlagen für diese Schritte die „Erforderlichkeit für die Aufgabenerfüllung" voraus.

2. Kerntatbestandsvoraussetzung: Erforderlichkeit für die Aufgabenerfüllung

Die in §§ 67 ff. SGB X und §§ 61 ff. SGB VIII enthaltenen Rechtsgrundlagen für die genannten datenschutzrechtlichen Schritte sehen als Tatbestandsvoraussetzung vor, dass die Datenverarbeitung für die jeweilige Aufgabenerfüllung erforderlich sein muss.[457]

Bei der **Erforderlichkeit** handelt es sich damit um die Kerntatbestandsvoraussetzung des Datenschutzrechts. Bis zum 24. Mai 2018 war dieser unbestimmte Rechtsbegriff der Erforderlichkeit national zu bestimmen. Dies hat sich mit Inkrafttreten der EU-DSGVO zum 25. Mai 2018 geändert. Um ein gleichwertiges Schutzniveau in den Mitgliedstaaten zu gewährleisten, kann der Rechtsbegriff der Erforderlichkeit in den Mitgliedstaaten keinen variablen Inhalt haben. Der unbestimmte Rechtsbegriff darf daher nicht national ausgelegt werden, sondern muss europarechtlich bestimmt werden. Es handelt sich bei der Erforderlichkeit seit dem 25. Mai 2018 damit um einen **autonomen Begriff des Gemeinschaftsrechts**.[458]

Nach der Rechtsprechung des EuGH ist zunächst zu prüfen, ob mit der Datenerhebung ein **legitimer Zweck** verfolgt wird. Sodann ist zu prüfen, ob sich die Datenverarbeitung auf das **Notwendige** beschränkt. Die Datenverarbeitung muss sich auf die Daten beschränken, welche zur jeweiligen Aufgabenerfüllung bzw. Zweckerreichung erforderlich sind. In diesem Zusammenhang sind regelmäßig **mildere Handlungsalternativen** zu prüfen.

Hinweis:

▶ *Die Datenverarbeitung kann dann notwendig sein, wenn sie im Vergleich zu milderen Handlungsalternativen „effizienter" zur Zielerreichung ist.*[459]

Insbesondere sind bei dieser Prüfung auch die Vorgaben des Art. 5 der EU-DSGVO zu berücksichtigen.[460] Die personenbezogenen Daten müssen den in Art. 5 Abs. 1 lit. b und lit. c der EU-DSGVO niedergelegten Grundsätzen entsprechen. Das bedeutet, dass sie für festgelegte, eindeutige und legitime Zwecke verarbeitet werden und dem Zweck **angemessen** sein müssen. Insbesondere müssen sie auf das für die Zwecke der Verarbeitung notwendige Maß beschränkt werden.

Praxistipp:

▶ *Nach Art. 6 Abs. 1 Satz 1 lit. c EU-DSGVO ist die Datenverarbeitung rechtmäßig, wenn sie zur Erfüllung einer rechtlichen Verpflichtung erforderlich ist, der der Verantwortliche unterliegt.*[461]

Damit lässt sich die Erforderlichkeit der Datenverarbeitung im jeweiligen Einzelfall nicht isoliert datenschutzrechtlich bestimmen. In Bezug auf die jeweilige materielle – nicht daten-

457 S. hierzu auch die entsprechende europarechtliche Anforderung nach Art. 6 Abs. 3 Satz 2 EU-DSGVO.
458 EuGH, Urt. v. 16.12.2008, C-524/06, juris Rn. 52.
459 EuGH, Urt. v. 16.12.2008, C-524/06, juris Rn. 52 ff.
460 EuGH, Urt. v. 16.1.2019, C-496/17, juris Rn. 57 f.; s. hierzu auch FG Düsseldorf, Urt. v. 6.2.2019, 4 K 1404/17 Z, juris.
461 EuGH, Urt. v. 16.1.2019, C-496/17, juris Rn. 58.

schutzrechtliche – Rechtsgrundlage ist zu prüfen, welche Daten zur Aufgabenerfüllung notwendig sind.

Beispiel:

Das personenbezogene Datum darf im jeweiligen Einzelfall nur erhoben werden, wenn die Behörde auf das Datum angewiesen ist, um die jeweilige gesetzliche Aufgabe erfüllen zu können. Dies ist nicht der Fall, wenn eine Entscheidung auch ohne das Datum getroffen werden könnte.[462] Das Datum muss also ***erheblich*** *sein.[463]*

Nach dem Grundsatz der Erforderlichkeit dürfen damit nur die Daten verarbeitet werden, die zur Erfüllung des Normzwecks der jeweiligen Rechtsgrundlage notwendig sind. So ist insbesondere auf Tatbestandsseite zu prüfen, welche Daten für die Prüfung der Tatbestandsvoraussetzungen und die zu erfolgende Subsumtion notwendig sind. Nur dann wird dem **Gebot der Datenminimierung** nach Art. 5 Abs. 1 lit. c EU-DSGVO Genüge getan.[464]

Schließlich darf das Datum nicht für künftige Fälle im Sinne einer **Vorratshaltung** beschafft werden.[465]

D. Datenschutzrechtliche Schritte bei Wahrnehmung des Schutzauftrags

I. Die Datenerhebung

Zu Beginn der Wahrnehmung des Schutzauftrags nach Art. 6 Abs. 2 Satz 2 GG wird regelmäßig eine Datenerhebung erfolgen müssen.

Der Schutzauftrag entsteht nach § 8a SGB VIII mit dem Bekanntwerden von gewichtigen Anhaltspunkten für die Gefährdung des Wohls eines Kindes oder Jugendlichen (§ 8a Abs. 1 Satz 1 HS 1 SGB VIII). Zu diesem Zeitpunkt wird regelmäßig noch nicht feststehen, ob eine Kindeswohlgefährdung gegeben ist. Es besteht dann die rechtliche Verpflichtung, den Sachverhalt hinsichtlich des Vorliegens einer Kindeswohlgefährdung aufzuklären. Vergleichbares gilt für den Träger der freien Jugendhilfe gem. § 8a Abs. 4 SGB VIII.

Datenschutzrechtlich stellt die **Sachverhaltsermittlung** eine Datenerhebung dar. Hierunter wird jegliches Beschaffen von Daten über den Betroffenen verstanden.[466] In der Situa-

462 S. hierzu Kunkel in Kunkel/Kepert/Pattar, LPK-SGB VIII, § 62 Rn. 3 und Hoffmann in Münder/Meysen/Trenczek, FK SGB VIII, vor Kap. 4 Rn. 11 und § 62 Rn. 8 f.

463 S. hierzu bereits VGH BW, Urt. v. 12.3.1997, 7 S 1084/95, juris Rn. 35.

464 S. hierzu Kunkel in Kunkel/Kepert/Pattar, LPK-SGB VIII, § 62 Rn. 3; Hoffmann in Münder/Meysen/Trenczek, FK SGB VIII, § 62 Rn. 8 f. und Kirchhoff in Schlegel/Voelzke, jurisPK-SGB VIII, § 62 Rn. 18.

465 BVerfG, Urt. v. 2.3.2010, 1 BvR 256/08 u.a., juris.

466 So die Legaldefinition der Datenerhebung in § 67 Abs. 5 SGB X in der Fassung bis zum 24.5.2018. Aufgrund des europarechtlichen Normwiederholungsverbots wurde die Definition gestrichen. Die Grundsätze sind dennoch unverändert anwendbar.

tion des § 8a Abs. 1 Satz 1 SGB VIII oder § 8a Abs. 4 SGB VIII besteht daher regelmäßig eine Pflicht zur Datenerhebung.[467]

Art. 6 Abs. 1 Satz 1 lit. c oder e EU-DSGVO i.V.m. §§ 62 SGB VIII stellt die Rechtsgrundlage für die Datenerhebung im Kinder- und Jugendhilferecht dar.[468] Nach § 62 Abs. 1 SGB VIII dürfen Sozialdaten nur erhoben werden, soweit ihre Kenntnis zur Aufgabenerfüllung erforderlich ist.

Für die Wahrnehmung des Schutzauftrags nach § 8a Abs. 1 Satz 1 und Satz 2 sowie Abs. 4 SGB VIII bedeutet dies beispielsweise, dass die Daten erhoben werden dürfen, welche notwendig sind, um rechtlich und fachlich beurteilen zu können, ob eine Kindeswohlgefährdung vorliegt. Diese Daten sind nach § 62 Abs. 2 Satz 1 SGB VIII grundsätzlich beim Betroffenen zu erheben. Nach § 62 Abs. 3 Nr. 2d SGB VIII dürfen die Daten ausnahmsweise ohne Mitwirkung des Betroffenen, also bei einem Dritten, erhoben werden, wenn die Datenerhebung beim Betroffenen nicht möglich ist oder die jeweilige Aufgabe ihrer Art nach eine Erhebung bei anderen erfordert, die Kenntnis der Daten aber erforderlich ist für die Erfüllung des Schutzauftrags bei einer Kindeswohlgefährdung nach § 8a SGB VIII.

Mit Art. 1 des KJSG ist § 62 Abs. 3 Nr. 2d SGB VIII mit Wirkung vom 10. Juni 2021 erweitert worden. Mit der Gesetzesänderung hat das Jugendamt eine Befugnis zur Datenerhebung ohne Mitwirkung der betroffenen Person im Rahmen der Beteiligung der Berufsgeheimnisträger nach § 4 KKG erhalten. Das Jugendamt darf somit bei Personen, die ihm nach § 4 Abs. 1 KKG im Kinderschutz Daten übermittelt haben, zum Zwecke der Gefährdungseinschätzung weitere hierfür erforderliche Daten erheben.[469]

Bei der Datenerhebung zur Sachverhaltsermittlung nach § 8a Abs. 1 Satz 1 und Satz 2 SGB VIII ist aber zunächst zu prüfen, ob eine **Direkterhebung beim Betroffenen** möglich ist. Soweit dies im Einzelfall nicht möglich ist oder die Wahrnehmung des Schutzauftrags eine Datenerhebung bei Dritten erfordert, darf ausnahmsweise auch „hinter dem Rücken" des Betroffenen eine Datenerhebung erfolgen.[470] Dies wird man insbesondere bei der Abklärung des Verdachts auf sexuellen Missbrauch in der Familie annehmen können.[471]

Diese datenschutzrechtlichen Vorgaben finden eine Entsprechung in der **verfahrensrechtlichen Vorgabe** des § 8a Abs. 1 Satz 2 SGB VIII und des § 8a Abs. 4 Satz 1 Nr. 3

467 So auch Meysen, Datenschutz: Hindernis oder Chance beim Kinderschutz, S. 20.

468 Zum Verhältnis des § 62 SGB VIII zu § 67a SGB X näher Kunkel in Kunkel/Kepert/Pattar, LPK-SGB VIII, § 62 Rn 1.

469 BT-Drs. 19/26107, S. 103.

470 Die Datenerhebung ist damit in § 62 SGB VIII zweistufig angelegt. Mit der Gesetzesbegründung zur Neuregelung der Datenerhebung nach § 67a Abs. 2 Satz 1 und 2 SGB X führt der Gesetzgeber allerdings Folgendes aus: „Am Grundsatz der Ersterhebung bei der betroffenen Person wird festgehalten. Es folgt abgestuft im Sinne des Verhältnismäßigkeitsprinzips nach der Erhebung beim Betroffenen (§ 67a Absatz 2 Satz 1) die Erhebung bei Dritten ohne Mitwirkung des Betroffenen (§ 67a Absatz 2 Satz 2), die nur unter den dort genannten Voraussetzungen zulässig ist. Damit setzt die Regelung implizit voraus, dass als geringerer Eingriff die Erhebung beim Dritten unter Mitwirkung der betroffenen Person (z.B. in Form einer Einwilligung) denkbar und vorrangig durchzuführen ist", BT-Drs. 18/12611, S. 102. Diese dreistufige Prüfung findet allerdings im Gesetzestext keinen Niederschlag.

471 So auch Thüringer Ministerium für Soziales, Familie und Gesundheit, Gemeinsame Empfehlung zur Verbesserung der ressortübergreifenden Kooperation beim Kinderschutz in Thüringen, April 2009, S. 15.

SGB VIII. Soweit der wirksame Schutz des Kindes oder Jugendlichen[472] nicht in Frage gestellt wird, haben das Jugendamt und der Träger der freien Jugendhilfe die Erziehungsberechtigten sowie das Kind in die Gefährdungseinschätzung einzubeziehen.

Praxistipps:

- *Die Wahrnehmung des Schutzauftrags nach § 8a SGB VIII und auch nach anderen Regelungen (§ 8b SGB VIII, § 4 KKG) setzt eine Sachverhaltsermittlung voraus.*
- *Bei der Sachverhaltsermittlung handelt es sich datenschutzrechtlich um eine Datenerhebung.*
- *Daten sind grundsätzlich direkt beim Betroffenen zu erheben. Nur ausnahmsweise ist eine Datenerhebung bei Dritten zulässig.*

II. Die Datenspeicherung

Weitestgehend unproblematisch ist die Rechtslage hinsichtlich der Datenspeicherung. § 63 SGB VIII bestimmt, unter welchen Tatbestandsvoraussetzungen personenbezogene Daten gespeichert werden dürfen, und zwar unabhängig davon, ob sie erhoben worden oder der Stelle auf andere Weise bekannt geworden sind.[473]

Ähnlich wie die Datenerhebung ist auch eine Speicherung nur zulässig, soweit dies für die Erfüllung der jeweiligen Aufgabe der Jugendhilfe erforderlich ist. Es können damit die Daten gespeichert werden, die zur Wahrnehmung des Schutzauftrags erforderlich sind.

Nach § 63 Abs. 2 SGB VIII sind Akten grundsätzlich **für jeden einzelnen Fall getrennt** zu führen. Unter einem „einzelnen Fall" ist die Anwendung einer Aufgabennorm nach § 2 Abs. 2 oder 3 SGB VIII auf eine Person in einem Verfahren zu verstehen.[474] Eine Zusammenführung verschiedener Akten ist nur zulässig, wenn dies wegen eines unmittelbaren Sachzusammenhangs erforderlich ist.

Praxistipp:

Werden bei einem Besuch einer Tageseinrichtung gewichtige Anhaltspunkte für eine Kindeswohlgefährdung bekannt, müssen grundsätzlich zwei getrennte Akten geführt werden: eine Akte nach § 24 SGB VIII und eine Akte nach § 8a SGB VIII.

472 Im Folgenden wird aus Gründen der Einfachheit der Darstellung einheitlich der Kindsbegriff des Grundgesetzes verwendet. Kind ist danach jede Person bis zur Vollendung des 18. Lebensjahres, s. § 7 Abs. 2 SGB VIII.

473 Zum Verhältnis des § 63 SGB VIII zu § 67c SGB X siehe Kunkel in Kunkel/Kepert/Pattar, LPK-SGB VIII, § 63 Rn 1.

474 S. hierzu Kunkel in Kunkel/Kepert/Pattar, LPK-SGB VIII, § 63 Rn. 5.

III. Die Datenübermittlung

1. Grundzüge der Datenübermittlung

Das datenschutzrechtliche **Kernproblem** bei Wahrnehmung des Schutzauftrags stellt die Datenübermittlung dar.

Ein Informationsaustausch zwischen den verschiedenen Akteuren, die das staatliche Wächteramt nach Art. 6 Abs. 2 Satz 2 GG wahrzunehmen haben, erfordert eine Datenübermittlung. Eine Datenübermittlung stellt das Übermitteln von Sozialdaten an einen **Dritten** in der Weise dar, dass die Daten an den Dritten weitergegeben werden oder der Dritte zur Einsicht oder zum Abruf bereitgehaltene Daten einsieht oder abruft. Daher handelt es sich nicht nur dann um eine Datenübermittlung, wenn einzelne Daten aktiv weitergegeben werden (insbesondere durch Mitteilung einer Information oder Aktenübersendung).

Hinweis:

! *Eine Datenübermittlung stellt auch die Ermöglichung der Einsichtnahme dar.*

Zu beachten ist auch, dass bereits bei der Datenerhebung regelmäßig gleichzeitig eine Datenübermittlung erfolgen wird. Dies gilt insbesondere für die Datenerhebung ohne Mitwirkung des Betroffenen. Im Zuge der Datenerhebung durch das Jugendamt oder den Träger der freien Jugendhilfe müssen i.d.R Daten zum Betroffenen bekannt gegeben werden.

Eine Datenübermittlung setzt allerdings voraus, dass die Bekanntgabe der Daten an einen Dritten erfolgt. Zum **Begriff des Dritten** findet sich in Art. 4 Nr. 10 der EU-DSGVO folgende Legaldefinition:

> „**Dritter** eine natürliche oder juristische Person, Behörde, Einrichtung oder andere Stelle, außer der betroffenen Person, dem Verantwortlichen, dem Auftragsverarbeiter und den Personen, die unter der unmittelbaren Verantwortung des **Verantwortlichen** oder des Auftragsverarbeiters befugt sind, die personenbezogenen Daten zu verarbeiten."

Zur Bestimmung des Dritten wird dabei insbesondere auf den Begriff des Verantwortlichen Bezug genommen. Zunächst wird der **Begriff des Verantwortlichen** mit Art. 4 Nr. 7 EU-DSGVO wie folgt bestimmt:

> „Verantwortlicher die natürliche oder juristische Person, Behörde, Einrichtung oder andere Stelle, die allein oder gemeinsam mit anderen über die Zwecke und Mittel der Verarbeitung von personenbezogenen Daten entscheidet; sind die Zwecke und Mittel dieser Verarbeitung durch das Unionsrecht oder das Recht der Mitgliedstaaten vorgegeben, so kann der Verantwortliche beziehungsweise können die bestimmten Kriterien seiner Benennung nach dem Unionsrecht oder dem Recht der Mitgliedstaaten vorgesehen werden."

In § 67 Abs. 4 SGB X findet sich folgende weitergehende Definition zum Begriff des Verantwortlichen, soweit eine Datenverarbeitung durch einen **Leistungsträger** i.S.d. § 12 SGB I erfolgt:

> „Werden Sozialdaten von einem Leistungsträger im Sinne von § 12 des Ersten Buches verarbeitet, ist der Verantwortliche der Leistungsträger. Ist der Leistungsträger eine Gebietskörper-

> schaft, so sind der Verantwortliche die Organisationseinheiten, die eine Aufgabe nach einem der besonderen Teile dieses Gesetzbuches funktional durchführen."

Verantwortlicher ist damit die **Organisationseinheit**, die eine Aufgabe nach dem SGB VIII funktional durchführt.

Mangels weiterer gesetzlicher Bestimmung der „Organisationseinheit" ist strittig, wer als eine solche Organisationseinheit anzusehen ist.[475] In der Literatur wird die Auffassung vertreten, dass Verantwortlicher i.S.d. § 67 Abs. 4 Satz 2 SGB X „die kleinste funktionale Einheit" ist, welche nach den internen Vorgaben der Gebietskörperschaft für das Erfüllen einer bestimmten Aufgabe nach dem SGB VIII zuständig ist.

Datenschutzrechtlich besteht ein **Jugendamt** nach dieser Auffassung daher aus mehreren Verantwortlichen, nämlich aus den einzelnen Sachgebieten innerhalb des Jugendamtes, denen nach dem Geschäftsverteilungsplan intern die Zuständigkeit für die Bearbeitung einer Aufgabe übertragen ist.[476]

Nach überwiegender Auffassung ist hingegen das gesamte Jugendamt als „Organisationseinheit" und damit als eine verantwortliche Stelle anzusehen, sofern es Aufgaben nach dem SGB VIII wahrnimmt.[477] Nach dieser Auffassung stellt eine Datenverarbeitung innerhalb des Jugendamtes grundsätzlich „nur" eine Datennutzung dar.[478]

Anders ist dies aber zu bewerten, wenn innerhalb des Jugendamtes Daten an eine Arbeitseinheit des Jugendamtes weitergegeben werden, welche Aufgaben vollzieht, die nicht nach dem SGB VIII vorgegeben sind. Dies gilt beispielsweise für die Arbeitseinheiten des Jugendamtes, welche das AdVermiG oder das UhVorschG vollziehen.

Völlig unstrittig liegt auch eine Datenübermittlung vor, wenn Daten vom Jugendamt

- an den Träger der freien Jugendhilfe,
- an eine andere Stelle innerhalb der Sozialverwaltung (z.B. das Sozialamt oder Jobcenter),
- an das Familiengericht oder
- an die Polizei oder Justizbehörden

weitergegeben werden.

Praxistipp:

▶ *Ob ein Datenaustausch innerhalb des Jugendamtes bei Wahrnehmung von SGB VIII-Aufgaben eine Datennutzung oder eine Datenübermittlung darstellt, ist strittig. Nach überwiegender Auffassung handelt es sich „nur" um eine Datennutzung.*

---

475 S. hierzu Kunkel in Kunkel/Kepert/Pattar, LPK-SGB VIII, § 61 Rn. 63.

476 Kirchhoff in Schlegel/Voelzke, jurisPK-SGB VIII, § 61 Rn. 34; Hoffmann in Münder/Meysen/Trenzcek, FK-SGB VIII, § 61 Rn. 19.

477 Ebenso Leopold in Körner/Leiterer/Mutschler/Rolfs, Kasseler Kommentar Sozialversicherungsrecht, § 67 Rn. 54. Vgl. hierzu auch BSG, Urt. v. 24.4.2015, B 4 AS 39/14 R, juris.

478 S. zur Datennutzung die nachfolgenden Ausführungen unter Punkt 7.

Unstrittig liegt aber eine Datenübermittlung vor, wenn Daten zwischen Jugendamt und freiem Träger ausgetauscht werden.

Rechtsgrundlage für die Datenübermittlung ist Art. 6 Abs. 1 Satz 1 lit. c oder e EU-DSGVO i.V.m. § 64 SGB VIII i.V.m. §§ 67b ff SGB X. Die Vorschrift des § 64 SGB VIII stellt keine Erweiterung oder Veränderung des Befugniskatalogs der §§ 67b ff. SGB X dar, sondern beinhaltet lediglich jugendhilfespezifische Klarstellungen und Konkretisierungen.

Wichtigste Rechtsgrundlage für die **Datenübermittlung** stellt **§ 69 Abs. 1 Nr. 1 SGB X** dar. Die **Datennutzung** ist in **§ 67c SGB X** geregelt.

2. Sozialdaten und anvertraute Sozialdaten

Eine Datenübermittlung bzw. Datennutzung ist nach der jeweiligen Rechtsgrundlage zulässig, wenn sie zur Aufgabenerfüllung erforderlich ist. Dies gilt zunächst für Sozialdaten i.S.d. § 64 SGB VIII.

Für nach § 65 SGB VIII anvertraute Sozialdaten müssen zusätzlich die Voraussetzungen des § 65 SGB VIII für eine Datenübermittlung bzw. Datennutzung gegeben sein. Im Bereich des § 65 SGB VIII gelten damit wesentlich strengere Grundsätze für die Datenverarbeitung. Hier ist auch eine Weitergabe der Daten innerhalb des Jugendamtes – auch z.B. innerhalb einer Arbeitsgruppe – grundsätzlich ausgeschlossen. Die Daten müssen bei dem einzelnen Mitarbeitenden verbleiben, dem sie anvertraut worden sind.

Eine Datenverarbeitung ist nur bei Vorliegen einer der zusätzlichen Ausnahmevoraussetzungen gem. § 65 Abs. 1 Satz 1 Nr. 1 bis 5 SGB VIII möglich. Der Regelung des § 65 SGB VIII kommt eine ganz besondere Bedeutung bei Wahrnehmung des Schutzauftrags für das Kindeswohl zu.

3. Verantwortlichkeit für die Datenübermittlung

Verantwortung für die Datenübermittlung trägt nach § 67d Abs. 1 Satz 1 SGB X die übermittelnde Stelle. Diese muss prüfen, ob und welche Daten übermittelt werden dürfen.

Nach § 67d Abs. 1 Satz 2 SGB X trägt allerdings der Dritte, an den die Daten übermittelt werden, die Verantwortung für die Richtigkeit der Angaben in seinem Übermittlungsersuchen.

IV. Die Datennutzung

In Abgrenzung zur Datenübermittlung handelt es sich bei der Datennutzung insbesondere um die Datenweitergabe innerhalb der verantwortlichen Stelle.[479]

Gem. § 67c Abs. 1 Satz 1 SGB X dürfen Sozialdaten für die Zwecke genutzt werden, für die sie erhoben worden sind.

Für andere Zwecke dürfen sie insbesondere nach § 67c Abs. 2 Nr. 1 SGB X genutzt werden, wenn die Daten für die Erfüllung von Aufgaben nach anderen Rechtsvorschriften dieses Gesetzbuches als denjenigen, für die sie erhoben wurden, erforderlich sind.

479 S. hierzu die in § 67 Abs. 7 SGB X in der Fassung bis zum 24.5.2018 enthaltene Legaldefinition.

Eine Nutzung sonstiger Daten i.S.d. § 64 SGB VIII ist daher im Rahmen der Erforderlichkeit regelmäßig unproblematisch möglich. Zum Zwecke des Kinderschutzes können daher innerhalb des Jugendamtes oder des freien Trägers bei Wahrnehmung von Aufgaben nach dem SGB VIII die Daten ausgetauscht werden, die zur Wahrnehmung des Schutzauftrags erforderlich sind.

E. Anvertraute Daten gem. § 65 SGB VIII

Mit § 65 SGB VIII prägt eine ganz besondere Regelung den Datenschutz in der Kinder- und Jugendhilfe, deren Vorgaben weit über die Anforderungen des Datenschutzes nach dem Grundrecht auf informationelle Selbstbestimmung, nach Art. 8 Abs. 1 EU-Grundrechtecharta, nach der EU-DSGVO sowie nach den in § 35 SGB I und §§ 67 ff. SGB X enthaltenen Bestimmungen zum Sozialdatenschutz hinausgehen.

Nach § 65 Abs. 1 Satz 1 SGB VIII werden Sozialdaten, die **zum Zwecke persönlicher und erzieherischer Hilfe** anvertraut worden sind, ganz besonders geschützt. Ziel der Regelung ist es, einen besonderen Vertrauensschutz entstehen zu lassen und damit die Arbeit in der Kinder- und Jugendhilfe zu stärken. Mittels einer vertrauensvollen Arbeitsbeziehung zwischen dem hilfebedürftigen Bürger (hier den Eltern bei der Wahrnehmung ihrer Erziehungsverantwortung) und den jeweiligen Mitarbeitenden des Jugendamtes oder des Trägers der freien Jugendhilfe soll ein umfassender Austausch als Grundlage einer wirksamen Hilfeerbringung ermöglicht werden.[480]

Diese gesetzgeberische Zielrichtung ist sehr zu begrüßen. Allerdings ist auch zu konstatieren, dass die Regelung des § 65 SGB VIII zu ganz erheblichen Einschränkungen für die tägliche Arbeit führt. Für eine Weitergabe anvertrauter Daten muss eine **doppelte Sperre** überwunden werden.

Zunächst muss die Weitergabe nach den für jede Datennutzung oder Datenübermittlung geltenden Grundsätzen zulässig sein. Erforderlich ist damit zunächst das Vorliegen einer wirksamen Einwilligung des Betroffenen oder das Vorliegen der Tatbestandsvoraussetzungen einer Rechtsgrundlage, welche die Datenverarbeitung gestattet.

Für eine Weitergabe anvertrauter Daten muss allerdings zusätzlich auch die Schranke des § 65 SGB VIII überwunden werden. Diese Schranke ist aber nur im Ausnahmefall zu überwinden. Im Regelfall müssen die Sozialdaten bei der Person verbleiben, der sie anvertraut worden sind. Ohne Einwilligung des Anvertrauenden ist regelmäßig noch nicht einmal eine Datenweitergabe an die Vertreterin/den Vertreter im Team möglich.

Anvertraute Sozialdaten nach § 65 SGB VIII müssen daher von Sozialdaten i.S.d. § 64 SGB VIII abgegrenzt werden. Anvertraute Daten i.S.d. § 65 SGB VIII werden in besonderer Weise geschützt. Ein Sozialdatum wird von § 65 SGB VIII umfasst, wenn das jeweilige Datum „zum Zweck persönlicher und erzieherischer Hilfe" dem Mitarbeiter eines Trägers der

480 S. hierzu BT-Drs. 11/5948, S. 123; Kirchhoff in Schlegel/Voelzke, jurisPK-SGB VIII, § 65 Rn. 15; Hoffmann in Münder/Meysen/Trenzcek, FK-SGB VIII, § 65 Rn. 1; Kunkel in Kunkel/Kepert/Pattar, LPK-SGB VIII, § 65 Rn. 1 f.

öffentlichen Jugendhilfe „anvertraut" wird. Zwei Merkmale müssen damit erfüllt sein, um den Anwendungsbereich des § 65 SGB VIII zu eröffnen:

1. Es muss um eine „persönliche und erzieherische Hilfe" gehen und
2. das jeweilige Datum muss „anvertraut" werden.

I. Voraussetzungen des § 65 SGB VIII

1. Zum Zwecke persönlicher und erzieherischer Hilfe

Was im Einzelnen unter „persönlicher und erzieherischer Hilfe" zu verstehen ist, ist strittig. Während das SGB VIII diesen in § 65 SGB VIII gebrauchten Begriff an keiner anderen Stelle im Gesetz mehr verwendet und auch nicht definiert, wird in § 11 Satz 2 SGB I auf diesen Begriff Bezug genommen.

Danach gehört die persönliche und erzieherische Hilfe zu den **Dienstleistungen**. Mit dieser Vorgabe kann aber die „persönliche und erzieherische Hilfe" i.S.d. § 65 SGB VIII nur bedingt näher bestimmt werden. Der einzige Aussagegehalt, der sich § 11 Satz 2 SGB I entnehmen lässt, ist der, dass es sich bei der persönlichen und erzieherischen Hilfe um eine Sozialleistung i.S.d. § 11 Satz 1 SGB VIII in Form der Dienstleistung handelt.[481] Eine Sach- oder Geldleistung kann damit unstrittig keine „persönliche und erzieherische Hilfe" sein.

Mangels gesetzlicher Begriffsbestimmung im SGB I und SGB VIII besteht **rechtliche Unklarheit**, welche Dienstleistungen nach dem SGB VIII „persönliche und erzieherische Hilfen" sind. Zunächst werden hierunter unstrittig die individuellen Leistungen

- der Hilfe zur Erziehung nach §§ 27 ff. SGB VIII,
- der Eingliederungshilfe nach § 35a SGB VIII und
- der Hilfe für junge Volljährige nach § 41 SGB VIII verstanden.[482]

Ganz überwiegend wird die Auffassung vertreten, dass eine Beschränkung des Anwendungsbereichs der „persönlichen und erzieherischen Hilfen" auf diese Hilfen nach §§ 27 ff. SGB VIII nicht sachgerecht ist.

Von dem Begriff werden nach überwiegender Auffassung daher auch **Beratungsleistungen** gem. §§ 16 ff. SGB VIII und auch Leistungen nach §§ 22 ff. SGB VIII erfasst.

Hinweis:

▶ *Letztendlich erfolgt nach herrschender Meinung jede Leistung nach dem SGB VIII „zum Zweck persönlicher und erzieherischer Hilfe".[483] Erfasst werden damit nach überwiegender Auffassung zunächst alle Leistungen des SGB VIII nach §§ 11 bis 41a SGB VIII.[484]*

481 S. hierzu auch Öndül in Schlegel/Voelzke, jurisPK-SGB I, § 11 Rn. 9; Seewald in Körner/Leiterer/Mutschler/Rolfs, Kasseler Kommentar Sozialversicherungsrecht, § 11 Rn. 48.
482 S. hierzu Maas/Törnig in Jans/Happe/Saurbier/Maas, Jugendhilferecht, § 65 Rn. 5.
483 S. hierzu auch Seewald in Körner/Leiterer/Mutschler/Rolfs, Kasseler Kommentar Sozialversicherungsrecht, § 11 Rn. 48.
484 S. hierzu Maas/Törnig in Jans/Happe/Saurbier/Maas, Jugendhilferecht, § 65 Rn. 5.

Fraglich ist, ob hierüber hinausgehend anvertraute Daten auch bei der Erbringung von anderen Aufgaben i.S.d. § 2 Abs. 3 SGB VIII, beispielsweise im Rahmen einer Inobhutnahme oder der Gefährdungseinschätzung nach § 8a SGB VIII, entstehen können.

Aufgrund der Verortung der Begriffsbestimmung der „persönlichen und erzieherischen Hilfe" im Zusammenhang mit der Sozialleistung gem. § 11 SGB I könnten hieran Zweifel bestehen. Bei den anderen Aufgaben i.S.d. § 2 Abs. 3 SGB VIII handelt es sich nämlich gerade nicht um Sozialleistungen. Allerdings ist es auch für Aufgaben wie beispielsweise die Inobhutnahme kennzeichnend, dass trotz des ordnungsrechtlichen Charakters der Maßnahme Elemente der sozialrechtlichen Leistungsgewährung (Unterbringung, Unterhalt, Krankenhilfe, Sorge für das Wohl) sowie der sozialpädagogischen Beratung und Betreuung des Kindes eine wesentliche Rolle spielen.[485]

Ferner ist zu berücksichtigen, dass zwischen der **Wahrnehmung anderer Aufgaben** und der **Erbringung von Leistungen** regelmäßig ein sehr enger, kaum trennbarer Zusammenhang besteht. So mündet die Gefährdungseinschätzung nach § 8a Abs. 1 Satz 1 und 2 SGB VIII oder die Inobhutnahme oftmals direkt in dem Angebot und der Gewährung von Leistungen (§ 8a Abs. 1 Satz 3 SGB VIII sowie § 42 Abs. 4 Nr. 2 SGB VIII). Daher wird nach überwiegender Auffassung angenommen, dass anvertraute Daten auch bei der Erbringung anderer Aufgaben entstehen können.[486]

Hinweis:

! *Damit kann § 65 SGB VIII in der Kinder- und Jugendhilfe nur dann nicht einschlägig sein, wenn es um ordnungsrechtliche Aufgaben ohne direkten persönlichen Bezug, wie beispielsweise die Erteilung oder die Aufhebung einer Erlaubnis nach § 43 SGB VIII oder § 45 SGB VIII, geht.*[487]

2. Anvertrautes Datum

Nach der in § 65 Abs. 1 SGB VIII enthaltenen Vorgabe muss die jeweilige Information zum Zweck der Hilfe anvertraut werden, um unter den Schutz des § 65 SGB VIII zu fallen. Auch der Begriff des Anvertrauens wird vom Gesetzgeber nicht definiert. Daher muss auch hier eine Eingrenzung des **unbestimmten Rechtsbegriffs** im Wege der juristischen Auslegung erfolgen.

Nach § 203 StGB wird mit Freiheitsstrafe oder mit Geldstrafe bestraft, wer einer in § 203 Abs. 1 StGB genannten Berufsgruppe angehört und unbefugt ein fremdes Geheimnis, welches ihm „anvertraut worden oder sonst bekanntgeworden ist", offenbart. In Anlehnung an diese Norm und die in § 203 StGB enthaltene Tatbestandsalternative „sonst bekanntgeworden" wird in der Literatur die Auffassung vertreten, dass ein Anvertrauen i.S.d.

485 S. hierzu Kepert in Kepert/Kunkel, Handbuch Kinder- und Jugendhilferecht, S. 203.

486 S. hierzu Maas/Törnig in Jans/Happe/Saurbier/Maas, Jugendhilferecht, § 65 Rn. 6; Hoffmann in Münder/Meysen/Trenczek, FK-SGB VIII, § 65 Rn. 11 und 20; Mörsberger in Wiesner, SGB VIII, § 65 Rn. 11; s. hierzu auch Kirchhoff in Schlegel/Voelzke, jurisPK-SGB VIII, § 65 Rn. 25.

487 S. hierzu auch Kunkel in Kunkel/Kepert/Pattar, LPK-SGB VIII, § 65 Rn. 7. Teilweise neigen Gerichte (z.B. VG Göttingen, B. v. 9.2.2006, 2 A 199/05, juris Rn. 17) irrig dazu, § 65 SGB VIII in allen Fällen der Befassung des Jugendamtes (z.B. auch bei Informationen durch einen Dritten) anzuwenden.

§ 65 SGB VIII keines ausdrücklichen Vertrauensaktes bedürfe. Ebenso wie bei § 203 StGB genüge ein sonstiges Bekanntwerden, wenn sich der Anvertrauende auf die Verschwiegenheit des Mitarbeitenden der Jugendhilfe stillschweigend verlasse.

Anvertraut seien daher alle Daten, die einem Mitarbeitenden der Jugendhilfe nur deshalb bekannt werden, weil der Anvertrauende nicht mit einer Weitergabe „hinter seinem Rücken" rechne.[488] Aus diesem Grund könnten auch Beobachtungen im Rahmen eines Hausbesuches von § 65 SGB VIII umfasst sein.[489]

In der Literatur wird allerdings auch eine etwas engere Auffassung vertreten. Danach könne eine Information nur dann anvertraut i.S.d. § 65 SGB VIII sein, wenn der die Mitteilung machende Bürger ausdrücklich um vertrauliche Behandlung bitte oder aber er die Mitteilung in der den Einzelfallumständen zu ermittelnden Erwartung mache, dass eine Weitergabe nicht erfolgen werde.[490] Dies könne beispielsweise bei einer Mitteilung besonders sensibler Sachverhalte der Fall sein.[491]

Nach hiesiger Auffassung ist eine extensive Bestimmung des Anvertrauens mittels einer Bezugnahme auf § 203 StGB kaum zu begründen. Im Gegenteil: Im Umkehrschluss zu der in § 203 StGB enthaltenen Regelung lässt sich vertreten, dass in § 65 SGB VIII bewusst auf die Tatbestandsalternative des „sonstigen Bekanntwerdens" verzichtet worden ist und daher die Norm nur einschlägig sein kann, wenn Daten dem Mitarbeitenden der Jugendhilfe bewusst anvertraut werden. Nach dem eindeutigen Gesetzeswortlaut des § 65 SGB VIII wird ein „sonstiges Bekanntwerden" gerade nicht von der Norm erfasst.

Nicht alle Daten, die im Zusammenhang mit einer „persönlichen und erzieherischen Hilfe" bekannt werden, können nach hiesiger Auffassung als anvertraut gelten. Andernfalls wäre die Tatbestandsalternative des Anvertrauens ihrer Bedeutung beraubt.[492]

Praxistipp:

▶ *Sachgerecht erscheint es daher, ein Anvertrauen nur dann anzunehmen, wenn der Anvertrauende ausdrücklich um eine vertrauliche Behandlung der gegebenen Information bittet oder im jeweiligen Einzelfall Tatsachen vorliegen, welche die Schlussfolgerung rechtfertigen, dass der betroffene Bürger nicht mit einer Weitergabe des jeweiligen personenbezogenen Datums rechnet.*[493]

Ob solche **Einzelfallumstände** anzunehmen sind, wird regelmäßig auch von der Art der Hilfe abhängen. Beispielsweise dringt eine Sozialpädagogische Familienhilfe nach § 31 SGB VIII regelmäßig in den Intimbereich des Familienlebens ein, sodass für die Leistungserbringung eine besondere Vertrauensbeziehung erforderlich ist. Hier werden sehr schnell anvertraute Daten entstehen.

488 Maas/Törnig in Jans/Happe/Saurbier/Maas, Jugendhilferecht, § 65 Rn. 7.
489 Hoffmann in Münder/Meysen/Trenczek, FK-SGB VIII, § 65 Rn. 12.
490 Siehe hierzu Kunkel/Rosteck/Vetter, StV 2017, 829.
491 Kirchhoff in Schlegel/Voelzke, jurisPK-SGB VIII, § 65 Rn. 27.
492 So auch Kunkel in Kunkel/Kepert/Pattar, LPK-SGB VIII, § 65 Rn. 8.
493 S. hierzu auch Meysen, Datenschutz: Hindernis oder Chance beim Kinderschutz, S. 8.

Ähnliches gilt für Mitteilungen im Zusammenhang mit einer sonstigen Hilfe, welche so sensibel sind, dass nach einer am objektivierten Empfängerhorizont orientierten wertenden Betrachtung von einem Anvertrauen ausgegangen werden muss. Dies wird man insbesondere dann annehmen müssen, wenn die jeweiligen Daten einen engen Bezug zum Privat- und Intimleben haben.

Praxistipp:

Auch nach der hier vertretenen engen Auffassung zur Bestimmung eines anvertrauten Datums i.S.d. § 65 SGB VIII wird man feststellen müssen, dass in der täglichen Arbeit der Kinder- und Jugendhilfe beim Träger der öffentlichen Jugendhilfe eine Vielzahl von anvertrauten Daten entstehen. Vergleichbares wird man für die Leistungserbringung beim Träger der freien Jugendhilfe annehmen müssen.

Diesen Daten muss besonderes Augenmerk geschenkt werden. Eine Weitergabe ist nur unter den nachstehend aufgeführten engen Voraussetzungen zulässig.

II. Weitergabe anvertrauter Daten

Anvertraute Daten müssen grundsätzlich bei dem Mitarbeitenden der Jugendhilfe verbleiben, dem sie anvertraut worden sind.

Eine Datenweitergabe ist ausschließlich in den sehr engen Grenzen des § 65 Abs. 1 Satz 1 Nr. 1 bis 6 SGB VIII zulässig. Selbst eine Datenweitergabe innerhalb der kleinsten Arbeitseinheit eines Jugendamtes oder Trägers der freien Jugendhilfe ist nur in diesen Grenzen möglich. Denn der in § 65 Abs. 1 Satz 1 SGB VIII enthaltene Begriff der „Weitergabe" umfasst sowohl die Datenübermittlung als auch die Datennutzung.

Dies wird auch aus der gesetzgeberischen Anpassung des SGB VIII an die EU-DSGVO deutlich. Mit § 65 SGB VIII wird nunmehr klarstellend geregelt[494], dass sich der Schutz des § 65 SGB VIII sowohl auf die „behördeninterne Weitergabe" als auch für die Übermittlung an (externe) Dritte bezieht.[495]

1. Weitergabe anvertrauter Daten gem. § 65 Abs. 1 Satz 1 Nr. 1 SGB VIII

Gem. § 65 Abs. 1 Satz 1 Nr. 1 SGB VIII ist eine Weitergabe anvertrauter Daten mit der Einwilligung dessen, der die Daten anvertraut hat, zulässig. Diese Einwilligung ist von der in § 67b Abs. 2 SGB X geregelten Einwilligung des Betroffenen zu unterscheiden.

Fallbeispiel:

Erzählt die Mutter eines Kindes dem Mitarbeitenden des Jugendamtes in einem vertraulichen Gespräch zum Zweck der Leistung einer Hilfe gem. § 27 SGB VIII i.V.m. § 31 SGB VIII, dass ihr neuer Lebensgefährte ihre Tochter sexuell belästigt hat, sind Betroffene i.S.d. § 67b Abs. 2 SGB X der Lebensgefährte und die Tochter. Diese müssten die ***„Betroffeneneinwilligung"*** *erteilen. Die* ***„Anvertrauendeneinwilligung"***

494 Änderung durch Art. 129 2. DSAnpUG-EU mit Wirkung vom 26.11.2019.
495 BT-Drs. 19/4674, S. 398.

i.S.d. § 65 Abs. 1 Satz 1 Nr. 1 SGB VIII muss hingegen durch die Mutter ausgesprochen werden, da sie die Daten anvertraut.

Nach ganz überwiegender Auffassung sind auch bei der Einwilligung des Anvertrauenden die Anforderungen der EU-DSGVO an eine wirksame Einwilligung zu beachten.[496]

Auch bei der Einwilligung i.S.d. § 65 Abs. 1 Satz 1 Nr. 1 SGB VIII ist daher insbesondere der Grundsatz der Freiwilligkeit (Art. 4 Nr. 11 DSGV) zu beachten: Eine Einwilligung ist dann freiwillig, wenn die betroffene Person

> „eine echte freie Wahl hat und somit in der Lage ist, die Einwilligung zu verweigern oder zurückzuziehen, ohne Nachteile zu erleiden" (Erwägungsgrund 42, letzter Satz).

Arbeiten Behörden mit Einwilligungen als Rechtsgrundlage für ihre Datenverarbeitung, ist das Merkmal der **Freiwilligkeit** besonders sorgfältig zu prüfen. Denn im Verhältnis Behörde – Bürger liegt ein strukturelles Ungleichgewicht vor, welches die Freiwilligkeit einer Willensbekundung des Bürgers grundsätzlich in Frage stellt (Erwägungsgrund 43).

Diese Vorgabe ist insbesondere bei Wahrnehmung des Schutzauftrags zu beachten. Schnell wird sich der Bürger in einer Situation wiederfinden, in welcher er sich gezwungen sieht, eine Einwilligung zu erteilen, um weitere Schritte des Trägers der freien Jugendhilfe (insbesondere die Information des Jugendamtes) oder des Jugendamtes (insbesondere die Anrufung des Familiengerichts) zu verhindern. Eine echte freie Wahl haben die Betroffenen dann nicht.

2. Datenweitergabe gem. § 65 Abs. 1 Satz 1 Nr. 2 SGB VIII im Zusammenhang mit einem familiengerichtlichen Verfahren

Nach § 65 Abs. 1 Satz 1 Nr. 2 SGB VIII dürfen anvertraute Daten dem Familiengericht zur Erfüllung der Aufgaben nach § 8a Abs. 2 SGB VIII weitergegeben werden, wenn angesichts einer Gefährdung des Wohls eines Kindes oder eines Jugendlichen ohne diese Mitteilung eine für die Gewährung von Leistungen notwendige gerichtliche Entscheidung nicht ermöglicht werden könnte.

Eine Weitergabe der anvertrauten Daten ist damit selbst bei Vorliegen einer Kindeswohlgefährdung und einem anhängigen familiengerichtlichen Verfahren nach § 1666 BGB nicht immer möglich. Nach dem Gesetzeswortlaut muss ohne die Mitteilung „eine für die Gewährung von Leistungen notwendige gerichtliche Entscheidung" nicht möglich sein.

Dies setzt nach dem Wortlaut zum einen voraus, dass ohne die Mitteilung des anvertrauten Datums eine gerichtliche Entscheidung nicht möglich wäre. Zum anderen setzt es nach dem Wortlaut voraus, dass erst durch die gerichtliche Entscheidung eine notwendige Leistung des Jugendamtes möglich wird.[497]

Anknüpfend an diesen Gesetzeswortlaut wird daher in der Literatur die Auffassung vertreten, dass es für die Datenweitergabe nach § 65 Abs. 1 Satz 1 Nr. 2 SGB VIII erforderlich sei,

496 S. hierzu auch Hoffmann in Münder/Meysen/Trenczek, FK-SGB VIII, § 65 Rn. 27; Kirchhoff in Schlegel/Voelzke, jurisPK-SGB VIII, § 65 Rn. 31.

497 S. hierzu Kunkel in Kunkel/Kepert/Pattar, LPK-SGB VIII, § 65 Rn. 16.

dass das Jugendamt eine konkrete, die Kindeswohlgefährdung abwehrende Leistung der Kinder- und Jugendhilfe vorgesehen hat, die aber nicht ohne eine familiengerichtliche Entscheidung gewährt werden kann.[498]

Eine solche Auslegung aber würde zu dem Ergebnis führen, dass trotz Vorliegens einer Kindeswohlgefährdung und Notwendigkeit der Weitergabe des anvertrauten Datums für den Erlass einer Entscheidung nach § 1666 BGB eine Datenübermittlung nicht erfolgen könnte, wenn eine solche konkrete Leistungserbringung nicht vom Jugendamt vorgesehen ist.

Nach hier vertretener Auffassung ist daher § 65 Abs. 1 Satz 1 Nr. 2 SGB VIII entgegen dem unmittelbaren Wortlaut („eine für die Gewährung von Leistungen notwendige gerichtliche Entscheidung") so auszulegen, dass bei Vorliegen einer Kindeswohlgefährdung eine Datenübermittlung an das Familiengericht immer dann möglich ist, wenn einzig mit einer Übermittlung des anvertrauten Datums eine familiengerichtliche Entscheidung nach § 1666 BGB zur Abwehr einer Kindeswohlgefährdung ermöglicht werden könnte.

Auf die vom Jugendamt ins Auge gefasste Maßnahme und den Inhalt der Entscheidung, also die nach § 1666 Abs. 3 Nr. 1 bis 6 BGB gewählte Maßnahme, kann es hingegen nicht ankommen. Eine Übermittlung ist daher auch möglich, wenn hiermit die Entziehung der Personensorge nach § 1666 Abs. 3 Nr. 6 BGB ermöglicht werden kann.

Allerdings muss die Weitergabe des anvertrauten Datums zwingend notwendig sein, um die gerichtliche Entscheidung treffen zu können.[499]

3. Datenweitergabe bei Anhaltspunkten für eine Kindeswohlgefährdung und Zuständigkeitswechsel, § 65 Abs. 1 Satz 1 Nr. 3 SGB VIII

Gem. § 65 Abs. 1 Satz 1 Nr. 3 SGB VIII ist eine Datenweitergabe an den Mitarbeiter zulässig, der auf Grund eines Wechsels der Fallzuständigkeit im Jugendamt oder eines Wechsels der örtlichen Zuständigkeit für die Gewährung oder Erbringung der Leistung verantwortlich ist, wenn

- Anhaltspunkte für eine Gefährdung des Kindeswohls gegeben sind und
- die Daten für eine Abschätzung des Gefährdungsrisikos notwendig sind.

Bei strenger Wortlautauslegung ist auch hier der Anwendungsbereich eng begrenzt. Es muss zunächst ein Wechsel bei der Zuständigkeit für die Leistungserbringung gegeben sein. Damit wird der Fall eines Wechsels bei Erbringung einer anderen Aufgabe, insbesondere bei § 8a SGB VIII und § 42 SGB VIII, nicht erfasst.

Ferner wird die Notwendigkeit der Datenübermittlung auf den Prozess der „Abschätzung des Gefährdungsrisikos" begrenzt. Daher wird in der Literatur angenommen, dass § 65 Abs. 1 Satz 1 Nr. 3 SGB VIII zumindest bei einem Fallwechsel im Zuge der Durchführung einer anderen Aufgabe i.S.d. § 2 Abs. 3 SGB VIII (insbesondere der Inobhutnahme nach § 42 SGB VIII) analog anzuwenden sei.[500]

498 Kirchhoff in Schlegel/Voelzke, jurisPK-SGB VIII, § 65 Rn. 33.

499 So auch Hoffmann in Münder/Meysen/Trenczek, FK-SGB VIII, § 65 Rn. 30. S. hierzu Kunkel in Kunkel/Kepert/Pattar, LPK-SGB VIII, § 65 Rn. 16.

500 Kunkel in Kunkel/Kepert/Pattar, LPK-SGB VIII, § 65 Rn. 18; Hoffmann in Münder/Meysen/Trenczek, FK-SGB VIII, § 65 Rn. 32.

4. Datenweitergabe gem. § 65 Abs. 1 Satz 1 Nr. 4 SGB VIII an Fachkräfte zur Abschätzung des Gefährdungsrisikos

Nach § 65 Abs. 1 Satz 1 Nr. 4 SGB VIII ist eine Datenweitergabe an die Fachkräfte, die zum Zwecke der Abschätzung des Gefährdungsrisikos nach § 8a SGB VIII hinzugezogen werden, zulässig.

Allerdings sind die Daten vor einer Datenweitergabe zu anonymisieren oder zu pseudonymisieren, soweit die Aufgabenerfüllung dies zulässt.

Aus der Bezugnahme auf § 8a SGB VIII ist zu schließen, dass wohl nur die Datenweitergabe an solche Fachkräfte erfasst ist, die nach § 8a Abs. 4 Satz 1 SGB VIII vom Träger der freien Jugendhilfe hinzugezogen werden müssen.[501]

Praxistipp:

▶ *Für die Abschätzung des Gefährdungsrisikos ist es i.d.R. tatsächlich ausreichend, dass hinzugezogene Fachkräfte anonymisierte oder pseudonymisierte Daten erhalten.*

5. Zulässigkeit nach § 65 Abs. 1 Satz 1 Nr. 5 SGB VIII

Nach § 65 Abs. 1 Satz 1 Nr. 5 SGB VIII ist eine Datenweitergabe unter den Voraussetzungen zulässig, unter denen eine der in § 203 Absatz 1 oder 4 StGB genannten Personen dazu befugt wäre.[502]

Eine Datenweitergabe ist im Sinne des § 203 StGB zunächst erlaubt, wenn eine Rechtsnorm die Weitergabe der Daten erlaubt. Für die Wahrnehmung des Schutzauftrags ist in diesem Zusammenhang insbesondere § 4 Abs. 2 und 3 KKG relevant.

Eine Datenweitergabe ist zudem zulässig, wenn gesetzliche Mitteilungspflichten hinsichtlich bestimmter geplanter Straftaten im jeweiligen Einzelfall einschlägig sind, insbesondere gem. § 71 Abs. 1 Nr. 1 SGB X i.V.m. § 138 StGB.

Ferner ist eine Datenweitergabe bei Vorliegen der hohen Voraussetzungen des rechtfertigenden Notstandes gem. § 34 StGB zulässig.[503] Ein rechtfertigender Notstand kann bei Wahrnehmung des Schutzauftrags dann einschlägig sein, wenn insbesondere eine nicht anders abwendbare Gefahr für Leben, Leib oder Freiheit eines Kindes besteht. Dabei muss die Gefahr gegenwärtig sein und nicht anders abwendbar i.S.v. erforderlich sein.[504]

Eine solche Gegebenheit wird man bei Wahrnehmung des Schutzauftrags aber nur ausnahmsweise in sehr zugespitzten Situationen annehmen können. Zusätzlich zu dem Vorlie-

501 S. hierzu Kunkel in Kunkel/Kepert/Pattar, LPK-SGB VIII, § 65 Rn. 19. Anders: Hoffmann in Münder/Meysen/Trenczek, FK-SGB VIII, § 65 Rn. 34 und Kirchhoff in Schlegel/Voelzke, jurisPK-SGB VIII, § 65 Rn. 36: Weitergabe an Fachkräfte nach § 8a Abs. 1 SGB VIII.

502 Näher hierzu Kunkel/Rosteck/Vetter, StV 2017, 829.

503 Diesbezüglich ist allerdings zu beachten, dass Rechtsgüter verschiedener Personen betroffen sein müssen, s. hierzu BGH, Urt. v. 25.6.2010, 2 StR 454/09, juris Rn. 20 sowie Hoffmann in Münder/Meysen/Trenczek, FK-SGB VIII, § 65 Rn. 38. S. hierzu auch Frister/Olzen, Rechtsgutachten zum kinderärztlichen Austausch patientenbezogener Informationen beim Verdacht einer Kindeswohlgefährdung, S. 30.

504 S. hierzu Perron in Schönke/Schröder, StGB, § 34 Rn. 18.

gen einer aktuell andauernden Gefahr für Leben, Leib oder Freiheit eines Kindes muss die Übermittlung des anvertrauten Datums die einzig wirksame Möglichkeit sein, um die Gefährdungslage abzuwehren.

Praxistipp:

Eine Weitergabe anvertrauter Daten gem. § 65 SGB VIII innerhalb des Jugendamtes oder Trägers der freien Jugendhilfe und eine Weitergabe an Dritte (z.B. vom Jugendamt an den Träger der freien Jugendhilfe oder das Familiengericht) ist nur bei Vorliegen enger Voraussetzungen möglich.

Da die Tatbestände nach § 65 Abs. 1 Satz 1 Nr. 2 bis 5 SGB VIII nur im Ausnahmefall gegeben sind, empfiehlt es sich, den Anvertrauenden um eine Einwilligung zur Datenweitergabe an eine bestimmte Stelle für einen bestimmten Zweck zu bitten. Nach Möglichkeit sollte eine solche Einwilligung schon im Zuge des Anvertrauens eines Sozialdatums erteilt werden. Dann ist die Datenweitergabe gem. § 65 Abs. 1 Satz 1 Nr. 1 SGB VIII zulässig.

F. Rechtsgrundlagen für die Weitergabe von Informationen zwischen den für den Kinderschutz verantwortlichen Behörden, Stellen und Institutionen

Bei der Weitergabe von Informationen handelt es sich um eine Datenübermittlung oder eine Datennutzung.

Bei dieser Datenübermittlung oder Datennutzung ist zwingend zwischen **Sozialdaten** i.S.d. § 64 SGB VIII und **anvertrauten Sozialdaten** gem. § 65 SGB VIII zu differenzieren. Die nachstehenden Ausführungen beziehen sich ausschließlich auf die Übermittlung und Nutzung von Sozialdaten i.S.d. § 64 SGB VIII. Für eine Übermittlung anvertrauter Sozialdaten müssen zusätzlich die vorstehend skizzierten hohen Hürden des § 65 Abs. 1 Satz 1 SGB VIII genommen werden.

Die wichtigste Rechtsgrundlage für die Datenübermittlung durch die öffentliche und freie Jugendhilfe bei Wahrnehmung des Schutzauftrags stellt **§ 69 Abs. 1 Nr. 1 SGB X** dar. Gem. § 69 Abs. 1 Nr. 1 Alt. 2 SGB X ist eine Datenübermittlung zulässig, wenn sie für die Aufgabenerfüllung der übermittelnden Stelle erforderlich ist. § 69 Abs. 1 Nr. 1 Alt. 3 SGB X ist einschlägig, wenn die Datenübermittlung für die Aufgabenerfüllung der die Daten empfangenden Stelle erforderlich ist, sofern es sich bei dieser Stelle um einen Sozialleistungsträger handelt.

Bei der Datenübermittlung nach § 69 SGB X ist aber immer auch **§ 64 Abs. 2 SGB VIII** zu berücksichtigen. Danach ist eine Datenübermittlung nach § 69 SGB X nur zulässig, soweit dadurch der Erfolg einer zu gewährenden Leistung nicht in Frage gestellt wird.

I. Datenverarbeitung innerhalb der öffentlichen oder freien Jugendhilfe sowie innerhalb der Sozialverwaltung

1. Datenverarbeitung innerhalb eines Trägers der öffentlichen oder freien Jugendhilfe

Sofern man das Jugendamt oder den Träger der freien Jugendhilfe als eine Organisationseinheit ansieht, handelt es sich bei der Datenweitergabe innerhalb des jeweiligen Trägers bei Vollzug des SGB VIII „nur“ um eine Datennutzung. Diese ist gem. § 67c Abs. 1 Satz 1 SGB X zulässig, wenn die Sozialdaten für die Zwecke genutzt werden, für die sie erhoben worden sind.

Auch bei einer Zweckänderung dürfen die Daten nach § 67c Abs. 2 Nr. 1 SGB X weitergegeben werden, wenn die Daten für die Erfüllung von Aufgaben nach anderen Rechtsvorschriften dieses Gesetzbuches als diejenigen, für die sie erhoben wurden, erforderlich sind.

Eine Datenweitergabe ist ebenso zulässig, wenn man der Auffassung zuneigt, dass es innerhalb des Jugendamtes oder des Trägers der freien Jugendhilfe mehrere Organisationseinheiten gibt. Dann stellt die Datenweitergabe eine Datenübermittlung dar, welche nach § 69 Abs. 1 Nr. 1 Alt. 1 SGB X bei einer Zweckidentität, nach § 69 Abs. 1 Nr. 1 Alt. 2 SGB X im Falle der Erforderlichkeit für die Aufgabenerfüllung der übermittelnden Stelle oder nach § 69 Abs. 1 Nr. 1 Alt. 3 SGB X im Falle der Erforderlichkeit für die Aufgabenerfüllung des Dritten zulässig ist.

Eine Weitergabe von Sozialdaten i.S.d. § 64 SGB VIII innerhalb eines Trägers der öffentlichen Jugendhilfe ist damit unproblematisch zulässig, wenn die jeweilige Datenweitergabe für die Aufgabenerfüllung erforderlich ist. Es können damit die Sozialdaten weitergegeben werden, die zur Wahrnehmung des Schutzauftrags notwendig sind.

Vergleichbares gilt für eine Datenweitergabe innerhalb des Trägers der freien Jugendhilfe zur Wahrnehmung des Schutzauftrags nach § 8a Abs. 4 SGB VIII i.V.m. der jeweiligen Vereinbarung.

2. Datenübermittlung zwischen verschiedenen Trägern der öffentlichen oder freien Jugendhilfe

Eine Weitergabe von Sozialdaten zwischen verschiedenen Trägern der öffentlichen oder freien Jugendhilfe stellt eine Datenübermittlung dar. Eine solche Datenübermittlung kann nach § 69 Abs. 1 Nr. 1 SGB X unproblematisch zulässig sein.

Nach § 69 Abs. 1 Nr. 1 SGB X ist die Datenübermittlung zulässig, wenn sie für die Erfüllung der Zwecke erforderlich ist, für die die Daten erhoben worden sind (§ 69 Abs. 1 Nr. 1 Alt. 1 SGB X) oder wenn sie für die Erfüllung einer gesetzlichen Aufgabe der übermittelnden Stelle nach diesem Gesetzbuch erforderlich ist (§ 69 Abs. 1 Nr. 1 Alt. 2 SGB X) oder einer solchen Aufgabe des Dritten, an den die Daten übermittelt werden, wenn er eine in § 35 SGB I genannte Stelle ist (§ 69 Abs. 1 Nr. 1 Alt. 3 SGB X).

Danach ist insbesondere eine Übermittlung von Sozialdaten von einem Jugendamt an ein anderes Jugendamt problemlos möglich, wenn die übermittelten Daten zur Erfüllung des Schutzauftrags des übermittelnden Jugendamtes oder des die Daten empfangenden Jugendamtes erforderlich sind. Vergleichbares gilt im Verhältnis verschiedener Träger der freien Jugendhilfe oder im Verhältnis zwischen Trägern der öffentlichen und freien Jugendhilfe, § 69 Abs. 1 Nr. 1 Alt. 2 oder Alt. 3 SGB X i.V.m. § 8a Abs. 4 SGB VIII.

Insbesondere ist auch eine Datenübermittlung durch den Träger der freien Jugendhilfe an das Jugendamt zulässig, um die Aufgabe nach § 8a Abs. 4 Satz 2 HS 2 SGB VIII i.V.m. der jeweiligen Vereinbarung zu erfüllen. Allerdings ist diesbezüglich zu berücksichtigen, dass § 8a Abs. 4 SGB VIII eine Information des Jugendamtes durch den Leistungserbringer nur dann vorsieht, wenn die Gefährdungslage nicht anders abgewendet werden kann. Nur dann ist auch datenschutzrechtlich eine Datenübermittlung durch den Leistungserbringer an das Jugendamt zulässig.

Nur wenn eine Kindeswohlgefährdung einzig durch eine Information des Jugendamtes abwendbar ist, liegen die Tatbestandsvoraussetzungen für eine Datenübermittlung nach § 69 Abs. 1 Nr. 1 Alt. 2 und 3 SGB X i.V.m. § 8a Abs. 4 Satz 2 SGB VIII an das Jugendamt vor.[505] Andernfalls liegt eine nicht erforderliche und damit datenschutzrechtlich unzulässige Datenübermittlung vor.

3. Datenübermittlung innerhalb der Sozialverwaltung

Nach § 69 Abs. 1 Nr. 1 Alt. 2 oder Alt. 3 SGB X ist auch eine Übermittlung sonstiger Daten i.S.d. § 64 SGB VIII innerhalb der Sozialverwaltung, beispielsweise vom Jugendamt an das Sozialamt, problemlos möglich, soweit die Datenübermittlung zur Aufgabenerfüllung des Jugendamtes (§ 69 Abs. 1 Nr. 1 Alt. 2 SGB X) oder des anderen Sozialleistungsträgers (§ 69 Abs. 1 Nr. 1 Alt. 3 SGB X) erforderlich ist.

II. Datenübermittlung zwischen öffentlicher/freier Jugendhilfe und Familiengericht

Eine Datenweitergabe im Verhältnis zwischen öffentlicher oder freier Jugendhilfe und Familiengericht stellt eine Datenübermittlung dar.

Träger der öffentlichen oder freien Jugendhilfe ist zu einer Übermittlung von Sozialdaten i.S.d. § 64 SGB VIII befugt, wenn die Datenübermittlung zur Erfüllung seiner Aufgaben erforderlich ist (§ 69 Abs. 1 Nr. 1 Alt. 2 SGB X). Eine Datenübermittlung nach § 69 Abs. 1 Nr. 1 Alt. 3 SGB X scheidet in diesem Rechtsverhältnis aus, da das Familiengericht kein Sozialleistungsträger i.S.d. § 35 SGB I ist.

1. Datenübermittlung vom Träger der freien Jugendhilfe an das Familiengericht

Eine Datenübermittlung vom Träger der freien Jugendhilfe an das Familiengericht kann – bei Fehlen einer Einwilligung des Betroffenen – grundsätzlich nur auf Basis der Rechtsgrundlage nach § 69 Abs. 1 Nr. 1 Alt. 2 SGB X in Betracht kommen.

Hierfür müsste die Datenübermittlung zur Erfüllung einer Aufgabe des Trägers der freien Jugendhilfe erforderlich sein. § 8a Abs. 4 Satz 3 HS 2 SGB VIII sieht allerdings nur eine Infor-

505 S. hierzu auch Meysen in Münder/Meysen/Trenczek, FK-SGB VIII, § 8a Rn. 74.

mation des Jugendamtes und nicht des Familiengerichts durch den Träger der freien Jugendhilfe vor. Eine Erforderlichkeit der Datenübermittlung an das Familiengericht durch den Träger der freien Jugendhilfe ist daher de lege lata nach hiesiger Auffassung nicht zu begründen.

Zur Aufgabenerfüllung des Trägers der freien Jugendhilfe kann es nur erforderlich sein, im Zusammenhang mit einer Kindeswohlgefährdung Daten an das Jugendamt zu übermitteln (§ 69 Abs. 1 Nr. 1 Alt. 2 SGB X i.V.m. § 8a Abs. 4 Satz 3 HS 2 SGB VIII). Vom Jugendamt ist dann wiederum eine Datenübermittlung an das Familiengericht möglich (§ 69 Abs. 1 Nr. 1 Alt. 2 SGB X i.V.m. § 8a Abs. 2 Satz 1 SGB VIII, § 50 SGB VIII).

Praxistipp:

▶ *Eine Direktübermittlung vom Träger der freien Jugendhilfe an das Familiengericht ist also nach geltender Rechtslage ohne Einwilligung des Betroffenen nicht möglich.*

2. Datenübermittlung vom Jugendamt an das Familiengericht

Eine Datenübermittlung vom Jugendamt an das Familiengericht kann gem. § 69 Abs. 1 Nr. 1 Alt. 2 SGB X zulässig sein. Dies hängt davon ab, ob die Datenübermittlung für die Erfüllung der Aufgabe des Jugendamtes erforderlich ist.

Nach § 8a Abs. 2 Satz 1 HS 1 SGB VIII ist das Jugendamt bei einer festgestellten Kindeswohlgefährdung verpflichtet, das Familiengericht anzurufen, wenn es die Anrufung für erforderlich hält.[506] Eine Verpflichtung zur Anrufung besteht nach § 8a Abs. 2 Satz 1 HS 2 SGB VIII auch dann, wenn die Erziehungsberechtigten nicht bereit oder in der Lage sind, bei der Abschätzung des Gefährdungsrisikos mitzuwirken.

Vergleichbare Pflichten entstehen bei Durchführung einer **Inobhutnahme** nach § 42 SGB VIII und Widerspruch der Personensorge- oder Erziehungsberechtigten gegen die Inobhutnahme, § 42 Abs. 3 Satz 2 Nr. 2 SGB VIII. Erfolgt auf Basis dieser gesetzlichen Vorgaben eine Anrufung des Familiengerichts, besteht gem. § 50 SGB VIII eine Mitwirkungspflicht des Jugendamtes.[507]

Nach § 50 Abs. 2 Satz 1 SGB VIII hat das Jugendamt das Familiengericht insbesondere über **angebotene und erbrachte Leistungen** zu unterrichten. Ferner hat es erzieherische und soziale Gesichtspunkte zur Entwicklung des Kindes oder des Jugendlichen einzubringen und auf weitere Möglichkeiten der Hilfe hinzuweisen.

Infolge der Rechtsänderung durch Art. 1 des KJSG mit Wirkung vom 10. Juni 2021 besteht nach § 50 Abs. 2 S. 2 SGB VIII nun auch in bestimmten familienrechtlichen Verfahren (insbesondere nach § 1666 BGB) die Verpflichtung des Jugendamtes zur Vorlage von eingeschränkten Teilen des jugendhilferechtlichen Hilfeplans. Mit dem Gesetzesentwurf der Bundesregierung zum Kinder- und Jugendstärkungsgesetz war mit § 50 Abs. 2 SGB VIII zunächst vorgesehen, dass das Jugendamt „dem Familiengericht den Hilfeplan nach § 36

506 Ausführlich hierzu Kepert, ZFSH/SGB 2015, 313.
507 S. hierzu auch BT-Drs. 11/5948, S. 86 f.

Abs. 2 S. 2 SGB VIII" vorlegt.[508] Mit der Gesetzesbegründung wurde hierzu Folgendes ausgeführt:

> „Der Hilfeplan gibt als Ergebnisdokument des fachlichen Steuerungsprozesses bei Hilfen zur Erziehung qualifiziert Auskunft über die Lebens- und Erziehungssituation des Kindes oder Jugendlichen, begründet Fehlentwicklungen, zählt geleistete Hilfen auf und gibt Auskunft über die im Einzelfall durchgeführten Hilfearten sowie deren Erfolg. Bei Hilfen außerhalb der eigenen Familie benennt der Hilfeplan die Gründe dafür, weshalb Hilfen innerhalb der Herkunftsfamilie nicht in Betracht zu ziehen sind, er beschreibt die Verteilung der Aufgaben zwischen Eltern und Beteiligten, sozialen Diensten, Einrichtungen bzw. Einzelpersonen und klärt auch über mögliche Folgen des Scheiterns der Hilfe auf. Er klärt weiter über mögliche Folgen eines Scheiterns der Hilfe auf. Schließlich beinhaltet der Hilfeplan auch Informationen über getroffene Absprachen und Vereinbarungen von Informations- und Handlungspflichten zur Abwehr einer Kindeswohlgefährdung. Diese Informationen können auch dem Familiengericht zur Erweiterung seiner Erkenntnisgrundlage dienen. Die Vorlage des Hilfeplans in familiengerichtlichen Verfahren ist daher geboten."[509]

Gegen diese unbeschränkte Pflicht zur Vorlage des Hilfeplans gab es im Gesetzgebungsverfahren erheblichen Widerstand. Es wurde insbesondere vorgetragen, dass mit der Vorlage des gesamten Hilfeplans das Vertrauensverhältnis zur jeweiligen Familie untergraben und in der Folge eine weitere Leistungserbringung gefährdet werden könnte.[510] Auf diese Kritik hin wurde die Regelung kurz vor Abschluss des Gesetzgebungsverfahrens wie folgt neu gefasst:

> „In Verfahren nach (…) legt das Jugendamt dem Familiengericht den Hilfeplan nach § 36 Absatz 2 Satz 2 vor. Dieses Dokument beinhaltet ausschließlich das Ergebnis der Bedarfsfeststellung, die vereinbarte Art der Hilfegewährung einschließlich der hiervon umfassten Leistungen sowie das Ergebnis etwaiger Überprüfungen dieser Feststellungen."[511]

Damit ist in den Sätzen 2 und 3 des § 50 Abs. 2 SGB VIII sich Widersprechendes normiert worden. Während Satz 2 das Jugendamt verpflichtet, „den Hilfeplan" vorzulegen, ordnet Satz 3 nur noch die Vorlage von Teilen des Hilfeplans[512] an.

Hinsichtlich dieser – nach hiesiger Auffassung missglückten – Neuregelung ist zu berücksichtigen, dass Hilfepläne in der Praxis gelegentlich an „datenschutzrechtlicher Hypertrophie" leiden. Grundsätzlich dürfen nur die für die Aufstellung des Hilfeplans erforderlichen Daten erhoben und gespeichert werden. Dies sind:

- Feststellung des erzieherischen Bedarfs,
- Feststellung der geeigneten und notwendigen Hilfeart,
- Benennung der Leistungen und deren Erbringer,
- Zeitpunkt der Überprüfung des Hilfebedarfs.

508 BT-Drs. 19/26107, S. 26.
509 BT-Drs. 19/26107, S. 104.
510 S. hierzu Wapler in Wiesner/Wapler, SGB VIII, § 50 Rn. 54a f.
511 BT-Drs. 19/28870, S. 45.
512 S. hierzu BT-Drs. 19/28870, S. 96 und Wapler in Wiesner/Wapler, SGB VIII, § 50 Rn. 54a f.

Für stationäre Hilfen wird der gesetzliche Inhalt des Hilfeplans mit § 37c SGB VIII ergänzt. Darüber hinausgehende Daten dürfen nur mit Einwilligung des Betroffenen im Hilfeplan festgehalten werden.

Unabhängig von der Pflicht zur Vorlage von Teilen des Hilfeplans ist bei Vorliegen einer Kindeswohlgefährdung und Anrufung des Familiengerichts nach § 8a Abs. 2 Satz 1 HS 1 SGB VIII eine Übermittlung aller Sozialdaten i.S.d. § 64 SGB VIII, die für das Vorliegen der Kindeswohlgefährdung sprechen, zur Aufgabenerfüllung des Jugendamtes grundsätzlich erforderlich.

Dies gilt auch für die Daten, welche zur Beurteilung des Vorliegens der Subsidiaritätsklausel nach § 1666 Abs. 1 BGB notwendig sind. Schließlich besteht auch eine Erforderlichkeit für die Aufgabenerfüllung des Jugendamtes hinsichtlich der Sozialdaten, die dem Familiengericht eine Prüfung des Auswahlermessens nach § 1666 Abs. 3 BGB und des die Ermessensentscheidung begrenzenden Verhältnismäßigkeitsgrundsatzes ermöglichen.[513] Eine Übermittlung dieser Daten ist daher grundsätzlich nach § 69 Abs. 1 Nr. 1 Alt. 2 SGB X i.V.m. § 8a SGB VIII zulässig.

Etwas anderes kann allerdings aus § 64 Abs. 2 SGB VIII folgen. Danach ist eine Übermittlung von Sozialdaten für die Erfüllung von Aufgaben nach § 69 SGB X auch bei einer festgestellten Kindeswohlgefährdung nur zulässig, soweit dadurch der Erfolg einer zu gewährenden Leistung nicht in Frage gestellt wird.

Damit kann es de lege lata für das Jugendamt im Einzelfall unzulässig sein, dem Familiengericht bei Vorliegen einer Kindeswohlgefährdung erforderliche personenbezogene Daten zu übermitteln. Dies kann eine sachgerechte Entscheidung des Familiengerichts im Verfahren nach § 1666 BGB erschweren.

Praxistipp:

▶ *Bei einer Datenübermittlung nach § 69 Abs. 1 SGB X ist immer § 64 Abs. 2 SGB VIII zu prüfen. Insbesondere einer Datenübermittlung durch das Jugendamt an das Familiengericht gem. § 69 Abs. 1 Nr. 1 Alt. 2 SGB X kann § 64 Abs. 2 SGB VIII entgegenstehen. Dies ist der Fall, wenn durch die Datenübermittlung der Erfolg einer zu gewährenden Leistung in Frage gestellt wird.*

3. Datenübermittlung vom Familiengericht an das Jugendamt

Gem. § 1 Abs. 1 Nr. 2 b BDSG gilt das BDSG auch für die Gerichte. Da aber das EGGVG[514] ebenfalls Datenschutzvorschriften enthält, sind diese vorrangig (§ 1 Abs. 2 BDSG).

§§ 12 ff. EGGVG regeln die Übermittlung personenbezogener Daten von Amts wegen durch Gerichte der ordentlichen Gerichtsbarkeit einschließlich der freiwilligen Gerichtsbarkeit und Staatsanwaltschaften an öffentliche Stellen des Bundes oder eines Landes für an-

513 Ausführlich zum Verhältnismäßigkeitsgrundsatz im Verfahren nach § 1666 BGB Kepert in Kepert/Kunkel, Handbuch Jugendhilferecht, S. 196 ff.

514 Einführungsgesetz zum Gerichtsverfassungsgesetz in der im Bundesgesetzblatt Teil III, Gliederungsnummer 300-1, veröffentlichten bereinigten Fassung, zuletzt geändert durch Art. 5 Abs. 1 des Gesetzes vom 8. Oktober 2017 (BGBl. I S. 3546).

dere Zwecke als die des Verfahrens, für das die Daten erhoben worden sind (§ 12 Abs. 1 Satz 1 EGGVG). Mit diesen Normen werden die in Straf- und Zivilsachen von Amts wegen zu erfolgenden Datenübermittlungen an öffentliche Stellen des Bundes und der Länder geregelt.[515] Es geht hier also um Übermittlungen, die kein Ersuchen der empfangenden Stelle voraussetzen.[516]

Allerdings werden mit den §§ 12 ff. EGGVG nur **Übermittlungsbefugnisse** und keine Übermittlungspflichten normiert.[517] Es besteht daher ein Übermittlungsermessen der Staatsanwaltschaft oder des Gerichts. Es hat eine eigenverantwortliche Entscheidung über die Ermittlung zu erfolgen (§ 12 Abs. 4 EGGVG). Sind die Übermittlungsvoraussetzungen allerdings nach §§ 12 ff. EGGVG zu bejahen, wird die Übermittlung regelmäßig im öffentlichen Interesse liegen. Diese Wertung des Gesetzgebers bindet regelmäßig das Übermittlungsermessen hinsichtlich einer Übermittlung.[518]

Als ermächtigt zur Datenübermittlung ist der jeweilige sachbearbeitende Staatsanwalt oder der zuständige Richter anzusehen.[519] **Adressat** der Datenübermittlung sind insbesondere Einrichtungen des Bundes, der Länder und der Gemeinden.[520] Damit ist auch der örtliche Träger der öffentlichen Jugendhilfe, also das jeweilige Jugendamt, tauglicher Adressat von Mitteilungen nach §§ 12 ff. EGGVG.

Eine Übermittlung durch das Familiengericht an das Jugendamt ist nach § 13 Abs. 1 Nr. 2 EGGVG mit Einwilligung des Betroffenen oder insbesondere nach § 13 Abs. 2 EGGVG i.V.m. § 17 Nr. 5 EGGVG möglich. Nach § 13 Abs. 2 EGGVG ist eine Datenübermittlung zulässig, wenn ein Tatbestand nach §§ 14 bis 17 EGGVG im Einzelfall einschlägig ist und soweit nicht für die übermittelnde Stelle offensichtlich ist, dass schutzwürdige Interessen des Betroffenen an dem Ausschluss der Übermittlung überwiegen.[521]

Zentrale Rechtsgrundlage für eine **Datenübermittlung im Bereich des präventiven Kinderschutzes** ist § 17 Nr. 5 EGGVG. Diese Rechtsgrundlage wurde mit Wirkung vom 10. Juni 2021 neu gefasst. Nach neuer Rechtslage ist eine Datenübermittlung bereits zulässig, wenn das jeweilige Datum zur Prüfung gewichtiger Anhaltspunkte für die Gefährdung des Wohls eines Kindes aus Sicht der übermittelnden Stelle erforderlich ist. Bis 9. Juni 2021 war es für eine Datenübermittlung tatbestandlich erforderlich, dass die Kenntnis der Daten aus Sicht der übermittelnden Stelle „zur Abwehr einer erheblichen Gefährdung Minderjähriger" erforderlich ist. Damit musste vor einer Datenübermittlung bereits das Vorliegen einer Kindeswohlgefährdung angenommen werden.

Diese extrem hohe Schwelle für eine Datenübermittlung führte zu einer erheblichen Einschränkung der Datenübermittlungsbefugnis. Insbesondere ist zu berücksichtigen, dass bereits ein einmaliger Vorfall für die Annahme einer Kindeswohlgefährdung sprechen kann. Ebenso kann sich aber auch aus der Summierung mehrerer jeweils für sich gesehen

515 BT-Drs. 13/4709, S. 16.
516 S. hierzu Kissel/Mayer, GVG, § 12 EGGVG Rn. 18.
517 S. hierzu Kissel/Mayer, GVG, § 12 EGGVG Rn. 19.
518 S. hierzu Kissel/Mayer, GVG, § 12 EGGVG Rn. 20.
519 S. hierzu Kissel/Mayer, GVG, § 12 EGGVG Rn. 13.
520 BT-Drs. 13/4709, S. 20.
521 S. hierzu Kissel/Mayer, GVG, § 12 EGGVG Rn. 23.

geringfügiger Ereignisse die Annahme einer Gefahr gebieten. Ein solcher Einzelumstand war aber nach alter Rechtslage i.d.R. nicht übermittlungsfähig.

Praxistipp:

Da im Einzelfall erst aus einer Gesamtschau verschiedenster Daten die Schlussfolgerung einer Kindeswohlgefährdung möglich werden kann, ist es von besonderer Bedeutung für eine wirksame Aufgabenwahrnehmung im Kinderschutz, dass alle Einzelfallumstände zusammengeführt werden.

Aktuell wird auch auf dieses Erfordernis mit dem Zwischenbericht des „Untersuchungsausschusses Lügde" wie folgt eingegangen:

> „Sollte eine andere Fachkraft bei Abwesenheit der fallführenden Fachkraft die Meldung entgegennehmen und bearbeiten, muss sichergestellt werden, dass die fallführende Fachkraft in der Folge zeitnah und ausreichend informiert wird. Auch Übertragungsphänomene (wie sogenannte ‚Bauchgefühle'), noch nicht verifizierbare Wahrnehmungen und subjektive Einschätzungen sollten kommuniziert und bei Gefährdungseinschätzungen beraten werden, um sie professionell nutzen zu können. In der Gefährdungseinschätzung geht es darum, alle tatsächlichen Erkenntnisse, Vermutungen, Eindrücke und Wahrnehmungen zu besprechen. In der Folge müssen geeignete Maßnahmen ergriffen werden, um Vermutungen zu erhärten oder zu entkräften."[522]

In der Aufarbeitung vieler fehlgeschlagener Kinderschutzverläufe wird immer wieder sichtbar, dass die entscheidungserheblichen Informationen nicht zusammengeführt werden konnten und aus diesem Grund die geschuldeten Maßnahmen zum Schutz des Kindes unterlassen worden sind.

Diese wichtige Erkenntnis, dass alle erforderlichen Daten zusammenzuführen und hierfür entsprechende datenschutzrechtliche Befugnisse dringend erforderlich sind, hat zur Neufassung des § 17 Nr. 5 EGGVG mit Wirkung vom 10. Juni 2021 geführt.[523]

Hinweis:

Nach neuer Rechtslage ist eine Datenübermittlung bereits zulässig, wenn aus Sicht der übermittelnden Stelle das jeweilige Datum zur Prüfung gewichtiger Anhaltspunkte für die Gefährdung des Wohls eines Kindes oder Jugendlichen erforderlich ist.

Sehr prägnant wurde das Erfordernis für diese Gesetzesänderung wie folgt benannt:

> „Tatsachen, die auf den ersten Blick nicht auf eine erhebliche Kindeswohlgefährdung hindeuten, können, wenn sie mit weiteren Informationen – beispielsweise von Schulen, von Bekannten, Verwandten und Nachbarn, von anonymen Hinweisgebern oder den betroffenen Minderjährigen – verknüpft werden, Anlass zum Einschreiten des Jugendamtes geben (Kirchhoff, Datenübermittlung an Jugendämter zur Abwehr von Kindeswohlgefährdungen, NJW

---

522 Zwischenbericht des Parlamentarischen Untersuchungsausschusses IV („Ausschuss Lügde") NRW, LT-Drs. 17/16770, S. 3127 und 3128.

523 G v. 3.6.2021 (BGBl. I, S. 1444).

> 2020, 1993 Rn. 2). Erst dem Jugendamt, das zudem nicht notwendig repressiv, sondern auch mit Beratung und Unterstützung tätig werden kann, ist die notwendige Gesamtbetrachtung möglich, in die alle prüfungsrelevanten Informationen einfließen müssen."[524]

Diesbezüglich ist zu berücksichtigen, dass eine Kindeswohlgefährdung nicht ausschließlich mit der Hilfe einer familiengerichtlichen Entscheidung nach § 1666 BGB abgewendet werden kann.[525] Um eine Kindeswohlgefährdung wirksam abwehren zu können, ist im Anschluss an ein familiengerichtliches Verfahren regelmäßig eine Leistungserbringung durch das Jugendamt erforderlich. Auch kann im Anschluss an eine familiengerichtliche Entscheidung eine weitere Überwachung der familiären Situation nach § 8a SGB VIII geboten sein.[526]

Um diese Aufgaben bestmöglich wahrnehmen zu können, kann es erforderlich sein, dass im familiengerichtlichen Verfahren gewonnene Daten an das Jugendamt übermittelt werden.

Allerdings gibt es für das Familiengericht keine mit der MiStra[527] vergleichbaren Regelungen hinsichtlich der Konkretisierung von Übermittlungspflichten an das Jugendamt. Daher muss zur Begründung von Regelungen, welche einen verpflichtenden Datenaustausch vom Familiengericht an das Jugendamt vorgeben – trotz der vorstehenden Ausführungen zum regelmäßig gebundenen Ermittlungsermessen aufgrund eines öffentlichen Interesses an der Übermittlung – auch auf allgemeine Regelungen zurückgegriffen werden.[528]

Nach § 162 Abs. 2 Satz 1 FamFG[529] muss das Jugendamt in Verfahren nach §§ 1666, 1666a BGB beteiligt werden. Es hat zwingend eine Beteiligtenstellung inne. Damit steht dem Jugendamt ein Recht auf **Einsicht in die Gerichtsakten** (auch in Sachverständigengutachten) zu.

Auf diesem Wege hat daher eine Datenübermittlung vom Familiengericht an das Jugendamt zu erfolgen. Letztendlich folgt zudem aus dem Grundsatz des rechtlichen Gehörs nach Art. 103 Abs. 1 GG, dass das Familiengericht vor einer Entscheidung Tatsachen und Beweisergebnisse dem Jugendamt übermitteln muss.[530]

---

524 BR-Drs. 476/20, S. 3.

525 S. hierzu auch Salgo, ZKJ 2018, 168, 169 f.

526 Hierzu Kepert, ZFSH/SGB 2018, 494, 498.

527 Anordnung über die Mitteilung in Strafsachen in der ab dem 1. Mai 2019 geltenden Fassung vom 1. Februar 2019, im Folgenden: MistRa.

528 S. hierzu z.B. Abschlussbericht, Untersuchung der Kommunikation zwischen den beteiligten Behörden und Gerichten bei Gefährdung des Kindeswohls sowie der Überwachung der Einhaltung von gerichtlichen Ge- und Verboten aus Anlass des „Staufener Missbrauchsfalls".

529 Gesetz über das Verfahren in Familiensachen und in den Angelegenheiten der freiwilligen Gerichtsbarkeit (BGBl. I S. 2586), zuletzt geändert durch Gesetz vom 19.6.2019 (BGBl. I S. 840).

530 Abschlussbericht, Untersuchung der Kommunikation zwischen den beteiligten Behörden und Gerichten bei Gefährdung des Kindeswohls sowie der Überwachung der Einhaltung von gerichtlichen Ge- und Verboten aus Anlass des „Staufener Missbrauchsfalls", S. 19.

III. Datenübermittlung im Verhältnis zwischen Trägern der öffentlichen Jugendhilfe und Schulen

Auch die Schule ist staatlicher Wächter i.S.v. Art. 6 Abs. 2 Satz 2 GG. In einigen Landesschulgesetzen sind daher auch ausdrücklich Regelungen zum Schutzauftrag enthalten. Auch wird die Schule landesrechtlich zur Unterrichtung des Jugendamtes im Zusammenhang mit einer Kindeswohlgefährdung verpflichtet.[531]

Mittels § 81 Nr. 3 SGB VIII wiederum wird die Jugendhilfe zur strukturellen Zusammenarbeit mit der Schule verpflichtet.

Nach § 3 Abs. 2 KKG sollen in „Netzwerkstrukturen im Kinderschutz" insbesondere auch Schulen einbezogen werden. Diese Verpflichtung zur Einbeziehung auch der Schule trifft grundsätzlich nach § 3 Abs. 3 Satz 1 KKG den örtlichen Träger der öffentlichen Jugendhilfe.

Allerdings ist das Jugendamt nicht zum Abschluss von Vereinbarungen nach § 8a Abs. 4 SGB VIII mit der Schule verpflichtet, da die Schule kein „Leistungserbringer" i.S.d. § 8a Abs. 4 SGB VIII ist.

1. Datenübermittlung vom Jugendamt an die Schule

Als Rechtsgrundlage für eine Datenübermittlung vom Jugendamt an die Schule kann § 69 Abs. 1 Nr. 1 Alt. 3 SGB X nicht in Betracht kommen, da die Schule kein Sozialleistungsträger i.S.d. § 35 SGB I ist.

Eine Datenübermittlung scheidet daher grundsätzlich mit dem Argument aus, dass die Daten für die Erfüllung einer Aufgabe der Schule erforderlich sind.

Eine Datenübermittlung kommt aber wiederum nach § 69 Abs. 1 Nr. 1 Alt. 2 SGB X in Betracht, wenn die Datenübermittlung für die Aufgabenerfüllung des Jugendamtes erforderlich ist. Dies kann der Fall sein, wenn das Jugendamt bei Vorliegen von gewichtigen Anhaltspunkten für eine Kindeswohlgefährdung den Sachverhalt nach § 8a Abs. 1 Satz 1 SGB VIII aufzuklären hat.

Nach § 62 Abs. 3 Nr. 2d SGB VIII kann dann eine Datenerhebung bei einem Dritten, also der Schule in Betracht kommen. Hierfür kann es erforderlich sein, dass das Jugendamt mit der Anfrage Daten an die Schule übermittelt.

Auch kann es im Einzelfall nach § 8a Abs. 3 Satz 2 SGB VIII erforderlich sein, der Schule Daten zu übermitteln. Dies ist dann der Fall, wenn Gefahr im Verzug besteht und eine Kindeswohlgefährdung ohne Mitwirkung der Schule nicht abgewendet werden kann.

2. Datenübermittlung von der Schule an das Jugendamt

Für die Verarbeitung personenbezogener Daten durch die Schule gilt das jeweilige Landesdatenschutzgesetz.[532] Nach dem **Landesdatenschutzgesetz** ist eine Datenübermittlung zulässig, wenn sie zur Erfüllung der Aufgaben der übermittelnden oder empfangenden öf-

531 S. z.B. § 85 Abs. 3 und 4 SchG BW.
532 S. z.B. § 115 Abs. 4 SchG BW.

fentlichen Stelle erforderlich ist.[533] Hierüber hinausgehend werden teilweise in den Landesschulgesetzen auch Übermittlungspflichten für den Fall des Vorliegens von gewichtigen Anhaltspunkten für eine Kindeswohlgefährdung normiert.[534]

Diesbezüglich ist zu berücksichtigen, dass auch erhebliche Probleme beim Schulbesuch (schlechte schulische Leistungen, Verhaltensauffälligkeiten gegenüber Lehrenden oder Mitschülern) nach der Rechtsprechung des Bundesverfassungsgerichts eine Kindeswohlgefährdung i.S.d. § 1666 BGB darstellen können.[535]

Ferner haben Lehrerinnen oder Lehrer an öffentlichen und an staatlich anerkannten privaten Schulen eine Befugnis zur Datenübermittlung an das Jugendamt nach § 4 Abs. 2 und 3 KKG.[536]

Nach § 4 Abs. 2 S. 1 KKG haben die genannten Lehrerinnen und Lehrer zur Einschätzung einer Kindeswohlgefährdung gegenüber dem Träger der öffentlichen Jugendhilfe Anspruch auf **Beratung** durch eine insoweit erfahrene Fachkraft. Nach § 4 Abs. 2 Satz 2 KKG sind sie zu diesem Zweck befugt, dieser Person die dafür erforderlichen Daten zu übermitteln. § 4 Abs. 2 Satz 2 KKG beinhaltet damit eine Offenbarungsbefugnis. Mit der Datenweitergabe macht sich der Berufsgeheimnisträger nicht nach § 203 StGB strafbar, da die Datenübermittlung nicht unbefugt ist.[537]

Allerdings sind die Daten nach § 4 Abs. 2 Satz 2 HS 2 KKG für den Zweck der Beratung zu pseudonymisieren.

Soweit ein Hinwirken auf die Personensorgeberechtigten hinsichtlich der Inanspruchnahme einer Hilfe zur Abwendung einer Kindeswohlgefährdung ausscheidet oder erfolglos bleibt, sind die in § 4 Abs. 1 KKG genannten Personen, also hier die Lehrerinnen und Lehrer, gem. § 4 Abs. 3 S. 1 und 2 KKG befugt, das Jugendamt zu informieren, wenn sie dies zur Abwendung einer Kindeswohlgefährdung für erforderlich halten. Zu diesem Zweck sind sie befugt, die erforderlichen Daten zu übermitteln. Es ist hierfür nur erforderlich, dass die in § 4 Abs. 1 KKG genannte Person das Tätigwerden des Jugendamtes subjektiv für erforderlich hält.[538]

Praxistipp:

Auf die Datenübermittlung an das Jugendamt sind die Betroffenen, also Personensorgeberechtigte und Kind, vorab hinzuweisen, es sei denn, dass damit der wirksame Schutz des Kindes oder des Jugendlichen in Frage gestellt wird (§ 4 Abs. 3 Satz 1 KKG).

533 S. z.B. § 6 Abs. 1 Nr. 1 LDSG BW.
534 S. z.B. § 85 Abs. 3 und 4 SchG BW.
535 BVerfG, B. v. 23.6.2015, 1 BvR 1292/15, juris und B. v. 29.9.2015, 1 BvR 1292/15, juris.
536 Zum KKG ausführlich Kunkel, ZKJ 2012, 288; Rixen, Sozialrecht aktuell 2012, 221; Schimke, JAmt 2011, 621; Mörsberger/Wapler, FPR 2012, 437.
537 Kunkel/Kemper in Kunkel/Kepert/Pattar, LPK-SGB VIII, § 4 KKG Rn. 2.
538 S. hierzu Kunkel/Kemper in Kunkel/Kepert/Pattar, LPK-SGB VIII, § 4 KKG Rn. 12.

IV. Datenübermittlung im Verhältnis zwischen Jugendämtern und der Polizei sowie der Justiz

Zunächst existieren vielfältige Regelungen, welche eine Zusammenarbeit vorgeben.

So ist das Jugendamt nach § 81 Nr. 2 SGB VIII zur strukturellen Zusammenarbeit mit den Familien- und Jugendgerichten, den Staatsanwaltschaften sowie den Justizvollzugsbehörden sowie nach Nr. 9 mit den Polizei- und Ordnungsbehörden verpflichtet.

Nach § 3 Abs. 2 KKG sollen in „Netzwerkstrukturen im Kinderschutz" insbesondere auch Polizei- und Ordnungsbehörden einbezogen werden. Auch landesrechtliche Regelungen sehen teilweise eine solche Zusammenarbeit vor.[539]

1. Datenübermittlung vom Jugendamt an die Polizei sowie an Justizbehörden

Eine der wichtigsten Fragestellung im Kinderschutz ist, inwieweit Jugendämter die Polizei und Strafverfolgungsbehörde bei einem Handeln bei Vorliegen eines Verdachts von Straftaten zum Nachteil von Kindern, insbesondere im Bereich des sexuellen Missbrauchs, unterstützen können und sollen.

Diese Fragestellung wird seit einiger Zeit kontrovers diskutiert. Hierbei geht es auch um die grundsätzliche **Ausrichtung der Tätigkeit des Jugendamtes** und die Beantwortung der Frage, ob das Jugendamt ausschließlich sozialpädagogische Fachbehörde sein soll oder bei Vorliegen einer Kindeswohlgefährdung auch mit den Mitteln des besonderen Polizeirechts handeln muss.

Aktuell wurde diese Frage mit dem Zwischenbericht des Parlamentarischen Untersuchungsausschuss IV („Lügde-Untersuchungsausschuss") erneut aufgeworfen und folgende Empfehlung unterbreitet:

> Der Bundesgesetzgeber sollte durch eine geeignete Änderung des SGB VIII dafür Sorge tragen, dass Jugendämter bei einem Verdacht auf Straftaten gegen Kinder frühzeitig zu deren Schutz die Ermittlungs- und Strafverfolgungsbehörden einschalten, insbesondere wenn möglicherweise weitere Kinder betroffen sind oder sein könnten. Etwaige Schutzlücken sollten dabei geschlossen werden.[540]

Hierbei ist aber auch zu berücksichtigen, dass verschiedene Akteure, welche dem Kinderschutz verpflichtet sind, **unterschiedliche Handlungsaufträge** haben.

Kinder- und Jugendhilfe ist gem. § 1 Abs. 1 SGB VIII zuvörderst dem Kind und der Förderung seiner Entwicklung zu einer selbstbestimmten, eigenverantwortlichen und gemeinschaftsfähigen Persönlichkeit verpflichtet. Nach § 1 Abs. 2 SGB VIII hat Jugendhilfe aber auch das natürliche Recht der Eltern auf Pflege und Erziehung ihrer Kinder zu achten. Gem. § 1 Abs. 3 Nr. 3 SGB VIII hat die Jugendhilfe daher die Aufgabe, Eltern bei der Erziehung zu beraten und zu unterstützen.

Zugleich besteht die Aufgabe des Jugendamtes „Kinder vor Gefahren für ihr Wohl zu schützen" (§ 1 Abs. 3 Nr. 4 SGB VIII). Auch im Bereich der **Gefahrenabwehr** ist die Tätig-

---

539 S. z.B. § 26 Abs. 1 LKJHG BW.

540 Zwischenbericht des Parlamentarischen Untersuchungsausschusses IV v. 16.3.2022, LT-Drs. 17/16770, S. 3130.

keit der Kinder- und Jugendhilfe – anders als dies beispielsweise bei der Polizei der Fall ist – allerdings nicht mit der Gefahrenabwehr beendet. Die Abwehr einer Kindeswohlgefährdung ist für das Jugendamt nur ein erster wichtiger Schritt. Im Anschluss ist regelmäßig eine Hilfe zu leisten, welche eine gute Vertrauensbeziehung zu dem Kind erfordert und bestenfalls auch durch eine vertrauensvolle Beziehung zu den Eltern gestärkt werden kann.[541]

Hinweis:

De lege lata ist es keine Aufgabe des Jugendamtes, die Tätigkeit der Polizei bei der Strafverfolgung zu unterstützen.

Die Einschaltung der Polizei stellt daher nur dann eine Aufgabe des Jugendamtes dar, wenn die Hinzuziehung der Polizei erforderlich ist, um eine Kindeswohlgefährdung für ein Kind abzuwehren.

Im öffentlich-rechtlichen Kinderschutz geht es zudem nicht um ein in die Vergangenheit gerichtetes repressives Verfahren. Ein Handeln wird ausschließlich aus Gründen der Abwehr einer in der Zukunft liegenden Gefahr für ein Kind legitimiert.

Hinweis:

Daher ist es auch nicht Aufgabe des Jugendamtes, die Polizei bei einem repressiven Handeln zu unterstützen.

Ein gemeinsame Arbeitsbasis zwischen Jugendamt und Polizei sowie Staatsanwaltschaften und Gerichten gibt es daher im Grundsatz nur bei einem Handeln, welches auf die präventive Gefahrenabwehr zielt.

Zwischen einem **Strafverfahren** und einem **öffentlich-rechtlichen Kinderschutzverfahren** bestehen ferner fundamentale Unterschiede.

Ein öffentlich-rechtliches Kinderschutzverfahren unterliegt nicht dem Beweismaßstab eines strafrechtlichen Verfahrens. Erforderlich zur Ergreifung von Maßnahmen (z.B. in Form der Inobhutnahme des Kindes) sind lediglich objektive Tatsachen, welche die prognostische Schlussfolgerung des Vorliegens einer Kindeswohlgefährdung rechtfertigen. Auch gilt hier nicht der strafrechtliche Grundsatz in dubio pro reo („im Zweifel für den Angeklagten"). Im öffentlich-rechtlichen Kinderschutz gilt vielmehr der Grundsatz **in dubio pro infante**.[542]

Nach geltender Rechtslage bestehen nur die nachstehend skizzierten beschränkten Möglichkeiten zu einer Datenübermittlung durch das Jugendamt.

541 S. hierzu auch Wiesner, Anhörung vor dem Parlamentarischen Untersuchungsausschuss IV des Landtages Nordrhein-Westfalen am 3.12.2021.

542 S. hierzu VGH BW, Beschl. v. 21.3.2022, 12 S 2032/21, juris Rn. 47.

a) Datenübermittlung gem. § 73 SGB X

Nach § 73 Abs. 1 SGB X ist eine Datenübermittlung durch das Jugendamt zulässig, soweit sie zur Durchführung eines Strafverfahrens wegen eines Verbrechens oder wegen einer sonstigen Straftat von erheblicher Bedeutung erforderlich ist. Eine Datenübermittlung ist nach dieser Vorschrift damit nur im Zusammenhang mit einem Verbrechen oder – wie später ergänzt worden ist, weil die Verwirklichung eines Verbrechens auch bei Sexualstraftaten nach alter Rechtslage[543] regelmäßig nicht gegeben war – einer vergleichbaren Straftat möglich.[544]

Für die Durchführung eines Strafverfahrens wegen sonstiger Straftaten können nach § 73 Abs. 2 SGB X lediglich Daten i.S.d. § 72 Abs. 1 Satz 2 SGB X (Name und Vorname sowie früher geführte Namen, Geburtsdatum, Geburtsort, derzeitige und frühere Anschriften der betroffenen Person sowie Namen und Anschriften ihrer derzeitigen und früheren Arbeitgeber) übermittelt werden.

Die Datenübermittlung ist in Anknüpfung an § 161 Abs. 1 Satz 1 StPO an Staatsanwaltschaften und Strafgerichte für die Durchführung eines Strafverfahrens möglich.[545] Damit ist eine Datenübermittlung zunächst für das in der StPO geregelte Verfahren **zur Verfolgung und Ahndung von Straftaten** zulässig.

Nach § 73 Abs. 3 SGB X muss die Datenübermittlung allerdings ein:e Richter:in anordnen. Das Jugendamt muss daher nicht in eigener Zuständigkeit die Voraussetzungen des § 73 SGB X prüfen, sondern kann sich auf die Anordnung der Richterin bzw. des Richters berufen.

Praxistipp:

▶ *Eine Datenübermittlung nach § 73 SGB X ist damit im Bereich des Kinderschutzes für ein mit dem Kinderschutzfall zusammenhängendes Strafverfahren möglich.*

Für die Wahrnehmung des Schutzauftrags im Sinne eines präventiven Handelns ohne Zusammenhang zu einem Strafverfahren kommt § 73 SGB X als Übermittlungsgrundlage aber nicht in Betracht.

b) Datenübermittlung gem. § 69 Abs. 1 Nr. 2 SGB X

§ 69 Abs. 1 Nr. 2 SGB X gestattet eine Datenübermittlung an ein Gericht, wenn das gerichtliche Verfahren mit der Aufgabenerfüllung der übermittelnden Stelle nach dem SGB in einem Zusammenhang steht.

543 S. zu den Rechtsänderungen im Bereich des Strafrechts https://www.bmjv.de/SharedDocs/Artikel/DE/2021/032521_GE_sexualisierte_Gewalt.html, abgerufen am 6.4.2021.
544 Zu dieser Kunkel in Kunkel/Kepert/Pattar, LPK SGB VIII, § 61 Rn 172.
545 S. hierzu BT-Drs. 8/4022, S. 86 und Bösenberg/Woltjen in Schlegel/Voelzke, jurisPK-SGB X, § 73 Rn. 17 und 27.

Besteht ein solcher Zusammenhang, ist auch eine Übermittlung an Polizei und Staatsanwaltschaft zulässig.[546] Bloße Berührungspunkte mit einem gerichtlichen Verfahren reichen für eine Datenübermittlung nach § 69 Abs. 1 Nr. 2 SGB X allerdings nicht aus.[547]

Ein Zusammenhang im Sinne der Vorschrift, welcher eine Übermittlung an ein Strafgericht rechtfertigt, dürfte im Kinderschutz **nur in Einzelfällen** gegeben sein. Die Justiz kann sich insbesondere nicht aus eigenem Strafverfolgungsinteresse auf § 69 Abs. 1 Nr. 2 SGB X berufen. Diesbezüglich ist auch zu beachten, dass das Jugendamt bei einer Datenübermittlung nach § 69 SGB X, insbesondere auf Basis des § 69 Abs. 1 Nr. 2 SGB X, nach eigenem Ermessen unter Berücksichtigung des Kindeswohls zu entscheiden hat, ob es an einem Strafverfahren mitwirkt.

§ 69 SGB X legitimiert lediglich eine Datenübermittlung. Eine Rechtspflicht zur Mitwirkung gibt die Vorschrift nicht vor.[548]

Auch auf Basis dieser Vorschrift wird daher eine Datenübermittlung bei Wahrnehmung des Schutzauftrags nur in Ausnahmefällen in Betracht kommen.

c) Datenübermittlung gem. § 69 Abs. 1 Nr. 1 Alt. 2 SGB X i.V.m. § 8a Abs. 3 Satz 2 SGB VIII

Die einzige Rechtsgrundlage, welche bei Wahrnehmung des Schutzauftrags eine **umfassende Datenübermittlung** vom Jugendamt an die Polizei legitimieren kann, stellt § 69 Abs. 1 Nr. 1 Alt. 2 SGB X i.V.m. § 8a Abs. 3 Satz 2 SGB dar.

Soweit zur Abwendung der Gefährdung das Tätigwerden anderer Leistungsträger, der Einrichtungen der Gesundheitshilfe oder der Polizei notwendig ist, hat das Jugendamt auf die Inanspruchnahme durch die Erziehungsberechtigten hinzuwirken (§ 8a Abs. 3 Satz 1 SGB VIII). Ist ein sofortiges Tätigwerden erforderlich und wirken die Personensorgeberechtigten oder die Erziehungsberechtigten nicht mit, so schaltet das Jugendamt die anderen zur Abwendung der Gefährdung zuständigen Stellen selbst ein (§ 8a Abs. 3 Satz 2 SGB VIII). Dann ist die Datenübermittlung nach § 69 Abs. 1 Nr. 1 Alt. 2 SGB X zulässig, da sie für die Aufgabenerfüllung nach § 8a Abs. 3 Satz 2 SGB VIII erforderlich ist.

Beispiel:

Liegt beispielsweise eine Kindeswohlgefährdung aufgrund einer körperlichen Misshandlung oder eines sexuellen Missbrauchs vor, können die Träger der öffentlichen und freien Jugendhilfe die Kindeswohlgefährdung ohne Unterstützung durch die Polizei regelmäßig nicht abwenden.

So kann auch ein Kind, welches stationär in einer Jugendhilfeeinrichtung untergebracht ist, weiterhin dem Zugriff des Täters ausgesetzt sein.

546 Strittig, s. hierzu Kunkel in Kunkel/Kepert/Pattar, LPK-SGB VIII, § 61 Rn. 125.

547 S. hierzu Kunkel in Kunkel/Kepert/Pattar, LPK-SGB VIII, § 61 Rn. 124; Mörsberger in Wiesner, SGB VIII, Anh. 4 Rn. 5.

548 S. hierzu LG Oldenburg, B. v. 25.7.2017, 6 Qs 35/17, juris Rn. 16.

In diesen Fällen wird es regelmäßig zur Erfüllung des Schutzauftrags nach § 8a SGB VIII notwendig sein, die erforderlichen Daten i.S.d. § 64 SGB VIII der Polizei zu übermitteln.

§ 69 Abs. 1 Alt. 2 SGB X i.V.m. § 8a Abs. 3 Satz 2 SGB VIII stellt damit eine sehr wichtige Rechtsgrundlage für die Zusammenarbeit des Jugendamtes mit der Polizei dar. Allerdings ist auch bei Wahrnehmung des Schutzauftrags vor einer Datenübermittlung nach § 69 SGB X zu prüfen, ob § 64 Abs. 2 SGB VIII einer Datenübermittlung entgegensteht. § 64 Abs. 2 SGB VIII schränkt die Datenübermittlung nach § 69 SGB X ein.

Eine Übermittlung ist nur zulässig, wenn der Erfolg einer zu gewährenden Leistung durch die Datenübermittlung nicht in Frage gestellt wird. Diese **Erfolgsvereitelung** ist regelmäßig in Betracht zu ziehen, weil eine Datenübermittlung an die Polizei das Vertrauensverhältnis zu Personensorge-, Erziehungsberechtigten und Kind beeinträchtigen kann.

Eine Hilfe zur Erziehung nach §§ 27 ff. SGB VIII kann aber grundsätzlich nur bei einem entsprechenden Antrag der Personensorgeberechtigten geleistet werden. Eine Erfolgsvereitelung durch die Datenübermittlung kann daher regelmäßig nur dann eindeutig verneint werden, wenn der Erfolg einer Leistung nach dem SGB VIII nicht oder nicht mehr eintreten kann.[549]

In anderen Fällen kann eine Datenübermittlung an die Polizei oder Justiz aufgrund der in § 64 Abs. 2 SGB VIII enthaltenen Regelung unzulässig sein.

2. Keine Pflicht zur Vorlage von Akten sowie keine Auskunfts- oder Zeugenpflicht bei fehlender datenschutzrechtlicher Legitimation

Das Bestehen von strafprozessualen Rechten bzw. Pflichten (z.B. zur Beschlagnahme) führt nicht automatisch zu einer Pflicht zur Vorlage von Akten, in welchen Sozialdaten enthalten sind. Ebenso besteht keine automatische Pflicht zur Übermittlung von Sozialdaten mittels einer Auskunft.

Dies folgt bereits aus § 35 Abs. 3 SGB I, der Folgendes vorgibt:

> „Soweit eine Übermittlung von Sozialdaten nicht zulässig ist, besteht keine Auskunftspflicht, keine Zeugnispflicht und keine Pflicht zur Vorlegung oder Auslieferung von Schriftstücken, nicht automatisierten Dateisystemen und automatisiert verarbeiteten Sozialdaten."

Folgerichtig normiert § 160 Abs. 4 StPO:[550]

> „Eine Maßnahme ist unzulässig, soweit besondere bundesgesetzliche oder entsprechende landesgesetzliche Verwendungsregelungen entgegenstehen."

Mit dem Begriff „**Verwendungsregelungen**" werden datenschutzrechtliche Vorgaben in Bezug genommen.[551] Hinsichtlich der Sozialdaten gehen die sozialrechtlichen Regelungen

549 S. hierzu Kunkel in Kunkel/Kepert/Pattar, LPK-SGB VIII, § 64 Rn. 6.
550 Strafprozessordnung in der Fassung der Bekanntmachung vom 7. April 1987 (BGBl. I S. 1074, 1319), zuletzt geändert durch Art. 3 des Gesetzes vom 11. Juli 2019 (BGBl. I S. 1066).
551 S. hierzu LG Oldenburg, B. v. 25.7.2017, 6 Qs 35/17, juris Rn. 7.

zur Datenübermittlung gem. § 35 Abs. 2 SGB I i.V.m. §§ 68 ff. SGB X daher den strafprozessualen Eingriffsrechten vor.[552]

Praxistipp:

Polizei und Staatsanwaltschaften sind gelegentlich der Auffassung, dass das Jugendamt oder der Träger der freien Jugendhilfe im Zusammenhang mit polizeilichen Ermittlungen oder Strafverfahren Daten übermitteln müssen, weil nach der StPO Beschlagnahmerechte und Aussagepflichten bestehen.

Dies ist falsch. Die öffentliche oder freie Jugendhilfe muss zur Datenübermittlung befugt sein. Die sozialrechtlichen Regelungen zur Datenübermittlung gem. § 35 Abs. 2 SGB I i.V.m. §§ 68 ff. SGB X gehen den strafprozessualen Eingriffsrechten vor.

3. Datenübermittlung von der Polizei und Justiz an die öffentliche Jugendhilfe

a) Datenübermittlung durch die Polizei

Nach dem jeweiligen Landespolizeigesetz kann die Polizei personenbezogene Daten an andere für die Gefahrenabwehr zuständige öffentliche Stellen übermitteln, soweit dies zur Wahrnehmung der in der Zuständigkeit der übermittelnden Stelle oder des Empfängers liegenden Aufgaben erforderlich ist.[553]

Eine Übermittlung an diese Stellen ist zulässig, wenn eine konkrete originäre – und nicht nur nachrangige[554] – Zuständigkeit dieser Behörden für die Gefahrenabwehr vorliegt.[555] Dies ist bei dem jeweiligen örtlichen Träger der öffentlichen Jugendhilfe der Fall, sofern **Aufgaben des Schutzauftrags** nach § 8a SGB VIII betroffen sind.

Eine Datenübermittlung von der Polizei an das jeweilige Jugendamt ist damit zulässig, wenn die Datenübermittlung für die Aufgabenerfüllung der Polizei oder des Jugendamtes erforderlich ist. Diese Erforderlichkeit ist zu bejahen, wenn es um die Aufgabenwahrnehmung des Jugendamtes nach § 8a SGB VIII geht.

Eine Übermittlung von Daten, welche zur Wahrnehmung des Schutzauftrags nach § 8a SGB VIII einschließlich der Anrufung des Familiengerichts nach § 8a Abs. 2 Satz 1 HS 1 oder HS 2 SGB VIII oder einer Inobhutnahme nach § 42 SGB VIII erforderlich sind, dürfen daher von der Polizei übermittelt werden.

b) Datenübermittlung durch die Justiz

§§ 12 ff. EGGVG regeln die Übermittlung personenbezogener Daten von Amts wegen durch Gerichte der ordentlichen Gerichtsbarkeit und Staatsanwaltschaften an öffentliche Stellen des Bundes oder eines Landes für andere Zwecke als die des Verfahrens, für das die

552 S. hierzu LG Oldenburg, B. v. 25.7.2017, 6 Qs 35/17, juris Orientierungssatz 1 und Rn. 8 unter Bezugnahme auf OLG Celle, B. v. 30.7.1997, 2 Ws 157/97, juris Kurztext. S. hierzu auch Kirchhoff in Schlegel/Voelzke, jurisPK-SGB VIII, § 61 Rn. 31.

553 S. z.B. § 42 Abs. 2 Satz 1 PolG BW.

554 Hierzu Stephan in Stephan/Deger, PolG für BW, § 42 Rn. 24: In diesen Fällen kommt eine Datenübermittlung nach § 42 Abs. 7 PolG BW in Betracht.

555 S. hierzu Stephan in Stephan/Deger, PolG für BW, § 42 Rn. 11 f. und 24.

Daten erhoben worden sind (§ 12 Abs. 1 Satz 1 EGGVG). Mit diesen Normen werden die in Straf- und Zivilsachen von Amts wegen zu erfolgenden Datenübermittlungen an öffentliche Stellen des Bundes und der Länder geregelt.[556]

Adressat der Datenübermittlung sind insbesondere Einrichtungen des Bundes, der Länder und der Gemeinden.[557] Damit ist auch der örtliche Träger der öffentlichen Jugendhilfe, also das jeweilige Jugendamt, tauglicher Adressat von Mitteilungen nach §§ 12 ff. EGGVG.

Die in den §§ 12 ff. EGGVG enthaltenen Übermittlungsbefugnisse werden mit den in Nr. 1 ff. MiStra enthaltenen Regelungen konkretisiert, indem Mitteilungspflichten geregelt werden (Nr. 1 Abs. 1 S. 2 MiStra). Eine Ermächtigung hierzu enthält § 12 Abs. 5 S. 1 EGGVG.

Nr. 35 der MiStra enthält **Mitteilungspflichten zum Schutz von Minderjährigen**. Nr. 35 Abs. 1 MiStra regelt eine Übermittlungspflicht an die zuständigen öffentlichen Stellen, wenn in einem Strafverfahren Tatsachen bekannt werden, deren Kenntnis aus der Sicht der übermittelnden Stelle zur Prüfung gewichtiger Anhaltspunkte für eine Kindeswohlgefährdung erforderlich ist.

Nach Nr. 35 Abs. 2 Nr. 1 erhalten Mitteilungen insbesondere das Jugendamt und das Familiengericht, wenn gegen Minderjährige eine Straftat gegen die sexuelle Selbstbestimmung oder nach den §§ 171, 225, 232 bis 233a StGB begangen oder versucht worden ist. Nach Nummer 3 erhält das Jugendamt eine Mitteilung, wenn eine Verurteilung wegen Zuwiderhandlungen gegen die §§ 27, 28 JuSchG ausgesprochen worden ist. Nach Nummer 4 erhalt das Familiengericht eine Mitteilung, wenn Anlass zur Prüfung gerichtlicher Maßnahmen wegen Kindeswohlgefährdung nach § 1666 BGB oder der Anordnung einer Vormundschaft (Pflegschaft) besteht.

Ferner wird mit Nr. 35 Abs. 2 Nr. 6 geregelt, dass das Jugendamt zur Einschätzung des Gefährdungsrisikos in sonstigen Fällen, wenn gewichtige Anhaltspunkte für die Gefährdung des Wohls eines Kindes und Jugendlichen bekannt werden, zu informieren ist.

Nach Nr. 35 Abs. 3 MiStra ist in Strafsachen gegen einen Elternteil wegen einer an seinem minderjährigen Kind begangenen rechtswidrigen Tat die Erhebung der öffentlichen Klage oder die Einstellung des Verfahrens wegen Schuldunfähigkeit dem Familiengericht und dem Jugendamt mitzuteilen. Schließlich werden nach Nr. 35 Abs. 4 MiStra in Strafsachen, die eine erhebliche Gefährdung von Minderjährigen erkennen lassen, sowie in Jugendschutzsachen (§ 26 Abs. 1 S. 1 GVG) dem Jugendamt Ort und Zeit der Hauptverhandlung mitgeteilt.

Unter Bezugnahme auf die Vorschrift des § 22a FamFG ordnet Nr. 31 MiStra eine Mitteilungspflicht an. Dem Betreuungs- oder Familiengericht sind „Tatsachen" mitzuteilen, welche in einem Strafverfahren bekannt werden und Maßnahmen des Betreuungs- oder Familiengerichts erfordern können, soweit nicht für die übermittelnde Stelle erkennbar ist, dass schutzwürdige Interessen der Betroffenen an dem Ausschluss der Übermittlung das Schutzbedürfnis von Minderjährigen oder Betreuten oder das öffentliche Interesse an der Übermittlung überwiegen.

556 BT-Drs. 13/4709, S. 16.
557 BT-Drs. 13/4709, S. 20.

Hinsichtlich des **Zeitpunkts** der Datenübermittlung enthalten die einzelnen in Nr. 35 MiStra enthaltenen Vorgaben keine einheitliche und klare Regelung. In der Verwaltungspraxis wird von Jugendämtern bemängelt, dass die MiStra-Mitteilungen gelegentlich zu spät erfolgen.

Diesbezüglich ist zu betonen, dass

- die Annahme einer Kindeswohlgefährdung i.S.d. § 8a SGB VIII,
- einer dringenden Gefahr i.S.d. § 42 Abs. 1 S. 1 Nr. 2 SGB VIII oder
- einer Kindeswohlgefährdung i.S.d. § 1666 BGB

keine strafrechtliche Anklageerhebung oder Verurteilung voraussetzt.

Im Kindesschutzverfahren der Jugendhilfe geht es entsprechend der präventiven, auf die Vermeidung eines künftigen Schadenseintritts gerichteten und somit vom Zweck des Strafverfahrens abweichenden Zielsetzung um eine in die Zukunft gerichtete Prognoseentscheidung mittels einer Risikoeinschätzung. Diese Entscheidung kann auf Grundlage von – im Vergleich zu einem Strafverfahren – deutlich niederschwelligeren Hinweisen und Anhaltspunkten für eine Kindeswohlgefährdung getroffen werden.[558]

In diesem Zusammenhang ist zu berücksichtigen, dass nach der Rechtsprechung des Bundesverfassungsgerichts eine Kindeswohlgefährdung nach § 1666 BGB, welche eine Trennung von Eltern und Kind gebietet, bereits bei Vorliegen von Anhaltspunkten für eine Kindeswohlgefährdung durch körperliche Misshandlung angenommen werden kann bzw. muss, ohne dass jemals strafrechtliche Ermittlungen wegen der körperlichen Misshandlung erfolgt sind.[559] Objektive Tatsachen, welche die Annahme des Vorliegens einer Kindeswohlgefährdung rechtfertigen oder gar gebieten, können daher weit unterhalb der Schwelle einer strafrechtlichen Anklageerhebung oder Verurteilung vorliegen.

Um möglichst effektiv die Aufgabe des Kinderschutzes wahrnehmen zu können, ist die Jugendhilfe auf eine möglichst frühzeitige Erkenntnisgewinnung angewiesen. Aufgrund dieser Erkenntnis wurde mit Art. 2 des KJSG mit Wirkung vom 10.6.2021 mit § 5 KKG eine Regelung geschaffen, welche zu einer **frühzeitigen Informationsübermittlung** führen soll.

Nach Auffassung der Bundesregierung kann bereits aus der Nähe von Kindern zu Personen, die Straftaten gegen die sexuelle Selbstbestimmung begehen bzw. dieser verdächtig sind, ein erhöhtes Gefährdungsrisiko resultieren. Damit der Schutz von Kindern vor sexueller Gewalt möglichst wirksam sein kann, ist es nach der Gesetzesbegründung zu § 5 KKG erforderlich, dass die für die Strafverfolgung zuständigen Behörden und die Träger der öffentlichen Jugendhilfe stärker miteinander kommunizieren und kooperieren.[560]

558 S. hierzu VGH BW, Beschl. v. 23.4.2019, 12 S 675/19, juris Rn 21.
559 S. hierzu BVerfG, Beschl. 3.2.2017, 1 BvR 2569/16, juris.
560 BT-Drs. 19/26107, S. 122.

Hinweis:

> *Gem. § 5 Abs. 1 S. 1 KKG muss die Strafverfolgungsbehörde oder das Gericht unverzüglich das Jugendamt informieren, wenn in einem Strafverfahren gewichtige Anhaltspunkte für die Gefährdung des Wohls eines Kindes bekannt werden.*

Nach § 5 Abs. 2 KKG können gewichtige Anhaltspunkte in diesem Sinne insbesondere dann vorliegen, wenn gegen eine Person, die mit einem Kind in häuslicher Gemeinschaft lebt oder die regelmäßig Umgang mit ihm hat oder haben wird, der Verdacht besteht, eine Straftat nach den §§ 171, 174, 176 bis 180, 182, 184b bis 184e, 225, 232 bis 233a, 234, 235 oder 236 des Strafgesetzbuchs begangen zu haben.

Nach der Gesetzesbegründung soll mit dieser Neuregelung der Schutz von Kindern vor sexualisierter Gewalt durch eine **erweiterte Mitteilungspflicht der Strafverfolgungsbehörden an Jugendämter** verbessert werden. Mit der Neuregelung in § 5 KKG wird die Übermittlungsbefugnis aus § 17 Nr. 5 EGGVG und die korrespondierende Übermittlungspflicht nach Nr. 35 Mistra „praxistauglich konkretisiert".[561]

V. Datenübermittlung im Verhältnis zwischen Trägern der öffentlichen Jugendhilfe und dem medizinisch-therapeutischen Bereich

Auch im Verhältnis der öffentlichen Jugendhilfe und Stellen des medizinisch-therapeutischen Bereichs sehen das SGB VIII und das KKG eine Zusammenarbeit vor. So ist gem. § 81 Nr. 4 SGB VIII das Jugendamt zur strukturellen Zusammenarbeit mit Einrichtungen und Stellen des öffentlichen Gesundheitsdienstes und sonstigen Einrichtungen und Diensten des Gesundheitswesens verpflichtet.

Nach § 3 Abs. 2 KKG sollen in „Netzwerkstrukturen im Kinderschutz" insbesondere auch Gesundheitsämter, Krankenhäuser, Sozialpädiatrische Zentren, Frühförderstellen, Beratungsstellen nach den §§ 3 und 8 des Schwangerschaftskonfliktgesetzes, Einrichtungen und Dienste zur Müttergenesung sowie Angehörige der Heilberufe einbezogen werden.

1. Datenübermittlung vom Jugendamt an den Träger des medizinisch-therapeutischen Bereichs

Im Verhältnis des Jugendamtes zu den Trägern des medizinisch-therapeutischen Bereichs gelten vergleichbare Grundsätze wie im Verhältnis Jugendhilfe und Schule. Eine Datenübermittlung kommt auch hier nach § 69 Abs. 1 Nr. 1 Alt. 2 SGB X in Betracht, wenn die Datenübermittlung für die Aufgabenerfüllung des Jugendamtes erforderlich ist.

Dies kann der Fall sein, wenn das Jugendamt bei Vorliegen von gewichtigen Anhaltspunkten für eine Kindeswohlgefährdung den Sachverhalt nach § 8a Abs. 1 Satz 1 SGB VIII aufzuklären hat. Nach § 62 Abs. 3 Nr. 2d SGB VIII kann dann eine Datenerhebung beim Träger des medizinisch-therapeutischen Bereichs in Betracht kommen. Hierfür kann es erforderlich sein, dass das Jugendamt mit der Anfrage Daten an den jeweiligen Träger übermittelt.

561 BT-Drs. 19/26107, S. 122 und 123; s. hierzu auch Ebner in BeckOK, GVG § 17 Rn. 9

Auch kann es im Einzelfall nach § 8a Abs. 3 Satz 2 SGB VIII erforderlich sein, dem Träger des medizinisch-therapeutischen Bereichs Daten zu übermitteln. § 8a Abs. 3 Satz 1 SGB VIII nennt in diesem Zusammenhang die „Einrichtungen der Gesundheitshilfe“ als Dritte, an welche sich das Jugendamt bei Vorliegen der Voraussetzungen des § 8a Abs. 3 Satz 2 SGB VIII wenden muss. Dies ist dann der Fall, wenn Gefahr im Verzug besteht und eine Kindeswohlgefährdung ohne Mitwirkung der Einrichtung der Gesundheitshilfe nicht abgewendet werden kann.

Mit Neuregelung in § 8a Abs. 1 Satz 2 Nr. 2 SGB VIII ist durch Art. 1 des KJSG eine neue Vorgabe geschaffen worden, nach welcher Berufsgeheimnisträger gem. § 4 Abs. 1 KKG nach einer Meldung verstärkt in das Verfahren der Gefährdungseinschätzung einbezogen werden können. Damit kann eine Datenübermittlung nach § 69 Abs. 1 Nr. 1 Alt. 2 SGB X zulässig sein. Voraussetzung ist es allerdings, dass durch die Datenübermittlung der wirksame Schutz des Kindes oder Jugendlichen nicht in Frage gestellt wird und die Übermittlung nach fachlicher Einschätzung des Jugendamtes erforderlich ist. Im Rahmen dieser fachlichen Einschätzung ist zu prüfen, ob die Einbeziehung der in § 4 Abs. 1 KKG genannten Personen für die Sachverhaltsaufklärung nach § 8a Abs. 1 Satz 1 und 2 SGB VIII erforderlich ist.

Ferner ist § 64 Abs. 2 SGB VIII zu beachten. Die Datenübermittlung darf nicht zu einer Erfolgsvereitelung im Zusammenhang mit einer Leistungserbringung führen. Nach der Gesetzesbegründung wird der Schutz der „Persönlichkeitsrechte sowie Vertrauensschutzaspekte“ (genauer: der Schutz des Grundrechts auf informationelle Selbstbestimmung nach Art. 2 Abs. 1 GG i.V.m. Art. 1 Abs. 1 GG) über eine Begrenzung der Beteiligungspflicht „auf die nach fachlicher Einschätzung des Jugendamts erforderlichen Fälle“ sichergestellt.[562]

Weiterhin ist mit Neuregelung in § 4 Abs. 4 KKG eine Befugnis zu einer entsprechenden Datenübermittlung durch das Jugendamt gem. § 69 Abs. 1 Nr. 1 Alt. 2 SGB X i.V.m. § 4 Abs. 4 KKG an den Berufsgeheimnisträger geschaffen worden. Allerdings ist im Rahmen der Erforderlichkeitsprüfung zu berücksichtigen, dass der übermittlungsfähige Datensatz beschränkt ist:

Hinweis:

Es darf nur mitgeteilt werden, ob sich die Anhaltspunkte hinsichtlich einer Kindeswohlgefährdung bestätigt haben und ob das Jugendamt zur Abwendung der Gefährdung des Wohls des Kindes oder Jugendlichen tätig geworden ist und ob die ergriffenen Maßnahmen noch andauern.

Dies wurde auch durch eine Neuregelung in § 64 Abs. 4 SGB VIII klargestellt.

Im Übrigen sind auch hier die Möglichkeiten einer Datenübermittlung vom Jugendamt an den Träger des Gesundheitswesens begrenzt. Dies liegt daran, dass eine **Erforderlichkeit** der Datenübermittlung durch das Jugendamt de lege lata nur in den dargestellten engen Grenzen begründet werden kann.

562 BT-Drs. 19/26107, S. 70 und 71.

2. Datenübermittlung von Trägern des medizinisch-therapeutischen Bereichs an das Jugendamt

Nach § 4 Abs. 2 KKG haben Ärztinnen/Ärzte, Hebammen, Entbindungspfleger oder Angehörige eines anderen Heilberufes, der für die Berufsausübung oder die Führung der Berufsbezeichnung eine staatlich geregelte Ausbildung erfordert, zur Einschätzung einer Kindeswohlgefährdung gegenüber dem Träger der öffentlichen Jugendhilfe Anspruch auf Beratung durch eine insoweit erfahrene Fachkraft. Nach § 4 Abs. 2 Satz 2 KKG sind sie zu diesem Zweck befugt, dieser Person die dafür erforderlichen Daten zu übermitteln.

§ 4 Abs. 2 Satz 2 KKG beinhaltet damit eine **Offenbarungsbefugnis**. Allerdings sind die Daten nach § 4 Abs. 2 Satz 2 KKG für den Zweck der Beratung zu pseudonymisieren.

Infolge Gesetzesänderung durch Art. 2 des KJSG besteht nach § 4 Abs. 3 S. 3 KKG eine Befugnis und Pflicht zur unverzüglichen Übermittlung an das Jugendamt, sofern nach Einschätzung der Berufsgeheimnisträger nach § 4 Abs. 1 S. 1 Nr. 1 KKG eine dringende Gefahr für das Kindeswohl das Tätigwerden des Jugendamtes erfordert.

Mit der Datenweitergabe macht sich der Berufsgeheimnisträger nicht nach § 203 StGB strafbar, da die Datenübermittlung nicht unbefugt ist.[563]

Die Regelung in § 4 Abs. 3 KKG soll nach der Gesetzesbegründung einen Rückgriff auf die allgemeinen strafrechtlichen Rechtfertigungs- und Entschuldigungsgründe entbehrlich machen.[564] § 34 StGB dürfte daher zur Rechtfertigung der Datenübermittlung durch eine Stelle des medizinisch-therapeutischen Bereichs an das Jugendamt regelmäßig entbehrlich sein.

Weitere gesetzliche Grundlagen für eine Datenübermittlung in diesem Bereich bestehen nicht.

Außerhalb des Anwendungsbereichs des § 4 KKG verbleibt daher nur die Einwilligung des Betroffenen, um in rechtmäßiger Weise an das Jugendamt personenbezogene Daten übermitteln zu können.[565]

VI. Datenübermittlung durch die Jugendhilfe an Dritte gem. § 69 Abs. 1 Nr. 1 Alt. 2 SGB X i.V.m. § 8a Abs. 3 Satz 2 SGB VIII

§ 8a Abs. 3 SGB VIII legt dem Jugendamt in bestimmten Fallkonstellationen die rechtliche Verpflichtung auf, sich an Dritte zu wenden, um eine Kindeswohlgefährdung abzuwenden.

Der Regelung liegt der Gedanke zugrunde, dass es Sachverhalte gibt, bei welchen die Jugendhilfe mit den eigenen Mitteln die Gefahr für ein Kind oder einen Jugendlichen nicht alleine abwenden kann. Liegt beispielsweise eine Kindeswohlgefährdung aufgrund einer körperlichen Misshandlung oder eines sexuellen Missbrauchs vor, können die Träger der öffentlichen und freien Jugendhilfe die Kindeswohlgefährdung ohne Unterstützung durch

563 Kunkel/Kemper in Kunkel/Kepert/Pattar, LPK-SGB VIII, § 4 KKG Rn. 2.
564 BT-Drs. 17/6256, S. 20.
565 S. hierzu auch § 9 Abs. 2 Berufsordnung der Landesärztekammer Baden-Württemberg vom 21. September 2016 (ÄBW 2016, S. 506), zuletzt geändert durch Satzung vom 23. Januar 2019 (ÄBW 2019, S. 94).

die Polizei regelmäßig nicht abwenden. So kann auch ein Kind, welches stationär in einer Jugendhilfeeinrichtung untergebracht ist, weiterhin dem Zugriff des Täters ausgesetzt sein.

Aus diesem Grund sieht § 8a Abs. 3 Satz 1 SGB VIII vor, dass das Jugendamt auf die Inanspruchnahme der Polizei durch die Erziehungsberechtigten hinzuwirken hat, soweit das Tätigwerden dieser Institution zur Abwendung der Gefährdung notwendig ist. Ist ein sofortiges Tätigwerden erforderlich und wirken die Personensorgeberechtigten oder die Erziehungsberechtigten nicht mit, so muss das Jugendamt die Polizei selbst einschalten (§ 8a Abs. 3 Satz 2 SGB VIII).

Damit stellt § 69 Abs. 1 Nr. 1 Alt. 2 SGB X i.V.m. § 8a Abs. 3 Satz 2 SGB VIII eine wichtige Rechtsgrundlage für die Datenübermittlung und damit die Zusammenarbeit in diesen Situationen mit der Polizei dar.

Allerdings ist auch bei Wahrnehmung des Schutzauftrags vor einer Datenübermittlung nach § 69 SGB X zu prüfen, ob § 64 Abs. 2 SGB VIII einer Datenübermittlung entgegensteht. § 64 Abs. 2 SGB VIII schränkt die Datenübermittlung nach § 69 SGB X ein. Eine Übermittlung ist nur zulässig, wenn der Erfolg einer zu gewährenden Leistung durch die Datenübermittlung nicht in Frage gestellt wird.

Diese **Erfolgsvereitelung** ist regelmäßig in Betracht zu ziehen, weil eine Datenübermittlung an die Polizei das Vertrauensverhältnis zu Personensorge-, Erziehungsberechtigten und Kind beeinträchtigen kann. Eine Hilfe zur Erziehung nach §§ 27 ff. SGB VIII kann grundsätzlich nur bei einem entsprechenden Antrag der Personensorgeberechtigten geleistet werden. Eine Erfolgsvereitelung durch die Datenübermittlung kann daher regelmäßig nur dann eindeutig verneint werden, wenn der Erfolg einer Leistung nach dem SGB VIII nicht oder nicht mehr eintreten kann.[566] In anderen Fällen kann eine Datenübermittlung an die Polizei oder Justiz aufgrund der in § 64 Abs. 2 SGB VIII enthaltenen Regelung unzulässig sein.

Vergleichbares gilt für andere Institutionen. Mit § 8a Abs. 3 Satz 1 SGB VIII werden neben dem Tätigwerden der Polizei auch „andere Leistungsträger" sowie „Einrichtungen der Gesundheitshilfe" benannt. Nicht abschließend geklärt ist die Frage, ob diese in § 8a Abs. 3 Satz 1 SGB VIII enthaltene Aufzählung abschließend ist (ausführlich hierzu die Ausführungen in Kapitel 4 Punkt D.).

Nach hiesiger Auffassung kann die in § 8a Abs. 3 S. 1 SGB VIII enthaltene Benennung von Dritten nicht als abschließend verstanden werden. Daher kann nach hiesiger Auffassung eine Datenübermittlung auch an nicht in § 8a Abs. 3 Satz 1 SGB VIII explizit genannte Dritte nach § 69 Abs. 1 Nr. 1 Alt. 2 SGB X i.V.m. § 8a Abs. 3 Satz 2 SGB VIII zulässig sein.

566 S. hierzu Kunkel in Kunkel/Kepert/Pattar, LPK-SGB VIII, § 64 Rn. 6.

Kapitel 9: Multiprofessioneller Kinderschutz aus dem Blickwinkel des Gesundheitswesens – Die Beteiligung medizinischer Expert:innen als fachlicher Standard im Kinderschutzverfahren

A. Ausgangslage

Fallbeispiele:

- *Eine Ärztin diagnostiziert einen Knochenbruch bei einem misshandelten Kind, sie aktiviert die Kinderschutzgruppe der Klinik.*
- *Eine Pflegekraft bemerkt andauernde abwertende Äußerungen der Eltern gegenüber einer Jugendlichen und bespricht sich im Team.*
- *Eine Hebamme besucht die verdreckte Wohnung einer psychisch kranken Mutter und verweist an die Frühen Hilfen.*
- *Bei einer Vorsorgeuntersuchung erfährt ein Kinderarzt von den Belastungen der Familie und wiederkehrenden Überforderungsgefühlen – er vermittelt den Kontakt zu einer Erziehungsberatung.*
- *Ein chronisch kranker Jugendlicher nimmt seine Medikamente nicht mehr ein und gefährdet akut sein transplantiertes Herz – der Pflegedienst informiert die niedergelassene Kinderkardiologin, diese teilt dem zuständigen Jugendamt gewichtige Anhaltspunkte für eine Kindeswohlgefährdung (KWG) mit.*
- *Ein Rechtsmediziner dokumentiert multiple Verletzungen und wird als Gutachter bei Gericht die Fremdbeibringung als wahrscheinlichste Ursache nennen.*
- *In der Kinder- und Jugendpsychiatrie hat ein großer Teil der Patient:innen in der Vergangenheit Misshandlungen oder Situationen der Vernachlässigung erlebt – der Sozialdienst hilft, den Anspruch auf Eingliederungshilfe geltend zu machen.*
- *Der Rettungsdienst sieht das Kind eines Patienten auf dem Boden schlafen und erkundigt sich bei der Medizinischen Kinderschutzhotline nach den Möglichkeiten Abhilfe zu schaffen.*

Die genannten Situationen zeigen, dass es sehr **unterschiedliche Konstellationen** geben kann, in denen Angehörige von Heilberufen mit einer möglichen Gefährdungssituation von Kindern und Jugendlichen konfrontiert sind. Viele Fachkräfte im medizinischen Bereich haben oft einen intensiven Kontakt zu den Familien und einen engen Kontakt zu den Patient:innen. Im Kleinkindalter sind Ärzt:innen, Hebammen, Ergo-/Logo- oder Physiotherapeut:innen unter Umständen die einzigen Personen außerhalb der Familie, die ein Kind sehen und Hilfen anstoßen können. Medizinische Expert:innen können Symptome von Kindesmisshandlung und -vernachlässigung erkennen und (somatische und psychische) Therapien anbieten.

Dennoch gibt es viele Situationen, in denen sich die Anhaltspunkte für eine KWG so verdichten, die Gefährdung als sehr hoch eingeschätzt wird, oder die eigenen Mitteln zu helfen so eingeschränkt sind, dass die Fachkräfte aus dem Gesundheitswesen nur vernetzt mit Professionen aus anderen Systemen wirksame Unterstützung für Familien leisten können.

Die **Vernetzung der Systeme**, insbesondere zwischen Jugendhilfe und der Medizin, ist daher ein zentraler Baustein im Kinderschutzverfahren.

B. Das Potenzial einer engen Zusammenarbeit

Die Beispiele unter A. veranschaulichen, welche Möglichkeiten medizinische Fachkräfte haben, Anhaltspunkte (drohender) KWG zu erkennen und diese mit den eigenen Mitteln oder in der Kooperation abzuwenden. Besondere Bedeutung kommt dem Gesundheitswesen diesbezüglich in der frühen Kindheit zu, in der statistisch gesehen die meisten Misshandlungsfälle auftreten.[567] Kinderärzt:innen rücken im Rahmen der Vorsorgeuntersuchungen und der Akutversorgung das Kindeswohl in den Fokus.

Aber nicht nur in der frühen Kindheit sind Mediziner:innen in engem Kontakt mit Minderjährigen und können dadurch Anhaltspunkte einer Gefährdung erkennen: In besonderem Maße arbeiten auch **Fachkräfte in den Kinder- und Jugendpsychiatrien** eng mit Kindern und Jugendlichen zusammen, deren Verhalten auf eine Kindeswohlgefährdung hindeuten kann oder deren Krankheitsbild Folgen einer langjährigen Kindesmisshandlung oder -vernachlässigung sichtbar werden lässt. In diesem Bereich zeigen sich, anders als in der somatischen Medizin, häufiger Anhaltspunkte von Vernachlässigung und psychischer Misshandlung, die im Rahmen einer Akutbehandlung mit anschließender Therapie behandelt werden können.

Insofern ist es nachvollziehbar, dass es einer engen **Kooperation von Medizin und Jugendhilfe** bedarf, auch in Fällen die primär aus einem anderen System (wie z.B. einer Bildungseinrichtung) an die Jugendhilfe gemeldet werden.

Neben den sozialen Problemen gibt es nämlich häufig psychische oder somatische Ursachen einer KWG oder aber andersherum Erkrankungen, die Folge der bestehenden sozialen Probleme sein können. In der Medizin spricht man diesbezüglich vom bio-psycho-sozialen Krankheitsmodell, das sich auch im Konzept der **Adverse Childhood Experiences** (ACE, vgl. Kasten[568] und CDC-Pyramide in Abbildung 1) wiederfindet.[569] Es beschreibt das Wechselspiel zwischen körperlicher Gesundheit, psychischer Verfasstheit und der sozialen Umgebung und die wechselseitige Beeinflussung dieser Bereiche.

567 Kelly, C./Street, C./Building, M. E. S., Child Maltreatment 2019. Child Maltreatment 306 (2019).
568 Centers for Disease Control and Prevention (CDC). Fast Facts: Preventing Adverse Childhood Experiences | Violence Prevention|Injury Center|CDC. https://www.cdc.gov/violenceprevention/aces/fastfact.html (2022)
569 Egle, U. T./Heim, C./Strauß, B. 1, Das bio-psycho-soziale Krankheitsmodell – revisited; Felitti, V. J. et al. Relationship of Childhood Abuse and Household Dysfunction to Many of the Leading Causes of Death in Adults. Am J Prev Med 14 (1998).

Auch das Konzept der sozialen Determinanten von Gesundheit[570] greift diesen Aspekt der Auswirkungen von Umgebungsfaktoren auf die Psyche und die Gesundheit auf.

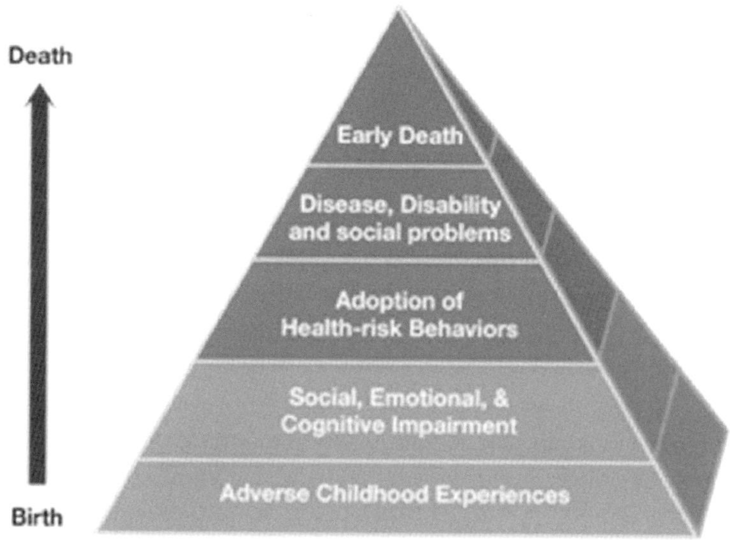

Abbildung 1: CDC-Kaiser ACE Study Pyramid

> Adverse Childhood Experiences, also negative Kindheitserfahrungen, können dauerhafte, negative Auswirkungen auf die Gesundheit, das Wohlbefinden und die Lebenschancen der Betroffenen haben. Diese Erfahrungen können das Risiko insbesondere von psychischen Erkrankungen aber auch von sexuell übertragbaren Infektionen, Gesundheitsproblemen sowie einer Vielzahl chronischer Krankheiten und führender Todesursachen wie Krebs, Diabetes, Herzerkrankungen und Selbstmord erhöhen.
> ACEs und die damit verbundenen sozialen Determinanten der Gesundheit, wie z. B. das Leben in unterversorgten oder benachteiligten Vierteln, häufige Umzüge und unsichere Ernährung, können anhaltenden Stress verursachen. Toxischer Stress durch ACEs kann sich negativ auf die Entwicklung des Gehirns, des Immunsystems und des Stressreaktionssystems von Kindern auswirken. Diese Veränderungen können die Aufmerksamkeit und das Lernen der Kinder beeinträchtigen.

Abbildung 2: Adverse Childhood Experiences (Negative Kindheitserfahrungen) nach CDC 2022

Aus Sicht der Autor:innen sollte es in Kinderschutzfällen daher fachlicher Standard sein, Fachleute aus dem medizinischen Bereich an der **Gefährdungseinschätzung** und je nach Fall auch an der **Hilfeplanung** zu beteiligen, wenn Krankheiten eine Rolle in der Entstehung der KWG spielen oder wenn eine Schädigung der Gesundheit im Rahmen der KWG wahrscheinlich ist.

570 Weltgesundheitsorganisation, Social determinants of health. https://www.who.int/health-topics/social-determinants-of-health (2022).

Vermehrte Beteiligung wird auch im **Kinder- und Jugendstärkungsgesetz (KJSG)** vom Juni 2021 gefordert. Demzufolge hat das Jugendamt Berufsgeheimnisträger:innen, die dem Jugendamt Daten übermittelt haben, in die Gefährdungseinschätzung einzubeziehen (§ 8a Abs. 1 SGB VIII) und ihnen zeitnah eine Rückmeldung zu geben, ob es die übermittelten gewichtigen Anhaltspunkte für die Gefährdung des Wohls des Kindes/Jugendlichen bestätigt sieht und ob es zum Schutz des Kindes/Jugendlichen tätig geworden ist und noch tätig ist (§ 4 Abs. 4 KKG).

Trotz der zunehmenden Rationalisierung im Gesundheitswesen, die vielen Beteiligten zufolge die Möglichkeit zur zwischenmenschlichen Interaktion zwischen Fachkräften und Patient:innen erschwert,[571] ermöglicht der intensive Kontakt im Gesundheitswesen immer noch **tiefe Einblicke in die Familien und die Interaktion zwischen Kindern und Sorgeberechtigten**, zum Teil über lange Zeiträume hinweg. Für Kinderärzt:innen und Kinder- und Jugendlichenpsychotherapeut:innen gehört es zum Alltag sich auch mit den sozialen Problemen und Ressourcen der Familien zu beschäftigen und Hilfen anzubieten bzw. das Jugendhilfesystem ins Boot zu holen.

In **komplexen Fällen** kann es notwendig sein, Patient:innen in multiprofessionell strukturierte medizinische Abteilungen zu überweisen. Neben Kliniken (mit Kinderschutzgruppen) sind dies v.a. sozialpädiatrische Zentren, Kinderschutzambulanzen und einige Reha- und Kureinrichtungen, in denen neben ärztlicher und pflegerischer Expertise meist auch Psycholog:innen und Sozialpädagog:innen vertreten sind. In der Regel erfolgt in diesen Institutionen, schon im Vorfeld einer etwaigen Mitteilung nach § 4 des Gesetzes zur Kooperation und Information im Kinderschutz (KKG) an die Jugendämter, eine fachlich fundierte Einschätzung, die in der Folge die Gefährdungseinschätzung der Jugendhilfe äußerst sinnvoll ergänzen und vervollständigen kann.

So kann eine Einbeziehung des Gesundheitswesens nicht nur **qualitativen Zugewinn** bringen, sondern sogar eine **Zeitersparnis** darstellen, da Erkenntnisse nicht doppelt gewonnen werden müssen.

Der Weg zum gemeinsamen (Fall-)Verständnis

Am Beispiel schwerwiegender (chronischer) Erkrankungen wird dies besonders deutlich:

Übersteigen die Anforderungen (z.B. häufige Arzttermine, aufwendige Therapien) die familiären Ressourcen, kommt es häufig zu mangelhafter Adhärenz – sprich die im Einvernehmen begonnene Therapie wird nicht mehr entsprechend angewendet. Eine KWG kann die Folge sein, wenn durch die mangelnde Adhärenz die zukünftige Entwicklung gefährdet ist.

In der Sachverhaltsaufklärung kommt es nun zu einer individuell kaum aufzulösenden Schwierigkeit: Die Schwere und Akuität der Folgeschäden und die Prognose für das Kind bei einer ausbleibenden Behandlung sind, abhängig von der Grunderkrankung, für einen medizinischen Laien quasi nicht ermittelbar. Daher kommt es manchmal zu Abwehrreaktionen von Mitarbeitenden der Kinder- und Jugendhilfe, wenn Fachkräfte aus dem Gesund-

571 Frewer, A./Bruns, F./Rascher, W., Gesundheit, Empathie und Ökonomie: kostbare Werte in der Medizin, Königshausen & Neumann, 2011.

heitswesen z.B. bei schwerwiegender Nichtbefolgung der Therapie (nach § 4 KKG) das Jugendamt informieren.

In vielen Fällen muss, wenn die Fachkräfte der Jugendhilfe den Ball zurückspielen („Das ist doch ein medizinisches Problem!"), zunächst ein gemeinsames Verständnis dafür entwickelt werden, dass (chronische) Krankheit immer auch soziale und psychische Folgen hat und soziale Missstände sich häufig negativ auf den Verlauf der chronischen Krankheit auswirken. Gleichzeitig kann die beteiligte Ärztin oder der Krankenpfleger evtl. nicht ausreichend abschätzen, welche Aussichten eine sozialpädagogische Intervention zur Stützung des Familiensystems haben könnte. Auch für sie ist ein Runder Tisch mit dem Jugendamt hilfreich, um die Möglichkeiten und Grenzen der Kooperationspartner:innen im vorliegenden Fall kennenzulernen.

Gelingt diese **gemeinsame, interdisziplinäre Verständigung**, können die Lücken im Grenzbereich zwischen SGB V und SGB VIII im jeweiligen Fall sichtbar werden und im besten Fall Brücken gebaut werden, damit die Patient:innen und deren Familien von relevanten Leistungen aus beiden Systemen profitieren können.

Aufgabenverteilung zwischen Jugendhilfe und Medizin

Die Aufgabenverteilung zwischen Jugendhilfe und Medizin ist gesetzlich geregelt. Medizinische Expert:innen sollen prüfen, ob gewichtige medizinische Anhaltspunkte für eine KWG vorliegen.

Hier kann die Stärke medizinischer Teams zum Tragen kommen, die in der Lage sind, weitreichende Entscheidungen auch bei unvollständiger oder widersprüchlicher Datenlage zu treffen. In der Behandlung von Krankheiten ist dies Alltag im Gesundheitswesen:

Nach der Würdigung aller Informationen durch ein (multidisziplinäres) Team werden medizinische Fakten betrachtet und eine **Diagnose** gestellt sowie deren mögliche Ursache benannt. Dieser Prozess enthält, sehr ähnlich zum Vorgehen im Kinderschutzfall, eine **Plausibilitätsprüfung** („passen Anamnese, medizinische Befunde und der Zustand des Patienten zur Verdachtsdiagnose?").

Es wird vor Beginn einer Therapie aber keine (juristische) Zweifelsfreiheit gefordert. Im Gegenteil, die zunächst begonnenen Therapien erstrecken sich häufig über verschiedene Differentialdiagnosen – mögliche unerwünschte Nebenwirkungen der Behandlungen werden dabei in Kauf genommen, solange die Wahrscheinlichkeit der Differentialdiagnose ausreichend groß ist.

Beispiel:

Als klassisches Beispiel kann hier der Verdacht auf eine Hirn(haut)entzündung bei Säuglingen dienen: Liegt eine Nackensteifigkeit, Fieber und eine Bewusstseinseinschränkung vor, wird nach Entnahme der nötigen mikrobiologischen Proben ohne Zeitverzug mit einer (sogenannten empirischen) Therapie begonnen.

Bis zum Erhalt der mikrobiologischen Befunde wird mit Antibiotika (gegen Bakterien, z.B. Meningokokken) und antiviralen Medikamenten (Aciclovir gegen Herpesviren) behandelt. Diese Medikamente haben potentiell Nebenwirkungen, z.B. in seltenen Fällen allergische Reaktionen und Atemnot. Dieses Risiko wird aber in Kauf genommen, da der potentielle Schaden einer Meningokokken-Meningitis oder einer Herpes-Enzephalitis bei fachgerechter initialer Diagnostik dem Risiko der Nebenwirkungen deutlich überwiegt.

Im weiteren Verlauf wird die Therapie schrittweise deeskaliert: Die antiviralen Medikamente werden bei negativem Herpes-Befund (in der Regel nach ca. 24 Stunden) abgesetzt und nur noch antibiotisch die vermutete bakterielle Hirnhautentzündung behandelt.

Kinderschutzfälle betreffend, lässt sich in Kenntnis der rechtlichen Vorgaben i.S.d. § 4 KKG folgern, dass die **Aufgabe der Medizin** darin liegt, nach gründlicher Betrachtung der bekannten Aspekte und der Feststellung von gewichtigen Anhaltspunkten für eine KWG, die medizinischen Fakten, die wahrscheinlichsten Ursachen und die Abwägung, die zur Mitteilung geführt hat, an das zuständige Jugendamt zu übermitteln.[572]

Eine juristische Zweifelsfreiheit ist nicht gefordert und auch nicht sinnvoll, da der Einblick des Behandlungsteams zwar weitreichend ist, aber weder das Recht noch die Mittel hat, im familiengerichtlichen Sinne zu ermitteln.

Demgegenüber ist das **Jugendamt** nach § 8a SGB VIII verpflichtet, gewichtige Anhaltspunkte für die Gefährdung des Wohls eines Kindes oder Jugendlichen ausführlich im Zusammenwirken mehrerer Fachkräfte einzuschätzen und Sorgeberechtigte sowie die betroffenen Minderjährigen einzubeziehen, sofern dies den wirksamen Schutz des Kindes/Jugendlichen nicht in Frage stellt.

Dabei sind die Berufsgeheimnisträger:innen, die gemäß § 4 Abs. 3 KKG dem Jugendamt Daten übermittelt haben, in geeigneter Weise an der Gefährdungseinschätzung zu beteiligen. Sie sollen zudem vom Jugendamt zeitnah eine Rückmeldung erhalten, ob es die übermittelten gewichtigen Anhaltspunkte für die Gefährdung des Wohls des Kindes/Jugendlichen bestätigt sieht und ob es zum Schutz des Kindes/Jugendlichen tätig geworden ist und noch tätig ist (§ 4 Abs. 4 KKG).

Kommt das Jugendamt zur Einschätzung, dass eine KWG vorliegt, so hat es den Sorgeberechtigten geeignete **Hilfe zur Abwendung der Gefährdung** anzubieten (§ 8a Abs. 1 SBG VIII).

Hält das Jugendamt das **Tätigwerden des Familiengerichts** für erforderlich, z.B. wenn die Sorgeberechtigten nicht bereit oder in der Lage sind bei der Abschätzung des Gefährdungsrisikos mitzuwirken oder geeinigte Hilfen zur Abwendung der Gefährdung in Anspruch zu nehmen, so hat es das Gericht anzurufen (§ 8a Abs. 2 SGB VIII). Dies geschieht in der Regel durch schriftliche Berichterstattung des Jugendamtes an das Familiengericht. Das Jugendamt legt die Anhaltspunkte der KWG dar, wobei auch vorliegende Informationen von Berufsgeheimnisträger:innen übermittelt werden. Das Familiengericht würdigt alle vorliegenden Aspekte und holt sich bei Bedarf weitere relevante Informationen z.B. durch Einleitung eines medizinischen oder psychologischen Gutachtens ein. Es hat dann entsprechende Maßnahmen zu verordnen, um die Gefährdung für das Kind oder den Ju-

572 Berthold, O. et al. „Gewichtige Anhaltspunkte" bei Verdacht auf Kindesmisshandlung – eine Befragung in Deutschland tätiger Ärzte und Psychotherapeuten. Klin Padiatr 233, 221–225 (2021).

gendlichen abzuwenden. Dazu gehören u.a. Leistungen der Kinder- und Jugendhilfe sowie des Gesundheitswesens (§ 1666 BGB). Die verordneten Maßnahmen werden in Form eines Beschlusses erlassen, der für alle Verfahrensbeteiligten, somit auch für das Jugendamt, rechtsbindend ist.

Zusätzlich kann das Jugendamt **Berufsgeheimnisträger:innen befragen**, um die Situation zu klären, sofern diese von der Schweigepflicht entbunden sind oder die Befugnisnorm aus § 4 KKG nutzen und Informationen mit dem Jugendamt teilen.

Erhärten sich die gewichtigen Anhaltspunkte und sind Hilfen oder Interventionen nötig, sind diese mit den Eltern zu besprechen und ggf. das Familiengericht anzurufen, um dort Ermittlungen anzustoßen und ggf. weitere Maßnahmen juristisch klären und legitimieren zu lassen. Das Gericht muss alle Aspekte würdigen und proaktiv alle relevanten Informationen einholen.

Das Jugendamt dient hier nicht als „Ermittler" oder Helfer für das Familiengericht, stellt dem Familiengericht zur Einschätzung jedoch alle erforderlichen Unterlagen und Informationen zur Verfügung und ist nach Abschluss des Verfahrens selbstverständlich an die Beschlüsse und Vorgaben des Gerichts gebunden.

Interdisziplinäre Zusammenarbeit als fachlicher Standard

Man kann dementsprechend auch in Bezug auf andere Kontaktfelder von Medizin bzw. Gesundheitswesen und Jugendhilfe schlussfolgern, dass die Kooperation in einem großen Teil der Fälle unabdingbar ist, wenn ein hoher Anspruch an die Qualität der Entscheidungen gelegt wird.

Häufig ist ein Kontakt zu den betreuenden Kinderärzt:innen, die Nachfrage beim zuständigen amtsärztlichen Dienst oder eine Beratung bei der Medizinischen Kinderschutzhotline wahrscheinlich ausreichend. Je komplexer der Fall jedoch gelagert ist, desto eher kann der intensive interprofessionelle Austausch zwischen den Systemen als notwendig bezeichnet werden.

Daher ist die **kritische Selbstreflexion** in beiden Systemen wichtig. Dies gilt insbesondere für problematische Fallverläufe bei vulnerablen Patient:innengruppen wie Frühgeborenen, Kindern mit Entwicklungsverzögerungen oder chronischen Erkrankungen.

Frage zur Selbstreflexion:

▶ *Ab wann kann ohne die Expertise des kooperierenden Systems nicht mit ausreichender Sicherheit agiert werden?*

Aus Sicht der Autor:innen sollten die Hürden niedrig sein und als fachlicher Standard im Kinderschutzfall die Einbeziehung der Expertise von medizinischen Fachkräften bei o.g. Gruppen festgelegt werden. Hierfür braucht es **feste Strukturen und Absprachen**, um niedrigschwellig, d.h. zeitnah, aber auch mit geringem Zeitaufwand, einen entsprechenden Austausch und/oder geeignete Maßnahmen (z.B. Untersuchungen) durchführen zu können.

Die aktuelle Praxis zeigt vielerorts, dass mangelnde Zeit und fehlende Abrechnungsmöglichkeiten die Zusammenarbeit erschweren (z.B. niedergelassene Kinderärzt:innen können runde Tische zum Austausch mit dem Jugendamt nicht abrechnen). Umgekehrt sollte auch in medizinischen Einrichtungen regelmäßig die Expertise der Jugendhilfe (z.B. über die Beratung einer insoweit erfahrenen Fachkraft) in Anspruch genommen werden, wenn gewichtige Anhaltspunkte für eine KWG vorliegen.

C. Zusammenarbeit zwischen Medizin, Jugendamt und Familiengericht

Auch das Familiengericht, das einer möglichen KWG nach § 1666 BGB nachgeht, kann in vielen Fällen von der Befragung medizinischer Expert:innen profitieren. Aus juristischer Sicht ist dieser Punkt bezogen auf die Sachverhaltsaufklärung besonders relevant, da die Bestimmung der Wahrscheinlichkeit des Schadenseintritts in vielen Fällen eben nur in der multiprofessionellen Abwägung gelingen kann.

Die Ladung von medizinischem Personal erfolgt entweder als

- sachverständiger **Zeuge oder Zeugin** – wenn es sich um eigene Patient:innen handelt oder eine persönliche Betroffenheit sich mit der fachlichen Expertise paart – oder als
- **Sachverständige bzw. Sachverständiger** – wenn die externe Expertise zu einer bestimmten Fragestellung benötigt wird.

In Fällen von chronischer Krankheit, Verletzungen, Entwicklungsverzögerungen oder psychischen Erkrankungen kann nur die ärztliche Expertise die Fragen beantworten, die in den Grundsatzurteilen in Bezug auf § 1666 BGB vom Bundesverfassungsgericht und dem Bundesgerichtshof aufgeworfen wurden:

- Liegt eine (gegenwärtige) Gefahr für eine erhebliche Schädigung des geistigen oder leiblichen Wohls des Kindes vor oder ist ein Schaden gar bereits eingetreten?
- Mit welcher Wahrscheinlichkeit ist ein Schadenseintritt zu erwarten?
- Und wie schwer wiegt der drohende Schaden, sprich wie hohe Anforderungen müssen an die Wahrscheinlichkeit des Schadenseintritts gestellt werden?[573]

Die Kinder- und Jugendhilfe ist, vertreten durch das Jugendamt (Allgemeiner Sozialer Dienst), wie unter B. (siehe S. 252) beschrieben in den familiengerichtlichen Verfahren beteiligt bzw. stößt diese in Fällen einer KWG oftmals selbst durch Anrufung des Familiengerichts zur Erörterung einer möglichen KWG an. Dabei werden die vorliegenden Informationen in Form eines Berichts an das Familiengericht herangetragen, um die Gefährdungslage darstellen zu können. Dazu gehören auch vorliegende medizinische Befunde.

573 BGH, Beschl. v. 23.11.2016, XII ZB 149/16 sowie 23.4.2018, 1 BvR 383/18.

D. Abbau von Hürden und Verbesserungspotentiale in der Kooperation

Fragt man Fachkräfte aus den verschiedenen Professionen über die Schwierigkeiten in der Zusammenarbeit mit dem jeweils anderen System, trifft man häufig auf Vorurteile.[574] Je enger die Institutionen aber zusammenarbeiten, desto mehr Wertschätzung und Zufriedenheit herrscht in der Regel. Sind die Vorurteile auf dem Tisch, können gezielt Hürden einer gelingenden Zusammenarbeit identifiziert werden.

Zentral und immer wieder beschrieben sind die **unterschiedlichen Sprachen und Kommunikationsstile** von Jugendhilfe und Medizin, die eine Verständigung und damit die Zusammenarbeit erschweren.

Am Beispiel der Begrifflichkeiten rund um das Thema KWG wird die Problematik deutlich.

- Ist eine KWG latent, andauernd oder akut?
- Was bedeuten diese Einteilungen im Jugendamt, was in der Klinik oder Praxis?
- Welche Schweregrade gibt es und wer legt diese fest?

Beispiel:

Mediziner:innen sprechen von einer „latenten Schilddrüsenunterfunktion", wenn die Schilddrüse aufgrund einer Erkrankung zu wenig Schilddrüsenhormon produziert, die Folgen der Mangelversorgung aber noch nicht von außen sichtbar sind (wohl jedoch anhand von Laborwerten). Übersetzt ist eine latente Erkrankung also vorhanden, aber noch nicht sichtbar.

Demgegenüber steht in der Medizin der Begriff „manifest", also eine offensichtliche Erkrankung, die bereits sichtbare Folgen bzw. Schäden hinterlassen hat.

Akut wiederum ist eine Erkrankung mit einem raschen Verlauf, gegenüber einer chronischen, schleichend verlaufenden.

Für Mediziner:innen ist also das in der Kinder- und Jugendhilfe häufig gegensätzlich gebrauchte **Begriffspaar „akute" vs. „latente" KWG** im besten Fall verwirrend, zumal eine „latente Gefährdung" nach medizinischem Verständnis demnach tautologisch wäre. In der Medizin kann eine latente Erkrankung durchaus einen akuten Verlauf nehmen.

Hier wirkt eine **empathische und verständliche Kommunikation** verbindend und die Kooperation belebend. Gelingt dies im Alltag nicht, stehen bei Bedarf Sprachmittler:innen zur Verfügung.

Beispiel:

Das Beratungsteam der Medizinischen Kinderschutzhotline kann auf juristische, sozialpädagogische und psychotherapeutische Expertise zurückgreifen und für Mitarbei-

574 Bertsch, B. & Deutsches Jugendinstitut, Wirkungen des Bundeskinderschutzgesetzes - wissenschaftliche Grundlagen Ergebnisbericht zu Erhebungen im Gesundheitswesen. (2016).

ter:innen der Jugendhilfe übersetzen, wie ein ärztliches Gutachten genau zu verstehen ist oder ärztliche Kolleg:innen dabei unterstützen, die richtige Vorgehensweise im Kontakt mit den Jugendämtern zu finden.

Auch in den erwähnten Kinderschutzambulanzen und den in manchen Bundesländern vorhandenen kinderärztlichen Diensten der Ämter sind in der Regel mehrere Berufsgruppen vertreten – im Idealfall auch Jurist:innen –, die ihre **multiprofessionelle Expertise an der Schnittstelle der Sektoren** einbringen können. In einigen deutschen Städten haben sich mittlerweile interdisziplinäre Qualitätszirkel etabliert, in denen Ärzt:innen und Fachkräfte aus der Jugendhilfe versuchen, eine gemeinsame Sprache zu finden, indem schwierige Fallverläufe an der Schnittstelle strukturiert besprochen werden.

Insbesondere die unterschiedliche Sicht auf KWG – in der Medizin häufig (vorschnell) diagnostiziert – ist in diesem Zusammenhang auch zu nennen:

- Die „Diagnose" KWG stellen die Mitarbeiter:innen des Jugendamtes in der kollegialen Beratung.
- Die Aufgabe der medizinischen Fachkräfte ist die Mitteilung gewichtiger Anhaltspunkte und im Vorfeld eine angemessene Prüfung der Voraussetzungen nach § 4 KKG. Daher handelt es sich bei Mitteilungen von Berufsgeheimnisträger:innen genau genommen auch nicht um „§ 8a Meldungen", sondern um „Mitteilungen nach § 4 KKG" – ein eher selten anzutreffender (aber korrekter) Terminus.

I. Optimierungsmöglichkeiten seitens der Medizin

In manchen medizinischen Teams kommt es zu einer Rollenaneignung mit vorgelagerter Gefährdungsbeurteilung und dadurch teilweise verspäteter oder verpasster Mitteilung von gewichtigen Anhaltspunkten an die Jugendhilfe:

- eine KWG wird als „nicht gesichert" beurteilt,
- eine Verletzung ist „auch anderweitig erklärbar" oder
- eine Vernachlässigung wird als „nicht schwerwiegend genug" beurteilt.

Ein typisches Beispiel ist die in der Medizin häufig diagnostisch eingesetzte, im Kinderschutz bisweilen aber gefährliche **„abwartende Beobachtung"**. In vielen, diagnostisch nicht eindeutig zu klärenden Fällen, kann die Verlaufsbeobachtung von Symptomen ohne weitere invasive Maßnahmen zur Diagnose führen (z.B. ein wahrscheinlich harmloser Ausschlag, dessen genaue Ursache nicht unmittelbar erkennbar ist). Hier kann es medizinisch vernünftig sein, zunächst den Verlauf abzuwarten, statt aggressive diagnostische Maßnahmen oder nebenwirkungsreiche Therapien anzuwenden. Es versteht sich von selbst, dass dies nur dann **medizinisch sinnvoll** ist, wenn es sich nicht um eine unmittelbar bedrohliche bzw. sehr wahrscheinlich behandlungsbedürftige Situation handelt.

Dieses Vorgehen kann aber auch **Gefahren** bergen, beispielsweise wenn die nicht eindeutig gesicherte körperliche Misshandlung eines Säuglings zunächst „beobachtet", d.h. das Kind z.B. nach einem zeitlichen Intervall oder wiederholt einbestellt werden soll. Dabei wird übersehen, dass viele Aspekte einer möglichen KWG dem Gesundheitswesen grundsätzlich verborgen bleiben und erst im Rahmen einer Gefährdungsbeurteilung durch das

Jugendamt erkennbar werden können. Hierzu gehören unter anderem mögliche Gefährdungsaspekte, die erst bei Hausbesuchen auffallen und die Unkenntnis von Mitteilungen, die aus anderen Systemen bereits zuvor beim Jugendamt eingegangen sind (oder später noch eingehen werden).

Ursachen für dieses Verhalten sind vielfältig und abhängig von lokalen Kooperationen und **individuellen Vorurteilen** bzw. Ängsten sowie mangelndem Wissen über Kinderschutzmedizin bei den beteiligten medizinischen Akteuren. Fehlen in Institutionen des Gesundheitswesens etablierte, mit **Zeitressourcen und Fachwissen** ausgestattete sowie gut vernetzte Expert:innen, kann es außerdem durch Zeitdruck und Handlungsunsicherheit zu falschen Entscheidungen bzw. fehlender Kooperation kommen und Kinder dadurch trotz identifizierten Risiken ungeschützt dem schädlichen Einfluss ausgesetzt bleiben. Ursächlich kann, neben fehlendem juristischem Wissen z.B. über die Befugnisnorm zur Offenbarung von Informationen an das Jugendamt nach § 4 KKG, auch das Vorurteil einer zu niedrigen Schwelle bei Entziehung der elterlichen Sorge in den Jugendämtern sein.

II. Optimierungsmöglichkeiten seitens der Kinder- und Jugendhilfe

Die Notwendigkeit multiprofessioneller Zusammenarbeit im Kinderschutz, insbesondere zwischen Gesundheitswesen und Kinder- und Jugendhilfe, steht außer Frage.

In der Praxis zeigen sich aus Sicht der Kinder- und Jugendhilfe jedoch unterschiedliche Herausforderungen:

- Zunächst gibt es nicht überall gut ausgebaute medizinische Strukturen wie z.B. Kinderschutzambulanzen, auf die systematisch in den Kinderschutzfällen zurückgegriffen werden kann. Gerade im ländlichen Raum sind solche Einrichtungen oftmals nicht vorhanden.
- Um eine telefonische Beratung jederzeit und überall sicherzustellen zu können, wurde die Medizinische Kinderschutzhotline eingerichtet (ausführlich hierzu unter G. Die Medizinische Kinderschutzhotline). Eine erforderliche Behandlung und Diagnostik kann diese jedoch nicht ersetzen, sodass es dennoch **Strukturen vor Ort** benötigt.
- In der Zusammenarbeit mit niedergelassenen Kinderarztpraxen zeigt sich darüber hinaus, dass die **unterschiedlichen Arbeitszeiten und -bedingungen** zu Herausforderungen führen.
- Während Kinderärzt:innen zu den regulären Arbeitszeiten der Jugendämter/Kinder- und Jugendhilfe ihre Patient:innen versorgen und aufgrund hoher Auslastung häufig weder für telefonischen Austausch noch für runde Tische zur Verfügung stehen können, bedarf es zur Einschätzung der Gefährdungslage oftmals zeitnahe Rücksprache.
- Die **knappen Zeitressourcen** spielen somit auf beiden Seiten eine entscheidende Rolle. Die Abschätzung des Gefährdungsrisikos und die Einleitung damit verbundener notwendiger Maßnahmen zur Sicherstellung des Kinderschutzes erfordern teilweise sehr zeitnahe Entscheidungen der Jugendämter.

Sind Mediziner:innen nicht erreichbar oder sind keine festen Strukturen der Zusammenarbeit vereinbart, werden Entscheidungen dann teilweise auch ohne medizinische Expertise getroffen oder diese wird erst zu einem späteren Zeitpunkt eingeholt.

Aber nicht nur bei der Einschätzung von Gefährdungssituationen kann medizinische Expertise hilfreich sein. Auch zur **Sicherstellung des Kinderschutzes** können Fachkräfte des Gesundheitswesens beteiligt werden, sofern dies abgesprochen ist. Hierfür bedarf es selbstverständlich auch der Bereitschaft von Seiten des Gesundheitswesens.

- Sie können als Teil des patientenbezogenen Schutzkonzeptes agieren, indem beispielsweise bei einem Kind mit Diabetes und unzureichender Therapieadhärenz, regelmäßige Kontrolluntersuchungen stattfinden und die behandelnden Ärzt:innen das Jugendamt informieren, wenn Absprachen von den Eltern nicht umgesetzt werden.
- Aber auch Therapien wie Ergo- und Physiotherapie oder Logopädie können zur Aufarbeitung von Entwicklungsdefiziten Teil eines Schutzkonzeptes sein.

Solche **Schutzkonzepte** und die damit verbundenen Absprachen mit Fachkräften des Gesundheitswesens und den Eltern können nur funktionieren, wenn alle Beteiligten eng kooperieren und konkrete Vereinbarungen treffen. Auch in diesem Punkt wird deutlich, dass die Systeme **Kompromisse und konkrete Absprachen** finden müssen.

In den Beratungen der Medizinischen Kinderschutzhotline zeigt sich in diesem Kontext aber noch ein anderer Aspekt:

Die Einholung medizinischer Expertise und Unterstützung in den meisten Kinderschutzverfahren ist in vielen Jugendämtern (noch) **nicht standardisiert**, sondern immer von der subjektiven Einschätzung der zuständigen Mitarbeitenden abhängig. Das heißt konkret, ob und inwiefern medizinische Expertise eingeholt wird, liegt im Ermessen der Einschätzung der im Kinderschutz beteiligten Fachkräfte.

Eine weitere Problematik liegt aus Sicht der Autor:innen darin, dass die Möglichkeiten der Kooperation mit den Jugendämtern im medizinischen System teilweise **nicht ausreichend bekannt** sind. Instrumente und standardisierte Verfahren der Medizin (vgl. AWMF Kinderschutzleitlinie) sind wiederum in der Jugendhilfe nicht flächendeckend bekannt, sodass diese nicht genutzt werden. Dadurch und durch die fehlenden medizinischen Fachkompetenzen in der Jugendhilfe kommen immer wieder Zweifel dahingehend auf, inwiefern Verletzungen überhaupt eindeutig eingeschätzt werden können oder ob es nicht auch andere Erklärungsmuster geben kann (Misshandlung vs. Unfall).[575]

In diesem Zusammenhang ist auch zu erwähnen, dass behandelnde Ärzt:innen (ambulant oder stationär) nicht nur Informationen zur medizinischen Situation der Gefährdungslage geben können, sondern häufig auch **gewinnbringende Beobachtungen und Hinweise** z.B. zur Interaktion zwischen Kind und Eltern, Zuverlässigkeit der Eltern usw.

Ein weiterer, die Kooperation gefährdender Aspekt ist die aus Sicht der Kinder- und Jugendhilfe erlebte **Hierarchie in der Kooperation**. Fachkräfte der Jugendhilfe erleben sich häufig nicht als Kooperationspartner auf Augenhöhe. In diesem Zusammenhang zeigt sich auch immer wieder die Problematik, dass die Kinder- und Jugendhilfe oft erst spät über Anhaltspunkte einer Gefährdung informiert wird, z.B. wenn die bzw. der Patient:in schon wieder entlassen wird und somit kaum Zeit bleibt eine Lösung zu erarbeiten.

---

575 Berthold, O. et al. „Gewichtige Anhaltspunkte" bei Verdacht auf Kindesmisshandlung – eine Befragung in Deutschland tätiger Ärzte und Psychotherapeuten. Klin Padiatr 233, 221–225 (2021).

Die beschriebenen Herausforderungen zeigen sich immer wieder auch im **Beratungsalltag der Medizinischen Kinderschutzhotline**. Anrufe aus der Kinder- und Jugendhilfe beziehen sich dabei häufig auf

- die Möglichkeiten medizinischer Untersuchungen und Einschätzungen bei vorliegenden Verletzungen – Inwiefern kann untersucht/eingeschätzt werden, ob die Fraktur misshandlungs- oder unfallbedingt ist?
- die Frage nach geeigneten Anlaufstellen zur Durchführung der Untersuchung – Wo kann eine entsprechende Untersuchung durchgeführt werden?
- zeitliche Fristen aber auch Dokumentation von Verletzungen – In welchem Zeitraum sollte die Untersuchung stattfinden und wer dokumentiert die Verletzungen?
- vorliegende Befunde oder Gutachten – Erläuterungen zu vorliegenden Befunden/Gutachten.

Fazit:

Die Praxis zeigt also, dass gelingende Zusammenarbeit vom Austausch und dem Erarbeiten fester Strukturen lebt. Dadurch können Arbeitsweisen der jeweils anderen Professionen kennengelernt, Verfahrensabläufe erarbeitet und eine gemeinsame Haltung der Zusammenarbeit entwickelt werden.

E. Relevanz und Intention des Kinder- und Jugendstärkungsgesetzes (KJSG)

Im Rahmen der Gesetzgebungsinitiative zum Kinder- und Jugendstärkungsgesetz spielten die Kooperationsmöglichkeiten von Medizin und Kinder- und Jugendhilfe an verschiedenen Stellen eine Rolle. Erklärtes Ziel des Gesetzgebers ist eine **verstärkte Vernetzung der Systeme**.[576]

Besserer Kinder- und Jugendschutz:
„Um die Verantwortungsgemeinschaft für einen wirksamen Kinderschutz zu stärken, wird die Kooperation der Kinder- und Jugendhilfe mit dem Gesundheitswesen, den Strafverfolgungsbehörden, den Familiengerichten, der Jugendstrafjustiz und anderen wichtigen Akteurinnen und Akteuren im Kinderschutz deutlich verbessert."

Abbildung: 3: Stellungnahme des BMFSFJ zur Veröffentlichung des KJSG

Im Bereich der Zusammenarbeit zwischen Gesundheitswesen und Kinder- und Jugendhilfe im Kinderschutz sind noch Potenziale vorhanden, die bislang nicht ausgeschöpft werden. Die im KJSG vorgesehene „inklusive Lösung" wird die öffentlichen Träger der Kinder- und Jugendhilfe jedoch vor neue Herausforderungen stellen.

576 Stellungnahme des BMFSFJ zur Veröffentlichung des KJSG. https://www.bmfsfj.de/bmfsfj/service/gesetze/neues-kinder-und-jugendstaerkungsgesetz-162860 (2021).

Mit der „inklusiven Lösung" wird eine **inklusive Kinder- und Jugendhilfe** beschrieben, in der Leistungen der Eingliederungshilfe für Familien mit Kindern mit einer (drohenden) geistigen und/oder körperlichen Behinderung ab 2028 durch den Träger der öffentlichen Kinder- und Jugendhilfe übernommen werden. Damit wird die Zusammenarbeit von Kinder- und Jugendhilfe und Gesundheitswesen eine noch größere Bedeutung einnehmen, da vor allem Kinder/Jugendliche mit einer (drohenden) geistigen und/oder körperlichen Behinderung besonders häufig in medizinischer und therapeutischer Behandlung sind und nur eine enge Verzahnung der Systeme ein **Gesamthilfekonzept** zulässt, indem die Fachkräfte ihre Hilfen aufeinander abstimmen.

Im Hinblick auf den Kinderschutz wird sich dahingehend nur bedingt etwas ändern, da die öffentliche Kinder- und Jugendhilfe bereits jetzt für die Sicherstellung des Kinderschutzes von Kindern und Jugendlichen mit einer (drohenden) geistigen und/oder körperlichen Behinderung zuständig ist.

Allerdings wird die inklusive Lösung dazu führen, dass die öffentliche Kinder- und Jugendhilfe dann auch nach Einschätzung der Gefährdung geeignete Maßnahmen zur Verfügung stellen, einleiten und begleiten muss. Das bedeutet in der Praxis, dass für die Mitarbeitenden der öffentlichen Kinder- und Jugendhilfe **weitere Expertise** erforderlich ist. Dies betrifft unter anderem die Beteiligung von Kindern mit (drohender) geistiger und/oder körperlicher Behinderung in Gefährdungseinschätzungs- und Hilfeprozesse und die Frage wie eine adäquate Beteiligung aussehen kann bzw. soll.

Expertise wird einerseits durch **Fortbildungen** vermittelt werden können, andererseits wird die **Kooperation** mit den Systemen, die schon lange für Familien mit Kindern mit einer (drohenden) geistigen und/oder körperlichen Behinderung zuständig sind, unumgänglich sein. Neben der Weiterbildung der Mitarbeitenden der Kinder- und Jugendhilfe ist es daher auch erforderlich die insoweit erfahrenen Fachkräfte dahingehend zu schulen. Der besondere Bedarf von Kindern mit einer (drohenden) geistigen und/oder körperlichen Behinderung ist bislang meist nicht Teil der Weiterbildung zur insoweit erfahrenen Fachkraft.

Im KJSG werden die **Kassenärztlichen Vereinigungen** außerdem aufgefordert, mit den **Behörden des Bundeslandes** Kooperationsvereinbarungen abzuschließen. Inwiefern auch eine Vergütung der niedergelassenen Ärzt:innen über solche Vereinbarungen gesichert werden kann, bleibt abzuwarten. Die Autor:innen sind skeptisch, ob die Zusammenarbeit insbesondere im ambulanten Bereich, ohne gesicherte Ausfinanzierung zum gelebten fachlichen Standard werden kann. Diese verstärkte Zusammenarbeit ist in Hinblick auf die Zuständigkeit der Jugendämter für Kinder mit (drohender) Behinderung ab 2028 dringend notwendig.

§ 73c SGB V: Kooperationsvereinbarungen zum Kinder- und Jugendschutz

„Die Kassenärztlichen Vereinigungen sollen mit den kommunalen Spitzenverbänden auf Landesebene eine Vereinbarung über die Zusammenarbeit von Vertragsärzten mit den Jugendämtern schließen, um die vertragsärztliche Versorgung von Kindern und Jugendlichen zu verbessern, bei denen Vertragsärzte im Rahmen von Früherkennungsuntersuchungen nach § 26 oder im Rahmen ihrer oder der ärztlichen Behandlung ihrer Familienangehörigen nach § 28 Anhaltspunkte für eine Gefährdung ihres Wohls feststellen."

F. Gelingensfaktoren interdisziplinärer Kooperation

Die Kooperation zwischen den Akteur:innen aus Gesundheitswesen, Jugendhilfe und Familiengerichtsbarkeit (sowie weiteren, wie der Schule bzw. der Kindertagesbetreuung) sollte fachlicher Standard sein – insbesondere wenn Kinder mit chronischen Gesundheitsstörungen oder Kinder mit (unklaren) Verletzungszeichen im Fokus stehen.

Die Systeme sind aufgefordert beispielsweise über **Kooperationstreffen und -vereinbarungen** Hürden und Vorurteile abzubauen und klare Strukturen zu schaffen. Die Vereinbarungen sollten neben den Ansprechpersonen auch deren Erreichbarkeit und mögliche Vertreter:innen enthalten.

Parallel kann bei der Erstellung von **Kooperationsvereinbarungen** auch ein tieferes Verständnis der Arbeitsweise des Gegenübers entstehen:

- Warum ist nicht in jedem Jugendamt 24 Stunden pro Tag eine Rufbereitschaft besetzt?
- Warum wechselt im Klinikum ständig die Zuständigkeit für eine:n Patient:in?
- Warum wurde (wieder!) erst kurz vor der Entlassung gemeldet?
- Warum brauchen die Jugendamtsmitarbeiter:innen so lange, um eine Unterkunft für den Diabetespatienten zu organisieren?
- Wer finanziert den stationären Aufenthalt „aus sozialer Indikation" während die weitere Unterbringung von Patient:innen geklärt wird?

Sind diese und weitere Fragen geklärt und die Hürden beseitigt, öffnet sich ein Raum der **Kooperationsmöglichkeiten**, von denen die Kinder profitieren können. Der Staffelstab kann flüssig übergeben werden und der Staffellauf kann beginnen.

Kommt es zu tatsächlicher **multiprofessioneller Zusammenarbeit**, können die verschiedenen Sichtweisen und Ebenen der Evaluation eines „Falls" sich gegenseitig extrem bereichern. Insbesondere bezogen auf die medizinische und soziale Prognose und damit verbunden die Frage, wie hoch die Eingriffsschwelle bei Anhaltspunkten für eine KWG ist, fügt die Kooperation regelmäßig wichtige und den Verlauf einer Kinderschutzabklärung und -intervention beeinflussende Aspekte hinzu.

Das **Konzept des Runden Tisches**, an dem sich alle beteiligten Fachkräfte (mittlerweile zum Glück auch digital oder hybrid) treffen können, ist hier zentral. Auf Augenhöhe und von Angesicht zu Angesicht können Ideen entstehen und direkt umgesetzt werden.

Ein gepaarter **medizinisch-sozialpädagogischer Blick** auf das Umfeld ist oft ebenfalls bereichernd: Untersuchung von Geschwisterkindern oder die Betrachtung der Vorgeschichte von sucht- bzw. psychisch kranken Eltern sollten multiprofessionell erfolgen bzw. besprochen werden.

Das gemeinsame Ziel, das **Kind in den Mittelpunkt** einer Abklärung zu stellen und es altersadäquat in die Entscheidungen einzubeziehen, kann ebenfalls gefördert werden, wenn sich die verschiedenen Systeme regelmäßig gegenseitig an dieses Ziel erinnern.

G. Die Medizinische Kinderschutzhotline – Niedrigschwellige Beratung für Fachkräfte

Die Medizinische Kinderschutzhotline ist ein vom Bundesministerium für Familie, Senioren, Frauen und Jugend finanziertes, niedrigschwelliges Beratungsangebot **für Fachkräfte des Gesundheitswesens, der öffentlichen und freien Träger der Kinder- und Jugendhilfe sowie der Familiengerichte** bei Verdachtsfällen von Kindesmisshandlung, Vernachlässigung und sexuellem Kindesmissbrauch. Es handelt sich um eine bundesweite Hotline, die unter der Nummer 0800 – 19 210 00 rund um die Uhr und sieben Tage die Woche kostenfrei erreichbar ist.

Die Beratung erfolgt pseudonymisiert und die Fallverantwortung bleibt bei den Anrufenden.

MEDIZINISCHE
KINDERSCHUTZHOTLINE
0800 19 210 00

Abbildung 4: Medizinische Kinderschutzhotline

Die Medizinische Kinderschutzhotline wurde 2017 eingerichtet, wobei sie sich zunächst nur an Fachpersonen des Gesundheitswesens richtete.

Früh wurde aus dem wissenschaftlichen Beirat der Bedarf formuliert, wie wichtig eine solch niedrigschwellige medizinische Beratung auch für Fachkräfte der Kinder- und Jugendhilfe sowie der Familiengerichte wäre, da sich in der Vergangenheit gezeigt hat, dass gerade die Kommunikation zwischen Gesundheitswesen und Kinder- und Jugendhilfe in Kinderschutzfällen problematisch war und medizinische Sachverhalte sowohl in den Gefährdungseinschätzungen der Kinder- und Jugendhilfe als auch in familiengerichtlichen Verfahren im Kinderschutz nicht ausreichend eingeholt bzw. berücksichtigt wurden. Damit wurde der **Bedarf an Übersetzungsarbeit zwischen den Systemen** deutlich und als Auftrag an die Medizinische Kinderschutzhotline formuliert.

Der Förderer stimmte der Erweiterung des Beratungsauftrags zu, sodass seit Beginn des Jahres 2021 nun auch die Kinder- und Jugendhilfe sowie die Familiengerichte zur Zielgruppe des Modellprojektes gehören. Dies erlaubt es der Kinderschutzhotline, die erforderliche Übersetzungsarbeit und damit auch den Brückenbau zwischen den im Kinderschutz beteiligten Berufsgruppen in beide Richtungen voranzutreiben.

Der multiprofessionelle Schutz von Kindern und Jugendlichen ist auch Ziel des im Juni 2021 erlassenen KJSG, das auf mehr Kooperation der im Kinderschutz beteiligten Akteur:innen setzt. **Ziel des Projektes** ist es demzufolge einen Beitrag zur Verbesserung des Kinderschutzes im Sinne der interprofessionellen Zusammenarbeit und Kommunikation zu leisten, um eine potenzielle Kindeswohlgefährdung frühzeitig erkennen und klären zu können und die Handlungssicherheit der beteiligten Fachkräfte zu stärken.

Das Berater:innenteam der Medizinischen Kinderschutzhotline besteht aus Ärzt:innen aus den Bereichen **Rechtsmedizin, Kinder- und Jugendpsychiatrie und Kinder- und Jugendmedizin**, die zusätzlich eine besondere Expertise im Kinderschutz haben (Schulung als insoweit erfahrene Fachkraft, Zertifikat Kinderschutzmedizin der Deutschen Gesellschaft für Kinderschutz in der Medizin). Um der Multiprofessionalität der Zielgruppen gerecht zu werden, wurde das Gesamtteam der Medizinischen Kinderschutzhotline erweitert, sodass den Beratenden nun auch **spezifische juristische, sozialpädagogische und psychotherapeutische Expertise** zur Verfügung steht.

In gemeinsamen Fallbesprechungen werden Fälle multiperspektivisch betrachtet und evaluiert.

Evaluation

Seit Einrichtung der Medizinischen Kinderschutzhotline wurde diese in mehr als 4000 Fällen kontaktiert. Das Angebot wurde 2020 extern durch das Deutsche Jugendinstitut (DJI) evaluiert. Dabei zeigte sich eine sehr hohe Zufriedenheit bei den Anrufenden. Die Beratung führt zu mehr Handlungssicherheit und wird gezielt fallbezogen mit konkreten Anliegen in Anspruch genommen.[577]

Seit der Erweiterung des Auftrags in 2021 nehmen die Anrufe aus der freien und öffentlichen Kinder- und Jugendhilfe, von den Beratungsstellen und von Einrichtungen in Schnittstellen zum Kinderschutz (z.B. Suchtberatungsstellen, Schwangerenberatungsstellen u.a.) zu. Eine weitere externe Evaluation folgt in diesem Jahr. Hier werden nun auch die neuen Zielgruppen Berücksichtigung finden.

Generell aber zeigen sowohl der hohe Anteil der Anrufe aus den Zielgruppen wie auch die Inanspruchnahme insgesamt, dass das Angebot in der Praxis akzeptiert und verankert ist.

577 Miehlbradt & Kindler, 2020.

Die Weltgesundheitsorganisation (WHO) hat die Medizinische Kinderschutzhotline als positives Beispiel im Kinderschutz bezeichnet.[578] Insbesondere die Einrichtung einer **Feedback-Schleife** wurde positiv hervorgehoben. Innerhalb dieser Feedback-Schleife werden relevante und stark nachgefragte Themen aus den Beratungsgesprächen der Medizinischen Kinderschutzhotline identifiziert, wissenschaftlich aufgearbeitet und in wissenschaftlichen Zeitschriften oder als Arbeitsmaterial veröffentlicht.

Abbildung 5: Übersicht Medizinische Kinderschutzhotline

578 Sethi et al., 2018.

Auswirkungen der Arbeit der Medizinischen Kinderschutzhotline auf die interprofessionelle Kooperation und Vernetzung

Die Medizinische Kinderschutzhotline bietet den Fachkräften der Kinder- und Jugendhilfe einen **niedrigschwelligen Kontakt** zu spezialisierten Ärzt:innen, die rund um die Uhr erreichbar sind und die zu medizinischen Aspekten einer Gefährdungseinschätzung bzw. einer Kindeswohlgefährdung beraten können. Sie stellt damit eine Ergänzung zu den insoweit erfahrenen Fachkräften der Jugendhilfe dar, welche die Beratung der Medizinischen Kinderschutzhotline auch selbst in Anspruch nehmen können.

Somit kann **medizinische Expertise** unmittelbar in den Prozess der Gefährdungseinschätzung, z.B. zur Frage, wie zeitnah Verletzungen (z.B. Brüche oder Hämatome) oder Spuren eines möglichen Missbrauchs ärztlich untersucht und dokumentiert werden müssen, einfließen. Auch die Einschätzung von möglichen Folgen einer ausbleibenden Behandlung oder Untersuchung eines Kindes/Jugendlichen sind ebenso wie die Beratung zu vorliegenden Befunden oder Gutachten Aufgaben der Medizinischen Kinderschutzhotline.

Damit soll auch ermöglicht werden, dass relevante Informationen besser in **familiengerichtliche Verfahren** einfließen und dort ggf. auch zu einer schnelleren und fundierteren Einschätzung der Gefährdungslage und des Hilfebedarfs führen können.

Der Fokus liegt somit verstärkt darauf, medizinische Informationen in die Gefährdungseinschätzung einzubringen und auch Übersetzungsarbeit zwischen den beteiligten Professionen zu leisten. Eine erforderliche Befundung erfolgt dann in geeigneten **medizinischen Anlaufstellen vor Ort** (Kinderschutzambulanzen, rechtsmedizinische Institute, etc.). Die Medizinische Kinderschutzhotline berät zu den geeigneten Anlaufstellen und verweist die Anrufenden an diese.

Zusammenfassend ist es primäres **Ziel der Medizinischen Kinderschutzhotline** zum weiteren Vorgehen im vorliegenden Kinderschutzfall

- zu beraten,
- erforderliche medizinische Informationen zur Verfügung zu stellen und
- zwischen den verschiedenen Professionen zu übersetzen.

Dadurch können bestehende Barrieren überwunden werden, um möglichst frühzeitig eine Gefährdung fachlich fundiert einschätzen und abwenden zu können.

Stichwortverzeichnis